高等医学院校教材

# 实验生理科学

（第二版）

Experimental Physiological Science

（供基础、临床、预防、口腔、护理、检验、药学、中西医临床、
中医、针灸推拿、生物技术及生物科学等专业用）

主　　编　陈世民　莫燕娜　赵善民
副主编　许小林　黄培春　马　兰　何显教
主　　审　刘军保　沈行良

上海科学技术出版社

图书在版编目(CIP)数据

实验生理科学 / 陈世民, 莫燕娜, 赵善民主编. —2版. —上海：上海科学技术出版社, 2011.7(2022.2重印)
ISBN 978-7-5478-0859-7

Ⅰ.①实… Ⅱ.①陈… ②莫… ③赵… Ⅲ.①生理实验-医学院校-教材 Ⅳ.①R33-33

中国版本图书馆CIP数据核字(2011)第111303号

---

实验生理科学(第二版)
主编　陈世民　莫燕娜　赵善民

上海世纪出版(集团)有限公司 出版、发行
上海科学技术出版社
(上海市闵行区号景路159弄A座9F-10F)
邮政编码201101　www.sstp.cn
常熟市华顺印刷有限公司印刷
开本787×1092　1/16　印张19.5　插页1
字数 420千字
2003年9月第1版
2011年7月第2版　2022年2月第17次印刷
ISBN 978-7-5478-0859-7/R·278
定价：38.00元

---

本书如有缺页、错装或坏损等严重质量问题，请向工厂联系调换

## 内 容 提 要

本书是一部系统性地介绍实验生理科学知识的教科书,内容包括绪论、实验生理科学基本知识、动物实验、人体(临床)实验、讨论课及附录等六部分。本书的重点在于动物实验方法。每个实验项目中都分为实验原理和目的、实验对象、实验器材和药品、实验步骤和观察指标、注意事项以及思考题等。实验步骤均按仪器装置、手术操作、观察与记录三层结构描述,逻辑性强,条理清晰。书中采用大量作者自己拍摄的数码相片,图文并茂。

本书适用于高等医学院校基础、临床、预防、口腔、护理、检验、药学、中西医临床、中医、针灸推拿、生物技术及生物科学等专业本科及专科教学,也适用于医学研究生及临床医务工作者在生理科学实验过程中参考。

# 编写人员名单

**主　　编**　陈世民　莫燕娜　赵善民
**副 主 编**　许小林　黄培春　马　兰　何显教
**主　　审**　刘军保　沈行良
**编审秘书**　吉丽敏

参编人员（按姓氏笔画为序，* 为编委）

| | | | |
|---|---|---|---|
| 马　兰* | （海南医学院） | 陈世民* | （海南医学院） |
| 王　扬 | （海南医学院） | 郑子敏 | （右江民族医学院） |
| 王　晗 | （海南医学院） | 郑奕迎 | （海南医学院） |
| 王　密* | （广西卫生管理干部学院） | 欧守珍* | （海南医学院） |
| 王小蒙 | （海南医学院） | 赵善民* | （右江民族医学院） |
| 王丹妹* | （海南医学院） | 莫燕娜* | （海南医学院） |
| 王彩冰 | （右江民族医学院） | 晋　玲* | （右江民族医学院） |
| 韦健全 | （右江民族医学院） | 高凌峰* | （海南医学院） |
| 邓子夫* | （海南医学院） | 黄　武* | （成都泰盟科技有限公司） |
| 龙儒桃 | （海南医学院） | 黄丽娟 | （右江民族医学院） |
| 邝少轶* | （海南医学院） | 黄俊杰 | （右江民族医学院） |
| 吉丽敏* | （海南医学院） | 黄培春* | （广东医学院） |
| 刘　嫱 | （海南医学院） | 符　健* | （海南医学院） |
| 刘军保* | （海南医学院） | 符史干* | （海南医学院） |
| 许小林* | （右江民族医学院） | 董战玲 | （海南医学院） |
| 许闻广* | （海南医学院） | 谢协驹* | （海南医学院） |
| 李佩琼 | （海南医学院） | 赖　术* | （右江民族医学院） |
| 何　佟* | （海南医学院） | 蒙　山* | （右江民族医学院） |
| 何显教* | （右江民族医学院） | 虞道锐 | （海南医学院） |
| 沈行良* | （海南医学院） | 廖长秀 | （右江民族医学院） |
| 张　丽 | （海南医学院） | 黎为能 | （右江民族医学院） |

# 序　一
## （第一版）

　　《实验生理科学》是一本指导学生或其他有此需要的人们从事生理科学实验的一本比较全面的实验指导教科书。

　　本书的取材内容大致上相当于医学院校生理学、药理学、病理生理学教学的范围，以整体、器官的实验方法为主。本书有很重要的特点与优点。作者们搜集了能够做到的、相当多的实验范例，因此能够满足国内有关院校生理科学教学实验的需求；每个实验都经由作者等组织专业人员做过，因此书中所列操作是切实可行的，可起到真正指导实验的作用；本书特别重视实验科学的基本知识，包括仪器、器械、生理溶液、实验动物及对它的操作要领，因此对于加强基础训练很有好处。

　　生理科学是生命科学的一部分。当今时代，分子生物学和细胞生物学渗透到每一个领域，当然也包括生理科学在内。但这不等于说整体及器官水平的实验就不重要了，恰恰相反，为了说明生命活动中分子过程的功能意义，有时必须与整体、器官的实验相结合，才能说明更多的问题，从这个意义上讲，本书也可作为从事生理科学教学研究的人们的工作参考书。

　　我非常乐于看到这样一本有用的书籍出版，是为序。

中国科学院院士<br>
第二军医大学神经科学研究所所长<br>
浙江大学医学院院长<br>
陈宜张<br>
2003 年 7 月 15 日于上海

# 序 二
## （第一版）

　　本书编者将生理学实验、病理生理学实验及药理学实验等多门学科知识融合成一门学科——实验生理科学，以求强化实验教学。这符合高等医学教育的发展趋势和要求。

　　《实验生理科学》由四所医学院校老师协作编写，有利于提高本书质量及兄弟院校间的学术交流。本书有三个突出特点：一是系统性较强，对实验仪器、实验基本方法、科研设计、动物实验、临床实验、医学统计学方法和医学论文撰写等都作了介绍，内容详实；二是直观性较强，书中图文并茂，采用了大量的数码相片及示意图，便于理解与指导操作；三是实用性较强，本书既可作为高等医学院校医学各专业本、专科教材，又可供医学研究生和青年教师及临床医务工作者进行生理科学实验研究时参考。

　　我相信本书的问世在改革实验生理科学的教学，提升读者的科研能力与创新努力，培养优秀医学人才方面将起积极作用。我希望编者能坚持不懈地探索并广纳良言，使本书不断完善。

海南医学院院长、教授、研究员

焦解歌

2003 年 7 月 12 日于海口

# 第一版前言

实验生理科学内容涉及生理学、药理学、病理生理学、实验动物学、医学科研设计、医学统计学、医学科研论文的撰写、实验仪器及器械等广泛领域，它是一门综合性很强的学科。实验生理科学通过实验去创新理论，它是一门兼具实践性及理论性都很强的学科。在高等医学教育中，实验生理科学指导学生自己动手做实验，着重于系统训练学生的生理科学实验技能，培养学生的科学思维方式及科学工作态度，引导学生步入医学研究的殿堂。

为了适应21世纪生理科学的发展及我国高等医学教育教学改革的需要，我们组织了海南医学院、右江民族医学院、广东医学院和广西卫生管理干部学院四所医学院校相关专业老师编写了这部教材。本教材内容分为绪论、实验生理科学基本知识、动物实验、人体（临床）实验、讨论课及附录等六部分。我们试图使本教材具有学科内容科学化及系统化，实验操作步骤规范化及条理化，以及图文并茂等特色，力求使本教材既适用于高等医学院校各专业本科及专科教学，又适用于医学研究生及临床医务工作者在生理科学实验研究过程中参考。

本书在编写出版过程中，得到海南医学院和右江民族医学院领导的高度重视和大力支持。参加编写的各位老师不辞辛苦，利用课余时间总结自己的教学及实验经验，阅读大量的参考文献，才使本书顺利完成。书中大多数相片由海南医学院教育技术中心的韩洪老师协助拍摄，海南医学院机能学实验室王世雄、何佟老师协助录入部分文稿，在此一并表示衷心感谢！

特别是，我国著名生理学家、德高望重的陈宜张院士和海南医学院院长焦解歌教授在百忙之中为本书作序，这是对本书全体编者的鞭策，也是对实验生理科学教学改革的支持，在此表示最诚挚的谢意！

由于编者水平限制，编写时间仓促，本书的缺点和错误在所难免，恳请读者批评指正。

陈世民

2003年7月于海口

# 第二版前言

本教材第一版自 2003 年 9 月正式出版发行以来,已在国内多所院校使用,几年来获得大量的师生反馈意见。这些意见既有肯定和鼓励的正面评价,也有批评和建议,两方面的意见对本次修订都有很大的帮助。

"为什么我们的学校总是培养不出杰出人才?"这是著名科学家钱学森院士生前的疑问,也是钱老的临终遗言。直面"钱学森之问",我们不能回避!我们不仅要反思我们的教育理念和教育制度,还要反思我们的教学方法和教学内容。实验生理科学是一门兼具很强理论性及实践性的课程。它的宗旨不仅仅是想通过实验去验证理论,而更为重要的是想通过实验去创新理论。我们希望通过指导学生自己动手做实验,培养学生的科学思维方式及科学工作态度,系统地训练学生的生理科学实验技能,努力探索培养科学技术发明创造人才的教学模式。

第二版教材保留了绪论、实验生理科学基本知识、动物实验、人体(临床)实验、讨论课及附录等六部分框架,更新和增添了一些新仪器介绍、实验项目及相片等内容,尽量纠正第一版教材中的不足和错误。第二版教材坚持以内容的科学性及系统性,实验操作步骤的规范性,以及图文并茂为特色,力求使本教材既适用于高等医学院校各专业本科及专科教学,又适用于医学研究生及临床医务工作者在生理科学实验研究过程中参考。为了减少印刷成本,同时保留部分重要图片的逼真色彩,我们在正文中用黑白图片,在书末附录部分集中了彩色图片。

本书在修订出版过程中,参加编审的各位老师认真负责,团结合作,才使本书顺利完成。编审秘书吉丽敏老师对本书文字和图片处理做了大量工作,在此一并表示衷心感谢!

我国著名生理学家、德高望重的陈宜张院士和原海南医学院院长焦解歌教授为本书第一版作序,这是对本书全体编者永远的鞭策。因此,我们继续以第一版序为本书作序。

尽管全体编者以精益求精的态度进行编写,但由于水平限制,本书的缺点和错误在所难免,恳请广大师生、读者批评指正。

陈世民

2011 年 5 月于海口

# 目 录

第一篇 绪论 ················································································· 1

  第一章 实验生理科学的特点 ····················································· 1
  第二章 实验生理科学实验课的目的与基本要求 ························· 3
    第一节 实验生理科学实验课的目的 ······································· 3
    第二节 实验生理科学实验课的基本要求 ································ 3
  第三章 实验生理科学实验报告的格式和写作要求 ······················ 5

第二篇 实验生理科学的基本知识 ···················································· 7

  第一章 常用生理科学实验仪器 ················································· 7
    第一节 生物机能实验系统 ···················································· 7
      一、概述 ·········································································· 7
      二、BL-420E生物机能实验系统硬件介绍 ····························· 8
      三、BL-New Century软件的启动 ········································· 8
      四、生物机能实验系统软件(BL-New Century)介绍 ·············· 8
      五、应用举例及常见问题解答 ············································ 20
    第二节 常用换能器 ···························································· 21
    第三节 心电图机 ································································ 22
      一、心电图机的主要结构及原理 ········································· 22
      二、心电图机的导联组合 ·················································· 23
      三、心电图机的使用 ························································ 25
    第四节 多参数监护仪 ························································· 28
      一、概述 ········································································ 28
      二、PM-9000便携式多参数监护仪各部件功能简介 ············· 29
      三、仪器使用的操作规程 ·················································· 29
      四、使用注意事项 ··························································· 31
    第五节 BP-6动物无创血压测试系统 ···································· 32
      一、BP-6动物无创血压测试系统原理 ································ 32
      二、BP-6动物无创血压测试系统组成 ································ 32
      三、BP-6动物无创血压测试系统特点 ································ 33
      四、BP-6动物无创血压测试系统硬件 ································ 33
      五、BP-6动物无创血压测试系统软件 ································ 35
      六、应用举例 ································································· 37
      七、注意事项 ································································· 38
    第六节 肺功能检查仪 ························································· 38
      一、AS-407型肺功能检查仪的基本结构及特点 ··················· 38

二、AS-407 型肺功能检查仪测试操作 ………………………………… 39
三、AS-407 型肺功能检查仪测试结果 ………………………………… 41
四、AS-407 型肺功能检查仪使用注意事项 …………………………… 42

### 第七节　常用分光光度计 ……………………………………………………… 42
一、分光光度法 …………………………………………………………… 42
二、分光光度计的基本工作原理 ………………………………………… 42
三、分光光度计的基本结构 ……………………………………………… 43
四、常用分光光度计的使用方法 ………………………………………… 44

### 第八节　自动生化分析仪 ………………………………………………………… 45
一、概述 …………………………………………………………………… 46
二、自动生化分析仪的基本结构 ………………………………………… 46
三、自动生化分析仪的功能 ……………………………………………… 46
四、举例：XD818($S8^+$)急诊生化分析仪的使用方法 ……………… 46

### 第九节　智能热板仪 ……………………………………………………………… 48
一、RB-200 智能热板仪的基本结构 …………………………………… 48
二、RB-200 智能热板仪的使用方法 …………………………………… 49
三、注意事项 ……………………………………………………………… 50

### 第十节　电动跑步机 ……………………………………………………………… 50
一、DP-188 电动跑步机的主要结构及性能 …………………………… 50
二、电子表各部分名称及功能 …………………………………………… 51
三、使用方法及注意事项 ………………………………………………… 51

## 第二章　常用生理科学实验器械 ………………………………………………… 53
一、手术刀 ………………………………………………………………… 53
二、剪刀 …………………………………………………………………… 54
三、镊子 …………………………………………………………………… 54
四、钳子 …………………………………………………………………… 55
五、持针器和缝针 ………………………………………………………… 56
六、兔头固定器 …………………………………………………………… 56
七、犬头固定器 …………………………………………………………… 56
八、动脉夹 ………………………………………………………………… 57
九、气管插管 ……………………………………………………………… 57
十、血管插管 ……………………………………………………………… 57
十一、颅骨钻 ……………………………………………………………… 57
十二、胸腔插管 …………………………………………………………… 57
十三、三通管 ……………………………………………………………… 57
十四、玻璃分针 …………………………………………………………… 58
十五、金属探针 …………………………………………………………… 58
十六、锌铜弓 ……………………………………………………………… 58
十七、蛙心夹 ……………………………………………………………… 58

十八、蛙板 ………………………………………………………………………… 59
第三章　常用生理溶液 …………………………………………………………………… 60
第四章　常用实验动物 …………………………………………………………………… 62
　第一节　常用实验动物的种类、品系、特点及选择 ………………………………… 62
　　一、实验动物的种类 ……………………………………………………………… 62
　　二、实验动物的品系与特点 ……………………………………………………… 63
　　三、实验动物的选择 ……………………………………………………………… 64
　第二节　常用实验动物生理、生化指标的正常参考值 ……………………………… 66
第五章　动物实验的基本操作技术 ……………………………………………………… 67
　第一节　实验动物的捕捉、固定与编号方法 ………………………………………… 67
　　一、家兔 …………………………………………………………………………… 67
　　二、犬 ……………………………………………………………………………… 68
　　三、大鼠 …………………………………………………………………………… 68
　　四、小鼠 …………………………………………………………………………… 69
　　五、蛙类 …………………………………………………………………………… 70
　第二节　实验动物去毛方法 …………………………………………………………… 71
　　一、剪毛法 ………………………………………………………………………… 71
　　二、拔毛法 ………………………………………………………………………… 71
　　三、剃毛法 ………………………………………………………………………… 71
　　四、脱毛法 ………………………………………………………………………… 71
　第三节　实验动物的给药途径和方法 ………………………………………………… 71
　　一、经口给药 ……………………………………………………………………… 71
　　二、注射给药 ……………………………………………………………………… 72
　　三、给药剂量 ……………………………………………………………………… 75
　第四节　实验动物的麻醉 ……………………………………………………………… 76
　　一、局部麻醉 ……………………………………………………………………… 76
　　二、全身麻醉 ……………………………………………………………………… 76
　　三、麻醉时的注意事项 …………………………………………………………… 77
　第五节　实验动物的血液抗凝 ………………………………………………………… 77
　　一、体内抗凝 ……………………………………………………………………… 77
　　二、体外抗凝 ……………………………………………………………………… 77
　第六节　实验动物的常用取血法 ……………………………………………………… 78
　　一、犬的取血法 …………………………………………………………………… 78
　　二、兔取血法 ……………………………………………………………………… 79
　　三、大鼠和小鼠取血法 …………………………………………………………… 80
　　四、豚鼠取血法 …………………………………………………………………… 80
　第七节　实验动物的安乐死方法 ……………………………………………………… 80
　　一、吸入性药剂法 ………………………………………………………………… 81
　　二、非吸入性药剂法 ……………………………………………………………… 81

三、物理性方法 …… 81
### 第八节 急性动物实验常用手术方法 …… 82
一、切开、止血和结扎 …… 82
二、组织的分离 …… 84
三、颈部手术 …… 84
四、腹部手术 …… 87
五、股部手术 …… 87
### 第九节 动物实验常用观察指标及其测量技术 …… 87
一、体重的测量 …… 87
二、体温的测量 …… 88
三、脉搏的检查 …… 88
四、动脉血压的测定 …… 89
五、呼吸的测定 …… 89
六、中心静脉压的测定 …… 90
七、胸膜腔压力的测定 …… 90

## 第六章 离体器官、组织实验的基本要求 …… 91
### 第一节 离体器官、组织的获取 …… 91
### 第二节 离体器官、组织实验的人工环境 …… 91
### 第三节 灌流系统的基本组成 …… 93

## 第七章 医学实验设计 …… 95
### 第一节 医学实验设计的意义 …… 95
### 第二节 医学实验设计的基本原则 …… 95
### 第三节 实验设计的主要内容 …… 96
一、试验对象的选择 …… 96
二、设组与分组 …… 97
三、样本数的确定 …… 98
### 第四节 常用的设计方法 …… 100
一、平行对照设计 …… 100
二、交叉设计 …… 100
三、拉丁方设计 …… 101
四、序贯设计 …… 101

## 第八章 常用医学统计学方法 …… 104
### 第一节 $\chi^2$(卡方)检验——计数资料的统计分析 …… 104
### 第二节 $t$ 检验——量反应资料的统计分析 …… 105
### 第三节 直线回归与相关 …… 107
一、直线回归 …… 107
二、直线相关 …… 109
### 第四节 SPSS 统计软件包在医学统计中的应用 …… 110
一、SPSS 统计软件包的基本操作 …… 110

二、SPSS在医学常用统计中的应用 ………………………………………………………… 112
第九章　医学科研论文的撰写 ……………………………………………………………… 129
　第一节　医学科研论文的基本要求 ……………………………………………………… 129
　第二节　医学科研论文的格式和内容 …………………………………………………… 130

## 第三篇　动物实验 …………………………………………………………………………… 134

### 第一章　细胞生理实验 …………………………………………………………………… 134
　实验一　坐骨神经腓肠肌标本制备 ……………………………………………………… 134
　实验二　阈刺激、阈上刺激与最大刺激 ………………………………………………… 137
　实验三　骨骼肌的单收缩、复合收缩和强直收缩 ……………………………………… 138
　实验四　神经干动作电位、传导速度和不应期测定 …………………………………… 139

### 第二章　循环系统实验 …………………………………………………………………… 141
　实验一　蛙心起搏 ………………………………………………………………………… 141
　实验二　期前收缩和代偿间歇 …………………………………………………………… 143
　实验三　某些理化因素和递质对离体蛙心的影响 ……………………………………… 144
　实验四　减压神经放电 …………………………………………………………………… 146
　实验五　大鼠心电图的测定 ……………………………………………………………… 147
　实验六　血压和心率的神经、体液调节 ………………………………………………… 149
　实验七　犬失血性休克 …………………………………………………………………… 151
　实验八　家兔失血性休克及抢救 ………………………………………………………… 153
　实验九　大鼠失血性休克 ………………………………………………………………… 155
　实验十　毛花苷丙中毒及利多卡因抢救 ………………………………………………… 156
　实验十一　强心苷类药物的作用、中毒与解救 ………………………………………… 157
　实验十二　普萘洛尔对抗氯化钡引起的心律失常实验 ………………………………… 158

### 第三章　泌尿系统实验 …………………………………………………………………… 160
　实验一　利尿药实验 ……………………………………………………………………… 160
　实验二　急性汞中毒性肾功能不全 ……………………………………………………… 162

### 第四章　神经系统实验 …………………………………………………………………… 166
　实验一　去大脑僵直 ……………………………………………………………………… 166
　实验二　大脑皮质运动功能定位 ………………………………………………………… 167
　实验三　去小脑动物的观察 ……………………………………………………………… 169
　　一、毁损小鼠小脑的观察 ……………………………………………………………… 169
　　二、鸽一侧小脑损伤 …………………………………………………………………… 170
　实验四　小鼠脊髓半横切 ………………………………………………………………… 171
　实验五　局麻药实验 ……………………………………………………………………… 172
　　一、普鲁卡因蛛网膜下隙麻醉（腰麻） ……………………………………………… 172
　　二、普鲁卡因与丁卡因的毒性比较 …………………………………………………… 173
　实验六　药物抗惊厥实验 ………………………………………………………………… 173
　　一、苯巴比妥钠抗电惊厥作用 ………………………………………………………… 173

  二、地西泮对抗中枢兴奋药过量引起惊厥的作用 …………………………………………… 174
 实验七 药物的镇痛作用 ……………………………………………………………………… 175
  一、热板法 …………………………………………………………………………………… 175
  二、化学刺激实验方法 ……………………………………………………………………… 176
 实验八 纳洛酮、尼可刹米对急性吗啡中毒的解救作用 …………………………………… 177

## 第五章 呼吸系统实验 ……………………………………………………………………… 179
 实验一 膈神经放电 ……………………………………………………………………… 179
 实验二 呼吸运动的调节 ………………………………………………………………… 180
 实验三 家兔实验性肺水肿 ……………………………………………………………… 182
 实验四 小鼠实验性肺水肿 ……………………………………………………………… 183
 实验五 家兔呼吸功能不全 ……………………………………………………………… 184
 实验六 平喘药实验(豚鼠肺支气管灌流法) …………………………………………… 187

## 第六章 消化系统实验 ……………………………………………………………………… 189
 实验一 消化道平滑肌生理特性及其影响因素 ………………………………………… 189
 实验二 肠缺血-再灌注损伤 ……………………………………………………………… 191
 实验三 氨在肝性脑病发病机制中的作用 ……………………………………………… 193

## 第七章 血液系统实验 ……………………………………………………………………… 195
 实验一 血液凝固 ………………………………………………………………………… 195
 实验二 家兔急性弥散性血管内凝血 …………………………………………………… 197
 实验三 酚磺乙胺(止血敏)和肝素对小鼠血凝时间的影响 ………………………… 201

## 第八章 内分泌与生殖系统实验 …………………………………………………………… 203
 实验一 药物对离体子宫的作用 ………………………………………………………… 203
 实验二 肾上腺皮质激素的抗炎作用 …………………………………………………… 204
 实验三 肾上腺皮质激素抗内毒素性休克实验 ………………………………………… 205

## 第九章 药物的药效学与药代动力学 ……………………………………………………… 207
 实验一 乙酰胆碱量效关系曲线及阿托品 $pA_2$ 测定 ……………………………… 207
 实验二 药物半数致死量($LD_{50}$)的测定 ………………………………………… 209
 实验三 不同剂量、不同给药途径、不同肝和肾功能对药物作用的影响 …………… 212
  一、不同剂量的硫喷妥钠对小鼠作用的影响 …………………………………………… 212
  二、不同肝功能对硫喷妥钠作用的影响 ………………………………………………… 213
  三、不同肾脏功能对链霉素作用的影响 ………………………………………………… 213
  四、不同给药途径对硫酸镁作用的影响 ………………………………………………… 214
 实验四 水杨酸钠药代动力学参数测定 ………………………………………………… 215
 实验五 磺胺嘧啶(SD)药代动力学参数测定 ………………………………………… 217
 实验六 磺胺类药物的体内分布和乙酰化率 …………………………………………… 219
 实验七 碱化尿液对水杨酸经肾排泄的影响 …………………………………………… 222

## 第十章 药品安全性实验 …………………………………………………………………… 225
 实验一 热原检查(家兔法) ………………………………………………………………… 225
 实验二 溶血性实验 ……………………………………………………………………… 227

实验三　过敏性试验 …………………………………………………………………… 229
　　实验四　刺激性实验 …………………………………………………………………… 230
第十一章　感觉器官实验 ……………………………………………………………………… 232
　　实验一　豚鼠一侧迷路破坏的效应 …………………………………………………… 232
第十二章　其他 ………………………………………………………………………………… 233
　　实验一　小鼠缺氧实验 ………………………………………………………………… 233
　　　一、几种类型的缺氧 ………………………………………………………………… 233
　　　二、影响缺氧耐受性的因素 ………………………………………………………… 234
　　实验二　有机磷酸酯类药物中毒与解救 ……………………………………………… 235
　　实验三　链霉素的毒性反应及氯化钙的拮抗作用 …………………………………… 238
　　实验四　家兔高钾血症实验 …………………………………………………………… 239

第四篇　人体（临床）实验 …………………………………………………………………… 241
第一章　心血管系统检查 ……………………………………………………………………… 241
　　实验一　人体心电图描记 ……………………………………………………………… 241
　　实验二　人体心音听诊 ………………………………………………………………… 243
　　实验三　人体动脉血压测定 …………………………………………………………… 245
　　实验四　寒冷、体位变换和运动负荷对血压的影响 ………………………………… 248
　　实验五　跑步运动对人体血压、心率的影响 ………………………………………… 249
第二章　呼吸系统检查 ………………………………………………………………………… 251
　　实验一　安静状态下男女大学生肺通气功能测定 …………………………………… 251
　　实验二　跑步运动对人体呼吸运动的影响 …………………………………………… 253
第三章　人体基础代谢的测定 ………………………………………………………………… 255
　　实验一　肺量计测定人体基础代谢率 ………………………………………………… 255
第四章　人类血型鉴定 ………………………………………………………………………… 259
　　实验一　ABO血型鉴定与交叉配血 …………………………………………………… 259
第五章　临床药理及药物制剂与处方学 ……………………………………………………… 262
　　第一节　安慰剂的药理效应 …………………………………………………………… 262
　　　一、麻黄碱和安慰剂对正常人体血压和心率的影响 ……………………………… 262
　　　二、阿托品对人体的药理效应 ……………………………………………………… 262
　　第二节　药物制剂与处方学 …………………………………………………………… 264
　　　一、药物制剂 ………………………………………………………………………… 264
　　　二、处方学 …………………………………………………………………………… 265

第五篇　讨论课 ………………………………………………………………………………… 273
第一章　药理学讨论 …………………………………………………………………………… 273
　　讨论一　药理学总论 …………………………………………………………………… 273
　　讨论二　中枢神经系统药理 …………………………………………………………… 273
　　讨论三　心血管药理 …………………………………………………………………… 274

讨论四　激素类药物 ……………………………………………………………… 275
第二章　临床病例讨论 ………………………………………………………………… 277
　病例一 ……………………………………………………………………………… 277
　病例二 ……………………………………………………………………………… 278
　病例三 ……………………………………………………………………………… 278
　病例四 ……………………………………………………………………………… 279
　病例五 ……………………………………………………………………………… 279
　病例六 ……………………………………………………………………………… 280

主要参考文献 …………………………………………………………………………… 282

附录 ……………………………………………………………………………………… 283
　附录一　常用医学统计用表 ……………………………………………………… 283
　　附表 1　$\chi^2$ 界值表 …………………………………………………………… 283
　　附表 2　$t$ 界值表 ………………………………………………………………… 284
　　附表 3　$r$ 界值表 ………………………………………………………………… 285
　　附表 4　随机数字表 ……………………………………………………………… 286
　　附表 5　随机排列表（$n=20$）………………………………………………… 287
　　附表 6　概率单位（Y）与权重系数（W）表 …………………………………… 288
　　附表 7　$P=0$ 或 1.00 时，近似的概率单位（Y）及权重系数（W）表 …… 289
　附录二　部分彩色图片集 ………………………………………………………… 291

# 第一篇　绪　　论

## 第一章　实验生理科学的特点

实验生理科学(experimental physiological science)是一门独立的医学基础课程,由原来的生理学、病理生理学和药理学实验项目及生理科学研究方法等内容有机融合而成。它的主要任务是研究人和动物正常情况及疾病或药物作用下生理功能、代谢的变化及其发生发展的规律。它既是一门理论性和实践性很强的课程,又是一门与多学科有密切联系的综合性课程。在生命科学高速发展的21世纪,实验生理科学作为生命科学的一个分支,必将迎来蓬勃发展的明天。国内有些院校将《实验生理科学》称为《医学机能学实验教程》。

实验生理科学的研究方法可分为临床实验和动物实验两类。

临床实验一定要严格遵守相关法律及伦理规定,只能做一些不耽误病情,不损害患者健康,不增加患者痛苦(即非创伤性)的实验,因此受许多条件的限制。动物实验从而成为实验生理科学最常用的研究方法。动物实验也一定要遵守实验动物福利及动物实验的法规。动物为了人类健康作出了牺牲,因此实验过程要体现对实验动物的尊重。为了深入揭示正常机体的生理功能,揭示疾病或药物作用下机体生理功能、代谢变化的发生发展机制,必须人为地严格控制实验条件,在动物身上复制各种研究模型,观察和记录各种生理变化及其发展过程。用生理学、生物化学、分子生物学、免疫学及组织学等实验方法,观察与测定研究对象的功能和代谢变化,探讨其变化的发生机制。然后将获得的资料与人的生理功能、疾病表现进行比较分析,从中得出有利于人类防病治病、提高健康水平的科学规律。

根据实验过程时间长短及实验项目的特点,动物实验可分为两类。

### (一) 急性实验

急性实验可以在较短时间内完成。因为实验课的时间有限(通常为2~3 h,一般不超过8 h),所以急性实验是我们在教学中常用的方法。急性实验的优点是不需要严格的无菌操作,比较简单和方便。但也有其缺点:①观察时间短,使观察不够全面。②急性实验多在全麻或局麻下进行,麻醉本身已使机体脱离常态,而同时还要进行必要的手术,如分离血管、暴露器官、打开胸腔或腹腔等,这些手术也使机体状态有了一些改变。

### (二) 慢性实验

慢性实验观察时间比较长,可达数天、数周或数月,甚至更长时间。其优点是:①在无菌条件下进行手术,等动物恢复后,再进行主要的实验观察。因此,动物的状况接近自然生活条件。②可进行较长时间、全面、系统地观察,对实验过程中的功能、代谢等变化进行综合分析研究。这种实验在教学中使用较少,主要因教学时间限制,不便于进行长期观察。但是,通过开放实验室,让学生利用课余时间开展探索性实验研究,可以开展慢性实验。

生理科学实验还可根据研究对象不同而分为整体实验、离体器官(组织)实验、细胞实验等。

实验生理科学课程主要在活体动物和人体身上训练学生的实验操作。此外,随着现代计算机技术、计算机网络、人机交互、数字建模、计算机图形学、多媒体技术等多个信息技术的发展,国内已经开发出多种计算机虚拟生理科学实验教学软件。通过计算机虚拟实验平台,学生可以学习各种预先设定的实验项目,并可取得一定的学习或训练效果。当然,虚拟实验永远代替不了真实实验。

(陈世民)

# 第二章 实验生理科学实验课的目的与基本要求

## 第一节 实验生理科学实验课的目的

实验生理科学课程旨在通过有关基础理论学习、实验设计、实验仪器及器械的使用、实验操作、实验结果记录与分析、实验报告书写以及实验过程中的团结合作,达到以下目的。

1. 培养学生理论来自实践的科学观点。
2. 培养学生善思考、敏观察、会动手、准表达及巧创新的能力。
3. 培养学生对实验研究的兴趣,初步养成对科学工作的严肃态度、严格要求、严密思维、团结合作及实事求是的工作作风。
4. 使学生系统地掌握生理科学实验研究的基本方法和实验操作的基本技能,以及在医学科研设计及论文写作能力方面得到初步训练,为学生进行科学研究工作及临床实践打下一定基础。
5. 使学生加深对有关课程理论的理解,提高其对所学知识综合运用的能力。

## 第二节 实验生理科学实验课的基本要求

(一) 实验课前

1. 预习实验教程,明确该次实验的目的、方法、步骤和注意事项,充分理解该次实验的设计原理及意义。
2. 设计好实验原始记录的表格;参加药理学讨论、临床病例讨论或其他讨论课之前,则应事先写好发言稿。
3. 结合实验指导,认真复习有关理论。
4. 检查实验器材和药品是否齐全、完好。
5. 未预习者不得参加实验。

(二) 实验课时

1. 严格遵守实验室规则,保持安静和良好的课堂秩序,尊重指导老师。
2. 小组成员既要有明确分工,又要注意团结合作。这样既可提高实验的成功率,又能使每个同学都能得到应有的技能训练。
3. 实验过程应按照实验方法和步骤,进行规范和准确的技术操作。
4. 认真、全面和敏锐地观察实验中出现的每个现象;准确、及时、客观地记录结果。在没有获得预期结果时,也应据实记录。整个实验过程都不得敷衍、马虎和主观臆测。不许实验后单凭记忆来描述实验结果。
5. 实验全程要积极主动思考:①取得了什么结果?②为什么出现这种结果?③这种结果的意义是什么?④出现非预期结果的原因和意义是什么?力求了解每个实验步骤和实验

结果的意义。

    6. 实验过程中,学生要积极向指导老师提问题。

    7. 爱护实验器材,注意节约药品和试剂,尽量避免或减少对动物造成不必要的损伤。

    8. 各组实验器材不得调换混用,力求保持实验台面的整洁,做到有条不紊。

    9. 注意安全,严防触电、火灾、中毒、腐蚀、器械割伤或被动物咬伤事故发生。

    (三) 实验课后

    1. 按要求关闭实验仪器,清洁仪器表面。清点实验器材并洗净擦干,交还借用的器械。如有仪器、器械损坏或遗失,要立即报告负责老师。

    2. 把实验废弃物品、动物尸体及存活动物分类集中放到指定地点,严禁乱放乱弃。

    3. 清洁实验桌(台),摆整齐桌(台)面上物品。

    4. 安排值日生搞好实验室清洁卫生,离开实验室前应关好电源、水龙头和门窗。

    5. 认真整理、分析实验结果,独立书写实验报告并按时交给负责老师评阅。可以组织小组讨论,但严禁相互抄袭。

(陈世民)

# 第三章　实验生理科学实验报告的格式和写作要求

实验报告的书写是一项重要的基本技能训练。它不仅有利于总结每一次的实验，更重要的是有利于培养和训练学生的逻辑思维能力、综合分析数据能力和文字表达能力。书写实验报告是科学论文写作的基础。因此，参加实验的每一位学生，都必须独立认真完成，不得抄袭。基本要求是：内容实事求是，格式规范统一，分析全面具体，书面清楚整洁，文字简练通达，标点符号使用正确。

实验报告的格式如下：

(一) 实验报告本的封面

工整书写上"实验生理科学实验报告、学生姓名、学号、年级、班组"。

(二) 实验报告内容

1. 实验题目。
2. 主要操作者和合作者。
3. 实验日期　年、月、日、室温。
4. 实验对象　种属、性别、体重、毛色、数量。
5. 实验目的　参考实验指导，写出简洁、清楚的实验目的。
6. 实验步骤　只需简要写出主要操作步骤，不要照抄实验指导。但如果实验操作改动较大，则应详细叙述。
7. 实验结果　包括实验所得到的原始资料(如血压、呼吸曲线，神经放电波形，心电图，测得的生化指标数据等)，动物的反应状态，实验现象的描述，实验数据的处理等。根据实验目的将原始资料系统化、条理化并进行统计学分析(教学实验往往因样本数太少，难于做统计学分析)。实验结果必须包括对照资料。结果是论文或实验报告的核心和主要部分。实验结果的表述包括图表及文字叙述。图表是呈现结果的主要形式，图表必须与数据统计和文字描述有机地结合。

(1) 图表：图表指图形和表格，每一图表应说明一定的中心问题，都应具有自明性。图表的作用包括：①真实、准确地展示和反映数据；②直观、高效地表达复杂的数据和观点；③以较小的空间承载较多的内容；④启发作者和读者思考数据的本质，分析数据的变化规律。

1) 图形的种类很多，常用图形有：①相片、其他纪实性图像等，用于记录性资料。②线形图、条形图、柱形图、饼形图、散点图等，用于定量性资料。其中，线形图可以表现两个变量之间的定量关系、连续变化及发展趋势，比如血压、呼吸、体温等变化可用曲线图表示。条形图和柱形图表示分类数据。饼形图表示比例。③示意图、流程图等，用于解释性资料。图形下方为图序、标题及图注。图注内容为用文字和符号表达图中未能表达的必要信息。

Microsoft Excel 是一种比较简便的制图辅助工具。方法：将数字输入 Excel 表中，选定包含数字的方格，然后用菜单条中的图表向导帮助制图。

2) 表格主要用于呈现较多的精确数值或无明显规律的复杂分类数据的描述，也用于平行、对比、相关关系数据的描述。表格内容包括序号、标题、项目栏、表体、注脚及顶线、栏目线和底线。序号和标题位于表格上方。规范的表格仅有顶线、栏目线和底线，故称三线表，有时可增加少量辅助横线，一般没有竖线，如表1-3-1-1。

表1-3-1-1 某地两组松毛虫病患者型别构成比较

| 年龄分组 | 皮炎型 | 骨关节炎型 | 软组织炎型 | 混合型 | 合计 |
| --- | --- | --- | --- | --- | --- |
| 儿童组 | 55 | 46 | 22 | 62 | 185 |
| 成人组 | 115 | 11 | 9 | 19 | 154 |
| 合　计 | 170 | 57 | 31 | 81 | 339 |

（2）文字叙述：用文字将观察到的，与实验目的有关的现象客观地加以描述。描述时需要有时间概念和顺序，注意系统性与条理性。

在优秀的实验报告或学术论文中，图形、表格和文字描述常配合使用，以求得到最佳效果。需要注意的是，对图表，不可再对其结果进行详细的文字描述，以免重复，但可以用文字对其要点和规律做概括性描述。

8. 讨论　实验设计及实验结果是讨论的基础。讨论的基本思路是以实验结果为论据，论证实验目的。用相关的理论知识对所得到的实验结果进行科学的解释和分析。说明结果如何得来？结果有何意义？结果揭示了哪些新问题？如果实验结果和预期结果一致，那么它论证了什么理论？如果出现"异常现象"，包括得到与预期结果不符或实验失败，都应认真地、客观地加以分析。分析推理要从实验结果出发，要有根据，实事求是，符合逻辑。不可以修改结果来迎合理论，更不能用已知的理论或生活经验硬套在实验结果上，也不要简单复述教材上的理论知识。此外，实验报告中也可写一些本次实验的心得或提出一些问题及建议。

9. 结论　实验结论是从实验结果中归纳出的一般性、概括性的判断，是针对本次实验结果所能验证的概念或论点的简明总结。学生要注意下面几点：①结论不是具体实验结果的再次罗列，也不是对今后研究的展望。②结论应与本实验目的相呼应。③结论的文字应准确、精练。④要避免结论扩大化，即不要根据一个"小"的实验（特殊性实验）做出"大"的结论（普遍性结论）。

（陈世民）

# 第二篇 实验生理科学的基本知识

## 第一章 常用生理科学实验仪器

科学的发展离不开仪器的进步。生理科学实验仪器和器械种类繁多,其中最有代表性、最常用的仪器为生理记录仪器(或称生物信号记录仪器)。20 世纪 80 年代前,第一代生理记录仪器——记纹鼓占主导地位。20 世纪 80~90 年代,第二代生理记录仪器——二道生理记录仪占主导地位。从 20 世纪 90 年代末开始,逐渐由第三代生理记录分析仪器——以计算机技术为基础的生物机能实验系统占主导地位。随着计算机科学的高速发展,第三代生理记录分析仪器也得到了不断发展与完善,新仪器不断出现。

### 第一节 生物机能实验系统

#### 一、概 述

**(一) 生物机能实验系统简介**

BL-410、BL-420 及 BL-420E 生物机能实验系统是由成都泰盟科技有限公司研制开发的系列产品。该生物机能实验系统由计算机、生物机能实验系统硬件与 BL-New Century 生物信号显示与处理软件所组成。其软件以中文 Windows 操作系统为软件平台,全中文图形化操作界面,数据与 Windows 共享,操作方便。它有 4 个通道可以同时进行生物信号采集、放大、显示、记录及处理,并以 USB 接口为数据传输通道。

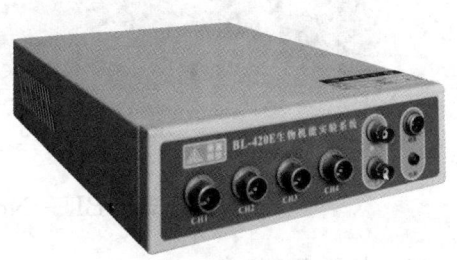

图 2-1-1-1 BL-420E 生物机能实验系统机箱

本节以 BL-420E 生物机能实验系统(以下简称为 BL-420E 系统)为例进行介绍。

BL-420E 生物机能实验系统硬件为外置式的硬件机箱,机箱外形见图 2-1-1-1。

**(二) 生物机能实验系统特点**

1. 硬件 具有性能优良的生物信号采集、放大器,抗干扰能力强。
2. 软件 直观图形化的操作界面,可同时进行 4 通道的信号采集,有机能学常用实验项目的实验模块,能够进行强大的数据处理、数据测量,以及自身网络控制机能。

该系统可适用于生理学、药理学、毒理学、病理生理学等相关功能学实验。基本原理是:①将原始的生物机能信号通过放大、滤波等处理,然后将信号数字化,再通过实验系统软件进行实时处理,显示采集的生物信号波形,对生物信号进行存贮。②根据命令对数据进行指定的处理和分析,比如平滑滤波、微积分、频谱分析等。③对于已存贮的实验数据,可以将其调出进行观察和分析,打印需要的实验波形和分析数据。

## 二、BL-420E 生物机能实验系统硬件介绍

BL-420E 生物机能实验系统机箱通过 USB 接口连线与计算机相连。前面板如图 2-1-1-2 所示;背面板如图 2-1-1-3 所示。

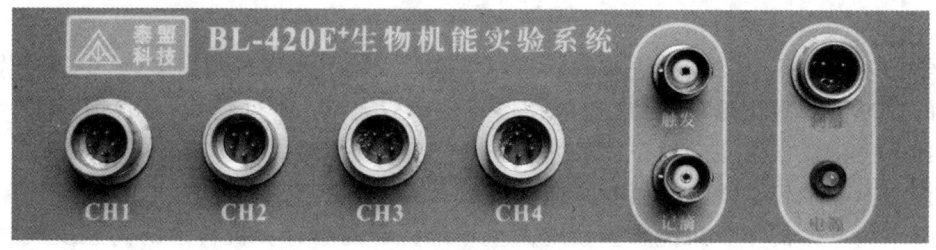

图 2-1-1-2　BL-420E 系统机箱的前面板
CH1、CH2、CH3、CH4:生物信号输入接口　触发输入:外触发输入接口
刺激输出:刺激输出接口　记滴输入:记滴输入接口　电源指示:蓝色发光二极管

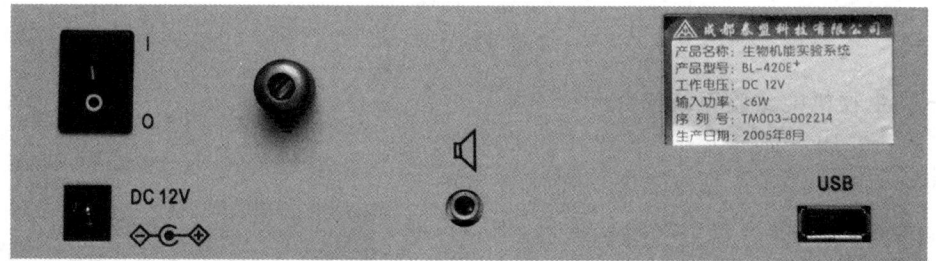

图 2-1-1-3　BL-420E 系统机箱的后面板

## 三、BL-New Century 软件的启动

1. 打开 PC 机。
2. 在 Windows 操作系统桌面上,用鼠标左键双击 BL-420E$^+$ 启动图标即可快捷启动该软件。

## 四、生物机能实验系统软件(BL-New Century)介绍

(一) 主界面

主界面分布如图 2-1-1-4 所示。

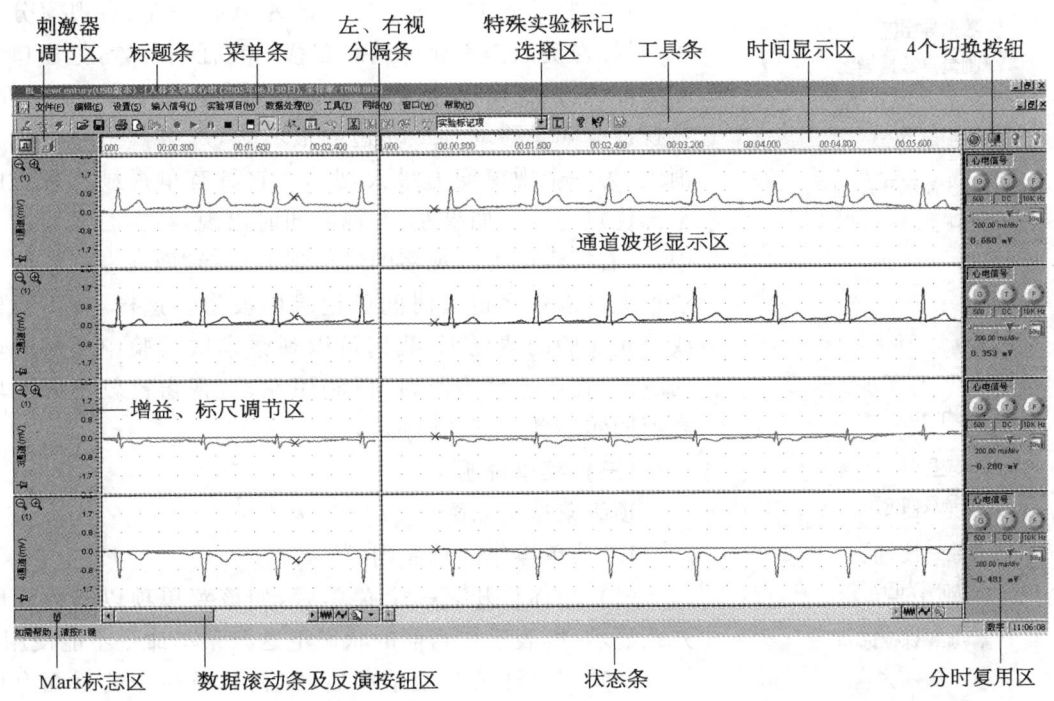

图 2-1-1-4  BL-New Century 软件主界面

### (二) 生物信号波形显示窗口

生物信号波形显示窗口显示实验观察的各种生物信号波形。窗口在默认情况下,有 4 个波形显示通道,每个通道对应前面板上相应的 4 个接口。波形显示窗口的各通道高度可以通过拖动通道窗口之间的分隔条来改变,但当您把其中一个通道显示窗口的高度调宽时,必然会导致其他通道显示窗口的高度变窄。调整后,若想恢复,则在任何一个通道窗口上双击鼠标左键即可。图 2-1-1-5 表示一个通道的波形显示窗口,其中包含标尺基线、波形显示线等。

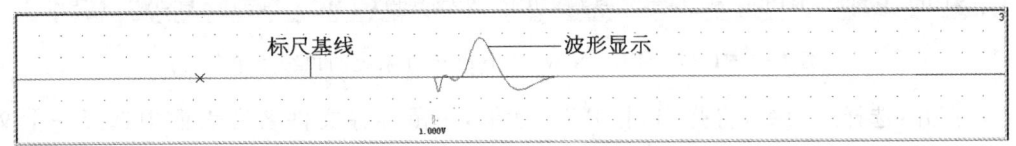

图 2-1-1-5  BL-New Century 软件生物信号显示窗口

1. **标尺基线**  生物信号的参考点。可以在界面左边的标尺调节区中,通过鼠标左键的拖动来改变位置。

2. **信号扫描线**  显示采集到的生物信号波形或经处理后的波形。

在任一通道显示窗口单击鼠标右键,将会弹出一与该通道显示窗口相关的快捷功能菜单,如图 2-1-1-6。在这个快捷功能菜单中包含的命令大部分与通道相关,选择指定的命令即可完成相应的操作。比如选择"比较显示",在出现的下一级菜单中点击"集中比较显示",则所有通道的信号波形一起出现在 1 通道上,实验者可以对比分析两个通道的信号波形;若想取消集中比较显示状态,则点击"关闭比较显示"即可。

在生物信号波形显示窗口的左侧有一左、右视窗分隔条,鼠标左键点击不放可以向右移动在任何位置,把窗口分隔为左、右两视窗。左、右视窗大小并不固定,当我们把左、右视窗分隔条移动到最左边或最右边,那么其中一个视窗消失,另一个视窗变为最大,此时,它具有单视显示系统的全部优点;其次,如果左、右视窗同时出现,在实时实验过程中,在右视窗中可以观察即时出现的波形,而在左视窗同一通道上可以观察过去时间已记录的波形。这样,在不暂停或停止实验的情况下,我们可以观察本次实验中任何时段的波形;在数据反演时,可以利用左、右视窗比较不同时段或不同实验条件下的波形。

(三) 菜单说明

顶级菜单条如图2-1-1-7所示。

1. 菜单操作的总原则

(1) 当你打开某一个菜单后,如该菜单项以灰色浮雕方式显示,则表示在当前的状态下这条菜单命令不能使用。

(2) 当打开某个菜单项后,如在某条命令的后面有向右的指示标志,将鼠标移到该命令后,右边出现两个向下指的黑色小箭头,再将鼠标移到箭头的位置,则会出现该命令的下一级子菜单。

2. 常用菜单项

(1) 文件:用鼠标单击该项时,"文件"下拉式菜单将被弹出。文件菜单中包含打开、另存为、保存配置、打开配置、打开上一次实验配置、高效记录方式、删除文件、打印、打印预览、打印设置、定制打印对话框、最近文件和退出等13个命令。

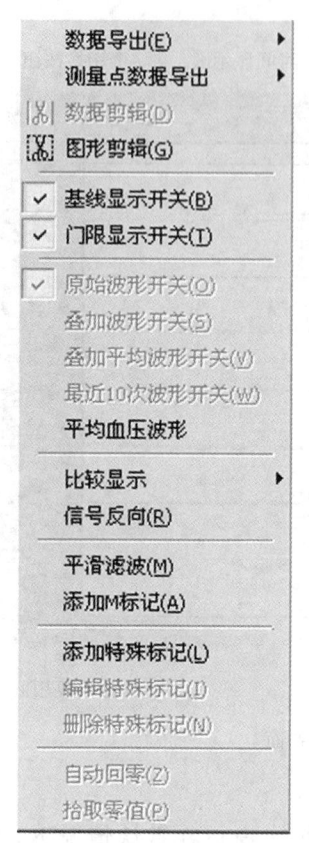

图2-1-1-6 BL-New Century 软件系统的信号显示窗口中的快捷菜单

图2-1-1-7 BL-New Century 软件系统的顶级菜单条

1) 打开:选择此命令,将弹出"打开"对话框,用鼠标在文件名列表框中选择一个文件名,然后按"打开"按钮,即可打开反演数据文件并启动反演。

2) 打印:选择该命令,首先会弹出"定制打印"对话框,由用户根据实验需要进行选择。凡是在通道号前面打一个小钩,即认为该通道需要被打印,您可以通过鼠标单击选择需要打印的通道。打印位置只有在50%打印比例时有效。"通用数据打印"参数项,将在每一个通道下面打印出从该通道测量出的通用数据:最大值、最小值和平均值。

3) 保存配置:实验者根据实验实际需要,对一些如调节增益、时间常数、滤波和刺激等实验参数进行设置,通过该命令,可将当前的实验设置保存起来形成一个自定义的实验模块,以备再次使用。

4) 打开上一次的实验配置:指结束一次实验时,本次实验所设置的各项参数均已自动存贮,如果想重复做上一次的实验,则选择该命令即可避免繁琐的设置。

5）最近文件：最近文件是指您最近一段时间反演过的数据文件，它们的名字被列在"文件"菜单的下面。

（2）编辑：该菜单项包含撤销、剪切、复制、粘贴等 4 条命令。

（3）设置：用鼠标单击该项时，"设置"下拉式菜单将被弹出。设置菜单中包括工具条、状态栏、实验标题、实验人员、实验相关数据、阻抗测试参数、肺通气功能参数、记滴时间、实时测量时间、自动导出 Excel 时间、平均动脉压分析时间、自动记录时间、光标类型、通用标记时间显示开关、特殊标记时间显示开关、心电 R 波标记显示开关、显示方式、显示方向、显示方向指示、剪辑位图带数据、数据剪辑方式、定标、序列密度直方图标记和舒张压收缩压测量标记等 14 个菜单选项，其中工具条、显示方式和方向、数据剪辑方式、定标 4 个菜单选项还有二级子菜单。

工具条子菜单内包含 3 个子命令：标准工具条、图形剪辑工具条和定制。

标准工具条：是一个开关命令，用于打开和关闭 BL‐New Century 软件的标准工具条。

图形剪辑工具条：是一个开关命令，用于打开和关闭 BL‐New Century 软件中的图形剪辑工具条。图形剪辑工具条是在图形剪辑窗口中使用的工具条。有 3 种方式可进入图形剪辑窗口：执行图形剪辑操作命令；选择工具条上的"图形剪辑窗口"图标；点击"窗口"菜单上的"图形剪辑窗口"命令。图形剪辑窗口包括图形剪辑页和图形剪辑工具条，见图 2‐1‐1‐8。

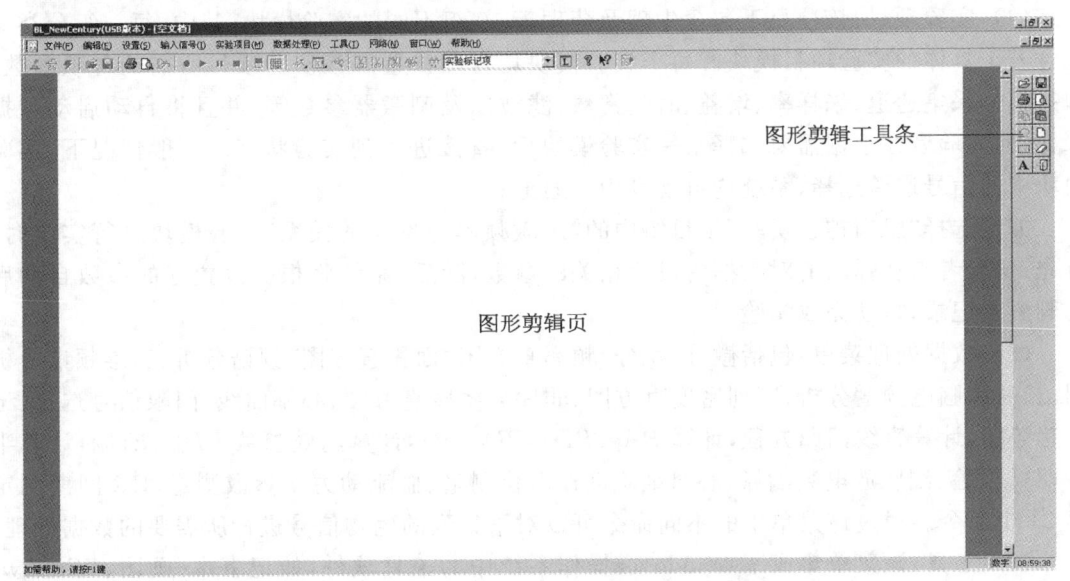

**图 2‐1‐1‐8** BL‐New Century 软件系统图形剪辑窗口

图形剪辑工具条包含 12 个与图形剪辑相关的命令按钮，它们分别是：打开、存贮、打印、打印预览、复制、粘贴、撤消、刷新、选择并移动、擦除、写字和退出。其中"刷新"表示将清空整个剪辑页；"撤销"即取消上一条操作命令；"选择并移动"表示可在剪辑页上选择一块区域，然后通过移动鼠标将其进行移动；"擦除"表示将擦除选择的区域，操作方法是点击鼠标后不放松，通过移动框住所选择区域，然后松开鼠标完成擦除功能；"写字"表示可在剪辑页上进行写字操作；"退出"表示点击该键将退出图形剪辑窗口，该命令是唯一退出图形剪辑页的方法。

使用图形剪辑工具条的原则是：当您刚进入图形剪辑窗口的时候，在当前的图形剪辑页任意位置单击鼠标左键，当图形剪辑工具条上的命令按钮由灰色浮雕状变为彩色的情况下，才可以使用。

实验人员：该命令用于输入实验人员的名字和实验组号。

实验相关数据：你可在弹出的对话框中设置本实验所使用动物的相关数据。

实时测量时间：从 1～5 s 可选，设置实时测量时间的间隔。

通用标记时间显示开关：是一个开关命令，当该菜单命令项的前边有一个小钩，表示被选中，此时在您添加的通用标记旁边将显示添加这个通用标记时刻的绝对时间；若未被选中，则在您添加的通用标记旁边不显示时间信息。

特殊标记时间显示开关：是一个开关命令，其功能同上。

显示方式：是一个开关命令，有连续扫描方式、示波器扫描方式和扫描显示方式 3 种。

显示方向：即信号波形出现的方向和走向，该菜单包含 2 个命令：从右向左和从左向右。

（3）输入信号：鼠标单击顶级菜单条上的"输入信号"菜单项时，"输入信号"下拉式菜单将被弹出，有 1 通道、2 通道、3 通道、4 通道 4 个菜单项，每一个菜单项有一个输入信号选择子菜单。您可以根据实验观察指标在指定的通道里选择所需的信号类型。4 个通道可同时观察不同的信号类型。

（4）实验项目：该项目下包含生理及药理等 10 组不同的实验模块，其中，每一组分类又包含若干具体的实验项目模块。每个实验模块均自动设置好该实验项目所需的各项参数，包括信号采集通道、采样率、增益、时间常数、滤波以及刺激器参数等，并且将自动启动数据采样，使实验者在根据需要选择某一实验模块后，直接进入到实验状态。一般情况下，实验模块中的信号通道选择，系统均自动设为 1 通道。

如当选择"肌肉神经实验"项目组中的"刺激频率与反应的关系"实验模块进行实验时，首先，实验者需在弹出的对话框中设置相关的参数，随后，系统将根据设置好的参数自动启动刺激及记录，自动完成实验。

（5）数据处理菜单：包括微分、积分、频率直方图、面积直方图、频谱分析、三维频谱分析图、长时程脑电频谱分析、序列密度直方图、非序列密度直方图、心率曲线、门限信号选择、记滴趋势图、计算直线回归方程，计算 $PA_2$、$PD_2$、$PD_{2'}(P)$，计算药效参数 $LD_{50}$、$ED_{50}$，计算半衰期，$t$ 检验、细胞放电数测量、心肌细胞动作电位测量、血流动力学参数测量、RR 间期测定等 21 个命令。通过该菜单里的不同命令可以对采集到的生物信号进行所需要的数据处理。

（6）工具：该菜单集成了 Windows 操作系统中的工具软件，如记事本、画图、Windows 资源管理器，计算器等。选择工具菜单上的某一个命令，将直接从 BL - New Century 软件中启动选择的 Windows 应用程序。如在完成实验处理结果的波形时，可通过工具菜单上集成的画图软件启动之，然后可将主界面上的信号波形通过区域选择并复制粘贴至画图软件中进行拼接。

（7）网络：不同的配置（学生机或教师机），其有效的命令是不一样的。对学生机有效的命令是：连接、发送消息、设置地址 3 个命令；而对教师机有效的命令包括：发送消息、请求信息、请求数据、停止数据和网络关机 5 个命令。通过这个网络控制菜单，可以方便老师和学生之间的文字信息的交流，同时教师可实时地对实验进行监视。

（8）窗口：包括图形剪辑窗口、$X$ - $Y$ 输入窗口、参数设置窗口、区间测量数据显示窗口、层叠、平铺、排列图标和正在使用窗口等 8 个命令。

"图形剪辑窗口"可让实验者直接进入图形剪辑窗口进行编辑。"参数设置窗口"可以在实验过程中改变某些有自选参数设置的实验模块的初始参数设置。不同的实验模块其每次弹出的对话框不固定,而是针对选定实验模块的。

（9）帮助:在帮助菜单里的"帮助主题",是 BL - 420E 生物机能实验系统的详细使用说明书。

### （四）工具条说明

工具条把一些常用的命令以图形形式直接呈现给使用者。工具条上的每一个图形按钮被称为工具条按钮,对应一条命令,当工具条按钮以灰色浮雕效果的图形方式显示时,表明该工具条按钮不可使用,如图 2 - 1 - 1 - 9。

图 2 - 1 - 1 - 9　BL - New Century 软件系统的工具条

下面介绍部分工具条按钮的功能。

该工具条按钮代表零速采样命令,用于实现 BL - 420E 系统中的零速采样功能。所谓零速采样是指:在扫描速度为零的情况下,仍然进行数据采样,并且将最新采样的数据显示在显示窗口的数据出现端,此时,我们可以观察到最新数据的变化规律,但是整个波形并不向前移动。零速采样功能适用于变化非常缓慢的生物信号。

该工具条按钮代表实时数据记录命令。有按下和弹起两种状态。当红色实心圆标记处于按下状态时,说明系统现在正处于记录状态,否则系统处于观察状态。

该工具条按钮代表开始实验命令。每一次实验进行的通道选择完毕后,点击该按钮系统才正式进入实验状态。

该工具条按钮代表暂停实验命令。在实时实验过程中,必须在暂停状态下才能使用测量工具。

该工具条按钮代表停止实验命令。每次实验结束或反演文件状态下,要想退出系统,都必须先点击该停止命令,才能关闭 BL - New Century 系统软件。

该工具条按钮代表切换显示通道背景颜色命令。该命令可将显示通道的背景颜色在黑和白两种颜色中进行切换。

该工具条按钮代表删除、添加背景标尺格线命令。该命令可将波形显示在有与没有标尺格线背景中进行切换。

当鼠标左键点击该命令按钮时,将出现一条包含 4 个命令的工具条按钮,实验者根据需要进行选择。这 4 个命令按钮分别是区间测量、两点测量、连续 3 个波形频率测量、心功能参数测量。下面主要介绍学生实验常用的区间测量、两点测量命令的作用与使用方法。

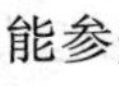

区间测量:该命令用于测量任意通道波形中选择波形段的时间差、频率、最大值、最小值、平均值、峰峰值、面积、最大上升速度($d_{max}/dt$)及最大下降速度($d_{min}/dt$)等参数,测

量的结果显示在通用信息显示区中。本功能在实验项目"神经干动作电位的引导"和"神经干兴奋传导速度的测定"中较为常用。

区间测量的具体操作步骤如下。

（1）在实时实验情况下，必须先暂停实验，才能对目标进行测量；在反演文件状态下则不必。

（2）将鼠标移动到需要进行区间测量的波形段的起点位置，单击鼠标左键进行确定，此时将出现第一条垂直直线，它代表您选择的区间测量起点。

（3）移动鼠标时，另一条垂直直线出现并且随着鼠标的位置移动而移动，这条直线用来确定区间测量的终点。当这条直线移动时，在通道显示窗口的右上角将动态地显示两条垂直直线之间的时间差，单击鼠标左键确定终点。

（4）此时，在两条垂直直线区间内将出现一条水平直线，该直线用来确定频率计数的基线，该水平直线所在位置的值将显示在通道的右上角，按下鼠标左键确定该基线的位置，完成本次区间测量。

（5）要中断本次区间测量，需在任何通道中按下鼠标右键即可。

两点测量：该命令用于测量任意通道中，某段波形的最大值、最小值、平均值、峰峰值、两点之间的时间差、信号的变化速率及变化率，这些信息均显示在通用信息显示区中。

两点测量的具体操作步骤如下。

（1）在实时实验情况下，必须先暂停实验，才能对目标进行测量；在反演文件状态下则不必。

（2）在您要测量波形段的起点位置而单击鼠标左键以确定第一点位置时，会有一根红色的直线出现，其一端固定在您刚才确定的第一点上，另一端随着鼠标的移动而移动，它用来确定两点测量中的第二点位置。

（3）当您确定了第二点位置后，单击鼠标左键，该红色直线固定，完成本次两点测量。

（4）重复上面的步骤（2）、（3），可对不同通道内的不同波形段进行两点测量。

（5）在任何通道中按下鼠标右键都将中断本次两点测量。

该命令用于手动测量一个心电波形上的各种参数，包括：心率、R波幅度、QRS时段等13个参数。这是一个开关命令，只有在命令打开状态下方可测量。测量结果均可在专用数据显示区中的相应测量项目中显示。

有两种心功能参数测量方法：整体测量和局部测量。整体测量一次测量出选择心电的全部13个参数，局部测量则每次测量1个参数。整体测量方法：使用区域选择功能选择一个完整的心电波形，选择完成后单击鼠标右键弹出心功能参数测量快捷菜单，选择"整体测量"命令完成整体测量。局部测量方法：一次测量一个数据，由于测量的数据要么是一个时间差值，要么是一个幅度差值，所以我们必须配合Mark标记来完成测量，关于Mark标记的使用请参见本节"（七）Mark标记选择区"。

如果我们要测量某一个参数，比如PR间期，我们需要Mark标记确定测量的起点，而后移动光标确定终点，确定后单击鼠标右键弹出快捷菜单，然后选择"PR间期"命令完成测量。测量结果显示在专用数据显示区中的"PR间期"栏目内。

该工具条按钮代表可将实时实验或波形反演的某段波形进行放大。具体的操作方法是：先从波形显示通道中选择用鼠标左键点击覆盖想放大观察的波形段，此时，这个命令按钮将从灰色浮雕状变为彩色激活状态，用鼠标单击此命令，将弹出波形放大对话框；在对话框里，放大的波形显示在一坐标轴中，鼠标所到之处均可显示该信号位置的坐标值。在对话框中信号波形还可进一步被放大或缩小。

该工具条按钮代表图形剪辑命令。当完成一个实验，欲对实验结果波形进行剪辑编辑的时候，点击该按钮，将鼠标放在目标信号波形的起点，点击左键并移动至目标信号波形的终点，松开鼠标左键后，这时图形剪辑窗口将自动弹出，剪辑下来的波形已显示在剪辑窗口页中。该步骤可重复进行，这样就可以把不同阶段需要的波形粘贴在一起形成需要的实验结果图形。

注意：当您刚进入图形剪辑窗口的时候，图形剪辑工具条上的命令按钮处于灰色状态，表示不能使用，只有在图形剪辑页的任意位置单击鼠标左键选择了图形剪辑页后，图形剪辑工具条上的命令按钮才可以被使用。剪辑结束后，欲退出剪辑页，只有点击工具条上的退出按钮方能退出。

该工具条按钮代表进入数据剪辑窗口命令。使用方法与图形剪辑命令类似，该命令可将您选择的一段或多段需要的反演实验波形的原始采样数据按 BL-420E 的数据格式提取出来，并存入到您指定名字的 BL-420E 格式文件中。剪辑后的数据与原始记录的数据在格式上没有任何差别，只是实验者删除了无用数据段后剩下的有效数据。

该工具条按钮代表数据删除命令。该命令的作用与数据剪辑功能相反，使用该命令可将不需要的实验数据删除，保留的是需要的有效数据。

该工具条按钮代表记录删除波形命令。该命令的作用是当您在实验进行当中，若对之前的实验结果不满意想删除，点击此按钮将完成删除之前的数据波形。

该工具条按钮代表添加通用标记命令。在实时实验过程中，当您单击该命令，将在波形显示窗口的顶部添加一个通用实验标记，其形状为向下的箭头，箭头前面是该标记的数值编号，编号从 1 开始顺序进行。

特殊实验标记选择区。包含一个特殊实验标记选择列表和一个打开特殊实验标记编辑框按钮"L"。特殊标记选择区是一个选择特殊实验标记的下拉列表。您可以先点击在右侧的编辑框按钮，在弹出的实验标记编辑对话框的左侧列表中选择列出的实验模块，此时，特殊标记选择区里已存放该实验模块所有预先设定的特殊标记，您可以在实验过程中依据实验需要在选择区的下拉菜单中选择相应的标记项，然后在适当的时间，在相应的通道点击一下鼠标左键，则完成标记。此外您可以通过"打开特殊实验标记编辑对话框"，从而在打开的对话框中编辑里面没有设置但是需要的标记。例如要添加一组新的实验标记，步骤如下：点击"打开特殊实验标记编辑框按钮"，在实验标记编辑对话框中按"添加"按钮，然后在编辑区输入组名，点击"修改"。然后在实验标记列表框中，双击"新实验标记"，输入标记，点击新建按钮可以在一个组内设置多个标记。最后按"确定"即可完成。

**（五）时间显示窗口说明**

如图 2-1-1-10 所示。

图 2-1-1-10　BL-New Century 软件系统的时间显示窗口

时间显示窗口,用于显示记录波形的时间。格式为:分:秒:毫秒。

时间显示窗口还具有区域选择的功能。有两种区域选择方法,一是在某个通道显示窗口中选择这个通道中的某一块区域;二是在时间显示窗口中选择所有通道同一时间段的一块区域。方法是:首先在选择区域的起始位置按下鼠标左键,其次在按住鼠标左键不放的情况下向右拖动鼠标以选择选择区域的结束位置,这时所有通道被选择区域均以反色显示。

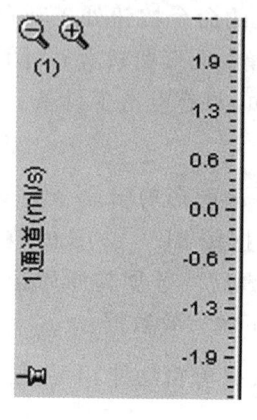

图 2-1-1-11　BL-New Century 软件系统的增益、标尺调节区

### (六) 增益、标尺调节区

每一个通道的左边有一个标尺调节区,用于调节标尺零点的位置以及选择标尺单位等功能。在将鼠标光标移动到标尺单位显示区时,按下鼠标右键,将会弹出一个标尺选择快捷菜单。你可以根据需要对标尺的单位等内容进行选择。在调节区的左上方有两个带有"-、+"符号的放大镜按钮,点击它们分别表示对显示在通道的波形进行缩小或放大。增益、标尺调节区如图 2-1-1-11 所示。

### (七) Mark 标记选择区

Mark 标记是用于加强光标测量的一个标记,它只有与测量光标配合使用时才能完成简单的两点测量功能。测量光标是用来测量波形曲线上任意一点的当前值。如果测量光标与 Mark 标记配合,那么当测量光标移动时,它将测量 Mark 标记和测量光标之间的波形幅度差值和时间差值。测量的结果显示在通用显示区的当前值和时间栏中。

在通道显示窗口的波形曲线上添加 Mark 标记有两种方法。一种是利用通道显示窗口快捷菜单中的"添加 M 标记命令";二是使用鼠标在 Mark 标记区中选择然后拖放到指定波形曲线上。首先,将鼠标移动到 Mark 标记区,Mark 标记区中的 M 字母将从蓝色变为红色,这时按下鼠标左键,鼠标光标将从箭头变为箭头上方加一个 M 字母。然后,在按住鼠标左键不放的情况下拖动 Mark 标记,将 Mark 标记拖放到通道显示窗口中的波形测量点上方,然后松开鼠标左键,这时,M 字母将自动落到对应于这点 X 坐标的波形曲线上。不能将 M 标记拖到没有波形曲线的地方释放,否则它将自动回到 Mark 标记区。放好 Mark 标记以后,您还可以随时移动它的位置,如果您不需要 Mark 标记了,只需用鼠标将其拖回到 Mark 标记区即可,拖回的方法与拖放它的方法相同。

### (八) 分时复用区

在该区域内包含 4 个不同的分时复用区域,从左到右依次为:控制参数调节区、显示参数调节区、通用信息显示区和专用信息显示区;它们通过分时复用区顶部的切换按钮进行切换,如图 2-1-1-12 所示。

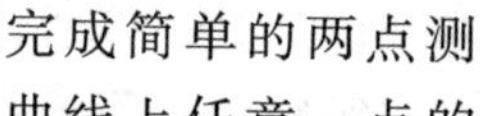

图 2-1-1-12　BL-New Century 软件系统的分时复用区按钮

1. 控制参数调节区　每一个通道专门有一个用来调节该通道的控制参数,见图 2-1-1-13。

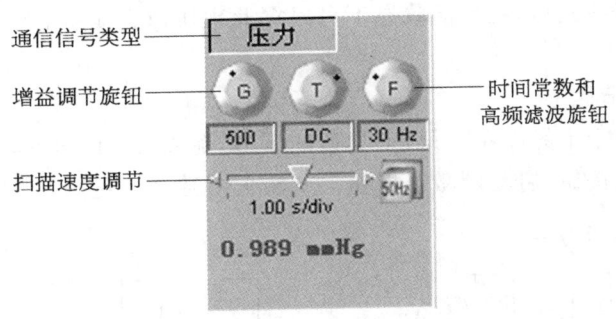

图 2-1-1-13　BL-New Century 软件系统的控制参数调节区

中间的 3 个调节旋钮使用方法:单击鼠标左键将向逆时针方向旋转,而单击鼠标右键则向顺时针方向旋转。

扫描速度调节器的功能是改变通道显示波形的扫描速度,如果您想改变哪个通道的扫描速度,那么,您只需将鼠标指示器指在该通道的扫描速度调节器的绿色向下三角形按钮上,按下鼠标左键,然后用鼠标左右拖动这个绿色三角形按钮即可。向右移动,扫描速度将增大,反之则减小;另外,如果您在绿色三角形按钮的右边单击鼠标左键,扫描速度将增加一档,反之将减小一档。

2. 显示参数调节区　用来调节每个显示通道的显示参数以及硬卡中该通道的监听器音量,见图 2-1-1-14。在神经放电实验中,若选择了 1 通道以外的通道进行实验,则必须选择相应通道的监听音量调节选择按钮。注意:系统不支持修改默认的颜色,以免打印时导致错误发生。

3. 通用信息显示区　用来显示每个通道的数据测量结果,如图 2-1-1-15。

4. 专用信息显示区　用来显示某些实验模块专用的数据测量结果,如图 2-1-1-16。

图 2-1-1-14　BL-New Century 软件系统的显示参数调节区

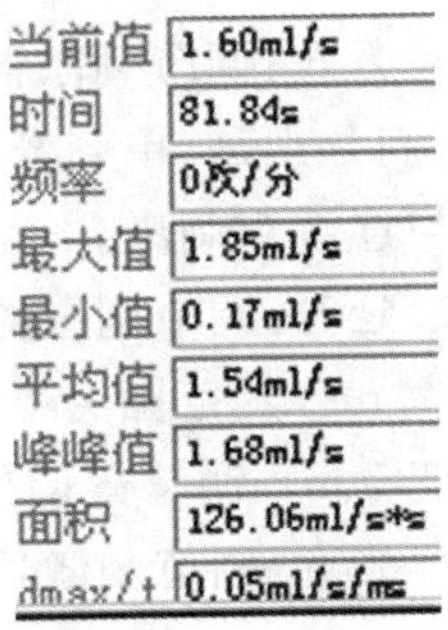

图 2-1-1-15　BL-New Century 软件系统的通用信息显示区

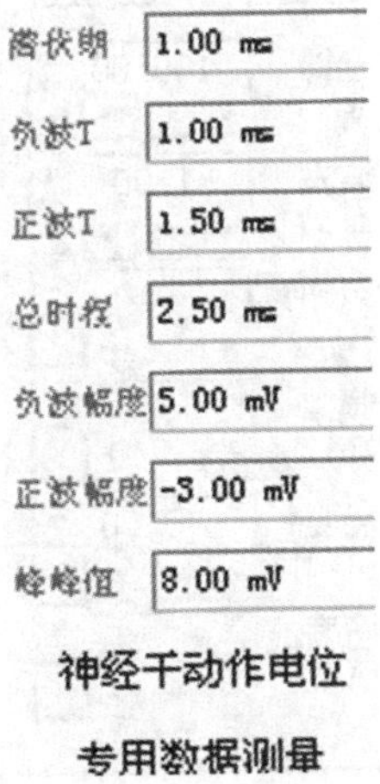

图 2-1-1-16　BL-New Century 软件系统的专用信息显示区

## （九）滚动条和反演功能按钮区

在该区域中，通过对滚动条的拖动来选择实验数据中不同时间段的波形进行观察。在最右端有一个数据查找菜单，在反演状态下可以据此来快速查找所需要的数据段，见主界面图 2-1-1-4 所示。

## （十）刺激器调节区

刺激器调节区位于主界面左上角，工具条的下方，见图 2-1-1-4。包含两个按钮：打开刺激器调节对话框按钮，启动刺激器按钮。刺激器参数介绍见图 2-1-1-17 中所示。

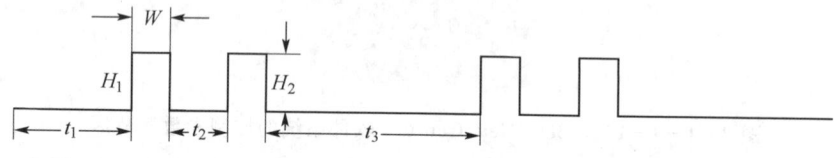

**图 2-1-1-17** BL-New Century 软件系统的刺激器参数分析示意图

$t_1$（延时） 刺激脉冲发出之前的初始延时（范围：0~6 s，单位：ms）。

$t_2$（波间隔） 双刺激或串刺激中两个脉冲波之间的时间间隔（范围：0~6 s，单位：ms）。

$t_3$（延时 2） 在连续刺激中，连续刺激脉冲之间的时间间隔（范围：0~6 s，单位：ms）。

$W$（波宽） 刺激脉冲的宽度（范围：0~200 ms，单位：ms）。

$H_1$（强度 1） 单刺激、串刺激中的刺激脉冲强度，或双刺激中第一个刺激脉冲的强度。

$H_2$（强度 2） 双刺激中第二个刺激脉冲的强度。

打开刺激器调节对话框按钮。点击该按钮，主界面左侧将弹出一设置刺激器参数对话框，这个对话框包含两个属性页：设置和程控。每一个属性页相当于一个子对话框，其中设置对话框见图 2-1-1-18。

1. 电刺激设置属性页中各个参数介绍

（1）模式：有 4 种刺激器模式供您选择，他们分别是粗电压、细电压、粗电流及细电流。粗电压刺激模式的刺激范围为 0~35 V，步长为 50 mV；细电压刺激模式的刺激范围为 0~5 V，步长为 5 mV；粗电流刺激模式的刺激范围为 0~10 mA，步长为 10 μA；细电流刺激模式的刺激范围为 0~1 mA，步长为 1 μA；

（2）方式：调节刺激器的刺激方式。有 5 种刺激方式可供选择，它们分别是：单刺激（为默认选择）、双刺激、串刺激、连续单刺激与连续双刺激。

（3）延时：调节刺激器第一个刺激脉冲出现的延时。延时的单位为 ms，其范围为 0~6 s，可调。每调节粗调按钮 1 次，其值改变 5 ms，调节微调按钮 1 次，其值改变 0.05 ms。

（4）波宽：调节刺激器脉冲的波宽。波宽的单位为 ms，其范围为 0~200 ms，可调。

（5）波间隔：调节刺激器脉冲之间的时间间隔（适用于双刺激和串刺激）。波间隔的单位为 ms，其范围为 0~6 s，可调。

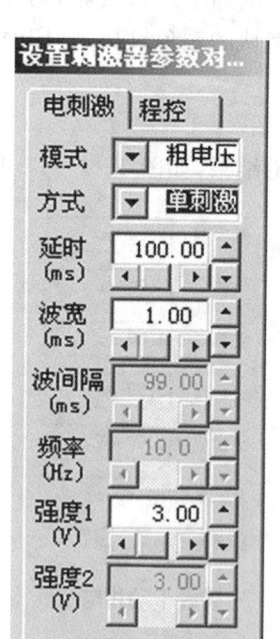

**图 2-1-1-18** 设置刺激器参数对话框设置属性页

波间隔的有效范围还受到刺激频率的影响。

（6）频率：调节刺激频率（适用于串刺激和连续刺激方式）。频率的单位为 Hz，其范围为 0～2 000 Hz，可调。刺激器的频率受到波宽和波间隔（在串刺激和连续双刺激时波间隔才起作用）的影响，因此如果您调节的波宽较长，刺激频率将不能调节到 2 000 Hz，计算机会自动计算出当时可以调节的最高刺激频率。

（7）强度 1：调节刺激器脉冲的电压幅度（当刺激类型为双刺激时，则是调节双脉冲中第一个脉冲的幅度）或电流强度。电压幅度的单位为 V，其范围为 0～35 V，可调。电流强度的单位为 mA，其范围为 0～10 mA，可调。

（8）强度 2：当刺激类型为双刺激时，它用来调节双脉冲中第二个脉冲的幅度。当刺激器类型为串刺激时，它用来调节串刺激的脉冲个数。强度 2 的电压幅度或电流强度的范围和调节方式与强度 1 完全相同。如果该参数用来调节串刺激的脉冲个数，脉冲个数的单位为个，其有效范围为 0～200 个，可调。

2. 程控属性页参数介绍　程控属性页中包括：程控方式、程控刺激方向、增量、主周期、停止次数和程控刺激选择 6 个部分，见图 2-1-1-19。

（1）程控方式：该命令为程控刺激方式选择子菜单，包括自动幅度、自动间隔、自动波宽、自动频率和连续串刺激等 5 种程控刺激方式。自动幅度方式按照设定的主周期自动对单刺激的刺激幅度进行改变。自动间隔方式按照设定的主周期自动对双刺激的刺激波间隔进行改变。自动波宽方式按照设定的主周期自动对单刺激的刺激波宽进行改变。自动频率方式按照设定的主周期自动对串刺激的刺激频率进行改变。连续串刺激方式按照设定的主周期自动、连续地发出串刺激波形。

（2）程控刺激方向：程控刺激方向包括增大、减小两个选择按钮，分别相应控制程控刺激器参数增大或减小的方向。如果程控刺激器的方向选择为增大，则如果参数增大到最大后，系统自动将其设定为初始值；如果程控刺激器的方向为减小，则参数减小到最小时，系统自动将其设定为初始值。比如，在自动幅度方式下，我们选择的程控刺激方向为增大，初始幅度为 0.05 V，程控增量为 0.02 V，这样每过 1 个主周期时间，系统将自动发出 1 个单刺激，然后其幅度增加 0.02 V，当幅度增加到最大值 35 V 后，下一次刺激开始时，刺激幅度将被设置为初始值 0.05 V。其中刺激强度的初始值在"设置"属性页的"强度 1"调节单元中进行设置。

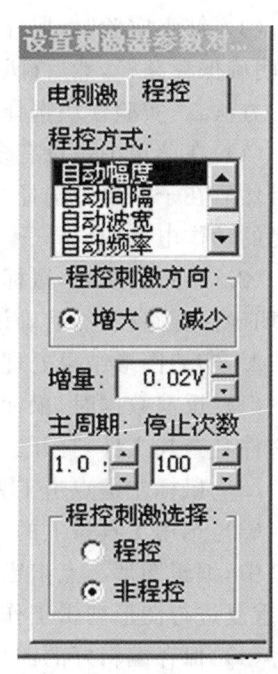

图 2-1-1-19　刺激程控属性页

（3）程控增量：程控刺激器在程控方式下每次发出刺激后对程控参数的依据设定值进行增量或减量。

（4）主周期：程控刺激器的主周期，单位为 s。主周期是指程控发出两次刺激指令之间的时间间隔。

（5）停止次数：停止次数是指停止程控刺激的次数，在程控刺激方式下，每发出 1 个刺激将计数 1 次，所发出的刺激数达到停止次数后，将自动停止程控刺激。也就是说停止次数是停止程控刺激的一个条件。

（6）程控刺激选择：程控刺激选择包括"程控"和"非程控"两个选择按钮，您可以通过这两个选择按钮，在程控刺激器和非程控刺激器之间进行选择。在任何时候，您都可以选择程控按钮来将刺激器设置为程控刺激器；也可以选择非程控按钮随时停止程控刺激器。

## 五、应用举例及常见问题解答

### （一）应用举例

要观察蛙类坐骨神经-腓神经的动作电位，并在实验结束后将波形剪贴处理。

1. BL-420生物机能实验系统操作步骤　双击桌面BL-420生物机能实验系统的快捷图标，进入系统。要完成对神经干动作电位的引导，有两种方法。

方法一：通道选择

（1）在菜单的"输入信号"中，鼠标左键点击"通道1"，在弹出的子菜单下拉框中选择"动作电位"。

（2）鼠标左键点击工具条上的"开始"命令按钮，进入实验。

（3）结束实验时，鼠标左键点击工具条上的"停止"按钮。在弹出的对话框中输入文件名，明确保存路径，然后确认。

方法二：实验模块选择

（1）在菜单中预设有多个"实验项目"。打开"实验项目"菜单，选择所需的"肌肉神经实验"，然后在子菜单中选择"神经干动作电位的引导"模块。系统将自动完成对坐骨神经-腓神经的动作电位的引导。

（2）结束实验时，鼠标左键点击工具条上的"停止"按钮。在弹出的对话框中输入文件名，明确保存路径，然后确认。

2. 实验图形结果处理步骤

（1）反演数据时，鼠标左键点击工具条上的"打开"按钮，然后在对话框中根据保存路径和文件名查找文件，打开。

（2）鼠标左键点击工具条上的"开始"命令按钮，开始反演。

（3）选用工具条上的"图形剪辑"按钮，剪辑理想的变化曲线。在自动出现的图形剪辑窗口中，编辑图形。点击窗口右边的图形编辑工具条上的"退出"按钮，可退到文件的反演状态，重复进行图形剪辑工作。

（4）保存编辑好的图形文件后，可依次退出实验系统。

### （二）常见问题解答

1. 点击Windows桌面上的BL-420E图标进入BL-New Century软件，弹出"不能正确打开USB设备"的错误报告对话框　关闭BL-New Century软件系统，打开BL-420E机箱后面的电源开关，重新点击BL-420E图标进入系统。

2. 不能同时选择多个通道观察不同指标进行实验　选择多个通道必须在实验开始前进行，然后点击开始按钮，在实验中途不能增加通道信号的输入以观察其他指标。

3. 区间测量等测量工具不能使用　在实时实验状态中，必须在实验暂停的情况下测量工具命令按钮才能响应。

4. 图形剪辑工具条不能使用　在使用了图形剪辑工具后，剪切的波形出现在弹出的图形剪辑窗口页中,图形剪辑工具条呈灰色浮雕状态不能响应,此时,可将鼠标左键在剪辑页的任何位置点击一下,将激活图形剪辑工具条。

5. 不能退出图形剪辑窗口　要想退出图形剪辑窗口,必须点击图形剪辑工具条上的"退出"命令按钮。

6. BL-New Century 软件系统不能正常使用,各种操作命令按钮不响应　停止实验,关闭系统,重新启动计算机,重新运行 BL-New Century 软件。

7. 已经保存的文件打不开,不能反演　后缀名为.tme 格式的文件,直接点击文件名不能成功打开,只能在 BL-New Century 系统软件下方能打开。

(吉丽敏　黄　武)

## 第二节　常用换能器

换能器是一种能将机械能、化学能、光能等非电量转换为电能的器件或装置。在生物医学实验中,换能器能将人体及动物各系统、器官、组织直至细胞水平的生理功能或病理变化所产生的如血压、呼吸和脉搏等非电量转换为电量。在生理科学实验中,常用的换能器主要有张力换能器和压力换能器。

1. 张力换能器　它能将各种张力转换成电信号。张力换能器有多种规格,根据被测张力的大小选用合适量程的换能器。常用的有 5 g、10 g、30 g、50 g 和 100 g 等。如果被测张力超过换能器的量程,极易引起换能器损坏(图 2-1-2-1a)。

2. 压力换能器　它能将各种压力如血压、呼吸道气压转换成电信号。压力换能器根据测量对象的不同,可分为血压换能器和呼吸换能器。血压换能器用于测量较高的压力(50～360 mmHg),而呼吸换能器用于测量较低的压力(10～50 $cmH_2O$)。所测压力不能超过压力换能器的量程(图 2-1-2-1b)。

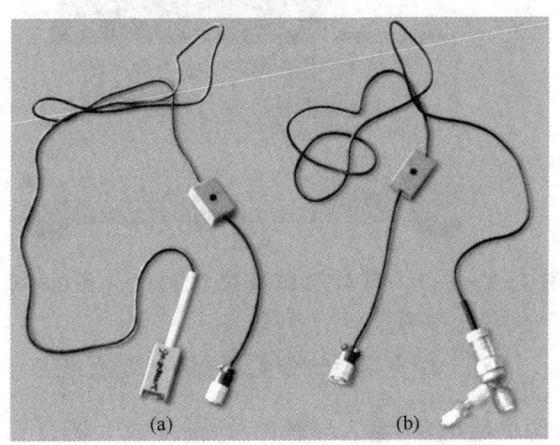

(a) 张力换能器　　(b) 压力换能器
图 2-1-2-1　换能器

3. 换能器使用注意事项

(1) 张力换能器使用注意事项

1) 不要用手压弹性梁,以免变形太大影响灵敏度或损坏。
2) 防止水渗进换能器。
3) 换能器应水平装在支架上。
4) 在正式记录前,换能器应先通电预热 30 min,以确保精度。
5) 在测量时应避免风直接吹在测量物体上。
（2）压力换能器使用注意事项

1) 血压换能器使用前,需要用石蜡油或肝素生理盐水充灌压力仓、胶管及动脉插管。呼吸换能器用于测量呼吸曲线或胸腔内压时,不需充灌液体。
2) 换能器充液时必须将压力仓、胶管和动脉插管中的气泡排尽,胶管尽可能短。
3) 换能器应水平固定在支架上。
4) 换能器放置的高度和被测动物心脏处于同一水平,不得随意改变其位置。
5) 在正式记录前,换能器应预热 30 min,待零位稳定后方可进行测量。
6) 使用中要轻拿轻放,避免摔、碰及剧烈震动。

（高凌峰　莫燕娜）

## 第三节 心电图机

心电图机是用来描记心脏生物电活动变化的仪器（图 2-1-3-1）。心电图机描记出来的图形就是心电图。心电图记录了心脏兴奋产生、传导和恢复过程中的生物电变化,在临床上常用于辅助诊断心血管疾病。在实验生理科学的多种动物实验中,心电图也被广泛应用。下面将介绍心电图机的主要结构,导联组合和基本原理,以及心电图机的使用方法及常见故障的处理等。

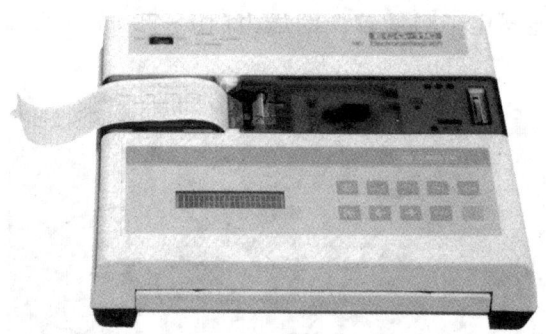

图 2-1-3-1 ECG-11C 单道全自动心电图机外观

### 一、心电图机的主要结构及原理

心电图机主要由电源供给电路、输入导联部分、前置放大器、1 mV 标压发生器、电压放大器、功率放大器、记录器、走纸控制装置等构成。

#### （一）电源供给电路

有交流供给电路、直流供给电路、交直流两用电路。例如,ECG-11C 型、ECG-6511 型心电图机即属于交直流两用心电图机。220 V 市电经变压、整流滤波、稳压后输出,如无交流电则自动切换到机内的电池供给直流电源。

### （二）输入部分
包括电极、导联线、导联选择键、高频滤波，其功能为把心电信号传达到放大器。

### （三）前置放大器
主要功能为提高电路的输入阻抗，减少心电信号衰减和失真。

### （四）1 mV 标准信号发生器
心电图机内部产生的标准 1 mV 幅度信号的装置，给描记出来的心电图形作比较，以测量心电信号的强度。一般设计在前置放大器中。

### （五）电压放大器
它的功能为将前置放大器放大后的心电信号进行电压放大，以推动后级放大器工作。

### （六）功率放大器
将电压放大器的电压信号转换成电流和功率信号，使记录器在纸上描出心电信号。

### （七）记录器
将电信号转换成机械运动。

### （八）走纸控制装置
使记录纸按要求随时间作匀速运动，走纸速度一般为 25 mm/s 和 50 mm/s 两种，ECG-11C、ECG-6511 型心电图机还设有 5 mm/s，用于长时间的观察。

通过导联电极从体表获得微弱电信号，经电压放大，再经功率放大后传送到记录器，驱动描记马达旋转，使描笔在纪录纸上上下移动，幅度与输入的电信号成线性比例。同时，走纸控制装置驱使记录纸按一定的速度作匀速运动。走纸的长度可以换算成时间。此时描笔在记录纸上描记出来的便是心脏搏动产生的实时电信号曲线图——心电图。

## 二、心电图机的导联组合

### （一）心电图机的导联
心电图机的导联必须将电极与导联线对应准确。四肢电极、胸电极和相应的导联线电极插柱必须接好，插柱必须插紧，见表 2-1-3-1。

表 2-1-3-1　心电图机电极与导联线的对应关系

| 电极 | 导联线 | 插柱颜色 | 记号 |
| --- | --- | --- | --- |
| 右手 |  | 红 | R |
| 左手 |  | 黄 | L |
| 右脚 |  | 黑 | RF |
| 左脚 |  | 绿 | F |
| $V_1$ | 白色导联线 | 红 | $C_1$ |
| $V_2$ | 白色导联线 | 黄 | $C_2$ |
| $V_3$ | 白色导联线 | 绿 | $C_3$ |
| $V_4$ | 白色导联线 | 茶 | $C_4$ |
| $V_5$ | 白色导联线 | 黑 | $C_5$ |
| $V_6$ | 白色导联线 | 紫 | $C_6$ |

心电图机一般有12种导联,即标准肢体导联Ⅰ、Ⅱ、Ⅲ,加压单极肢体导联 aVR、aVL、aVF,单极胸导联 V₁、V₂、V₃、V₄、V₅、V₆。各导联组合如图2-1-3-2所示。

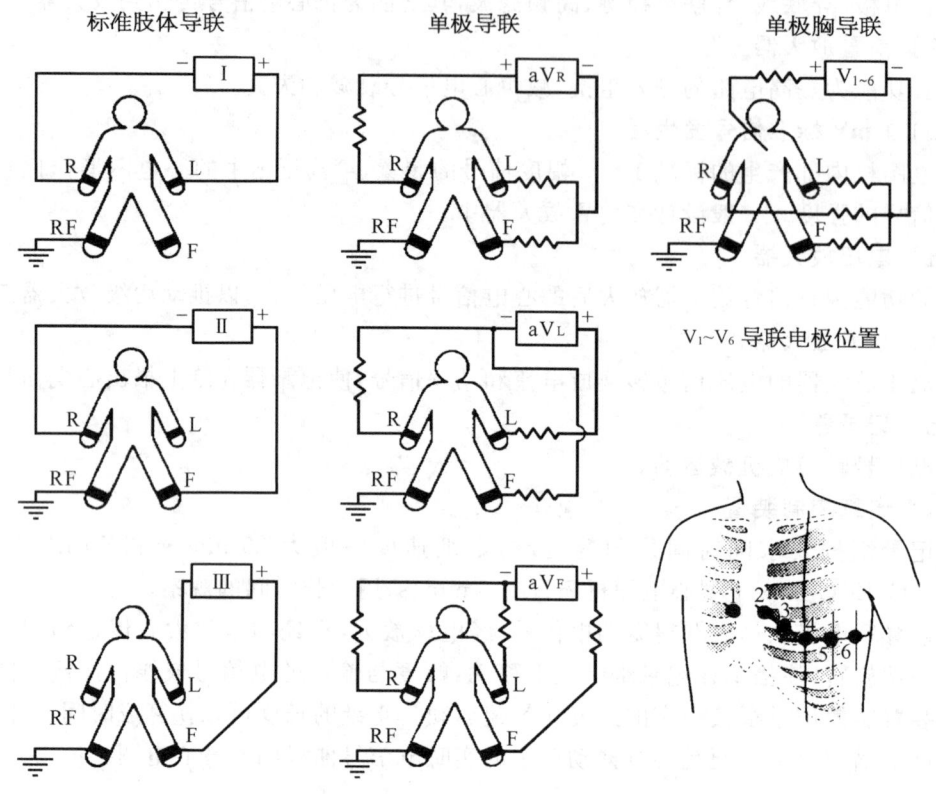

图2-1-3-2 心电图机的导联

### (二) 基本原理

心电图机相当于一个电流计,必须有两个电极联在被检的部位构成导联完成电路,才有电流通过。心电图的记录方法属于细胞外记录法。它测出的是已兴奋部位与未兴奋部位两点之间的电位差。

常用的标准肢体导联(Ⅰ、Ⅱ、Ⅲ导联)记录的是两点平均电压差产生的电流,不代表某一肢体的电压变化,而是两点电压之差,故属双极导联。如,标准肢体Ⅰ导联(Lead Ⅰ)检测左、右臂间电位差;Ⅱ导联(Lead Ⅱ)检测左腿、右臂间电位差;Ⅲ导联(Lead Ⅲ)检测左腿、左臂间电位差。

单极胸导联是将右上肢、左上肢和左下肢3点联在一起并各加500Ω电阻,使电压变化为零,称为中心电端,作为无关电极。另一探查电极放在心前区胸壁上,如 V₁~V₆ 导联分别将电极安放在胸前壁第4~5肋间从右到左的6个位置上,分别反映右心室壁外和左心室壁外的电压变化。也就是反映胸前(V₁~V₆)任一点与无关电极间的电位差。

加压单极肢导联,即在描记某一肢体的单极导联的心电图时,将该肢体的单极导联与中心电端的联系中断,记录得到该肢体的加压单极肢导联心电图。加压单极肢体导联:aVR——右上肢;aVL——左上肢;aVF——左下肢;右上肢、左上肢和左下肢3点连接一起作为无关电极。

## 三、心电图机的使用

各种类型心电图机的使用方法大同小异,下面以 ECG-11C 型心电图机为例,介绍其使用方法、常见故障及处理。

**(一) ECG-11C 型心电图机各部分名称及功能**

1. 供电模式选择开关　选 OPR:工作;选 STBY:充电。在不使用交流电源工作时,将开关置充电状态。
2. 交流指标(LINE)　指示灯亮时表示属于该状态。
3. 直流指标(BATTERY)　指示灯亮时表示属于该状态。
4. 充电指示(CHARGE)　指示灯亮时表示属于该状态。
5. 基线位置调节器　调节描笔基线。
6. 自动换导键　选择自动或手动换导功能。
7. 灵敏度选择　有 10 mm/mV(标准灵敏度)、5 mm/mV(标准灵敏度的一半)、20 mm/mV(标准灵敏度的2倍)供选择。
8. 走纸速度选择　可选择 25 mm/s(标准纸速)、50 mm/s(快速)及 5 mm/s(慢速,用于长时间的观察)。
9. 滤波选择　选择交流干扰(HUA)滤波或肌电干扰(EXG)滤波。
10. 描记复位键　按此键可使描笔返回基线位置。
11. 导联返回键　不论属于何导联,按该键后导联返回 TEST(检测)状态,同时走纸停止。
12. 导联选择键　按 → 键,导联按 TEST、Ⅰ、Ⅱ、Ⅲ、aVR、aVL、aVF、$V_1 \sim V_6$ 顺序描记,按 ← 键则按相反方向描记。
13. 1 mV 定标键　按该键可确定仪器的灵敏度和阻尼情况,判断工作是否正常。
14. 记录控制(走纸/停止)键　选择该键决定是否记录心电波形。
15. 液晶显示区　显示心电图机的工作状态。
16. 交流电源插座　与 220V 交流电相接。
17. 电源开关。
18. 地线接线柱　连接地线将心电图机接地。
19. 外接输入插口　可输入和描记脉波、心音等外接信号。
20. 示波器插口　将心电信号输出到示波器或其他仪器。
21. 导联线插座　连接导联线。
22. 记录纸盒盖按钮　按下此钮便可开盖取放记录纸。
23. 电池盒盖　松开螺钉,卸下盖子便可安装电池。

**(二) 使用前准备**

1. 连接好地线　连上地线插口,不可利用水管或其他管道作为地线。
2. 安装好电池及记录线。
3. 连接电源线　为减少干扰,应按下图顺序连接,见图 2-1-3-3。
4. 安装电极　先确认电源开关处于关闭状态,视被检对象不同有不同的安装方法。

图 2-1-3-3 心电图机电线、电极连接示意图

（1）人体心电图的电极安装：① 四肢电极连接：先用75%乙醇擦洗电极安装部位的皮肤，涂上生理盐水或导电膏，按下列顺序安放电极：右手——红色电极；左手——黄色电极；左脚——绿色电极；右脚——黑色电极。② 胸部电极连接：用75%乙醇擦洗安装电极部位的皮肤，涂上生理盐水或导电膏，导电膏涂层要相互分开。胸电极不要相互接触。

胸部电极部位：①$V_1$：$C_1$，胸骨右缘与第4肋间隙交叉处。②$V_2$：$C_2$，胸骨左缘与第4肋间隙交叉处。③$V_3$：$C_3$，$V_2$ 与 $V_4$ 之间。④$V_4$：$C_4$，在第5肋间与左锁骨中线交叉处。⑤$V_5$：$C_5$，在左腋前线与 $V_4$ 同一水平。⑥$V_6$：$C_6$，在左腋中线与 $V_4$ 同一水平。

电极安装完毕，则可进行心电图机的操作。

（2）在体动物心电图的电极安装：在体动物心电图的描记，常用针头电极，即把电极联接于注射针头上，针头与电极焊接好，以免干扰。记录心电图时针头要刺入皮下，不能插到肌肉，否则易造成干扰。插入针头前最好用生理盐水涂擦针头，电极安放的位置与人体电极安放基本相同。影响动物心电图的图形记录除了电极安装、地线接地、电源等因素外，使用的麻醉药物、麻醉深浅、固定体位、季节温度、呼吸、疾病等也是影响动物心电图图形变化的关键因素。因此描记动物心电图要保证动物前后状态的一致，如麻醉药物、深度、固定的体位、室温等要保持一致，以利于比较实验结果。

**（三）心电图机的使用操作程序**

1. 纪录前工作状态检查

（1）打开电源开关，此时液晶屏显示："MANUAL：Ⅱ TEST 10 25"。

（2）按导联选择键从Ⅰ～$V_6$检查有无导联脱落。

（3）导联置"TEST"，按"记录/停止"键，置记录状态，走纸后按"1 mV"键，描记1 mV方波，同时观察笔温及方波幅度，如不合适，调节笔温、阻尼、灵敏度电位器。笔温、阻尼和灵敏度的调节电位器示意图及定标波形参考图见图2-1-3-4。

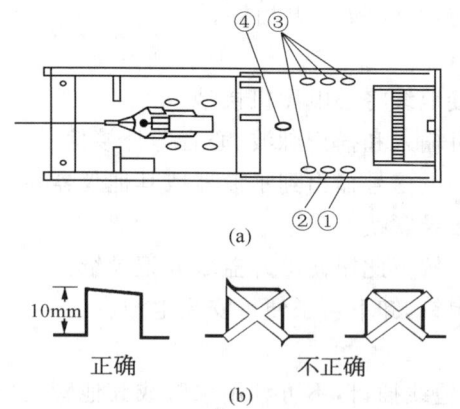

图 2-1-3-4 心电图机笔温、阻尼和灵敏度的调节电位器示意图及定标波形参考图
（a）笔温、阻尼和灵敏度的调节电位器示意图
①敏度调节　②定标图形调节　③一般不允许调整　④笔温调节
（b）定标波形参考图

2. 手动操作程序 按导联选择键 →，选择"Ⅰ"导联，描笔按心电信号摆动。按走纸键，描记"Ⅰ"导联心电图，达到合适长度时，按 1 mV 定标，描记定标波形，按导联选择键 →，选择所需描记的导联图形，重复以上操作即可完成各导联的心电图记录。

3. 自动操作程序 当心电图机处于"暂停"工作状态，液晶屏右上角显示"Ⅱ"符号，按自动换导键可进行自动换导工作方式的选择。

(1) 按"自动换导模式"键，此时液晶屏显示如图 2-1-3-5。

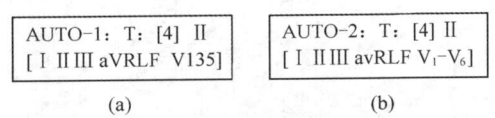

图 2-1-3-5 心电图机自动换导模式液晶屏显示图

图 2-1-3-5a 表明当前自动换导模式为"自动-1"(胸导只做 $V_1$、$V_3$、$V_5$)，每一导联图形自动记录 4 s。需要改变自动记录时间可按 → 键，有 T:[3]、T:[2]、T:[7]、T:[6]、T:[5]、T:[4]供选择，分别表示自动记录时间为 3、2、7、6、5、4 s。

(2) 按 ← 可改变自动换导模式，液晶屏显示如图 2-1-3-5b。进入自动模式"自动-2"即标准 12 导联组，再按 ← 又可返回"自动-1"简化导联组。

(3) 自动换导模式及时间间隔设定后，按"记录/停止"键，仪器即从现有导联开始自动换导工作。如当前处于"TEST"则将自动转换至"Ⅰ"导联开始描记。并在每一导联后自动进行定标。

**(四) 心电图机常见故障及排除**

1. 有交流干扰 如图 2-1-3-6 所示。

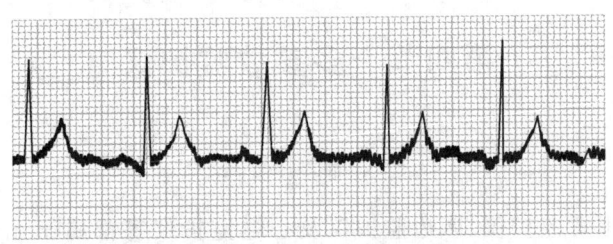

图 2-1-3-6 有交流电干扰的心电图

发现后检查：①心电图机是否可靠接地？②电极和导联线有否正确连接？③电极与皮肤是否用酒精或盐水涂擦？④被检者是否碰到墙或带有玻璃宝石类首饰？⑤附近是否有较大的设备在工作？

如果仍不能清除干扰时，使用交流干扰滤波器，但描记出的波形会畸变。

2. 有肌电干扰 如图 2-1-3-7。

检查：①房间是否舒适？②被检者是否紧张？③床位是否狭小？无法清除肌电干扰时，请使用肌电滤波器，但描记出来的心电图波形会失真。

3. 基线不稳 如图 2-1-3-8。

检查：电极的安装稳定与否，导联线与电极是否正确连接，皮肤与电极是否清洁，是否身体移动或呼吸等引起。

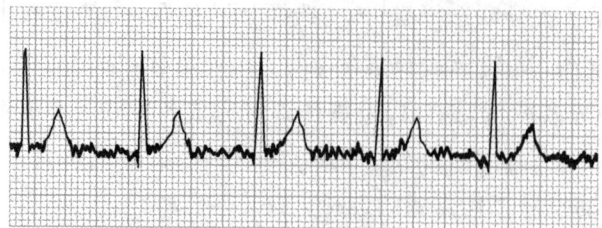

图 2-1-3-7　有肌电干扰的心电图

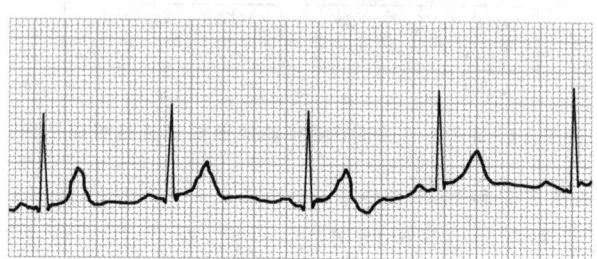

图 2-1-3-8　基线不稳的心电图

4. 笔和走纸都工作，但无描出曲线　调节重调笔温电位器及描笔螺钉。

**（五）心电图机用后处理**

1. 将供电模式开关置充电状态，关闭电源。
2. 轻轻取下导联电源线，注意不要抓住电缆部分用力拉。
3. 清洁机器，擦净附件，盖上防尘罩。

（莫燕娜）

## 第四节　多参数监护仪

### 一、概　　述

多参数监护仪、患者监护仪、床边监护仪及心电监护仪等都属于无创监护仪器，主要用于监护心电（ECG）、呼吸（RESP）、血氧饱和度（$SpO_2$）、无创血压（NIBP）、体温（TEMP）及心输出量（CO）等参数，可用于人体及动物实验。本节以 PM-9000 便携式多参数监护仪为例介绍如下。

PM-9000 便携式多参数监护仪由电源、功能按键区、屏幕显示区、各种附件和记录仪组成。它可提供声光报警、冻结、趋势存储与输出、NIBP 测量、报警事件标识、oxyCRG 回顾与药物计算等功能，可同时显示 6 道波形和所有监护参数信息。

监护指标为：①心电图（ECG）：心率（HR）、双通道 ECG 波形、心律失常和 S-T 段分析。②呼吸（RESP）：呼吸率（RR）、呼吸波形。③血氧饱和度（$SpO_2$）：血氧饱和度（$SpO_2$）、脉率（PR）、$SpO_2$ 容积描记图。④无创血压（NIBP）：收缩压（NS）、舒张压（ND）、平均压（NM）。⑤双通道体温（TEMP）：T1、T2、TD。⑥双通道有创血压（IBP）：CH1：SYS、DIA、MAP；CH2：SYS、DIA、MAP。⑦心排血量（CO）。

## 二、PM-9000便携式多参数监护仪各部件功能简介

### (一) 前面板 (图2-1-4-1)

1. 电源开关 (POWER)。
2. 充电灯 (CHARGE)　当设备接通电源,此灯亮。
3. 报警灯 (ALARM)　当发生报警时,此灯闪烁。
4. 功能按键区　主界面 (MAIN)、冻结 (FREEZE)、静音 (SILENCE)、记录与停止 (REC/STOP)、启动充放气 (START)、系统菜单 (MENU)。
5. 功能按键旋钮　用户可以通过旋钮完成主屏、系统菜单或参数菜单中的所有项目的修改设置。

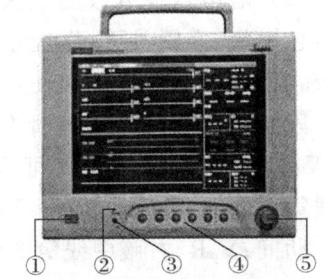

图2-1-4-1　监护仪前面板
① 电源开关　② 充电灯　③ 报警灯
④ 功能按键区　⑤ 功能按键旋钮

### (二) 屏幕显示区

1. 信息区　位于屏幕的上端,显示的是监护仪和被监护者当前的状态。信息区内容有床号、被监护者的类型、当前日期、当前时间、性别、被监护者姓名。
2. 波形区　显示6道波形,波形显示顺序可以调整。在最大配置下,系统可显示2道 ECG 波形、$SpO_2$ 容积描记波、2道有创血压波形、呼吸波形。
3. 参数区　在此显示的参数有心电 (ECG)、无创血压 (NIBP)、血氧饱和度 ($SpO_2$)、心输出量 (CO)、有创血压 (IBP)、呼吸 (RESP)、体温 (TEMP)。
4. 信息区　显示仪器当前电池的状态。

### (三) 监护仪外部接口

1. 被监护者电缆和传感器插孔　①TEMP1传感器插孔。②TEMP2传感器插孔。③IBP1探头插孔。④IBP2探头插孔。⑤ECG电缆插孔。⑥心输出量电缆。⑦NIBP插孔。⑧$SpO_2$ 传感器插孔。
2. 记录仪　可打印被监护者的检查结果。
3. 监护仪背部 (图2-1-4-2)　①网络接口:仅能与该公司的中央监护系统相连。②保险丝。③电源插座。④模拟输出接口 (AUX OUTPUT)。⑤监视器接口 (VGA MONITOR)。⑥等电位接地端。⑦支架固定孔。

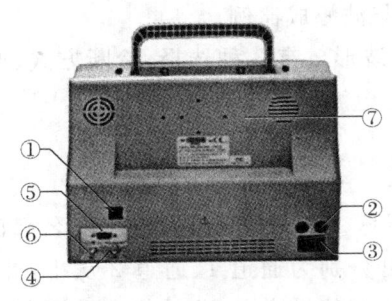

图2-1-4-2　监护仪背部图
① 网络接口　② 保险丝　③ 电源插座
④ 模拟输出接口　⑤ 监视器接口
⑥ 等电位接地端　⑦ 支架固定孔

## 三、仪器使用的操作规程

### (一) 操作前的调试

1. 开机前的准备工作　将所需的传感器连接到监护仪和被监护者的监护部位,检查监护仪右侧的记录仪出纸口是否有纸。如果没有纸,则把记录纸放进记录仪中。开机预热。
2. 开机检验　打开电源开关 (POWER)。系统会发出"嘟"声,同时报警等以不同颜色各闪1次,在大约10 s后,系统自检成功,进入监护主屏,此时用户可以进行操作。在自检期间,屏幕会显示机器型号、所插入的传感器等信息。如果有出错提示出现,则停止使用该

仪器,并联系专业人员进行维修。注意:关机 1 min 后才能再次开机。

**(二) 测量心电图 (ECG)**

1. 操作方法

(1) 心电监护电极的安放位置(五导联装置电极):①红色电极:右锁骨下,靠近右肩。②黄色电极:左锁骨下,靠近左肩。③黑色电极:右下腹部。④绿色电极:左下腹部。⑤白色电极:安放在 $V_1$~$V_7R$ 的任意一个位置。一般放在 $V_2$ 处。

附胸导联位置:$V_1$,胸骨右缘第 4 肋间;$V_2$,胸骨左缘第 4 肋间;$V_3$,在 $V_2$~$V_4$ 的中间位;$V_4$,左锁骨中线第 5 肋间;$V_5$,左腋前线第 5 肋间;$V_6$,左腋中线第 5 肋间;$V_7$,背面左腋后线第 5 肋间;$V_3R$,在 $V_2$~$V_4R$ 连线的中间位;$V_4R$,右锁骨中线第 5 肋间;$V_5R$,右腋前线第 5 肋间;$V_6R$,右腋中线第 5 肋间;$V_7R$,背面右腋后线第 5 肋间;VE,剑突隆起处。

(2) 将 ECG 电缆插入监护仪的 ECG 电缆插孔,接通仪器电源。

(3) 将所有 ECG 电极粘贴在被测试者身上(包括中性电极),并已和 ECG 电缆相连。

(4) 转动旋钮,把光标移到主屏上的参数区 "ECG" 热键处,然后按下旋钮即可进入 "ECG 设置" 菜单,进行设置。

2. ECG 屏幕热键使用

(1) 通道 1 导联:①可选导联有 Ⅰ,Ⅱ,Ⅲ,aVR,aVL,aVF,V。②当 ECG 采用 5 导联时,可选导联有 Ⅰ,Ⅱ,Ⅲ,aVR,aVL,aVF,V;当 ECG 采用 3 导联时,可选导联有 Ⅰ,Ⅱ,Ⅲ。③在 ECG 波形上导联不应有重名的,否则系统将会自动把重名的更换为另一名称。

(2) 通道 1 波形增益:用于调节 ECG 波的波幅大小。可以选择各计算通道的增益,增益有 ×0.25、×0.5、×1、×2 共 4 档及自动方式,自动方式由监护仪自动调节增益。在各道心电波形右侧给出了 1 mV 的标尺。1 mV 的标尺的高度与波幅成比例。

(3) 滤波方式:通过滤波可以获得更干净或更精确的波形。有 3 种选择,诊断方式、监护方式、手术方式。同时作用于 2 个通道,并且在第一道心电波形的上方显示。

(4) 第二道心电导联名称:详细信息请参看(1)。

(5) 第二道心电波形的增益:详细信息请参看(2)。

用户可以根据自己的需要安排通道 1 和通道 2 上的导联。两个通道上的导联标名都显示在相应波形的左侧,可以直接选中它们并进行更改。可分别为通道 1、通道 2 从 Ⅰ,Ⅱ,Ⅲ,aVR,aVL,aVF,V 中选择适当的导联,当用户选择了相同的导联时,监护仪自动调节成不同的导联。

注意:①当输入信号太大时,波峰有可能被截顶。此时用户可以参照实际波形来手工改变 ECG 波形的增益档,以避免波形显示不全。②如果电极粘贴正确,而 ECG 波形不正确,则要更换导联。③连接电缆应确保绝对没有与任何其他导电部件或与地相接触。

3. 测量呼吸(RESP)  监护仪从两个电极的胸廓阻抗值测定呼吸,两个电极间的阻抗变化(由于胸廓的活动),在屏幕上产生一道呼吸波。操作方法如下。

(1) 电极安放位置:同 ECG 的安放位置。

(2) 将 ECG 电缆插入监护仪的 ECG 电缆插孔,接通仪器电源。

(3) 将所有 ECG 电极粘贴在被测试者身上(包括中性电极),并已和 ECG 电缆相连。

(4) 转动旋钮,把光标移到主屏上的参数区 "RESP" 热键处,然后按下旋钮即可进入 "RESP 设置" 菜单,进行设置。

注意：①对角安放白色和红色电极以便获得最佳呼吸波。②应避免将肝区和心室处于呼吸电极的连线上,这样就可以避免心脏覆盖或动脉血流产生的伪差,这对于新生儿特别重要。③部分被监护者,由于他们的临床情况,横向扩展其胸廓导致了负性胸廓内压,在这种情况下,最好将两个呼吸电极置于右腋中线和胸廓左侧呼吸时活动最大的区域以获得最佳呼吸波。

4. 测量血氧饱和度（$SpO_2$） $SpO_2$测量是一种借助于血氧探头进行连续、无创的血氧饱和度测量方法。测量通常可以借助成人手指血氧探头进行,对于婴儿可以使用手掌或脚部探头。监护仪通过3种方式计算并显示血氧饱和度的检测结果：①在参数区用百分比的形式显示动脉血氧饱和度的值。②脉率。③血氧饱和度的波形显示。操作方法如下。

(1) 把传感器贴在被测试者手指的适当位置上,一般放在示指上。

(2) 将传感器电缆线一端的连接器插入监护仪的$SpO_2$传感器插孔。

(3) 打开监护仪的电源开关。

(4) 转动旋钮,把光标移到主屏上的参数区"$SpO_2$"热键处,然后按下旋钮即可进入"$SpO_2$设置"菜单,进行设置。

$SpO_2$容积描记波波形扫描速度有 12.5 mm/s 和 25.0 mm/s 两档可选。脉搏音量：音量选择可有"关"、"低"、"中"、"高"4个选项。平均时间：选择计算 $SpO_2$ 值的平均时间。选 4 s、8 s 或 16 s 表示取 4 s、8 s 或 16 s 内的 $SpO_2$ 平均值。

注意：①确保指甲遮住光线。②探头线应该置于手背。③避免高频率电流干扰。④不能在同一肢体上同时进行 $SpO_2$ 和 NIBP 的测量,因为在 NIBP 测量时对血流的阻碍会影响 $SpO_2$ 的值。⑤血氧与脉率不成正比。

5. 测量无创血压 无创血压（NIBP）测量采用振荡法,可用于成人、小儿和新生儿。测量模式：手动、自动和连续测量。每种模式都显示收缩压、平均压和舒张压。操作方法如下：

(1) 将充气管插入监护仪血压袖套接口,接通仪器电源。

(2) 将血压袖带系上被测试者的上臂。保证袖带上的记号 Φ 正好位于适当的动脉之上。

(3) 将袖带和充气管连接。用于测压的肢体应与被测试者心脏置于同一水平位置。

(4) 转动旋钮,把光标移到主屏上的参数区 NIBP 热键处,然后按下旋钮即可进入"NIBP 设置"菜单,进行设置。"手动"模式：只进行1次测量。"自动"模式：测量重复进行。自动测量间隔时间：可在 1/2/3/4/5/10/15/30/60/90/120/180/240/480 min 中选择。"连续"模式：在 5 min 时间内,连续测量。

(5) 按下前面板上的"START（启动）"键,开始测压。自动测量血压：进入"NIBP 设置"菜单,选中"间隔时间"项,自行选择时间间隔进行自动测量。然后按下前面板上的"START（启动）"键,系统就按照设置"间隔时间"进行自动充气测量。手动测量血压：进入"NIBP 设置"菜单,选中"间隔时间"项,把值设为"手动",然后按下前面板上的"START（启动）"键,便开始一次手动测量。连续测量血压：进入"NIBP 设置"菜单,选中"连续测量"项,然后按下前面板上的"START（启动）"键,便开始连续测量。

## 四、使用注意事项

1. 在自动测量过程中的任何时刻按下"START（启动）"键都会停止自动测量。

2. 在自动测量的空闲时间，按下"START（启动）"键，则会开始一次手动测量。如果此时再次按下"START（启动）"键，则会停止手动测量，继续执行自动测量。

3. 在连续测量期间的任何时刻，按下控制面板上"START（启动）"键都可以停止连续测量。

4. 如袖带高于心脏水平位置，每厘米差距应在显示值上加 0.75 mmHg。

5. 如袖带低于心脏水平位置，每厘米差距应在显示值上减 0.75 mmHg。

（高凌峰）

## 第五节　BP-6 动物无创血压测试系统

BP-6 动物无创血压测试系统（以下简称"BP-6 系统"，如图 2-1-5-1）是由成都泰盟科技有限公司研制的产品。它建立在 8 通道生物机能实验系统及 BL-420 系统基础之上，配置专门的鼠尾固定充气装置、恒温加热、保温装置、高灵敏度脉搏传感器等，主要用于各急、慢性实验中动物动脉血压的动态观测，特别是大鼠尾部的动脉血压。BP-6 系统的特点是动物不需麻醉、无创伤，使用方便。

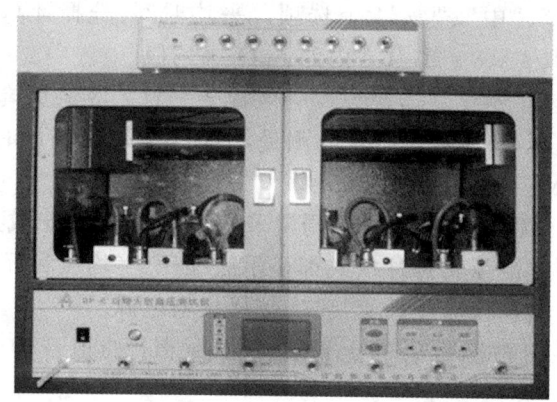

图 2-1-5-1　BP-6 动物无创血压测试系统实物图

### 一、BP-6 动物无创血压测试系统原理

BP-6 系统测量原理与人体动脉血压测量类似，采用目前常用的尾袖法进行无创血压测量。下面以大鼠为例进行介绍。

由于大鼠脉搏波信号微弱，不利于监测。因此，需要加热大鼠身体或提高其所处的周边环境温度来增强其脉搏波的信号。通过给大鼠预热后对其尾部进行加压，阻断其血流，直到不能记录尾部脉搏为止；而后逐渐降压，当第一次出现尾部脉搏波时，则为大鼠的收缩压；继续降压，直至尾部脉搏波增到最大，此时则为大鼠的舒张压，如图 2-1-5-2 所示。

### 二、BP-6 动物无创血压测试系统组成

BP-6 系统使用无创技术来测量动物的动脉血压，其主要由以下 4 个部分组成：①微型电子计算机。②TM_WAVE 无创血压测试软件。③BP-6 无创血压采集处理系统。④BP-6 无创动物血压测试箱。

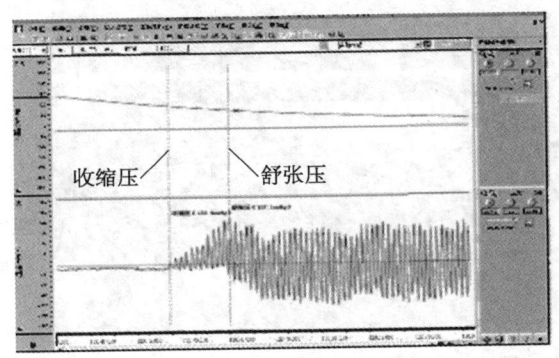

图 2-1-5-2　BP-6 动物无创血压测试系统原理图

## 三、BP-6 动物无创血压测试系统特点

1. 动物不需要麻醉、无创伤,使用方便,一次可同时测量 6 只大鼠血压,包括高、中、低、阴性、阳性和空白对照组,实现组间平行操作。
2. 可同时测量多项生理指标,如收缩压、舒张压、平均压、心率等。
3. 采用电脑自动恒温技术,可将实验箱内环境恒温在实验需要的温度(一般为 36℃)。
4. 采用光电探测技术测量大鼠尾部的脉搏波,稳定且准确。
5. 全自动完成实验,即充放气过程无需人工干预便可得到原始实验数据。
6. 可自定义设定各种自动实验方式,如设置自动充气阻断的最高压力值、重复测量次数、重复测量的时间间隔、手动设置放气速度等。

## 四、BP-6 动物无创血压测试系统硬件

BP-6 系统硬件主要包括 8 通道信号采集及处理系统和血压测试箱两部分。

### (一) 8 通道信号采集及处理系统

8 个信号输入通道的性能指标完全相同,可互换使用,并适应各种强弱不同的生物电信号,可通过 USB 接口与微型电子计算机连接,进行系统的操作,如图 2-1-5-3 所示。

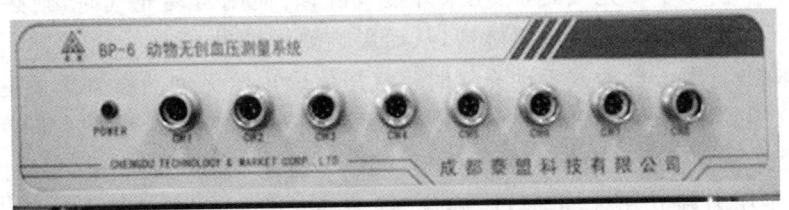

图 2-1-5-3　BP-6 动物无创血压采集处理系统面板
CH1~CH8:生物信号输入接口

### (二) 血压测试箱

专门为测量大鼠尾部血压而设计。其中包含 1 个恒温控制箱,6 个鼠尾固定充气装置,6 个鼠尾脉搏传感器及 6 个鼠笼,见图 2-1-5-4。

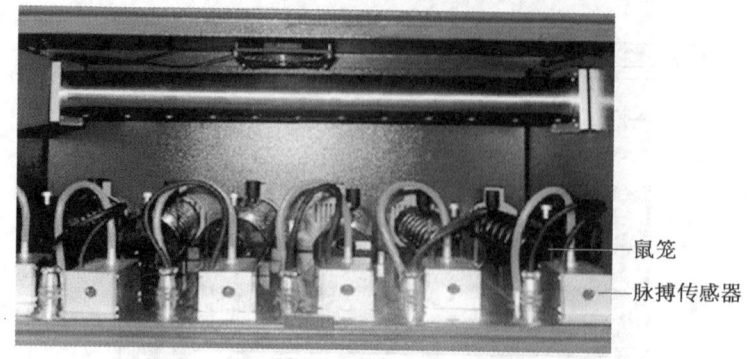

图 2-1-5-4　BP-6 系统血压测试箱内部

血压测试箱采用全磁式结构设计,集加热、自动阻断及大鼠鼠尾脉搏探测等功能为一体的加热箱,其鼠笼和脉搏探测器采用磁性方式安置于加热底部,便于其固定及移动,也有利于对加热箱底部的清洁。

血压测试箱的控制面板则主要具有温度调节与显示、脉搏探测信号的输出、自动充气及压力探测等作用,见图 2-1-5-5。

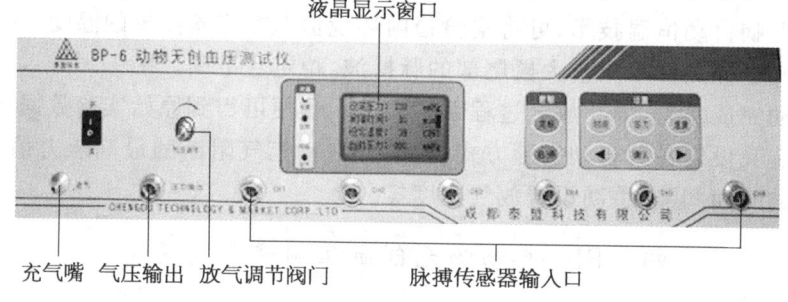

图 2-1-5-5　BP-6 系统血压测试箱血压测试箱控制面板

1. 液晶显示窗口　显示设定压力、间隔时间、工作时间、剩余时间、设定温度、当前压力、压力定标等信息。

2. 充气嘴　使用手动充气时,可用来外接气源;若使用自动充气时,则必须将其阻塞,否则会由此漏气,导致不能阻断鼠尾脉搏,从而影响测量结果。

3. 气压输出　用于自动或手动充气时将气压值输出给无创动物血压采集系统。

4. 气压　主要用于设定自动充气气压,当系统自动充气到该气压时将停止充气,并短暂保气后开始放气。可通过面板上的加(>)、减(<)键来调节设定气压,每一次调节单位为 1 mmHg。设定压力调节好后,可通过"确认"键来使其生效。若气压值上升或下降速度过快,则在面板充气嘴处加一储气袋,以保证气压平稳的充气或放气。

5. 时间　为一个多功能键,依次为间隔时间、工作时间、已用时间。"间隔时间"——可通过加减键来调节每次加气的时间间隔,调节单位为"1 minute"。"工作时间"——可通过加减键来调节自动冲气工作时间的长短,当超过该时间时自动冲气功能自动停止,调节单位为"1 hour"。"已用时间"——为自动冲气功能已经工作的时间。当"已用时间"="工作时间"时,自动冲气则停止。当屏幕显示为"保气时间"时,可以通过加减键来调节自动冲气后气压的保持时间的长短,即经过一定的保气时间后再进行自动放气,调节单位为"1 sec"。

6. 温度　主要用于设定加热箱内的温度,可以通过加减键来调节,调节单位为"1℃"。

7. 定标　主要用于对自动加气的气压值进行定标。但是,由于本仪器使用的是数字气压传感器,其具有很高的精度和稳定性,故在一般情况下不需要定标。若长时间使用后出现实验结果测量的误差,则使用由厂家特别为该仪器提供的压力定标功能。

### 五、BP-6 动物无创血压测试系统软件

配套 BP-6 系统的软件为 TM_WAVE 无创血压测试软件,其基于中文 Windows XP 或 Windows 2000 平台,全中文图形化的操作界面,具有强大的数据采集及处理功能。

#### (一) TM_WAVE 无创血压测试软件主界面

在中文 Windows XP 或 Windows 2000 操作系统中,启动 TM_WAVE 动物无创血压测试软件软件,则可出现主界面(图2-1-5-6)。

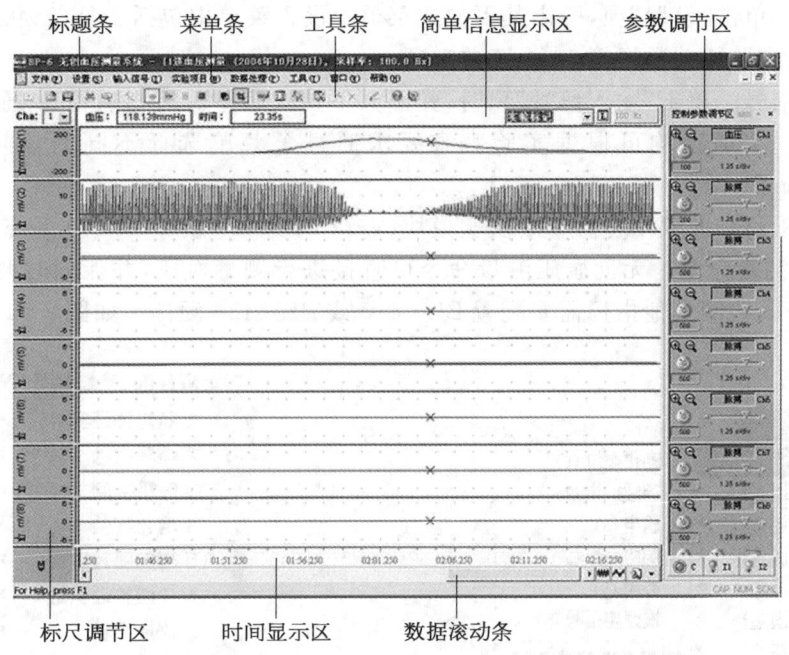

图 2-1-5-6　TM_WAVE 动物无创血压测试软件主界面

主界面的上方依次为标题条、菜单条、工具条、简单信息显示区;中间是 8 个通道的波形显示窗口;下面是时间显示区、数据滚动条及反演按钮区、状态条。主界面左端是标尺调节区,上方是当前通道选择区,其下方则是 Mark 标记区;主界面右端为复合参数区,其中包含控制参数调节区、显示参数调节区、通用信息显示区和专用信息显示区,可通过 4 个切换按钮进行切换。

#### (二) 生物信号波形通道的显示

波形显示窗口总共可同时显示 8 个通道,每两个显示通道之间用一根细的分隔条进行分隔,各通道高度可以通过拖动窗口之间的分隔条来改变,也可以改变显示通道数。当把其中一个显示通道的高度调宽时,则会导致其他显示通道的高度变窄。如要将通道显示窗口

恢复到初始大小,可以在某个显示通道上双击鼠标左键则可恢复。同时通过双击鼠标左键,亦可实现某个显示通道窗口最大化与最小化之间的相互转换。

（三）菜单条

顶级菜单条如图 2-1-5-7 所示。

图 2-1-5-7　TM_WAVE 动物无创血压测试系统顶级菜单条

操作总原则:打开某一个菜单后,如这一菜单项以灰色浮雕状态显示,则表示这一菜单命令在当前的状态下不能被使用。

下面对常用的顶级菜单进行介绍。

1. 文件　用鼠标单击该项时,"文件"下拉式菜单将被弹出。可以打开、保存配置、打印及调出最近文件。

2. 设置　单击"设置"项,弹出其下拉式菜单。设置菜单中包括工具条、状态栏、实验标题、实验人员、实验相关数据等 14 个菜单选项。

3. 输入信号　单击"输入信号"项时,弹出其下拉式菜单。有 1 通道、2 通道、3 通道等 8 个通道,每一个通道均可根据实验观察要求通过子菜单选择不同的信号类型,如图 2-1-5-8 所示。

4. 实验项目　此菜单包含 9 个实验模块(需与 BL-410 或 BL-420 系统硬件配合)和 1 个无创血压测量命令。无创血压测量命令可直接进行测量血压,并能同时测量 6 只大鼠的尾动脉血压。检测其他指标需要配置 BL-410 或 BL-420 硬件。如图 2-1-5-9 所示。

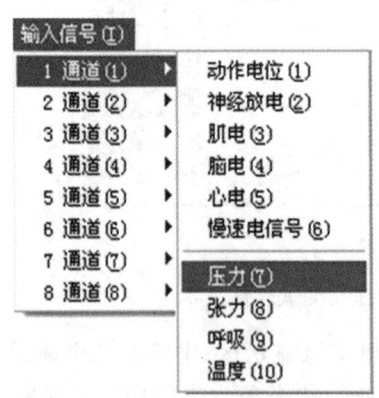

图 2-1-5-8　输入通道菜单条

图 2-1-5-9　实验项目菜单条

5. 数据处理菜单　单击"数据处理菜单"项时,弹出其下拉式菜单。包括微分、积分、频率直方图、频谱分析、平均动脉压、心率曲线、记滴趋势图,计算直线回归方程,计算 $PA2$、$PD2$、$PD2'(P)$,计算半衰期、两点测量、区间测量、细胞放电数测量、心肌细胞动作电位测量等 18 个命令。可通过菜单里的不同命令对采集到的生物信号进行所需要的数据处理。

两点测量、区间测量:均可用于测量任意通道某段波形中的最大值、最小值、平均值及任意两点之间的时间差、信号的变化速率及变化率等。

6. 工具　此菜单集成了 Windows 操作系统中的工具软件,如记事本、画图计算器等。选择工具菜单上的某一个命令,将直接从 TM_WAVE 软件中启动选择的 Windows 应用程序。

（四）工具条

工具条将一些常用的命令以图形形式直接呈现给使用者,其上的每一个图形按钮被称为工具条按钮,对应每一条命令。当工具条按钮以浮雕效果的图形方式显示时,表明该工具条按钮不可使用。

（五）标尺调节区

TM_WAVE 软件显示的每一个通道其左边都有一个标尺调节区,用于调节标尺零点的位置以及选择标尺单位等功能。在将鼠标光标移动到标尺单位显示区时,按下鼠标右键,将会弹出一个标尺选择快捷菜单,可以根据需要进行选择。

（六）分时复合参数区

该区域内包含 4 个不同的分时复用区域,从左到右依次为:控制参数调节区、显示参数调节区、通用信息显示区和专用信息显示区,可通过分时复用区底部的切换按钮进行切换。

（七）测量数据的导出

测量数据结果的导出功能即将测量光标位置处的波形点数据直接导出到 Excel 中,也可以将无创血压测定中得到的收缩压、舒张压、心率等指标直接导出到 Excel 中进行统计分析,这个功能主要用于无创血压测量,主要通过工具条上的"打开 Excel"命令打开 Excel 电子表格,如图 2-1-5-10 所示。

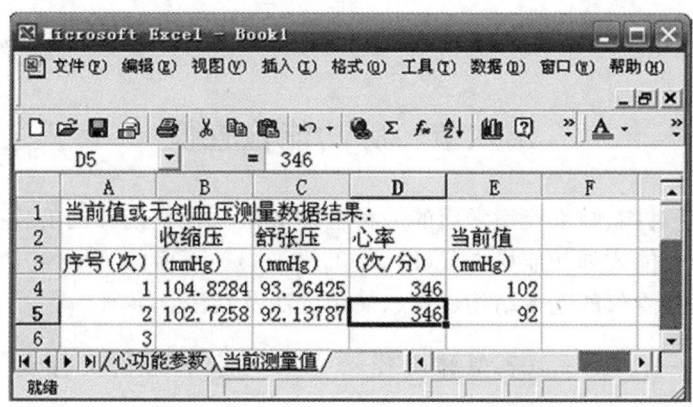

图 2-1-5-10　测量数据导出的测量值

## 六、应　用　举　例

1. 将大鼠装入鼠笼,整体放入加热箱,然后将大鼠鼠尾穿过光电脉搏探测器的阻断端,从另一端串出,即阻断进气口为光电传感器的靠近鼠尾根部的一端。

2. 将传感器头插到对应机箱内的连接器上。

3. 使用专门的连接线连接加热箱控制面板脉搏传感器接口与通用 8 道系统,具体的连接方法如下:

（1）BP-6 无创动物血压测试箱面板上的压力输出通过连接线接到 BP-6 无创动物血

压采集处理系统的 CH1 上。

(2) BP-6 无创动物血压测试箱面板上的 CH1、CH2、CH3、CH4、CH5、CH6 分别通过连接线接到 BP-6 无创动物血压采集处理系统的 CH2、CH3、CH4、CH5、CH6、CH7 上。

4. 打开加热箱电源开关进行加热,可使用系统的默认温度 35℃。

5. 打开 TM_WAVE 软件,然后从实验项目菜单中选择"无创血压测量"命令。

6. 选择工具条上的"启动实验"按钮,即可开始实验。实验时同时打开 7 个通道,第 1 通道用于测量压力,2~7 通道用于测量鼠尾的脉搏。

## 七、注意事项

1. 应对从没做过实验的大鼠先进行训练。训练方法:将 BP-6 无创动物血压测试箱的温度设定到 35℃,将大鼠装入鼠笼放入箱内,让其适应实验环境。对个别特别不能适应环境的大鼠(主要表现为应激反应太厉害,始终不安静)进行剔除。

2. 在默认温度 35℃时,大鼠一般预热 10 min 就可以测出较好的脉搏波形;如果使用更低的温度(如 32℃)需要适当延长预热时间。

3. 为了能够缩短加热时间,在实验过程中尽量减少打开实验箱门的次数。

4. 使用自动充气时请将实验箱面板上的加气口阻塞。

5. 如果实验的大鼠少于 6 只,在自动充气时请用硅胶管打一个结将不用通道的充气口阻塞。

6. 实验完毕后,您需要对加热箱底部进行清洁。

(何 佟 黄 武)

## 第六节 肺功能检查仪

肺功能检查是对胸、肺部疾病常用的一种检测方法。较早期肺功能检查仪器为水封式肺量计,现在多为智能式肺功能检查仪(图 2-1-6-1)。下面以 AS-407 型肺功能检查仪为例,介绍肺功能检查仪的基本结构、特点、使用方法及其注意事项。

### 一、AS-407 型肺功能检查仪的基本结构及特点

AS-407 型肺功能检查仪可以测试用力肺活量(forced vital capacity,FVC)、肺活量(vital capacity,VC)等。该检查仪的液晶触摸屏是 5.7 英寸的彩色液晶触摸屏,可在测量过程中显示其数据与曲线,并可通过触摸屏进行各种参数的设置。内置打印机为热敏打印机,可打印输出数据。传感器呼吸端口连接着一滤室,滤室另一端连接着口件,受试者可通过口件进行呼气或吸气,传感器则可将呼吸信号传至主机中央处理器进行处理、分析及显示。

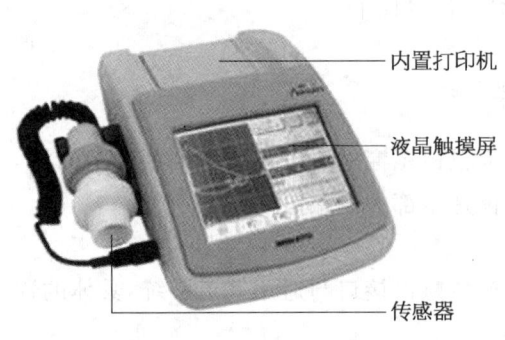

图 2-1-6-1 AS-407 型肺功能检查仪

## 二、AS-407型肺功能检查仪测试操作

打开仪器的总开关,彩色液晶触摸屏先出现图 2-1-6-2a 界面。其为系统启动时的确认信息。由于出厂时已经对系统进行校准,故一般默认其校准值。如需要恢复其出厂值,则可按下屏幕左下角的"DEFAULT"键,选择"YSE"。如不需要,系统 2~3 s 后出现图 2-1-6-2b 界面。

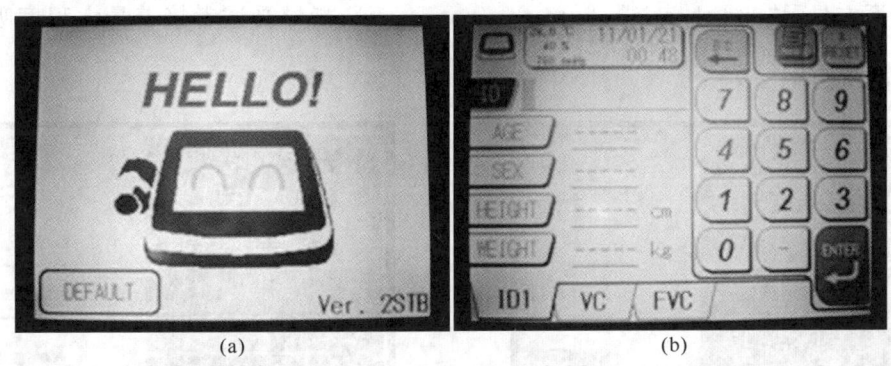

图 2-1-6-2　AS-407型肺功能检查仪操作界面

点击屏幕左上角的长方形(时间、日期、环境参数)综合键,则可进行时间、日期、环境参数等资料的设定。设定完毕后,点击"BACK"键返回,进入显示 ID 输入界面。

**(一) ID 输入界面**

系统可提供两页 ID(身份识别)输入界面。点击"ID"键,ID 输入界面 1 和界面 2 可轮流转换。在界面 1 中可输入"ID"编号、"Age"年龄、"Sex"性别、"Height"身高、"Weight"体重等资料,可用于计算受试者的预计值。其中"Age"年龄的输入方式有两种:"BIRTHDAY"为生日输入模式;"AGE"为年龄输入模式。界面 2 中可输入吸烟指数 SI ="day"每天吸烟数量和"years"吸烟年龄等。可根据需要进行相应的设定。在输入资料过程出现错误时,可点击"BS"键,删除其数据。如需对测试数据进行重设,则可长按"RESET"键,数据则可返回到初始状态。

**(二) VC 测试模式**

1. ID 资料输入完毕后,可点击"VC"键,进入 VC 测试界面,即可显示其测试数据,如图 2-1-6-3。同时让受试者做好测试的准备。

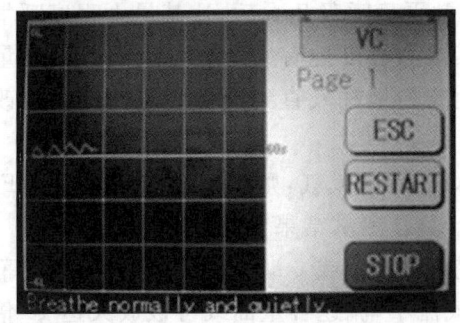 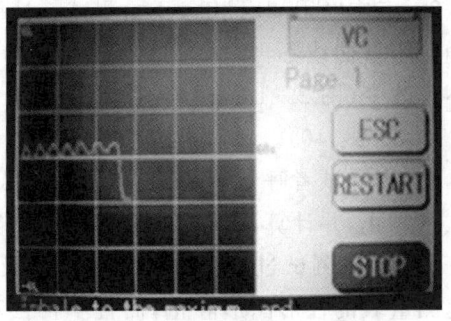

图 2-1-6-3　正常呼吸曲线　　　　　　　图 2-1-6-4　最大呼气曲线

2. 点击"START"键,开始测试。此时指导受试者用嘴含口件,并夹上鼻夹,进行正常平静的呼吸。此时屏幕下方会显示"Breathe normally and quietly"(图2-1-6-3)。其中,"ESC"键代表测试中断,"RESTART"键代表重新开始测试,"VC"键代表其测试名称(肺活量)。

3. 当呼吸平稳时,仪器则发"嗵"的一声给予提示,屏幕下方显示"Exhale to the maximum",此时指导受试者最大程度呼气直到确认容量曲线不再改变(图2-1-6-4)。此时屏幕下方显示"and then inhale to the maximum",指导受试者接着最大程度吸气直到确认容量曲线不再改变(图2-1-6-5)。

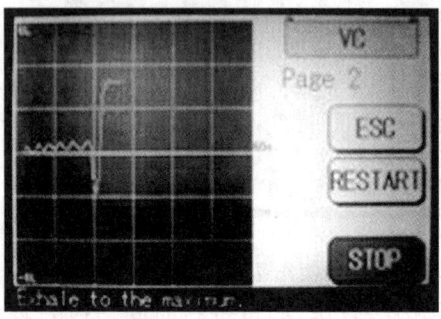
图2-1-6-5 最大吸气曲线

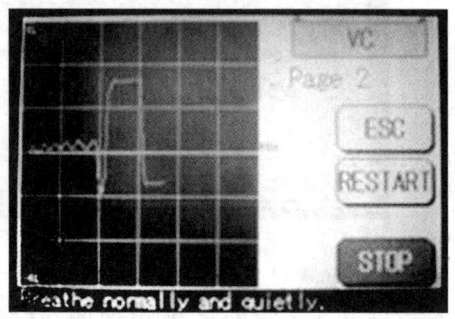
图2-1-6-6 二次最大呼气曲线

4. 当受试者最大程度吸气直到确认容量曲线不再改变,屏幕下方显示"Exhale to the maximum and then Breathe normally and quietly",再次指导受试者最大程度呼气直到确认容量曲线不再改变,之后让受试者恢复正常平静的呼吸(图2-1-6-6)。

5. 测试结束后,点击"STOP"键,VC测试将终止,并计算测试数据后返回测试数据窗口,显示测试结果。如果需要3次或更多次测试VC,则可返回(2)步重新开始测试。

6. VC测试过程中需注意,当确认最大程度呼气和最大程度吸气直到确认容量曲线不再改变后,一般应保持2 s的平台期,且呼气和吸气过程都应恒速进行。

(三) FVC测试模式

1. ID资料输入同VC测试步骤。完毕后,可点击"FVC"键,进入FVC测试界面,即可显示其测试数据,如图2-1-6-7。其中"Exp Time"代表呼气时间,同时让受试者做好测试的准备。

2. 点击"START"键,开始测试。让受试者正常平静呼吸几次后,让其最大程度呼气直到确认容量曲线不再改变(图2-1-6-8),再让其最大程度地有力地吸气直到确认容量曲线不再改变(图2-1-6-9),再次让其最大程度地有力地呼气直到确认容量曲线不再改变(图2-1-6-10)。

3. 当受试者呼气达最大程度(达到或超过6 s)且转向吸气,则即点击"STOP"键,FVC测试将终止,并计算测试数据后返回测试数据窗口,显示测试结果。

4. FVC测试过程中应鼓励受试者最大呼气持续到6 s或6 s以上,同时呼气到屏幕上流速测量表的柱形图形静止,而且不再摆动(因为气流小,流速容量曲线可被放大达10倍)。若受试者没有呼气到最大程度,FCV容量曲线则会变得较小。

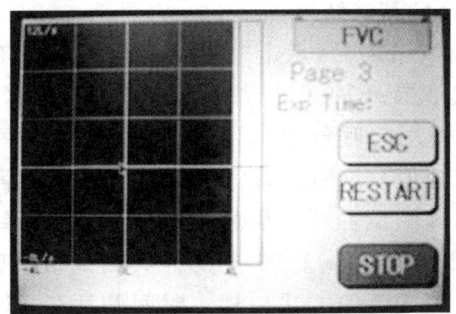
图 2-1-6-7　正常呼吸曲线

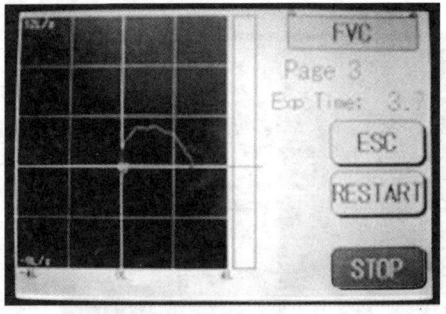
图 2-1-6-8　最大呼气曲线

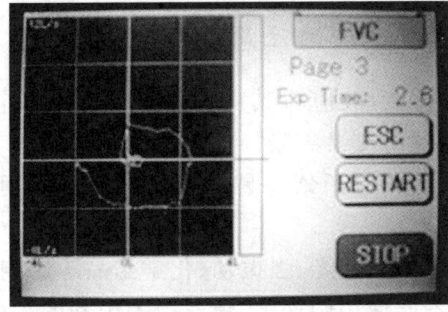
图 2-1-6-9　最大吸气曲线

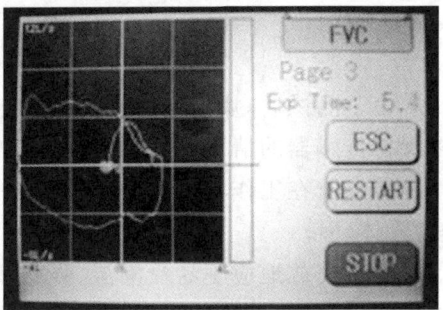
图 2-1-6-10　二次最大呼气曲线

## 三、AS-407型肺功能检查仪测试结果

### (一) VC 测试结果

VC 测试结束后,点击"STOP"键,则屏幕右边显示其测试结果:VC(肺活量)、TV(潮气量)、IRV(补吸气量)、ERV(补呼气量)、IC(深吸气量);屏幕左边显示其测试曲线,其横轴代表时间(S),纵轴代表容积(L),通过点击"PAGE1,PAGE2,或 PAGE 3"键可分别显示 3 个不同受试者的检测结果。也可通过长按"PAGE1,PAGE2,或 PAGE 3"键中的其中一键,同时显示 3 个受试者的测试结果(图 2-1-6-11)。点击右上角绿色"打印"键可打印相应的测试结果(图 2-1-6-12)。

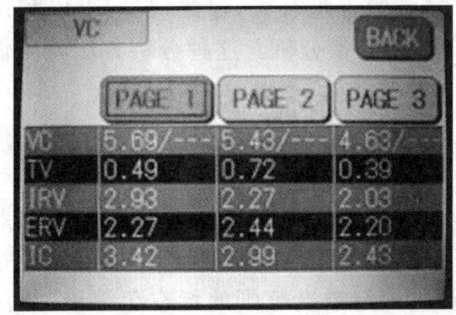
图 2-1-6-11　显示 3 人 VC 测试结果

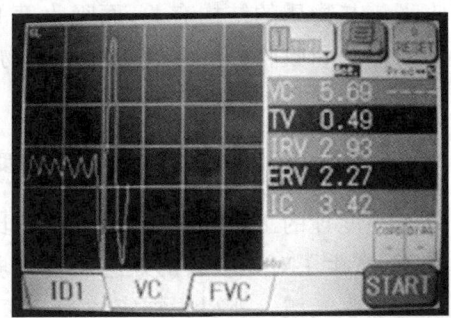
图 2-1-6-12　显示 1 人 VC 测试结果并可打印

## (二) FVC 测试结果

FVC 测试结束后,点击"STOP"键,则屏幕右边显示其测试结果:FVC(用力肺活量)、FEV1.0(1.0秒量,一秒钟用力呼气量)、FEV1.0%(1.0秒率)、PEFR(峰流速值)、MMF(最大中期呼气流速)等;屏幕左边显示其测试曲线,其横轴代表容积(L),纵轴代表流速(L/S)(图2-1-6-13)。其测试结果显示及打印方法与 VC 的方法一样。时间肺活量(timed vital capacity,TVC)的 $TVC_1$、$VC_2$ 及 $TVC_3$ 分别与 FEV1.0、FEV2.0 及 FEV3.0 对应。

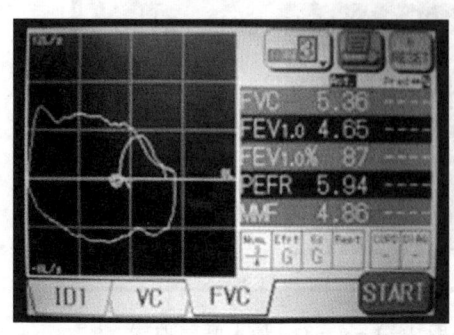

图 2-1-6-13  FVC 测试结果

### 四、AS-407 型肺功能检查仪测试使用注意事项

1. 由于测试后,痰液、唾液等可能残留在传感器上,故应将其从仪器上卸下并进行清洗,以保持传感器的清洁,从而确保测试的精确性并预防交叉感染。

2. 传感器在工作状态下其热丝温度高达 400℃,故应严禁在易燃空气环境下使用,如麻醉性气体环境。

3. 仪器存放地应不易受潮湿、强磁场、X 线、强气流、强光、强振动、化学药品等影响。

4. 应使用手指和 PDA 的记录笔操作触摸屏,不能使用圆珠笔、螺丝刀等锐利的东西去触摸屏幕,以免造成屏幕损坏。

(何　佟　王丹妹)

## 第七节　常用分光光度计

利用分光光度法或技术工作的仪器叫分光光度计(spectrophotometer)。分光光度计广泛应用于医药卫生、临床检测、生物化学、石油化工、环保检测、质量控制等方面的定性、定量分析。常用的分光光度计有可见分光光度计和紫外分光光度计。

### 一、分光光度法

分光光度法(spectrophotometry)利用分子的吸收光谱来分析物质的结构。因为分子的吸收光谱与物质的结构有关,而吸收度的大小与物质的含量有关,因此,我们可以利用吸收光谱的形状和吸收程度的大小即可对物质进行定性和定量分析。这种分析方法就叫做分光光度法。

### 二、分光光度计的基本工作原理

分光光度计的工作原理是依据郎伯-比耳定律来进行的。当溶液中的物质在光的照射和激发下,产生了对光吸收的效应。但物质对光的吸收是有选择性的,各种不同的物质都有其各自的吸收光谱。所以根据定律当一束单色光通过一定浓度范围的稀有色溶液时,溶液对光的吸收程度 A 与溶液的浓度 C 或液层厚度 L 成正比。其定律表达式:

$$A = k \cdot C \cdot L \quad \text{(公式 2-1-7-1)}$$

公式中，$A$ 为消光值或称吸光度，$k$ 为某溶液的消光系数或称吸光系数，$C$ 为溶液的浓度，$L$ 为光程，即溶液的厚度。消光系数 $k$ 是一个常数。一种有色溶液对于一定波长（单色光）的入射光的 $k$ 值具有一定的数值。若溶液的浓度以摩尔/升（mol/L）表示，溶液的厚度以厘米（cm）表示，则此时的 $k$ 值称为摩尔消光系数，它是有色物质在一定波长下的特征常数。因此，当 $k$ 和 $L$ 不变时，吸光度 $A$ 与溶液浓度 $C$ 成正比关系，也就是说，当一束单色入射光经过有色溶液且入射光、消光系数和溶液厚度不变时，透光率是随着溶液浓度而变化的。这种单色光与有色溶液的关系称为郎伯-比耳定律。分光光度计比色分析方法就是依据这个定律进行的。

## 三、分光光度计的基本结构

分光光度计的基本结构由光源、单色器、比色皿、光电检测器、放大器和显示器六部分组成。图 2-1-7-1 所示为分光光度计的基本结构方框图。

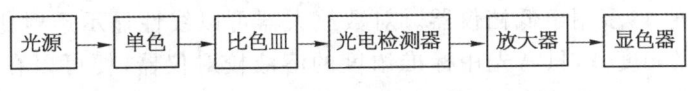

图 2-1-7-1　分光光度计的基本结构

光源发出的复合光经单色器后，变为近似的单色光。单色光通过比色皿时，一部分被比色皿中的样品溶液吸收，没有被吸收而透射过来的光照射在光电检测器上。光电检测器将照射在它上面的光信号的强弱转换为电信号的大小，通过显示部分将测量结果显示出来。

### （一）光源

光源的作用是提供激发能，使待测分子产生吸收。工作在可见光或红外光波段的分光光度计使用钨灯或卤钨灯作为光源。它适应的波长范围在 350～2 500。钨灯在点燃时向外蒸发钨原子，使得钨灯的使用寿命缩短。卤钨灯在钨灯里加入了卤素（碘或溴），大大延长了使用寿命。工作在紫外波段的分光光度计使用的光源通常为氢灯或氘灯。适应的波长范围在 200～400 nm 的紫外光区。氢灯或氘灯都属气体放电灯，两者的结构和工作原理是相同的。前者灯泡内充氢气，后者灯泡内充的是氢的同位素氘，前者产生的紫外线较弱，后者比前者的发光强度强数倍。

### （二）单色器

依据朗伯-比耳定律，在比色分析时一定要使用单色光。单色器就是能有效地提供单色光的光学系统，在其工作波长范围内，可以选择任意波长的单色光。单色器主要由入射夹缝、出口夹缝、色散元件、准直镜组成。色散元件是单色器中最重要的装置，它的作用是将复合光分解为单色光。分光光度计中常用的色散元件是棱镜和光栅。据此，单色器分为棱镜单色器和光栅单色器两种类型。光栅具有色散均匀、谱线清晰、波长范围宽（紫外、可见、近红外等光区均可用）等优点，目前用光栅做单色器的分光光度占主流。

### （三）比色皿

比色皿又称比色杯、比色池、吸收池等，是用来盛装待比色分析样品液的容器。在可见光区，比色皿常用无色光学玻璃或塑料制作；在紫外区，常用石英玻璃来制作。国际规定，液层厚度（内径）为 10 mm 的比色皿为标准比色皿。

每台仪器所用的比色皿都是成套的,不同仪器之间所配的比色皿不能混用。否则,会带来较大的测量误差。在同一测定中所使用的比色皿的内径必须一致。

检验比色皿是否符合要求的方法是:先在各比色皿中加入相同的有色溶液,然后将比色皿放入仪器中,在一定的波长下进行测量。在不改变其他条件的情况下,读出的透射比误差应小于 0.5%。如果误差大于 0.5%,不应使用。

### (四) 光电检测器

利用光电效应把光能转换为电能的器件叫做光电检测器。在测量中必须把光信号的变化转换为电信号的变化才能定量测量。分光光度计常用的光电检测器有光电管、光电倍增管以及半导体光电二极管、光敏电阻等。光电检测器接收透过比色皿的光信号使之转换为电信号,送到放大电路上。

### (五) 放大器

光电检测器转换成的电信号,通常先送到放大电路上,经放大电路放大到足够大以后,再送到显示装置上。放大器有普通放大器和对数放大器两种类型。普通放大器非线形显示透射比 $T$ 和吸光度 $A$,多用于低档仪器。对数放大器可以线性显示透射比 $T$ 和吸光度 $A$。因浓度 $C$ 正比于吸光度 $A$,只需先用标准浓度的溶液校对仪器,便可以在显示装置上直接读取所测样品的浓度。这种仪器方便、高效,比较受欢迎。

### (六) 显示器

光电检测器转换成的电信号经放大后需通过显示装置才能显示。常用的显示装置有检流计、磁电式动圈指示表、数据面板表等。数据面板表具有精度高、读数方便、轻巧耐用等优点。数据显示的分光光度计可在显示器上直接读出 $T$(透射比)、$A$(吸光度)和 $C$(浓度)值,目前应用较广。

## 四、常用分光光度计的使用方法

下面以 722S 型分光光度计为例介绍分光光度计的使用方法。722S 型分光光度计是单光束波长手动调节型可见分光光度计。该仪器具有较宽的可见波段光谱范围和良好的性能指标,可在 340~1 000 nm 范围内执行透射率、吸光度、浓度因子设定和浓度直读测定。带 RS232 通讯口,选配相应的软硬件可执行数据的记录、贮存、打印,在教学、科研和生产中得到广泛应用。在实验生理科学教学中,也常用到 722S 型分光光度计对血液、尿液成分等进行比色分析。

1. **构造原理** 722S 型分光光度计由光源室、单色器、试样室、光电管暗盒、电子系统及数字显示器等部件组成。光源为卤素灯,波长范围 340~1 000 nm。单色器中的色散元件为光栅,可获得波长范围狭窄的接近于一定波长的单色光。其外观如图 2-1-7-2 所示。

2. **使用方法**

(1) 仪器预热:打开电源开关,使仪器预热 30 min。预热仪器时和不测定时应将试样室盖打开,使光路切断。

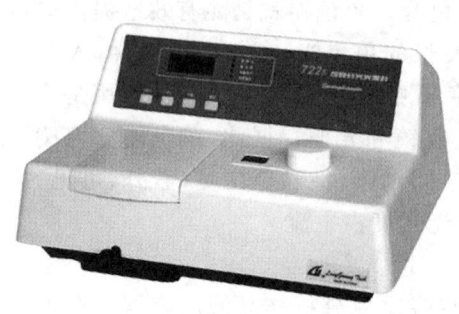

**图 2-1-7-2** 722S 型分光光度计外观图

(2) 波长选择：转动波长选择钮，选用所需的波长。

(3) 调0%：测定模式置于透射比功能，打开样品室暗箱盖（光门自动关闭），按0%调整键，仪器自动调整零位，数码显示为0.000。

(4) 调100%：拉动比色杯架的拉杆，使参比样品槽对准光路，盖好样品室盖（光门自动开启），按100%调整键，数码显示为100.0（一次如有误差可重复按该键）。调整100%时，整机的自动增益系统的调整可能影响到0%，调整后请检查0%，如有变动，可重复(3)、(4)两步操作。

(5) 测定功能项选择：开机初始模式为透射比测定，按模式切换键可依次选择吸光度、浓度因子、浓度直读测定。

1) 吸光度测定：将装有空白和待测样品的比色杯放入比色杯架，使空白管对准光路。按(3)(4)两步操作调整0%和100%。按"MODE"键选择吸光度测定模式（ABS灯亮），数码显示自动转换为吸光度值0.000，拉动比色杯架的拉杆使待测样品槽对准光路，读出仪器测得的样品吸光度值。

2) 透射比测定：将装有空白和待测样品的比色杯放入比色杯架，使空白管对准光路。按(3)、(4)两步操作调整0%和100%。按"MODE"键选择透射比测定模式，拉动比色杯架的拉杆使待测样品槽对准光路，读出仪器测得的样品透射比值。

3) 使用浓度直读功能测定样品浓度：将装有空白和待测样品的比色杯放入比色杯架，使空白管对准光路。按(3)、(4)两步操作调整0%和100%。按"MODE"键选择吸光度测定模式，将装有标准样品和待测样品的比色杯放入比色杯架，拉动比色杯架的拉杆使标准样品槽对准光路，读出仪器测得的样品吸光度值。按"MODE"键选择浓度直读测定模式，按0%或100%调整键，使数据显示窗显示读数达已知含量值，记录该因子读数。拉动比色杯架的拉杆使待测样品槽对准光路，直接读出仪器测得的待测样品含量值。

4) 使用浓度因子功能测定样品浓度：将装有标准样品和待测样品的比色杯放入比色杯架，拉动比色杯架的拉杆使标准样品槽对准光路。按"MODE"键选择浓度因子测定模式，按0%或100%调整键，使数据显示窗显示为欲输入的因子数，按"MODE"键选择浓度直读测定模式，使待测样品槽对准光路，直接读出仪器测得的待测样品含量值。

(6) 比色完毕后，关上电源开关，取出比色杯，将比色杯暗箱盖好，清洗比色杯并晾干。

3. 使用注意事项

(1) 取拿比色皿时，手指只能捏住比色皿的毛玻璃面，而不能碰比色皿的光学表面。

(2) 比色皿不能用碱溶液或氧化性强的洗涤液洗涤，也不能用毛刷清洗。比色皿外壁附着的水或溶液应用擦镜纸或细而软的吸水纸吸干，不要擦拭，以免损伤它的光学表面。

(3) 波长准确度应每年检查1~2次。

（莫燕娜）

## 第八节 自动生化分析仪

生化分析仪是根据光电比色原理来测量体液中某种特定化学成分的仪器。目前临床生化绝大部分检测已实现自动化分析，其中多数由自动生化分析仪（automatic biochemical analzer）完成。它具有灵敏、快速、准确、消耗试剂量小和标准化等优点。

## 一、概　　述

自动生化分析技术，是指将生物化学分析过程中的取样、加试剂、去干扰、混合、保温反应、自动检测、结果计算、数据处理、显示和打印报告，以及实验后的清洗等步骤部分或全部实现自动化。自动生化分析技术，不仅可对多个样品按同一方式连接处理或对一个样品同时进行多项目检测，还能按一定指令对于不符合要求的结果进行鉴别剔除，不仅提高了工作效率，而且减少了主观误差，稳定了检验质量。自动生化分析仪按仪器结构和原理可分为：连续流动式（continuous streaming movement style）、离心式（centrifugation style）、分立式（discrete style）、干片式（drying style）和模块式自动生化系统（modular automation analysis system），其中以分立式应用最为广泛；按其自动化程度可分为：半自动和全自动两种，目前最常用的为全自动生化分析仪。

## 二、自动生化分析仪的基本结构

自动生化分析仪一般包括以下部分：①样品容纳部分：防置待测样品、标准品、质控液等。②吸样机构：吸样探针及输送样品的管道。③试剂管道：吸取、分配试剂。④反应杯或反应管道。⑤保温部分。⑥比色杯（管）。⑦检测器：分光光度计、荧光光度计等。⑧计算机部分：控制仪器所有的动作和功能，还能接收从各部件反馈的信号，并作出相应的反应，对异常情况发出一定的指示信号。⑨打印机或记录仪。⑩功能监测器：监测分析仪的工作状态、各项目化学反应情况。

## 三、自动生化分析仪的功能

自动生化分析仪用于检测多种生化指标。

1. **肝功能**　丙氨酸氨基转移酶（ALT/GPT）、天冬氨酸氨基转移酶（AST/GOT）、碱性磷酸酶（ALP）、总胆红素（TB）、直接胆红素（DB）、总蛋白（TP）、白蛋白（Alb）。
2. **肾功能**　尿素氮（BUN）、肌酐（Cre）、二氧化碳结合力（$CO_2CP$）、尿酸（UA）。
3. **血脂**　总胆固醇（TC）、三酰甘油（TG）、高密度脂蛋白胆固醇（HDL-C）、低密度脂蛋白胆固醇（LDL-C）。
4. **血糖**　葡萄糖（GLU）。
5. **肌酶**　肌酸激酶（CK）、肌酸激酶同工酶（CK-MB）、乳酸脱氢酶（LDH）、a-羟丁酸脱氢酶（a-HBDH）、谷氨酰转肽酶（r-GT）。
6. **离子**　钙（Ca）、磷（P）、镁（Mg）、钾（K）、钠（Na）、氯（Cl）等。

## 四、举例：XD818（$S8^+$）急诊生化分析仪的使用方法

由于各种全自动生化分析仪器的品牌、型号、功能各不相同，种类繁多，其工作原理、使用方法、注意事项等也不尽相同。本节以 XD818（$S8^+$）急诊生化分析仪为例，简述全自动生化分析仪的测定原理、常规操作程序和日常保养维护。

### （一）定量测量工作原理

XD818 急诊生化分析仪采用了传统的吸收光度法测定原理来实现对被测样品的浓度测定，根据不同的方法（终点法、二点法、动态法）分别叙述如下：

1. 终点法：$U = S \times (AU - AB)/(AS - AB)$　　　　　　　　　　（公式 2-1-8-1）

其中：$U$，被测样品浓度；$S$，标准品浓度；$AU$，被测样品吸光度值；$AB$，试剂空白吸光度值；$AS$，标准品吸光度值。

2. 二点法：$U = S \times DAU/DAS$　　　　　　　　　　　　　　　（公式 2-1-8-2）

其中：$U$，被测样品浓度；$S$，标准品浓度；$DAU$，被测样品固定时间内吸光度差值；$DAS$，标准品固定时间内吸光度差值。

3. 动态法：$U = F \times (DA/\min)$　　　　　　　　　　　　　　　（公式 2-1-8-3）

其中：$U$，被测样品浓度；$F$，对应项目的因数值；$DA/\min$，折算为每分钟吸光度变化数值（被测样品）。

XD818 急诊生化分析仪对以上 3 种方法全部采用双波长测定。

### （二）常规操作程序

1. 仪器初始化

（1）系统开机等待时间 30 min。此时仪器将完成对试剂预热腔的加温（37℃），试剂冷藏室的降温（4~6℃），比色皿的加温（37℃）及仪器的热平衡。温度检测通过。

（2）蒸馏水及试剂空白的测定，按"ENTER"键开始清洗及测试蒸馏水空白、试剂空白。

2. 样本测试　在主菜单下按 F1 功能键，进入测试功能。

（1）通道选择（F1）功能键：在测试样本前根据生化检验单所测项目进行选择，将所测项目的通道开关置于"开"的状态。不测的项目将该通道开关置于"关"的状态。

（2）试剂空白（F2）功能键：请用户每隔 24 h 必须做 1~2 次试剂空白测试，由此判断试剂是否过期变质，确保临床检验结果的准确性。

（3）样本编号（F3）功能键：测试样本前进行对样本的编号、姓名、性别、年龄的编辑。

（4）开始测试（F4）功能键：在以上功能编辑完成后按此功能键进行样本的测试，测试完毕仪器将直接打印出报告单，并在屏幕上显示，同时储存在仪器中。

### （三）日常保养与维护

1. 保养

（1）样品过滤器组件的清洗：样品过滤器安装在吸样针的上部，可将其取下对其进行必要的清洗，确保样品通道的畅通。

（2）样品通道的清洗：在主菜单下按下 F6 功能键进入系统功能：选择 F4 保养，在此菜单下选择 F1 对样品通道清洗。主要作用是进行去蛋白的处理，按仪器屏幕提示完成清洗。

（3）试剂通道的清洗：在保养功能下按 F2 功能键进行试剂通道清洗。主要作用是进行试剂通道的管道及比色皿的清洗，按仪器屏幕提示完成清洗。

2. 经常检查废液瓶状况　即经常倒空废液瓶，防止废液溢出；经常检查废液瓶放置是否稳妥，避免其打翻使废液外流影响工作环境或造成不必要的损害；经常检查仪器外露部分的废液管路是否通畅，以防止因此而造成仪器的其他故障。

3. 每日至少做 1 次蒸馏水空白测试　仔细观察仪器屏幕显示的吸光度数值。

4. 每日至少做 1 次试剂空白测试　了解正在测试用的试剂状况是否满足基本使用要求。

5. 每日做质控品监测　了解仪器测试结果的可信度。

6. 注意事项　①请勿使用其他仪器的清洗液作本仪器的生化日常冲洗液，否则会造成仪器有关部件损坏。②请勿直接使用生化专用清洗液浓缩液清洗仪器的样品通道和试剂通道,否则可能对仪器造成损害。

(王丹妹　何　佟)

## 第九节　智能热板仪

热板仪是热板法实验研究使用的仪器。热板法是镇痛药物筛选、检测中常用的一种方法,也是一种能确定区分中枢神经和末梢神经镇痛作用机制的方法。

热板仪的基本功能主要是通过调节和控制热板表面的温度,观察动物对热致痛反应的敏感性(痛反应出现时间),对镇痛药物进行检测和筛选。过去使用的热板仪,由于对温度控制不严格、计时不准确和人员操作上的误差,降低了实验结果的准确性。新一代智能热板仪的出现,能很好地解决这些问题。同时,智能热板仪还增加了打印功能和脚踏、手动有线控制功能,能方便地完成对小鼠、大鼠、豚鼠的痛反应检测。目前智能热板仪是镇痛药物实验教学和科学研究的理想仪器。

下面以 RB-200 智能热板仪为例,介绍智能热板仪的基本结构和特点、使用方法及使用注意事项。

### 一、RB-200 智能热板仪的基本结构

#### (一) RB-200 智能热板仪的组成

RB-200 智能热板仪主要由控制箱(带液晶显示,键盘开关,加热金属盘)、观察桶(直径 200 mm,高 310 mm)、脚踏开关(或手动开关)组成。外置式热敏打印机。见图 2-1-9-1。

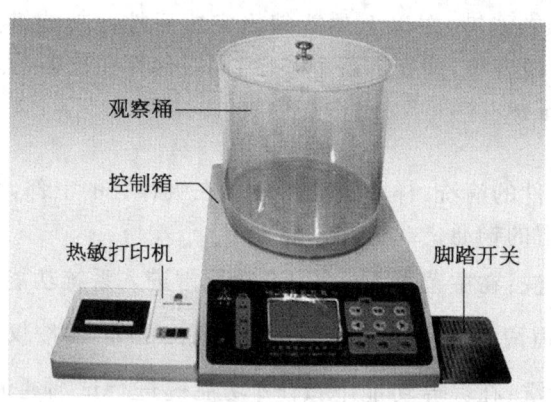

**图 2-1-9-1**　RB-200 智能热板仪

#### (二) RB-200 智能热板仪主要面板结构

1. RB-200 智能热板仪主要面板正面观(图 2-1-9-2)

(1) 电源开关:打开系统可通电工作。

(2) 通讯指示灯:当与 PC 相连,并且打开通讯软件时灯亮,否则不亮。

(3) 计时指示灯:当按下起停按钮开始计时时灯亮,停止计时时熄灭。

(4) 电源指示灯:系统供电正常时灯亮,否则不亮。

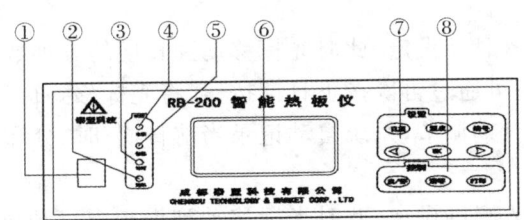

**图 2-1-9-2** RB-200 智能热板仪面板正面观

(5) 恒温指示灯:当"实际温度"-"设定温度"＜0.5℃时灯亮,否则熄灭。
(6) 液晶显示器:显示日期(年、月、日、小时、分、秒)、设定温度、实际温度、反应时间、实验编号等实验信息。
(7) 仪器设置按钮区:设置仪器的各种参数(日期、温度等)。
(8) 实验控制按钮区:控制实验的启停及实验数据的打印。

2. RB-200 智能热板仪主要面板背面观(图 2-1-9-3)

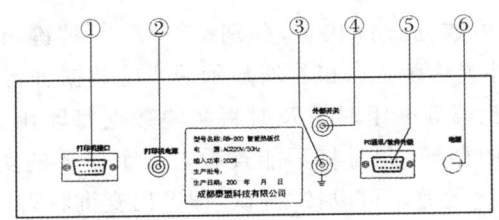

**图 2-1-9-3** RB-200 智能热板仪面板背面观

(1) 外置热敏打印机数据线接口。
(2) 打印机电源接口(在开机前将打印机电源连接好)。
(3) 接地柱(当本身插座接地不好时使用)。
(4) 脚踏开关或手控开关接口。
(5) PC 通讯软件接口。
(6) 电源线出线口。

## 二、RB-200 智能热板仪的使用方法

### (一) 开机

打开电源开关按钮,此时液晶显示器显示产品名称和出产地,同时电源指示灯、恒温指示灯、计时指示灯亮起,同时蜂鸣器发出短暂的响声,2 s 后系统自检结束,液晶显示器显示进入主画面,同时电源指示灯一直点亮,其他指示灯熄灭。

### (二) 预热

在热板实际温度没有达到目标温度之前,系统处于加热状态,此时不能进行实验;当实际温度达到目标设定温度后,系统"恒温指示灯"点亮,表示可以正常实验了。(注:为了提高实验效率,在开机时进行第一次加热的前几分钟会有一定的温度过冲,属于正常现象,此时请勿进行实验,需等待实际温度回到设定温度附近再开始实验,即从开机到正式实验过程需要 12 min 左右。)

### （三）设置日期

按"日期"按键，可进入日期设定，此时光标移动到日期的分钟数，表示此项可调，通过按"＜"、"＞"键调节分钟数；可通过再次按下日期按钮，将光标移到待调节的其他日期选项，进行调节；按下确认键退出日期调节，系统自动记录当前日期、时、分和秒。

### （四）设置温度

按"温度"按钮，可进入温度设定，此时光标移动到设定温度值处，系统默认目标温度为55℃，通过按"＜"、"＞"键（±0.1℃），可以调节降低或升高目标温度。

### （五）开始实验

1. 实验动物编号　按下编号按钮，通过"＜"、"＞"键按钮，可以选择动物编号。
2. 读取计时时间　将实验动物放入观察桶的同时，踏下脚踏开关或按下"启/停"按钮或手动开关，系统自动计时，等观察到动物添后足后，再次踩下脚踏开关或按下"启/停"按钮或手动开关，计时结束。此时，可从液晶屏读取计时时间。
3. 打印结果　按下"打印键"，可在外置热敏打印机上输出本次结果。

### （六）实验结果查询

按"查询"键可进入实验数据查询状态，分别按"＜"、"＞"键可查询上次或下次实验数据，按"打印"键即可通过外置热敏打印机将所显示的实验数据进行打印，最多可查看以前的500组实验数据。当存储到第500组时请及时将实验数据打印出来，因为编号将自动回到"1"，进入下一个1～500的循环，此时将不能查看上一个循环的实验数据。进入查询状态后，日期、温度、起停、清零键无效。可以按"确认"键退出查询状态，回到正常的工作状态。

### （七）清零

如果觉得以前的实验数据没有用时，则可将之清零。在开机前按住"清零"键再开机，开机后设备自动执行清零功能。当看到设备已经显示完开机画面，进入工作状态时，可以放开清零键。此时，清零功能已经完成，即之前的实验数据已被完全清除。

## 三、注 意 事 项

1. 避免设备受到撞击、碰摔，或者强烈震动。
2. 不能使用有机溶剂，酒精棉球拭擦观察桶和仪器表面，请用软布和中性清洗液清洁。

（何　佟　莫燕娜）

# 第十节　电动跑步机

跑步机是常用的健身器材，分为机械式跑步机和电动跑步机两种。其中，电动跑步机是较高档的器材，它通过电机带动跑带使人以不同的速度被动地跑步或走动。电动跑步机可用于运动生理学实验。

下面以DP-188电动跑步机为例，对其主要结构、使用方法、使用注意事项以及日常维护等进行介绍。

## 一、DP-188电动跑步机的主要结构及性能

DP-188电动跑步机是一款平板式的单功能跑步机（图2-1-10-1），人被动地在平板

上面运动,使人感到如同在平地普通跑步一样,调速范围为 0.8~12 km/h。该型号跑步机主要由主机、立架、电子表、扶手、心率传感器、磁性急停开关等构成。主要的性能特点有:红外心率传感器和安全停止功能,具有速度软停止功能,5 种自动变速跑程序表,9 种速度直选按键,耐磨弹性跑板,具有过流、短路保护功能,具有双保险液压折叠功能等。

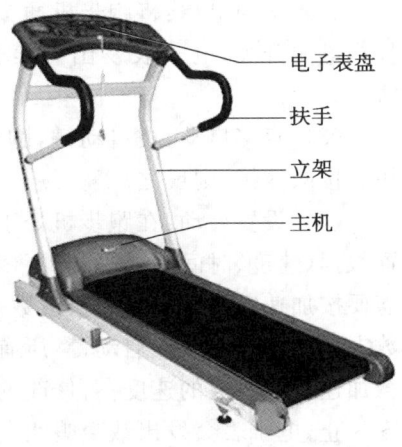

图 2-1-10-1 DP-188 电动跑步机

## 二、电子表各部分名称及功能

电子表可帮助跑步者记录时速、时间、心率、热量、距离等指标,使跑步者根据自身情况进行有目的的调整。

1. 心率传感器插孔　将心率传感器插入该孔,可记录跑步者的心率。

2. 停止键　当跑步机处于运行状态时,第一次按动此键,跑步机暂停运行,此时,电子表上显示的各项数据保持不变;第二次按动此键,则各项数据全部清零。

3. 启动键　当跑步机处于停止状态时,按动此键后跑步机运转。

4. 设置键　使电子表进入预置状态,电子表显示所有预置的数据。

5. 安全开关座　与磁性急停开关连用,当磁性急停开关脱落离开关座时,跑步机自动停止,即速度软停止。

6. 减速键　当跑步机处于运行状态时,按动此键,跑步机运转速度将减慢;在设置状态下,按动此键,用于减小被修改数值的大小(如时间、距离等)。

7. 加速键　当跑步机处于运行状态时,按动此键,跑步机运转速度将加快;在设置状态下,按动此键,用于增大被修改数值的大小。

8. 心率显示窗口　将心率传感器夹在跑步者的左耳垂,另一端插入心率传感器插孔,则可显示跑步者的心率。

9. 路程显示窗口　显示跑步机平板运转的距离。

10. 速度显示窗口　显示跑步机即时的速度。

11. 时间显示窗口　显示跑步机运转的时间。

12. 热量显示窗口　显示跑步者所消耗的热量。

13. 五段自动变速跑程序表　与手动调速和自动变速设置按键连用,显示跑步者选择的自动运动方式:每按一次设置键,被选择程序表前的发光管点亮。

14. 6 种速度直选按键:位于显示器左、右两边第 3~12 的 9 个按键是速度直选键,在非自动变速跑状态下,启动跑步机,任意选择一数字键,跑步机就会自动调整到所选按键标注的速度。

15. 手动调速和自动变速设置按键　按动此键可以手动或自动调整跑步机的速度。

## 三、使用方法及注意事项

1. 使用方法

(1) 安放好跑步机:将跑步机水平放置在一开阔干燥地带。

（2）接通电源：将跑步机插头接入电源插座；将电子表的磁性急停开关安装好，打开跑步机电源开关，电子表发出一声长鸣，显示表数据全部为零，此时，跑步机处于停止运转状态。

（3）直接启动：按启动键，跑步机将以最低速度运行；按加速键，跑步机运行速度将加快。按减速键，则反之。

（4）设置启动：在跑步机处于停止状态且窗口显示全为零的情况下，按设置键，显示设置数据（速度、时间、路程）；若要修改数据，则按动设置键直至要修改的数据闪动，此时，根据需要按加速键或减速键可修改数据的大小；若按停止键，则退出设置状态并放弃此次修改的数据；修改完毕后，按启动键，所有数据被保存，跑步机启动。若修改的数据是速度，跑步机会加速到所设定的速度；若修改的数据是时间或路程，则窗口显示的数据开始减计数，直到零为止，电子表会发出数声鸣叫。

（5）暂停与停止：当跑步机处于运行状态时，第一次按动此键，跑步机暂停运行；第二次按动此键，则各项数据全部清零。

2. 使用注意事项

（1）跑步机在运转状态中不能放置任何异物，不能被水飞溅。

（2）电源插头必须可靠接地，不能与其他电器共用一条线路。

（3）限重 100 kg，不允许两人及两人以上同时在跑步机上。

（4）严禁赤脚在跑步机上运动，需着装适合的运动鞋。

（5）在运行前跑步者应站在边条上，手握扶手，当跑步机正常启动后，再上机运动，严禁站在跑带上启动。

（6）使用完毕后即时关闭跑步机电源。

（7）避免跑步机长时间超负荷运行。

（8）绝对不能用手、头发等触碰任何运动中的部件，如果在使用中感觉不适，则立即停止运动。

（吉丽敏）

# 第二章 常用生理科学实验器械

在实验生理科学的实验中,需要使用到很多种器械。每一种器械的用途不同,使用方法也不同。现分别介绍如下:

## 一、手 术 刀

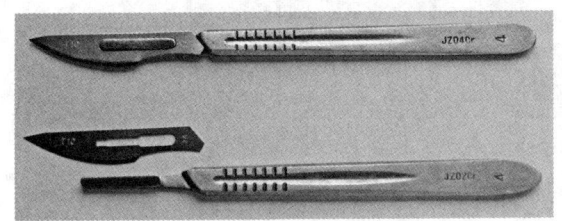

图 2-2-1-1 手术刀

手术刀由刀柄和刀片两部分组成(图 2-2-1-1)。两者都有多种型号,可根据需要随意组装。装卸刀片时一定要用持针器(钳),不可徒手。动物实验中,手术刀主要用于切开皮肤,不要用来切割皮下组织或肌肉。手术刀的执法一般有 4 种,每一种用力都要均匀、适度(图 2-2-1-2)。

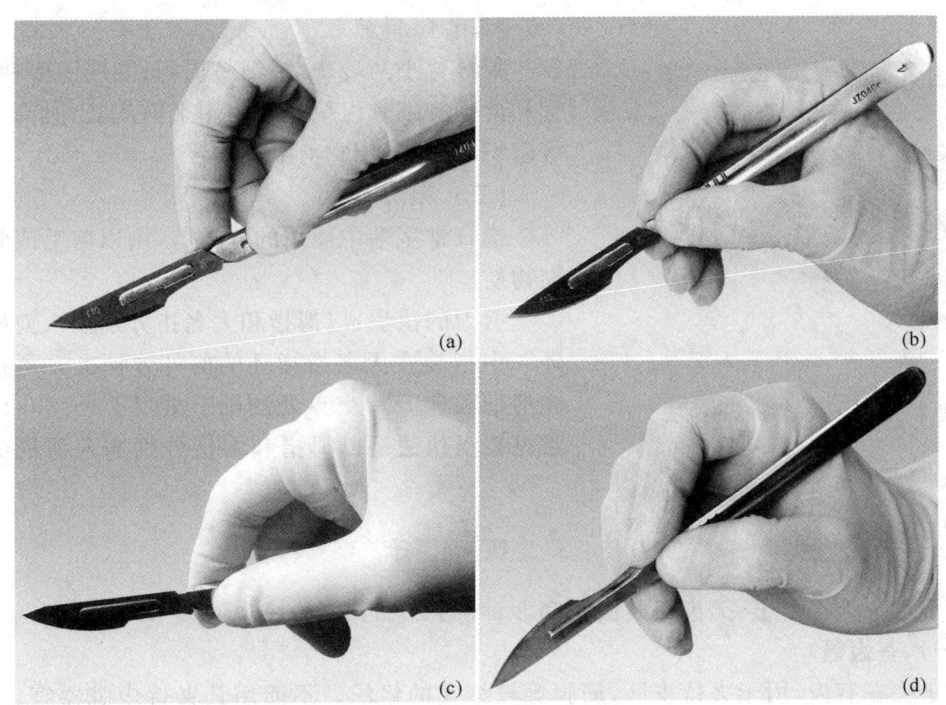

图 2-2-1-2 手术刀的执法
(a) 执提琴弓式,用于颈部、腹部等一般切口;(b) 执笔式,用于短小、精细的切口;
(c) 执餐刀式(握持式),用于较长切口;(d) 反挑式,刀口朝上,用于剥离皮下组织

## 二、剪　　刀

常用剪刀有粗剪、手术剪和眼科剪等。手术剪和眼科剪都有直、弯 2 种类型（图 2-2-1-3）。

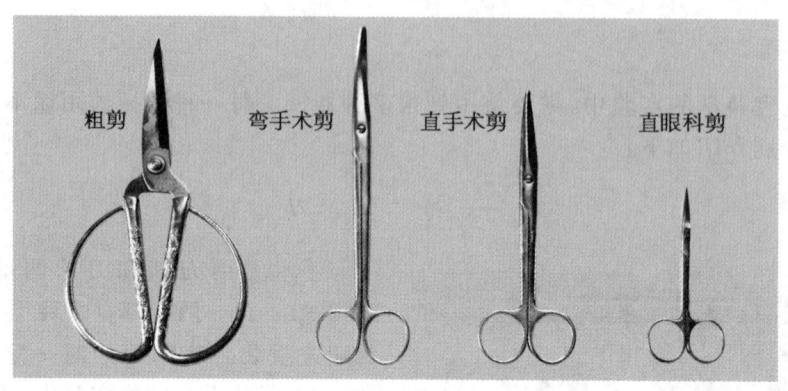

图 2-2-1-3　各种剪刀

### （一）手术剪

手术剪又称组织剪或解剖剪。根据其刃部形状分为直剪、弯剪两型。动物实验中，手术剪主要用于剪皮肤、皮下组织、肌肉、气管软骨环等组织。不得用它剪动物的毛和骨骼。

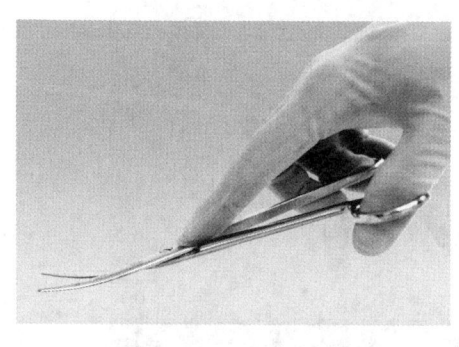

图 2-2-1-4　剪刀的执法

### （二）眼科剪

眼科剪小巧玲珑，精细易损，只能用于剪神经、血管和薄膜等细软组织。不得用来剪皮肤、肌肉及软骨等组织，更不能用它剪毛和线。

### （三）粗剪

指日常生活中使用的普通剪，用以剪毛或骨等坚韧物质。

剪刀的执法：以拇指和无名指分别插入剪柄的两环，中指放在无名指指环的前外方柄上，示指轻压在剪柄和剪刀片交界处的轴节处（图 2-2-1-4）。常见错误执法是以拇指和中指分别插入剪柄的两个环中。

## 三、镊　　子

镊子可分为有齿镊、无齿镊及眼科镊 3 种（图 2-2-1-5）。

### （一）有齿镊

镊子尖端有齿，用于夹持皮肤、筋膜等较结实的组织。不能用其夹持内脏器官、血管及神经等纤弱组织。

### （二）无齿镊

镊子前端无齿，用于夹住较脆弱的组织，如神经、血管、肠壁或其他脏器，可避免组织损伤。

### (三) 眼科镊

眼科镊小巧玲珑,前端有直、弯之分。只用于夹捏血管和细软组织。不得用它镊夹皮肤等硬物。

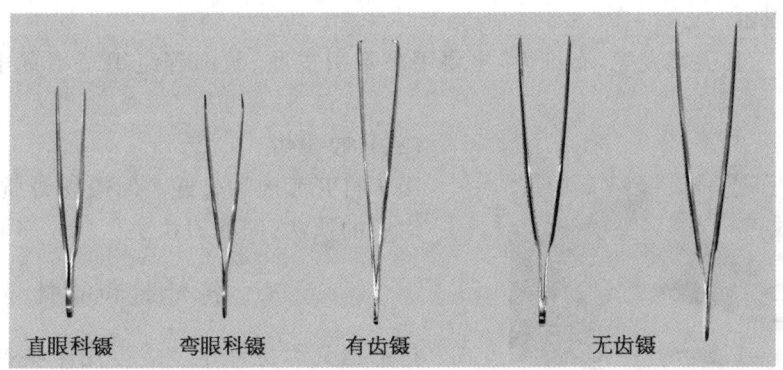

图 2-2-1-5　各种镊子

镊子执法:用拇指对着食指和中指(图 2-2-1-6)。

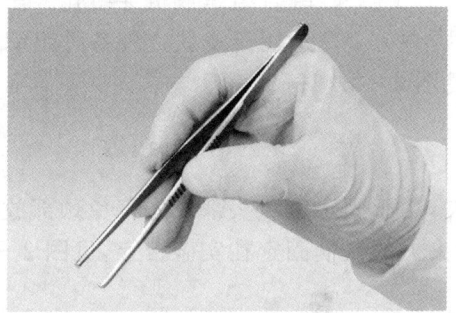

图 2-2-1-6　镊子的执法

## 四、钳　子

常用的钳子有止血钳、组织钳和咬骨钳,见图 2-2-1-7。

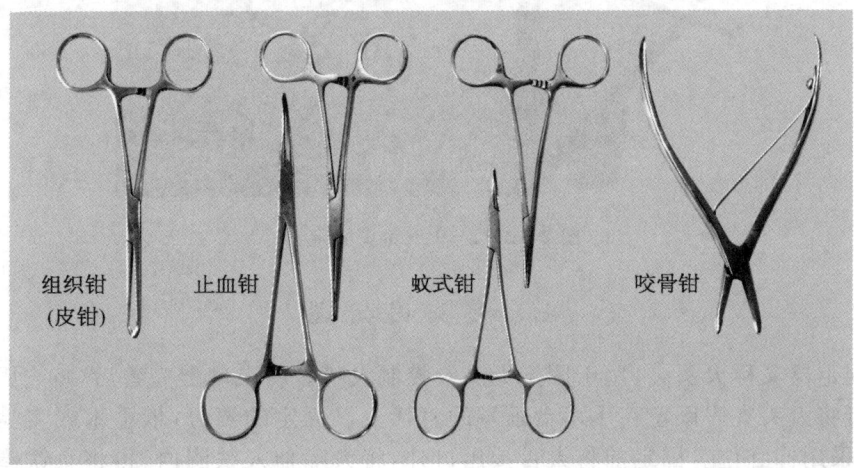

图 2-2-1-7　各种钳子

### (一)止血钳

又称血管钳。常用的有直、弯,大、中、小和蚊式血管钳等数种。除用于止血外,还用于钝性分离皮下组织。蚊式血管钳较细小,适用于分离血管及神经周围的结缔组织。

### (二)组织钳

又称皮钳。其尖端变宽,有细齿,主要用来牵引皮肤、肌肉等组织。不宜用来夹持重要器官。

### (三)咬骨钳

用于打开颅腔和骨髓腔时咬切骨质。

钳子的执法:同剪刀执法。

## 五、持针器和缝针

持针器又称持针钳。主要用于夹持缝针进行缝合,或在缝合时用它协助拔针。此外也常用它装卸手术刀片。缝针有弯形、直形、圆针、三角针之分。用于缝合组织或贯穿结扎。三角针适用于缝合皮肤,圆针适用于皮肤之外各种组织的缝合,弯针适用于较深层

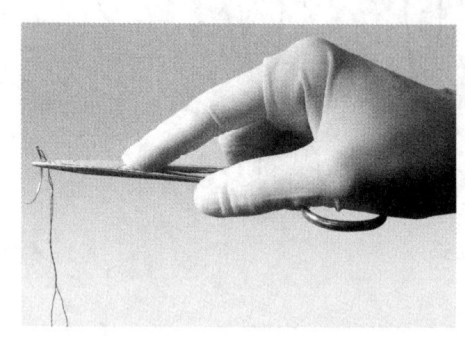

图 2-2-1-8 持针器的执法

组织的缝合。持针器执法见图 2-2-1-8。

## 六、兔头固定器

兔头固定器又称兔头夹,用于固定家兔头部。先将兔颈部放在夹的半圆形的铁圈上,再把嘴套入铁圈内,最后将兔头夹的铁柄固定在实验台上,见图 2-2-1-9。

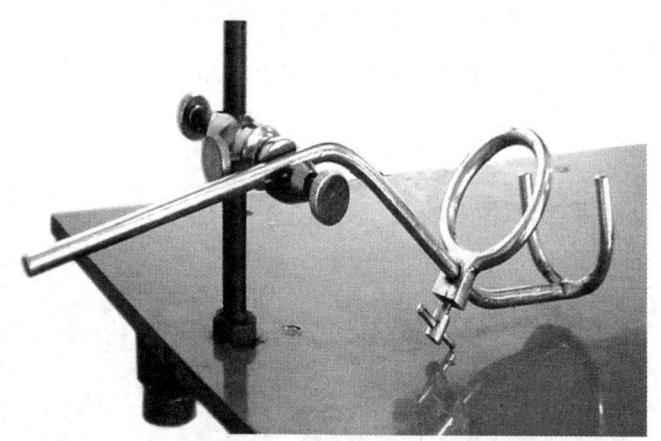

图 2-2-1-9 兔头固定器

## 七、犬头固定器

犬头固定器又称犬头夹,用于固定犬头及控制犬嘴。将犬麻醉完善后,将它固定在实验台上。也可将犬头夹先固定在手术台前端的直棒上。固定的姿势,依手术或实验的种类而定,一般多采用仰卧位。固定前将犬舌拽出口外,将犬嘴伸入铁圈内,再将直铁棒插入上下颌之间,然后下旋铁棒,使弯形铁条压在下颌上,见图 2-2-1-10。

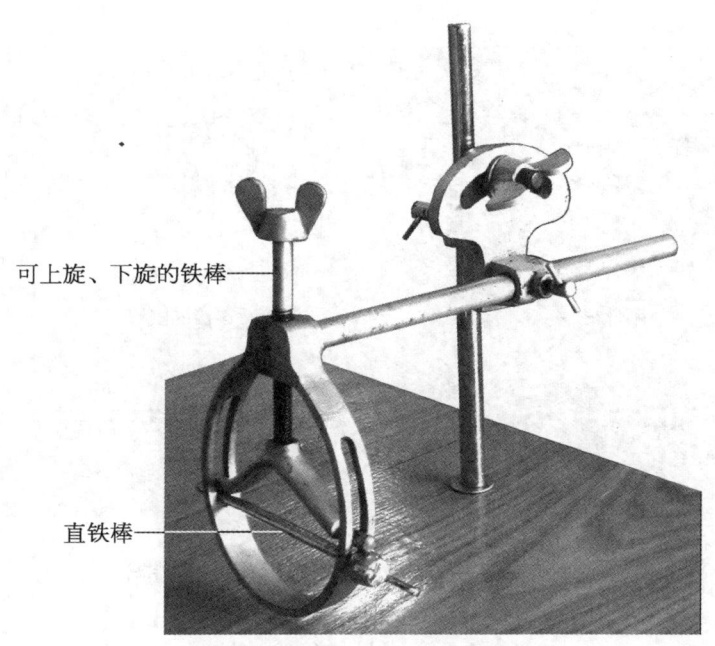

图 2-2-1-10　犬头固定器

## 八、动 脉 夹

用于夹住较大的血管,以阻断血流。比如,在动脉插管术中用于阻断动脉血流。

## 九、气 管 插 管

急性动物实验时插入气管,以保证呼吸道通畅或连接马利氏鼓等装置。

## 十、血 管 插 管

动脉套管(玻璃制品,型号有大、小)。也可把细硅胶管(或)塑料管一端拉细,剪成斜面,即可作血管插管用。

## 十一、颅 骨 钻

开颅钻孔用。

## 十二、胸 腔 插 管

又称胸内套管。用橡皮管将其连接至水检压计或压力换能器上,用于测量胸膜腔压力。也可用粗的穿刺针头代替胸内套管,则操作极为方便,不需切开皮肤。

## 十三、三 通 管

又称三头通。实为开关,可随意将3个通道中任何两个通道口相通,另一个不通;也可使3个通道同时都通或都不通。

以上几种器械的图片见图 2-2-1-11。

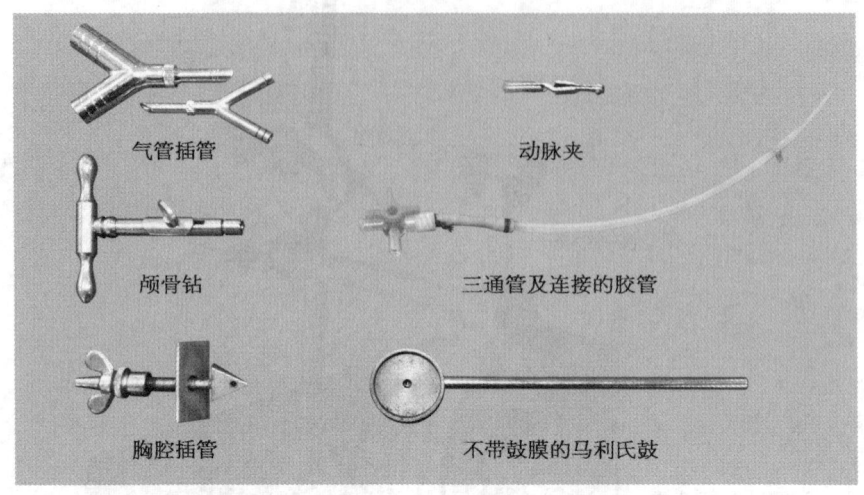

图 2-2-1-11　气管插管、动脉夹等器械

## 十四、玻璃分针

用于分离神经和血管等组织。因其不导电且光滑故对神经和血管不易产生损伤。

## 十五、金属探针

用于破坏蛙或蟾蜍的脑和脊髓。

## 十六、锌　铜　弓

锌铜弓又名锌铜叉或 galvani 叉,是由铜条和锌条组成两臂,用锡将两者的一端焊接而成,锌和铜构成一个原电池。用于对神经肌肉标本施加刺激,以检查其兴奋性。

## 十七、蛙　心　夹

使用时将一端夹住心尖,另一端借缚线连于杠杆或换能器,以进行心脏活动的描记。
以上玻璃分针、金属探针、锌铜弓及蛙心夹图片见图 2-2-1-12。

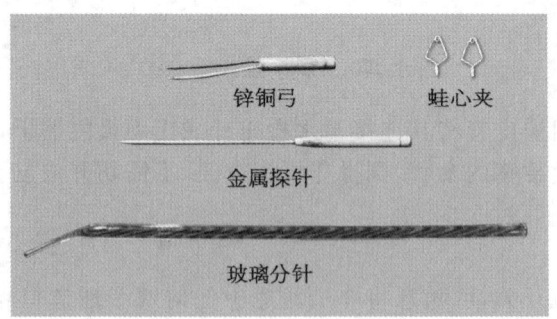

图 2-2-1-12　锌铜弓、金属探针、玻璃分针和蛙心夹

## 十八、蛙　　板

用软木质制成约 20cm×15cm 的方块木板,可用固定针将蛙腿钉在板上,用于固定蛙类。

(虞道锐　陈世民)

# 第三章  常用生理溶液

内环境稳定是细胞进行正常生命活动的基础。为了尽可能使离体组织或器官标本所处的环境因素与体内环境相近似，必须配制生理代用液（或称生理溶液）。这些生理溶液的电解质成分、渗透压、酸碱度、温度及其他营养物质等与体液成分类似。最简单的生理溶液为 0.9％NaCl 溶液（恒温动物用）和 0.65％NaCl 溶液（变温动物用），又名为生理盐水。此外，常用的生理溶液还有任氏液、拜氏液、台氏液，等等，见表 2-3-1-1。

表 2-3-1-1  常用生理溶液的配方

| 成分 | 生理盐水（两栖类） | 生理盐水（哺乳类） | 任氏液（Ringer Sol） | 乐氏液（Locke Sol） | 台氏液（Tyrode Sol） | 克氏液（Krebs Sol） | 拜氏液（Bayliss Sol） | 豚鼠支气管液（Thoroton Sol） | 大鼠子宫液（Dale Sol） |
|---|---|---|---|---|---|---|---|---|---|
| NaCl(g) | 6.5 | 9.0 | 6.5 | 9.2 | 8.0 | 6.9 | 6.5 | 5.59 | 9.0 |
| 10％KCl(ml) | | | 2.0 | 4.2 | 2.0 | 3.5 | 1.4 | 4.6 | 4.2 |
| 10％$CaCl_2$(ml) | | | 2.0 | 2.4 | 2.0 | 5.6 | 2.4 | 1.5 | 0.6 |
| 5％$NaHCO_3$(ml) | | | 4.0 | 3.0 | 20.0 | 4.2 | 4.0 | 10.4 | 10.0 |
| 5％$MgCl_2$(ml) | | | | | 2.0 | | | 0.45 | |
| 5％$NaH_2PO_4$(ml) | | | | | 1.0 | | 0.2 | | |
| Glucose(g) | | | | 1.0 | 1.0 | 2.0 | 2.0 | | 0.5 |
| 加蒸馏水至(ml) | 1 000 | 1 000 | 1 000 | 1 000 | 1 000 | 1 000 | 1 000 | 1 000 | 1 000 |
| pH | | | | 7.5 | 8.0 | 7.0～7.2 | | | |
| 用途 | 两栖动物 | 哺乳动物 | 两栖动物 | 哺乳动物 | 哺乳动物（小肠） | 哺乳动物 | 离体蛙心 | 豚鼠支气管 | 大鼠子宫 |

代用液不宜久置，故一般用时临时配制。为了方便起见，最好事先配好代用液所需的各种成分较高浓度的基础液，临用时可按比例取基础液混合，并加蒸馏水到定量刻度即可，见表 2-3-1-2。

表 2-3-1-2  用基础溶液配制常用生理溶液的配方

| 成分 | 任氏溶液 | 乐氏溶液 | 台氏溶液 |
|---|---|---|---|
| 20％NaCl | 32.5 ml | 45.0 ml | 40.0 ml |
| 10％KCl | 2.0 ml | 4.2 ml | 2.0 ml |
| 10％$CaCl_2$ | 2.0 ml | 2.4 ml | 2.0 ml |
| 5％$NaHCO_3$ | 4.0 ml | 3.0 ml | 20.0 ml |
| 5％$MgCl_2$ | — | — | 2.0 ml |
| 1％$NaH_2PO_4$ | 1.0 ml | — | 5.0 ml |
| Glucose | 2.0 g(可不加) | 1.0～2.5 g | 1.0 g |
| 加蒸馏水至 | 1 000 ml | 1 000 ml | 1 000 ml |

配制溶液前应当烘干药物，然后精确称量。如果溶液要求有 $NaHCO_3$ 或 $NaH_2PO_4$，又

需加入 $CaCl_2$ 时,应将前两者先完全溶解、稀释后,方可一边搅拌一边缓缓加入 $CaCl_2$,否则容易产生钙盐沉淀,使溶液浑浊。葡萄糖应在临用时加入,因为葡萄糖溶液不能久存。盛溶液的器皿必须干净。

(欧守珍　陈世民)

# 第四章 常用实验动物

实验动物系指供医学、药学、生物学、兽医学等实验而科学育种、繁殖和饲养的动物。它是通过遗传学与微生物学的控制培育出来的个体,具有较好的遗传均一性,对外来刺激有较强的敏感性、较好的重复性和一致的反应性。实验动物对生物医学的贡献极大。正如著名生理学家巴甫洛夫所说:"没有对活动物进行的实验和观察,人们就无法认识有机界的各种规律。"

## 第一节 常用实验动物的种类、品系、特点及选择

### 一、实验动物的种类

**(一)青蛙与蟾蜍**

两者均属于两栖纲,无尾目。蟾蜍和青蛙是教学实验中常用的小动物。其心脏在离体情况下仍可有节奏地搏动很久,可用于蛙心起搏点、蛙心灌流及心功能不全等实验。蛙舌与肠系膜是观察炎症和微循环变化的良好标本。蛙类坐骨神经腓肠肌是观察兴奋性、兴奋过程、刺激的一些规律以及骨骼肌收缩特点的良好标本。

**(二)小鼠**

小鼠属于哺乳纲,啮齿目,鼠科。其繁殖周期短(一年产 6~10 胎)、产仔多(每胎产仔 8~15 个)、生长快,饲料消耗少,价格低廉、温顺易捉,操作方便,又能复制出多种疾病模型,是医学实验中用途最广泛和最常用的动物。广泛应用于药理、毒理、缺氧、肿瘤等研究。

**(三)大鼠**

大鼠也属于哺乳纲,啮齿目,鼠科。性情不像小鼠温顺,受惊时表现凶恶,易咬人。雄性大鼠间常发生殴斗和咬伤。大鼠具有小鼠的其他优点,在医学实验中的用量仅次于小鼠。广泛用于胃酸分泌、胃排空、水肿、炎症、休克、心功能不全、黄疸、肾功能不全等实验。

**(四)豚鼠**

豚鼠又名天竺鼠、荷兰猪。原产于欧洲中部。属于哺乳纲,啮齿目,豚鼠科。性情温顺,胆小,不咬人也不抓人。豚鼠可分为短毛、长毛和刚毛 3 种。短毛种豚鼠的毛色光亮而紧贴身,生长迅速,抵抗力强。其余两种对疾病非常敏感。豚鼠对组胺敏感,并易致敏,常用于抗过敏药如平喘药和抗组胺药的实验。又因它对结核杆菌敏感,故也常用于抗结核病药物的治疗研究。豚鼠也常用于离体心脏实验、钾代谢障碍、酸碱平衡紊乱等研究。

**(五)家兔**

家兔属于哺乳纲,啮齿目,兔科,为草食哺乳动物。家兔品种很多,在实验室中常用的有:①青紫蓝兔:体质强壮,适应性强,易于饲养,生长较快。②中国本地兔(白家兔):抵抗力

不如青紫蓝兔强。③新西兰白兔：是近年来引进的大型优良品种，成熟兔体重在4～5.5 kg。④大耳白兔：耳朵长大，血管清晰，皮肤白色，但抵抗力较差。

家兔性情温顺、怯懦、惊疑、胆小，喜安静、清洁、干燥的环境。家兔耳朵大，血管粗而清晰，便于注射和取血。颈部有单独的减压神经分支。胸部的中央纵隔将胸腔一分为二，左右两侧不相通，心包膜将心脏单独隔出，因此做心脏手术时，可以避免气胸，不必人工辅助呼吸。但其心血管系统比较脆弱，手术时容易发生反射性衰竭，故手术要求轻巧。家兔的消化系统与人差别大，缺乏咳嗽和呕吐反射，故不宜于这类问题的研究。

家兔是实验生理科学最常用的动物之一。可用于血压、呼吸、体温、尿量等指标测定。用于钾代谢障碍、酸碱平衡紊乱、水肿、炎症、缺氧、发热、弥散性血管内凝血（DIC）、休克及心功能不全等实验。

### （六）犬

犬属于哺乳纲，食肉目，犬科。犬的嗅觉很灵敏，对外环境的适应力强；血液、循环、消化和神经系统等均很发达，与人类很相近。犬喜欢接近人易于驯养。经过训练能很好地配合实验。因而广泛适用于许多系统的急、慢性实验研究，是最常用的大动物之一。常用于血压调节、酸碱平衡紊乱、DIC、休克等大实验。但因其价格较高，教学实验使用受到一定限制。

## 二、实验动物的品系与特点

实验动物被称为"活的试剂"和"活的仪器"，受到人们的高度重视。近几十年来，实验动物学已逐渐发展成为一门学科。20世纪20年代开始培育近交系动物。根据遗传学控制方法和微生物控制程度，实验动物可分为多种不同品系。

### （一）按遗传学控制方法分类

1. 近交系动物（inbred strain animals） 又称纯系动物，指全同胞兄弟姐妹或亲子（子女与年轻的父母）之间连续交配20代以上，群体基因达到高度纯合和稳定的动物群。人们曾经习惯用"纯种"称呼近交系。因全同胞兄弟姐妹交配较为方便而多被采用。如以杂种亲本作为基代开始采用上述近交方式，至少要连续繁殖20代才初步育成近交系。因到此时基本接近纯化，品系内个体间差异很小。一般用近交系数（F）代表纯化程度，全同胞兄弟姐妹近交一代可使异质基因（杂合度）减少19%，即纯化程度增加19%。全同胞兄妹或亲子交配前20代纯合度的理论值可达F=98.6%。然而纯与不纯仅从近交系数来说明并不足为凭，还要用许多检测遗传纯度的方法加以鉴定。目前，世界上至少有250个小鼠近交系、111个大鼠近交系、20个家兔近交系和14个豚鼠近交系。使用最为广泛的5个小鼠和大鼠近交系分别是C57BL小鼠、C3H小鼠、BALB/c小鼠、DBA/2小鼠、CBA小鼠、F344大鼠和LEW大鼠、BN大鼠、SHR大鼠、DA大鼠。

2. 突变品系动物（mutational strain animals） 在育种过程中，由于单个基因的突变或人工将某个基因导入或通过多次回交"留种"，而建立一个同类突变品系。此类个体中具有同样的遗传缺陷或病态。如侏儒、无毛、肥胖症、肌萎缩、白内障、视网膜退化，等等。现已培育成的自然具有某些疾病的突变品系有：贫血鼠、肿瘤鼠、白血病鼠、糖尿病鼠、高血压鼠和裸鼠（无胸腺无毛），等等。近年来，已经成功培育出转基因动物。这些品系的动物大量应用于相应疾病的防治研究，具有重大的价值。

3. 杂交群动物（hybrid colony animals） 又称系统杂交动物，也称杂交一代动物，简称

$F_1$动物。系指由两个近交系杂交产生的子一代,它既有近交系动物的特点,又获得了杂交优势。杂交一代具有旺盛的生命力、繁殖率高、生长快、体质健壮、抗病力强、实验结果重复率高等优点。它与近交系动物有同样的实验效果。

4. 封闭群动物(closed colony animals or blocking nest animals) 又称远交群动物或非近交系动物。指在同一血缘品系内,不以近交方式,而进行随机交配繁衍,经5年以上育成的相对维持同一血缘关系的种群。这类动物在遗传学上存在一定的个体差异。因其生活力和繁殖力都比近交系强,而且价格便宜,因此封闭群动物最常用。例如,昆明小鼠、NIH小鼠、ICR小鼠、LACA小鼠、Wistar大鼠、SD大鼠、Dunkin Harleg豚鼠、新西兰白兔、青紫蓝兔和大耳白兔等都属此类。

5. 非纯系动物 即随意交配繁殖的杂种动物。杂种动物具有旺盛的生命力,适应性强、繁殖率高、生长快,易于饲养管理。但其个体差异大、反应性不规则、实验结果的重复性差。

### (二) 按微生物学控制程度分类

目前,按我国的实际情况,将实验动物分为四级:一级为普通动物,二级为清洁动物,三级为无特定病原体动物,四级为无菌动物和悉生动物。

1. 普通动物(common animals) 即在一般自然环境中饲养的普通动物。垫料和食物不经高压消毒,饮水为自来水,其体表体内带有多种微生物,甚至带有病原微生物,故又称为带菌动物。普通动物应排除烈性传染病、人畜共患病。因价格低廉,普通动物常用于教学实验,但不适用于科研实验。

2. 清洁级动物(clearing animals) 仅对于我国国情而定,微生物控制高于普通动物,在屏障系统内饲养,垫料、饲料、用具等均应经过高压消毒。排除了对动物危害大和对科学研究干扰大的病原体。

3. 无特定病原体动物(specific pathogen free animal,SPF动物) 这种动物没有特定的微生物和寄生虫,但非特定的微生物和寄生虫是允许存在的。一般大多先培育出无菌动物后,再把其转移到有屏障条件的设施中饲育繁殖。垫料、饲料、用具等均应经过高压消毒。

4. 无菌动物(germ free animal) 无菌动物是指体表、体内(包括皮肤、皮毛、消化系统、呼吸系统、泌尿系统、血液系统、循环系统、脑内等)任何部位都检不出微生物、寄生虫的实验动物。这种动物系在无菌条件下剖腹产取出,又在无菌、恒温、恒湿的屏障条件下饲养,食品饮料等全部无菌。

5. 悉生动物(gnotobiotic animals) 这种动物是人工将一种或几种菌给予的无菌动物,使之带有已知的这种细菌。因其体内携带的其他生命体是已知的,故称为悉生动物,又称指定菌(已知菌)动物。常用于研究微生物和宿主动物之间的关系,并可按研究目的来选择某种微生物。悉生动物和无菌动物一样放在无菌屏障条件下饲养。

除了普通动物,其他实验动物因其繁殖饲养条件复杂,价格昂贵,不适于教学,但对科研实验来讲是必需的。

## 三、实验动物的选择

根据不同的实验目的,选择使用相应的种属、品系和个体,是实验研究成败的关键之一。

教学实验所用的动物数量较少,因而实验动物选择正确与否,则更为重要。

### (一) 种属的选择

不同种属动物的生理学特性不同,对于同一致病刺激物和病因的反应也不同。因此,在选用实验动物时,尽可能选择其结构、功能和代谢特点接近于人类的动物。例如:动物对致敏物质的反应程度的强弱大致为:豚鼠＞家兔＞犬＞小鼠＞猫＞青蛙。故过敏反应或变态反应的研究宜选用豚鼠。因家兔体温变化灵敏,故常用于发热、热原检定、解热药和过热的实验。犬、大鼠、家兔常用于高血压、休克的研究。肿瘤研究则大量采用小鼠和大鼠。

### (二) 动物品系的选择

同一种动物的不同品系,对同一致病刺激物的反应也不同。例如,津白Ⅱ号小鼠容易致癌,而津白Ⅰ号小鼠就不易致癌。

### (三) 实验动物的个体选择

同一品系的实验动物,对同一致病刺激物的反应存在着个体差异。造成个体差异的原因与性别、年龄、生理状态和健康情况等有关。

1. **性别** 实验证明,不同性别对同一致病刺激的反应也不同。例如,给大鼠麻醉剂戊巴比妥钠(pentobarbital sodium)时,雌性动物的敏感性为雄性动物的 2.5～3.8 倍。对于心脏再灌注综合征实验与氨基半乳糖实验性肝细胞性黄疸实验,雄性大鼠比雌性大鼠容易成功。

因此,在实验研究中,即使对性别无特殊需要时,在各组中仍宜选用雌雄各半。如已证明无性别影响时,亦可雌雄不拘。若已证明性别有影响,最好选用同一性别的动物。雌雄性间有不同征象,通常根据征象区分性别(表 2-4-1-1)。

表 2-4-1-1 哺乳类动物性别判定的征象

| | 雄 性 | 雌 性 |
|---|---|---|
| 体 型 | 体大;躯干前部较发达 | 体小;躯干后部较发达 |
| 性 征 | 有明显的阴囊,生殖孔有性器官突起 | 有较明显的乳头,生殖孔无性器官突起 |
| 其 他 | 肛门和外生殖器间距较大,小鼠的肛门与外生殖器之间长毛 | 肛门和外生殖器官间距较小,小鼠的肛门与外生殖器之间有一无毛小沟 |

蛙类的性别辨认方法:动物被捉住下肢提起时,雄性蛙类前肢作环抱状,雌性蛙类前肢呈伸直状;被夹住背部皮肤提起时,鸣叫者为雄性,沉默者为雌性。

2. **年龄** 年幼动物一般较成年动物敏感。应根据实验目的选用适龄动物。动物年龄可按体重大小来估计,成年动物体重见表 2-4-2-1。急性实验选用成年动物。慢性实验最好选用年轻一些的动物。减少同一批实验动物的年龄差别,可以增加实验结果的正确性。

3. **生理状态** 动物的特殊生理状态,如妊娠、哺乳期机体的反应性有很大变化。在个体选择时,应该予以考虑。

4. **健康情况** 实验证明,动物处于衰弱、饥饿、寒冷、炎热、疾病等情况下,实验结果很不稳定。健康情况不佳的动物,不能用作实验。

哺乳类动物健康状况通常从外部表征判定(表 2-4-1-2)。

表2-4-1-2 健康哺乳类动物的外部表征

| 观察项目 | 健康表征 |
|---|---|
| 一般状态 | 发育良好,眼睛有神,爱活动,反应灵活,食欲良好 |
| 头 部 | 姿势端正,眼结膜不充血,瞳孔清晰。眼鼻耳部均无分泌物流出。呼吸均匀,无啰音,无鼻翼扇动,不打喷嚏 |
| 毛 发 | 毛发浓密有光泽,清洁柔软,紧贴身体,无脱毛,无蓬乱现象 |
| 皮 肤 | 完整,无创伤、脓疡或其他病变 |
| 腹 部 | 不膨大,肛门区清洁无稀便,无分泌物 |
| 外生殖器 | 无损伤,无肤痂,无分泌物 |
| 爪 趾 | 无溃疡,无结痂 |

(陈世民)

## 第二节 常用实验动物生理、生化指标的正常参考值

常用实验动物年龄与体重的关系,生理、生化指标的正常参考值归纳为如表2-4-2-1。

表2-4-2-1 常用实验动物生理、生化指标的正常参考值

| 指标 | 单位 | 犬 | 兔 | 豚鼠 | 大鼠 | 小鼠 | 蛙 |
|---|---|---|---|---|---|---|---|
| 体重(成年) | kg | 6~15 | 1.5~3 | 0.5~0.8 | 180~250(g) | 20~25(g) | 30(g) |
| 体温(直肠) | ℃ | 38.5~39.5 | 38.5~39.5 | 37.8~39.5 | 38.5~39.5 | 37.0~39.0 | (变温动物) |
| 心率 | 次/min | 90~130 | 150~240 | 144~300 | 286~500 | 520~780 | 30~60 |
| 血压(收缩压) | kPa | 16~21.3 | 10.7~17.3 | 9.3~10.7 | 13.3~17.3 | 13.6~14 | 2.7~8 |
| 呼吸频率 | 次/min | 12~28 | 38~60 | 69~104 | 66~114 | 84~230 | |
| 通气量 | ml/min | 52100 | 1070 | 160 | 73 | 24 | |
| 总血量 | 占体重% | 5~8 | 5.4 | 5.8 | 7 | 7 | 4.2~4.9 |
| 血红蛋白 | g/L | 130~200 | 80~150 | 130 | 120~175 | 100~190 | 72~105 |
| 红细胞 | ×$10^{12}$/L | 4~8 | 4.5~7.0 | 5 | 7.2~9.6 | 7.7~12.5 | 0.38~0.64 |
| 白细胞 | ×$10^9$/L | 5~15 | 6.0~13.0 | 8~10 | 5.0~25.0 | 4.0~12.0 | 2.41~39.1 |
| 血小板 | ×$10^{10}$/L | 12.6~31 | 12.6~30 | 5.4~10 | 10~30 | 15.7~26 | 0.85~3.9 |
| 血清总蛋白 | g/L | 63~81 | 60~83 | 50~56 | 69~79 | 52~57 | 34.6~79 |
| 血清白蛋白 | g/L | 34~45 | 41~50 | 28~39 | 26~35 | 16~17 | — |
| 血清 $K^+$ | mmol/L | 3.7~5.0 | 2.7~5.0 | 6.5~8.7 | 3.8~5.4 | 7.5~7.7 | — |
| 血清 $Na^+$ | mmol/L | 129~149 | 155~165 | 158 | 126~155 | 145~161 | — |
| 血清 $Cl^-$ | mmol/L | 104~117 | 92~112 | 94~110 | 94~110 | 109~118 | — |
| 血清 $Ca^{2+}$ | mmol/L | | 5.6~8.0 | | 31~52 | | |
| 尿量(24 h) | L | 1~2 | 0.18~0.44 | 0.05 | — | — | |
| 尿相对密度 | | 1.025 | 1.010~1.015 | 1.030~1.033 | — | — | 1.0015 |

[注] 所谓正常参考值在不同书籍(包括教科书)中的数据并不完全一致,因此这些数据仅供参考。

(陈世民)

# 第五章 动物实验的基本操作技术

动物实验的基本操作技术在实验生理科学教学及科研中起着重要的作用,掌握基本操作技术是顺利完成实验的前提。

## 第一节 实验动物的捕捉、固定与编号方法

### 一、家 兔

家兔性情驯良,较易捕捉。自笼内取出时,应用手抓住其项背近后颈处皮肤,提离笼底。如家兔肥大或怀孕,应再以另一手托住其臀部,将其重心承托在掌上。切忌强提兔耳或某一肢体,强行从笼中拖出。兔脚爪锐利,谨防抓伤(图 2-5-1-1)。

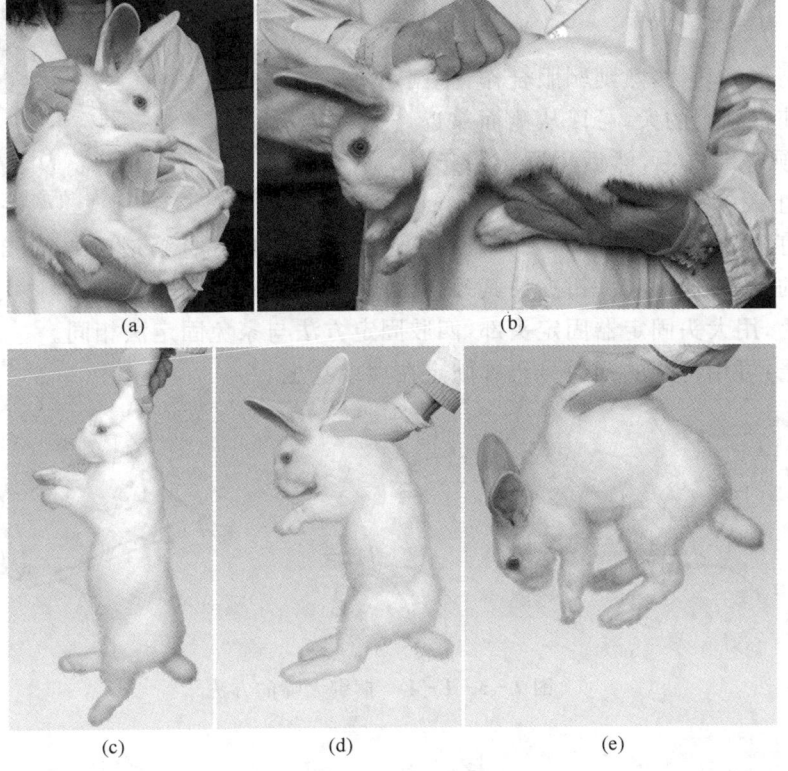

**图 2-5-1-1 家兔的捉拿法**
(a) 正确捉法 (b) 正确捉法 (c) 不正确捉法 (d) 不正确捉法 (e) 不正确捉法

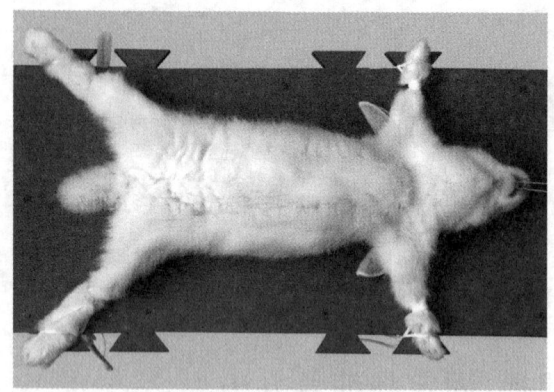

图 2-5-1-2 兔台固定法

2. 兔盒固定 若仅作兔头部操作，如耳缘静脉注射或取血，可将兔放入兔盒内，使头部伸出兔盒前壁凹形口，关上兔盒顶盖即可（图 2-5-1-3）。

家兔的编号：可用特制的铝质号码牌固定在耳上。

将兔作仰卧时，一手仍抓住颈皮将兔翻转，另一手顺腹部抚摸至膝关节，换手臂压住膝关节，再进行捆绑固定。

按实验要求，可用兔台或兔盒固定家兔。

1. 兔台固定 在需要观察血压、呼吸和进行颈、胸、腹部手术时，应将家兔以仰卧位固定于兔手术台上。方法是：先在四肢绑好固定带，后肢系在踝关节以上，前肢系在腕关节以上，然后将兔仰卧位放在兔台上，头部用兔头固定器固定或用线钩住兔牙并拉紧绑在铁棒上。见图 2-5-1-2。

图 2-5-1-3 兔盒固定法

## 二、犬

犬是较高等的动物，熟则驯服合作，生则凶悍咬人。捕捉驯服的犬，可以从侧面靠近，轻轻抚摸其项背部皮毛，然后用固定带迅速绑住其嘴，在上颌打一个结（图 2-5-1-4a），再绕回下颌打第二个结（图 2-5-1-4b），然后引至后颈项部打第三个结（图 2-5-1-4c）。对未经驯服的犬，可使用犬头钳夹住其颈部，将犬按倒在地，静脉麻醉后再移去犬头钳，把犬放在实验台上，用犬头固定器固定头部，四肢固定方法与家兔固定法相同。

犬的编号：可用特制的铝质号码牌固定在项或耳上。

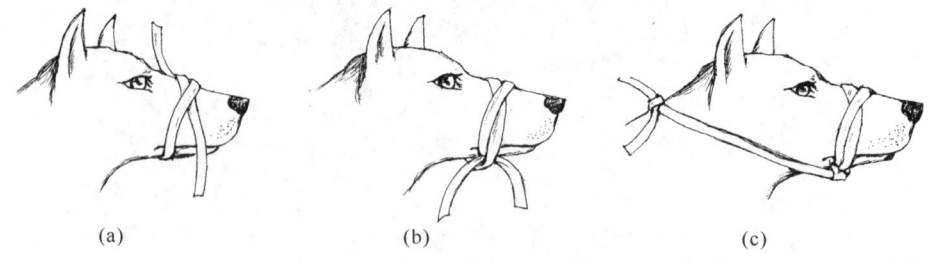

图 2-5-1-4 捆绑犬嘴的方法

## 三、大　鼠

大鼠性烈，齿锋利，捕捉时要提防被它咬伤。从鼠笼捉拿时，可用海绵钳夹住其项背皮毛（切勿夹其尾巴）或戴厚手套，捉住其尾巴，提出置于实验台上，以左手握住其整个身体后进行操作。在数层厚布的保护下,左手将大鼠压住,示指放在左前肢前,中指放在左前肢后,拇指置于右前肢后,将头部和上肢固定在手中,再用手掌和其余手指的力量将鼠身握住,用右手进行操作(图2-5-1-5)。若需做手术,则在麻醉后绑在固定板上。

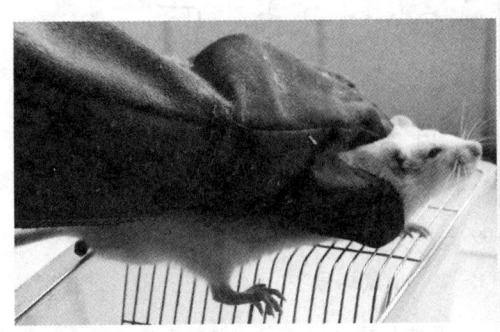

图2-5-1-5 大鼠的捉拿法

大鼠的编号:可用特制的铝质号码牌固定在耳上,也可用黄色的饱和苦味酸溶液涂在大鼠毛上标号。

## 四、小 鼠

小鼠较大鼠温和,但也要提防被它咬伤,一般不需戴手套捕捉。可用右手轻抓鼠尾,提起置于鼠笼上,小鼠自会向前爬。右手将鼠尾略向后拉(图2-5-1-6a),用左手的拇指、示指和中指抓住小鼠两耳后项背部皮毛(图2-5-1-6b),最后以无名指及小指夹住鼠尾及左后肢即可(图2-5-1-6c)。也可在麻醉后固定于小鼠固定板上。

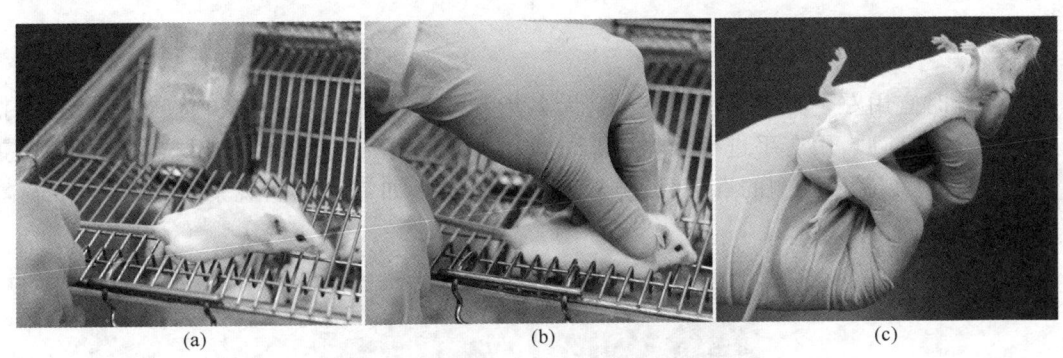

图2-5-1-6 小鼠的捉拿法

小鼠的编号:可用黄色的饱和苦味酸溶液涂在小鼠毛上标号,常用1~9号标号法及1~999号标号法(图2-5-1-7)。

日龄在8~12 d的小鼠,可以用剪脚趾的方法标号。小鼠前足有四趾,后足有五趾。剪右后足趾为个位数,剪左后足趾为十位数,左右后足趾可以编1~99号。若需要百位数,可以剪前足趾。小鼠日龄超过12 d,不宜采用剪脚趾法,否则会引起小鼠明显疼痛及出血过多。小鼠剪趾1~99标号法见表2-5-1-1。

比如,若要编3号,则剪右后足中趾;若要编26号,则剪右后足拇趾+右后足食趾+左后足食趾。

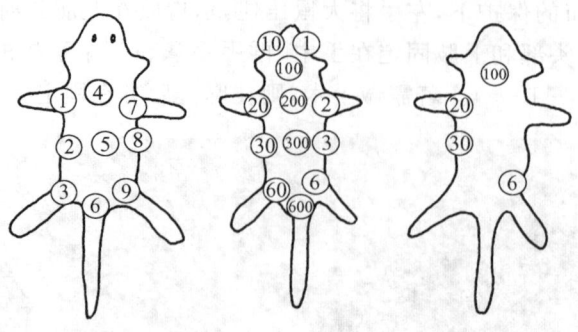

　　1~9号标号法　　1~999号标号法　　例：156号

**图 2-5-1-7　小鼠标号法**

表 2-5-1-1　小鼠剪趾 1~99 标号法

| 剪右后足趾 | 标　号 | 剪左后足趾 | 标　号 |
| --- | --- | --- | --- |
| 拇趾 | 1 | 拇趾 | 10 |
| 食趾 | 2 | 食趾 | 20 |
| 中趾 | 3 | 中趾 | 30 |
| 无名趾 | 4 | 无名趾 | 40 |
| 小趾 | 5 | 小趾 | 50 |
| 拇趾＋食趾 | 6 | 拇趾＋食趾 | 60 |
| 食趾＋中趾 | 7 | 食趾＋中趾 | 70 |
| 中趾＋无名趾 | 8 | 中趾＋无名趾 | 80 |
| 无名趾＋小趾 | 9 | 无名趾＋小趾 | 90 |

## 五、蛙　类

　　捉拿蛙时宜用左手将其握住,以中指、无名指和小指压住其左腹侧和后肢,拇指和示指分别压住右、左前肢,用右手进行操作(图 2-5-1-8)。在捉拿蟾蜍时,用布包住蟾蜍或戴手套捉拿,注意勿碰压耳侧的毒腺,提防毒液射入眼中。如需长时间观察可破坏其脑脊髓,用大头针将蛙固定在蛙板上。

**图 2-5-1-8　蛙类捉拿法**

（陈世民）

## 第二节 实验动物去毛方法

动物去毛是动物手术野的皮肤准备之一,去毛范围应大于手术野,不管用哪种方法去毛,原则是不要损伤皮肤的完整性。常用的去毛方法有以下几种。

### 一、剪 毛 法

用剪刀紧贴皮肤依次剪去被毛,并用湿纱布擦去剪好部位留下的毛,剪下的毛应集中放在一容器内,防止动物毛到处飞扬而影响手术野的清洁及实验室卫生。切忌一手提起被毛,另一手剪,这样容易剪伤皮肤,并且修剪被毛不整。教学实验中一般配有专门用于剪毛的剪刀(粗剪),故切不能随便拿手术剪,特别是眼科剪剪毛,否则容易造成手术剪或眼科剪损坏。

### 二、拔 毛 法

一般用于家兔和犬的静脉注射。拔毛可刺激局部皮肤,有使血管扩张的作用。

### 三、剃 毛 法

大动物慢性实验手术时需剃毛,剃前先将毛剪短,用刷子蘸肥皂水将需剃部位的毛刷湿,然后用剃须刀顺毛剃净被毛。

### 四、脱 毛 法

用于动物无菌手术。脱毛处剪短被毛,用镊子夹棉球蘸脱毛剂在局部涂一薄层,2～3 min 后,用温水洗去脱落的被毛,用纱布擦干局部,涂一层凡士林即可。脱毛剂常用配方有:

(1) 硫化钠 3 份,肥皂粉 1 份,淀粉 7 份,加水调成稀糊状。
(2) 硫化钠 8 g 加水至 100 ml,配成 8% 溶液。
(3) 硫化钠 8 g,淀粉 7 g,糖 4 g,甘油 5 ml,硼砂 1 g,水 75 ml,配成糊状。以上 3 种脱毛剂适用于兔或鼠等动物脱毛。
(4) 硫化钠 10 g,生石灰 15 g,溶于 100 ml 水内,此方法适用于犬等大动物脱毛。

(陈世民)

## 第三节 实验动物的给药途径和方法

动物给药的途径和方法可根据实验目的、动物种类和药物剂型而定,常用的方法简介如下。

### 一、经 口 给 药

有口服与灌胃 2 种方法。口服法可将药物放入饲料或溶于饮水中,使动物自行摄取。为保证剂量准确,最好应用灌胃法。动物灌胃前一般应禁食 4～8 h。现将小鼠、大鼠及家兔的灌胃法简介如下。

### (一) 小鼠

按前述捉拿法用左手抓住动物,使腹部朝上,右手持灌胃器(由 1～2 ml 注射器连接磨钝的注射针头构成),先从鼠口角处插入口腔,以灌胃针管压其上腭,使口腔和食管成一直线后,再把针管沿上腭徐徐送入食管,在稍有抵抗感处(此位置相当于食管通过膈肌的部位),即可注入药液。如果注射顺利,则动物安静,呼吸无异常;如果动物强烈挣扎不安,则可能针头未进入胃内,必须拔出重插,以免误注入气管造成窒息死亡。一次投药量一般为 0.5 ml 左右(或 0.1～0.25 ml/10g)(图 2-5-3-1)。

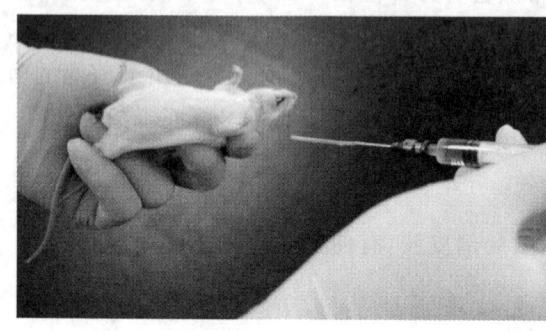
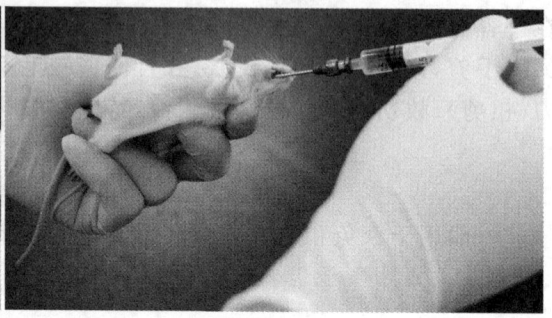

图 2-5-3-1 小鼠灌胃法

### (二) 大鼠

大鼠灌胃方法与小鼠相似,但采用安装在 5～10 ml 注射器上的金属灌胃管(长 6～8 cm,尖端为球状的金属灌胃管)。有时灌胃需两人配合,助手协助灌胃者固定大鼠。

### (三) 家兔

图 2-5-3-2 家兔灌胃法

家兔灌胃需用导尿管配以一个木制张口器。灌胃时需两人合作。一人坐好,将兔的躯体和下肢夹在两腿之间,左手紧握双耳,固定头部,右手抓住前肢。另一人将兔用张口器横放于兔口中,并将兔舌压在张口器之下,再使导尿管通过张口器中部的小孔慢慢沿上腭插入食管 16～20 cm。为避免误入气管,可将胃管的外端放于清水杯中,若有气泡从胃管口逸出,提示误入气道,应拔出再插,如无气泡逸出,表明导管在胃内,即可将药液注入,然后再注入少量清水,将胃管内药液冲入胃内,灌胃完毕后,先拔出导尿管,再取下张口器。灌胃量一般不超过 20 ml(图 2-5-3-2)。

## 二、注 射 给 药

### (一) 皮下注射

注射时用左手提起皮肤,右手将针刺入皮下,然后注药。

### (二) 皮内注射

在注射部位剪毛、消毒,然后用左手拇指和示指把皮肤按紧,在两指中间用细针头刺入皮内注药,如注射正确,则注药处可出现一白色小皮丘。

### (三) 肌内注射

应选肌肉发达的部位,一般多选臀部或股部,注时将针头迅速刺入肌肉,回抽如无回血,即可进行注射。

### (四) 腹腔注射

常用于大鼠或小鼠给药。参照图 2-5-1-5 中大鼠的捉拿法或图 2-5-1-6 中小鼠的捉拿法正确捉拿动物,腹部朝上。右手将注射针头自左或右侧(避开膀胱)下腹部刺入皮下后,再穿过腹肌,回抽未见血液或肠液,缓缓注入药液,切勿刺入肝脏及肠腔(图2-5-3-3)。

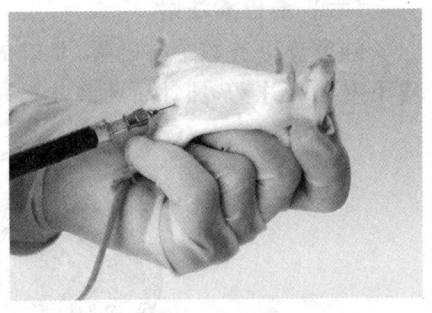

图 2-5-3-3　小鼠腹腔注射

### (五) 静脉注射

1. 家兔　可采用外侧或内侧耳缘静脉注射。注射时应先拔去注射部位的被毛,用手指轻弹兔耳,使静脉充盈,左手示指与中指夹住静脉的近心端,阻止静脉回流而使血管充盈,用拇指和无名指固定耳缘静脉远心端,右手持针尽量从远端刺入,进入血管后,左手示指与中指放松,移动左手拇指固定针头,缓缓将药液注入。如果成功注入血管内则推注无阻力,并可见血液被药液冲走。如注射至皮下或静脉穿破,则感到推注阻力大,并见耳壳肿胀,应重新注射。注射完毕,压住针眼,然后将针头抽出,并继续用手指或加棉球按压片刻,以防出血。兔耳血管分布及耳缘静脉注射见图 2-5-3-4。

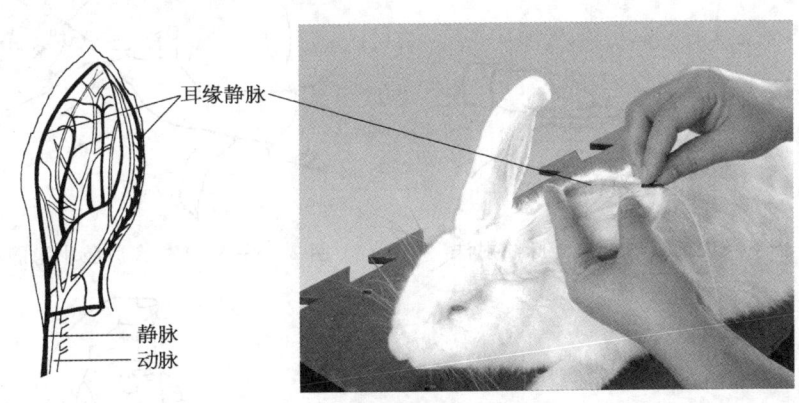

图 2-5-3-4　兔耳血管及兔耳缘静脉注射

2. 小鼠和大鼠　一般采用尾静脉注射,大鼠尾部角鳞较多,注前需先刮去,鼠尾静脉有 3 根,两侧及背侧各 1 根,左右两侧尾静脉较易固定,应优先选择。注时先将动物固定在鼠筒或玻璃罩内,使鼠尾露出,在 45~50℃ 热水中浸泡半分钟,或用酒精棉球涂擦,使血管扩张,以左手示指压住鼠尾,拇指和中指(或无名指)夹住尾巴末端,右手持注射器连 4 号细针头,从尾下 1/4 处进针。如针确已在静脉内,则进药无阻,否则局部发白隆起,应拔出针头再移向前方静脉部位重新穿刺(图 2-5-3-5)。

3. 犬　犬静脉注射多选前肢内侧头静脉(图 2-5-3-6)或后肢小隐静脉(图 2-5-3-7),注时应先剪去注射部位的被毛,用手压迫静脉近心端,使血管充盈,针自远心端刺入血管,固定针头,待有回血后,徐徐注入药液。

4. 蛙　将蛙仰卧位固定,沿腹中线稍左剪开腹肌翻转,可见腹静脉紧贴腹壁肌肉下行,将针刺入即可(图 2-5-3-8)。

**（六）淋巴囊注射**

蛙类皮下有数个淋巴囊，是蛙的给药常用途径，注时应从口腔底部刺入肌层，再进入胸皮下淋巴囊注药，抽针后药液才不易流出（图2-5-3-9）。

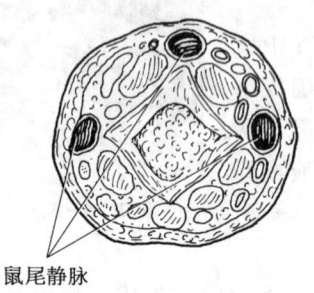

鼠尾静脉

图2-5-3-5　小鼠尾静脉注射法

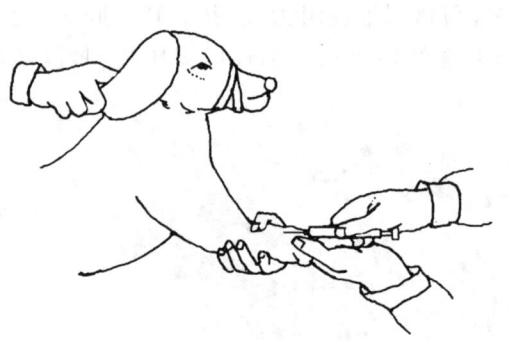

图2-5-3-6　犬前肢内侧头静脉注射法

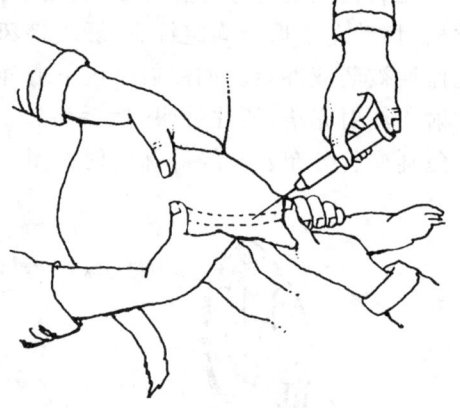

图2-5-3-7　犬后肢小隐静脉注射法

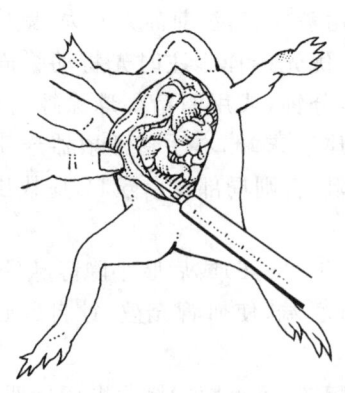

图2-5-3-8　蛙腹静脉注射法

图2-5-3-9　蛙淋巴囊注射法

## 三、给 药 剂 量

同种药物不同给药途径的最大剂量不等同,人与动物之间用药剂量也存在很大差别。现将几种常用实验动物不同给药途径的最大剂量,实验动物与人之间的用药剂量换算归纳如以下表格(表2-5-3-1,表2-5-3-2,表2-5-3-3)。

表2-5-3-1 几种动物不同注射途径的最大注射剂量

| 注射途径 | 小鼠<br>(ml/10g) | 大鼠<br>(ml/100g) | 豚鼠<br>(ml/只) | 家兔<br>(ml/kg) | 犬<br>(ml/kg) |
| --- | --- | --- | --- | --- | --- |
| 皮下 | 0.1~0.2 | 0.3~0.5 | 0.5~2.0 | 0.5~1.0 | 3~10 |
| 肌内 | 0.05~0.1 | 0.1~0.2 | 0.2~0.5 | 0.1~0.3 | 2~5 |
| 腹腔 | 0.1~0.2 | 0.5~1.0 | 2~5 | 2~3 | 5~15 |
| 静脉 | 0.1~0.2 | 0.3~0.5 | 1~5 | 2~3 | 5~15 |

表2-5-3-2 不同体重实验动物的一次最大灌胃量

| 实验动物 | 体重(g) | 一次最大灌胃量(ml) |
| --- | --- | --- |
| 小鼠 | 20~24 | 0.8 |
|  | 25~30 | 0.9 |
|  | 30以上 | 1.0 |
| 大鼠 | 100~199 | 3.0 |
|  | 200~249 | 4~5 |
|  | 250~300 | 6.0 |
|  | 300以上 | 8.0 |
| 豚鼠 | 250~300 | 4~5 |
|  | 300以上 | 6.0 |
| 家兔 | 2 000~2 400 | 100.0 |
|  | 2 500~3 500 | 150.0 |
|  | 3 500以上 | 200.0 |
| 猫 | 2 500~3 000 | 50~80 |
|  | 3 000以上 | 100~150 |
| 犬 | 10 000~15 000 | 200~500 |

表2-5-3-3 常用实验动物体表面积与药物剂量关系的折算(剂量换算用)

|  | 70 kg<br>人 | 20 g<br>小鼠 | 200 g<br>大鼠 | 400 g<br>豚鼠 | 1.5 kg<br>兔 | 2.0 kg<br>猫 | 12 kg<br>犬 |
| --- | --- | --- | --- | --- | --- | --- | --- |
| 20 g 小鼠 | 387.9 | 1.0 | 7.0 | 12.25 | 27.8 | 29.0 | 124.2 |
| 200 g 大鼠 | 56.0 | 0.14 | 1.0 | 1.74 | 3.9 | 4.2 | 17.8 |
| 400 g 豚鼠 | 31.5 | 0.08 | 0.57 | 1.0 | 2.25 | 2.4 | 10.2 |
| 1.5 kg 兔 | 14.2 | 0.04 | 0.25 | 0.44 | 1.0 | 1.08 | 4.5 |
| 2.0 kg 猫 | 13.0 | 0.03 | 0.23 | 0.41 | 0.92 | 1.0 | 4.1 |
| 4.0 kg 猴 | 6.1 | 0.016 | 0.11 | 0.19 | 0.42 | 0.45 | 1.9 |
| 12 kg 犬 | 3.1 | 0.008 | 0.06 | 0.10 | 0.22 | 0.24 | 1.0 |
| 70 kg 人 | 1.0 | 0.0026 | 0.018 | 0.031 | 0.07 | 0.076 | 0.32 |

[注] 换算方法:例如犬剂量为10 mg/kg,12 kg的犬总剂量为12×10 mg=120 mg,查上表70 kg人与12 kg犬相交处为3.1,所以人(70 kg)的剂量=120 mg×3.1=372 mg。

(陈世民)

## 第四节 实验动物的麻醉

麻醉不仅可以减少疼痛,使动物安静,便于手术;而且可以减轻手术动物发生全身性应激反应。麻醉方法可分为局部麻醉和全身麻醉两种。

### 一、局部麻醉

局部麻醉可以使实验动物保持清醒,这样将更接近生理学状态。局部麻醉常用于表层手术,如颈部和股部手术。常用1%普鲁卡因溶液沿手术切口部位作浸润注射。注射时,循切口方向把针头全插入皮下(不可插入肌肉),先回抽一下针筒芯,无血液回流时方可注入,以免将麻醉剂误注入血管。推注麻醉药时要边注射边将针头向外拉出。第二针可从前一针所浸润的末端开始,直至切口部位完全浸润为止。药物用量兔颈部手术需2~3ml,股三角区手术时需1~2ml。在手术过程中,根据需要可追加局麻药。

### 二、全身麻醉

全身麻醉常用于较深部位或较广泛的手术时。麻醉后,如动物卧倒不动,呼吸变深、变慢,四肢松弛无力,角膜反射迟钝,瞳孔缩小到原有的1/4,即表明动物已完全麻醉。

全身麻醉可分为吸入麻醉和注射麻醉两类。

**(一) 吸入麻醉**

常用的有乙醚,多用于大鼠、小鼠和豚鼠。将动物放在干燥器或倒扣的烧杯内,内置浸有乙醚的棉球或纱布团。待动物吸入乙醚倒下后,即已麻醉。乙醚作用时间短,为维持麻醉可将浸有乙醚的棉球装入小瓶内,置于动物的口、鼻处以持续吸入乙醚。

注意:乙醚为易燃品,而且容易挥发于空气中,实验时要严禁明火。

**(二) 注射麻醉**

常采用静脉注射或腹腔注射给药。静脉注射麻醉作用发生快,但也容易发生麻醉过深,故注射前1/3量的速度可稍快,后2/3量的速度一定要慢,并且边注射边注意观察动物的表现。腹腔注射操作简单,但作用生效慢,而且麻醉深度不易控制。注射麻醉剂有一定的浓度和剂量控制(表2-5-4-1)。

表2-5-4-1 常用注射麻醉剂的用法和剂量

| 药物 | 动物 | 给药途径 | 剂量 (mg/kg) | 常用浓度 (g/L) | 麻醉持续时间 (h) | 备注 |
|---|---|---|---|---|---|---|
| 戊巴比妥钠 pentobarbital sodium | 犬、兔、猫 大鼠、小鼠、豚鼠 | 静脉注射 腹腔注射 腹腔注射 | 30 40~50 40~50 | 30 30 20 | 2~4 2~4 | 麻醉力强,易抑制呼吸 |
| 硫喷妥钠 thiopental sodium | 犬、猫 兔、大鼠 | 静脉或腹腔注射 静脉或腹腔注射 | 20~30 30~50 | 25~50 25~50 | 0.25~0.5 0.25~0.5 | 抑制呼吸较严重,连续用药有蓄积性 |

(续表)

| 药物 | 动物 | 给药途径 | 剂量 (mg/kg) | 常用浓度 (g/L) | 麻醉持续时间 (h) | 备注 |
|---|---|---|---|---|---|---|
| 氨基甲酸乙酯（乌拉坦）urethane | 兔、猫 | 静脉或腹腔注射 | 750~1 000 | 200 | 2~4 | 较安全，浅麻醉持久 |
| | 大鼠、小鼠 | 腹腔注射 | 800~1 000 | 200 | 2~4 | |
| | 豚鼠 | 腹腔注射 | 1 500 | 200 | 2~4 | |
| | 蛙 | 淋巴囊 | 2 000 | 200 | 2~4 | |
| 氯醛糖 alpha-chloralose | 犬、兔 | 静脉或腹腔注射 | 80~100 | 20 | 3~5 | 用前需加热溶解，安全度大，浅麻醉持久 |
| | 大鼠、豚鼠 | 腹腔注射 | 50 | 20 | 3~5 | |

## 三、麻醉时的注意事项

由于不同麻醉剂作用时间长短不一，毒性大小差别很大，而且不同动物个体对麻醉剂的敏感性和耐受性不同，因此在麻醉过程中除了严格遵守用药一般原则（浓度、速度和剂量）外，还应密切注意动物的实时表现，以决定麻醉剂的实际用量。如果动物呼吸突然变深变慢，角膜反射的灵敏度明显下降或消失，四肢肌肉和腹壁肌肉松弛，针头刺激或皮肤夹捏无明显疼痛反应，应立即停止给药。如果全麻过深导致呼吸停止，应立即进行人工呼吸。可用手有节奏地压迫和放松胸廓，或推压腹腔脏器使膈肌上下移动，以保证肺通气。也可行气管切开并插入气管套管，连接人工呼吸机。同时，还可按体重注射苏醒剂，如咖啡因（1 mg/kg）、尼可刹米（2~5 mg/kg）或山梗茶碱（0.3~1 mg/kg）。心跳停止时应进行心外按摩，注射温热的生理盐水和肾上腺素（adrenaline, epinephrine, AD）。如果全麻过浅导致动物苏醒，可临时补充麻醉剂，但每次补充剂量不宜超过计算总量的 1/5。

（陈世民）

## 第五节 实验动物的血液抗凝

### 一、体内抗凝

体内抗凝常用 1% 肝素钠（heparin sodium）溶液进行静脉注射，用量一般为 500~1 250 U/kg 体重（4~10 mg/kg）。

市售肝素钠注射液的规格一般为 12 500 U/2ml，相当于 100 mg（125 U=1 mg）。取 1 支肝素钠注射液（含 100 mg/2ml），加入生理盐水 8 ml 即可配制成 1% 肝素钠溶液 10 ml。

注意：①不能超量静脉注射肝素钠溶液，否则容易引起出血。②不能用枸橼酸钠溶液或草酸钾溶液作体内抗凝剂，否则会引起低钙血症。

### 二、体外抗凝

**（一）肝素钠溶液**

1. 采血试管的抗凝 取 1% 肝素钠溶液 0.1 ml 于 1 支干净试管内，80~100℃ 烘干，每管可使 5~10 ml 血液不凝。

注意：①采血注射器和试管必须干净，否则容易引起溶血。②要沿试管壁缓缓注入血液，注完后将试管置于两手掌间，倾斜 45°角轻轻滚动试管，使血液和抗凝剂充分混合。

2. 动脉插管的抗凝　取 0.3%~0.5% 的肝素钠生理盐水充满压力换能器及连接的动脉插管，用于实验动物的血压测量或动脉放血。

3. 静脉插管的抗凝　用 0.1% 肝素钠生理盐水充满插管管腔，可用注射器或三通管控制以免插管内液体外漏。

### （二）枸橼酸钠（sodium citrate）溶液

1. 采血试管的抗凝　配制成 3.8% 枸橼酸钠水溶液，0.1 ml 可使 1 ml 血液不凝。

2. 动脉插管的抗凝　兔用 4%~5% 的水溶液，犬用 7%~8% 的水溶液充满压力换能器及连接的动脉插管，用于实验动物的血压测量。

### （三）草酸钾（potassium oxalate）溶液

配制成 2% 草酸钾水溶液，0.1 ml 可使 1~2 ml 血液不凝。

### （四）草酸盐溶液

取草酸铵 1.2 g，草酸钾 0.8 g，加 4% 甲醛（formaldehyde）溶液 1.0 ml，再用蒸馏水加至 100 ml。0.5 ml 草酸盐溶液可使 5 ml 血液不凝。本溶液可供测定血细胞比容时用。

（莫燕娜）

## 第六节　实验动物的常用取血法

在实验生理科学的实验中，经常需要采取动物的血液进行检验及分析，因此掌握正确的采血方法很有必要。如因实验所需采集动物的全身血液或放血，动物需先麻醉或失去知觉后执行。

不同动物最大采血量不同，见表 2-5-6-1。

表 2-5-6-1　各种实验动物的采血量参考值

| 动物种类 | 最大安全采血量(ml) | 最小致死采血量(ml) |
| --- | --- | --- |
| 小鼠 | 0.1 | 0.3 |
| 大鼠 | 1.0 | 2.0 |
| 豚鼠 | 5.0 | 10.0 |
| 家兔 | 10.0 | 40.0 |
| 犬 | 50.0 | 300.0 |
| 猴 | 14.0 | 60.0 |

下面介绍几种常用实验动物的取血法。

### 一、犬的取血法

#### （一）后肢小隐静脉或前肢皮下头静脉取血

后肢外侧小隐静脉在后肢胫部下 1/3 的外侧浅表的皮下。前肢内侧皮下头静脉在前肢上方背侧的正前位。抽血时先绑住犬嘴，由助手固定（可用犬钳）住头颈部不让其挣扎，另一手紧抓静脉上端使静脉充盈,也可以用一段胶管在上端结扎阻断静脉血液回流使静脉充盈。取血者用剪刀剪去拟取血部位的被毛(需要防止感染时先用碘酒、乙醇消毒局部皮肤)后,用带有8号或9号针头的注射器,在血管上以约45°角刺入皮下,顺着血管轻轻向上,同时稍微用力回抽针栓,如成功刺入血管,血液流入注射器,抽取所需的血量后拔出针头,以干棉球压迫止血。取血的进针部位应从远端开始,如果一次取血失败,可继续向近心端选择进针部位。

### (二) 颈外静脉或颈总动脉取血

常用于实验中需要多次采血或同时进行手术观察其他项目的动物。动物麻醉固定后,做颈部手术分离出颈外静脉或颈总动脉(见犬颈部手术),进行颈外静脉、颈总动脉插管取血。为保证能够多次顺利取血,颈外静脉的插管最好插入 10~15 cm,达到右心房口,每次取血完毕,用 0.1% 肝素生理盐水或生理盐水充满插管,下一次取血时把插管内生理盐水排净后再取血。也可直接用注射器针头向颈外静脉的头侧或颈总动脉的近心端刺入取血。

### (三) 股动脉或股静脉取血

首先分离出股动脉或股静脉(见犬股部手术)再进行股静脉或股动脉插管取血或直接取血,方法同颈外静脉、颈总动脉取血,也可以不手术分离血管,直接穿刺取血。

### (四) 心脏穿刺取血

犬被麻醉后,固定于手术台上,前肢在背后交叉固定,暴露胸部,在左胸第3~5肋间剪去皮毛,触摸心跳位置,选心跳最明显处为穿刺点。右手持带有6号或7号针头的注射器,左手指引导在穿刺点肋间隙进针,垂直刺入心脏,当针头顺利进入心脏时,可感觉针头在随心跳搏动,血可自动涌入注射器,如不顺利,可将针头稍微轴向转动或调节刺入的深度,但不可左右摆动太大,以免损伤心肌或造成胸内大出血。采血后拔出注射器,用干棉球压迫止血。

## 二、兔 取 血 法

### (一) 耳缘静脉取血

把兔固定在箱内或仰卧固定于兔台上,在耳背部找到耳缘静脉拨去取血部位的被毛,用手指轻弹耳壳或用二甲苯或酒精棉球涂擦局部,使局部血管扩张,用带5号或$6\frac{1}{2}$号针头的注射器刺入血管内徐徐抽动针栓取血。取血不多时可以用针头或刀片直接刺破血管后让血液自然流出,用吸管取血,或直接滴入盛器中。采血完毕,用干棉球压迫止血。

### (二) 耳中央动脉取血

将兔先固定于兔箱内或固定于兔台上,在兔耳的中央找到一条颜色鲜红,较粗的血管,那就是中央动脉,用左手固定兔耳,右手持注射器,在其末端向心方向刺入动脉可取血,取血后用干棉球压迫止血。注意进针部位不能取在耳根部,因为该处软组织较多,容易穿透血管造成皮下出血;中央动脉容易发生痉挛性收缩,应让其充分扩张后取血。

### (三) 颈外静脉、颈总动脉、股静脉及股动脉取血

方法同犬颈外静脉、颈总动脉、股静脉、股动脉取血。

### (四) 心脏取血

方法同犬心脏取血。

## 三、大鼠和小鼠取血法

### （一）尾静脉取血

用于小量取血，将鼠身固定或麻醉，鼠尾浸泡在45℃左右的温水中几分钟，或用二甲苯、酒精棉球涂擦，扩张尾部血管。擦干后，剪去尾尖0.3～0.5 cm，让血滴入盛器内或用血红蛋白吸管吸取，必要时，可从尾根向尾尖挤压取血。取血结束时，以干棉球压迫止血。此法小鼠每次可取血0.1 ml。

### （二）眶后静脉丛取血

准备好长约10 cm的玻璃管，一端烧制成直径1～1.5 mm，长约1 cm的毛细管，另一端渐大成喇叭形，事先充入1%肝素溶液浸润内壁并烤干备用。取血时，左手拇指和示指抓住

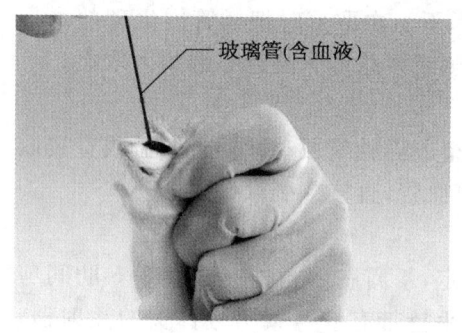

**图2-5-6-1** 小鼠眶后静脉丛取血

两耳之间的头部皮肤，使头部固定，轻轻压迫动物的颈部两侧，阻断头部静脉血液回流，使眼球充分外突，眶后静脉丛充血，右手持毛细管与鼠面成45°，刺入下眼睑与眼球之间，轻轻向眼底方向移动，并向下捻动，大鼠刺入4～5 cm，小鼠2～3 mm可达眶后静脉丛，稍加吸引，血流入毛细管，达到所需血量时，拔出玻管松开左手，自可止血。也可用带有7号针头的1 ml注射器代替玻璃管取血。这种方法小鼠一次可采血0.1～0.3 ml，大鼠可采血0.5～1 ml（图2-5-6-1）。

### （三）断头取血

需血量大，而且不需动物存活时可用此方法。用利剪刀剪去鼠头，鼠颈向下，把血流入备有抗凝剂的容器中。注意防止动物毛等杂物流入容器引起溶血。此法小鼠可采血0.8～1.2 ml，大鼠约5.0～10.0 ml。

### （四）颈静脉、颈动脉、股动脉、股静脉取血

方法同犬颈静脉、颈动脉、股动脉、股静脉取血，但操作较难。

## 四、豚鼠取血法

### （一）耳缘切割取血

用刀片割破耳缘，用1%肝素或20%枸橼酸钠涂抹切口边缘，血可流出，用吸管吸取血液或直接装入盛器。此法可采血0.5 ml。取血完毕，压迫止血。

### （二）心脏取血

同犬心脏取血。也可在动物麻醉后开胸直接取血。此法可采血约15～20 ml。

（莫燕娜）

# 第七节　实验动物的安乐死方法

动物实验结束后，不需继续观察的动物需要将其处死。另外，迅速繁殖而又不需要的动物、患病的动物、需要摘除某部位器官组织进一步检查的动物等都需要处死。

我们要用仁爱之心对待动物,要尽量减少动物死亡过程的痛苦。因此,处死动物的原则是安乐死。动物安乐死的目的是以人道的方式使动物死亡,它以最低程度的疼痛、最短的时间使动物失去知觉和痛觉。

安乐死的方法有 3 类:吸入性药剂法、非吸入性(化学性)药剂法及物理性方法。安乐死时最好先抑制动物的中枢神经而使其失去知觉,解除疼痛感。因此,首选为使用过量的化学性麻醉药剂。动物一旦被施予深度麻醉,之后使用的安乐死方法选择性较多,也较人道。如因科学研究所需无法使用麻醉剂,则使用物理性安乐死方法。

## 一、吸入性药剂法

常用药物如二氧化碳、氮气及乙醚、三氟溴氯乙烷(halothane)、甲氧氟烷(methoxyflurane)、异氟醚(isoflurane)、安氟醚(enflurane)等麻醉药剂。需具备汽化器等专用设备,并设计合适的可透视性密闭容器,以易于观察动物。部分吸入性药剂对人体有害,需在通风良好的场所中执行。

适用于小鼠、大鼠、豚鼠和兔子等体重小于 7 kg 的小型哺乳动物安乐死,可以对多个动物同时进行操作。

二氧化碳($CO_2$)是实验动物常用的吸入性安乐死药剂,吸入 40% 二氧化碳时很快达到麻醉效果,持续几分钟吸入 $CO_2$ 可导致动物死亡。它使用容易、价格便宜、无易燃易爆性、无异味,在通风良好的场所使用时较其他药剂更安全。二氧化碳法的操作方法:先将适量二氧化碳灌入安乐死箱底部,再放入动物,之后再缓慢持续加入二氧化碳,可减低动物死亡前的焦虑。动物停止呼吸后至少在箱内停留 5 min,检查动物确实死亡,再移除动物。

## 二、非吸入性药剂法

多数为注射性药物,可采用静脉注射、腹腔注射或心脏注射,但是静脉注射是最佳选择。

1. 过量注射巴比妥钠 巴比妥钠是动物安乐死的首选药物,用于安乐死的剂量是麻醉剂量的 3 倍。它人道、安全、正确投药时效果迅速,静脉注射时可使动物安详地沉睡至死。目前广泛使用于大部分动物的安乐死。使用此类药剂的缺点是必需对每只动物逐一进行操作。因为需要一定的操作技术,故操作者需要经过培训后才可执行动物注射安乐死。

2. 静脉注射氯化钾 深度麻醉中的动物可利用快速静脉注射氯化钾(KCl)来完成安乐死,兔注入 10% KCl 5~10 ml,犬注入 10% KCl 20~30 ml 可致死。但未麻醉动物禁止直接注射 KCl。

## 三、物理性方法

包括颈椎脱臼、断头、放血等。只要有良好的技巧并有适当的工具配合,物理性方法也能迅速使动物解除疼痛并死亡。如未受过训练的人冒然实施物理性方法,不仅易造成操作者受伤,更可能使动物未完全死亡而导致极大的痛苦。因此,所有操作人员需接受完整的技术训练,并以尸体多次练习后才能正式执行动物物理性安乐死。

1. 颈椎脱臼法 常用于小鼠和大鼠。方法:用左手或大镊子压住鼠头,右手抓住鼠尾向后拉,使颈椎脱臼后动物迅速死亡。颈椎脱臼法可在动物清醒中或麻醉后进行。

2. 断头法 适用于小鼠、大鼠、豚鼠。方法:①利用断头台(guillotine)砍断小型啮齿类动物的头颈部。②左手拇指和示指夹住鼠的肩部,用利剪在动物的颈部将头剪断。断头法可在动物清醒中或麻醉后进行。

3. 大量放血法　大小动物均可使用此方法。深度麻醉后,从颈总动脉或股动脉放血造成大出血休克而死亡,实验中已分离出颈总动脉、股动脉的动物常用此法。

4. 破坏脑脊髓法　常用于青蛙和蟾蜍。右手抓住青蛙,背部朝外,拇指按压背部,示指按压头部前端,在鼓膜连线与头正中线的交叉处找到枕骨大孔(可触及凹陷),右手持探针,刺入枕骨大孔,将探针尖端转向头端探入颅脑,捣毁脑组织,再将探针尖端转向尾端刺入椎管,破坏脊髓。如脑和脊髓成功被破坏可感觉到动物四肢肌肉完全松弛。操作过程中要注意不让动物的分泌物溅入眼内。如不慎溅入应用水冲洗干净。

脊椎动物禁止使用的死亡方法包括:空气栓塞、打击头部、烧死、溺毙、快速冷冻、减压法、窒息或注射氯仿、氰化物等,这些方法不是动物安乐死法,有的甚至很不人道,或对人体有害。

(莫燕娜　陈世民)

## 第八节　急性动物实验常用手术方法

### 一、切开、止血和结扎

(一) 切开

根据实验的需要,先确定手术部位及切口大小,剪去被毛,必要时先进行皮肤消毒。切开时先用左手撑平皮肤,使皮肤紧绷,右手正确持手术刀(图 2-2-1-2),刀刃与皮肤垂直,手指控制刀刃,手腕适当用力,要求一次切开皮肤全层,切口整齐笔直。切开皮肤后,要求按解剖层次钝性分离组织(不可用刀切),并注意止血。

(二) 止血

止血是手术操作中的重要一环,常用的止血方法如下。

1. 术前预防性止血　术前根据需要使用一些提高血凝的药物,如10%氯化钙、10%氯化钠溶液等。局麻时,在局麻药中配以肾上腺素,收缩局部血管,减少出血。

2. 术中止血　①压迫止血:手术中如果少量出血,一般先用纱布在出血部位按压片刻,即可止血,如果仍不能止血,则要用钳夹止血。②钳夹止血:用止血钳垂直夹住出血点或血管断端停留一段时间后,取下血管钳。如果还不能止血,则要结扎止血。③结扎止血:压迫止血、钳夹止血无效或出血量较大时则需要结扎止血。出血的位置先用纱布压迫吸干后,看准出血点位,用止血钳夹准冒血的血管或出血点,不能夹到太多组织,确认夹好后,用丝线结扎止血。结扎时,将结扎线绕过钳夹点下,再把钳尖稍翘起,打第一个结时,边扎紧边松开止血钳,再打第二个结,两人配合操作较好。

(三) 结扎

结扎是手术操作中的基本技术,在动物实验的止血、缝合过程中,常需要结扎,尤其是动静脉插管、气管插管等常用的实验操作,离不开结扎,而结扎的关键在于打结。下面介绍几种打结法及要点。

1. 结的种类　①方结:最常用的结,也是最基本的结。由两个方向相反的单结组成,方结结扎较牢,不易滑脱,用于结扎止血及一般的缝合。在气管插管及静脉插管时多用此结。②三重结:是在方结的基础上再加上一个与第二单结相反(与第一单结相同)的结,用于较大血管的结扎及重要的组织缝合,在进行动脉插管时多用此结。③外科结:打第一单结时绕线两次,以增加摩擦面,因而使打第二单结不因组织张力而松动。此结较牢,但操作复杂,不常用。④假结与滑结:打第二个结时动作与第一结相同,形成假结;打方结时两手用力不均匀,将一个线头拉紧或紧线方向错误可产生滑结。假结与滑结不牢靠,不能用(图2-5-8-1)。

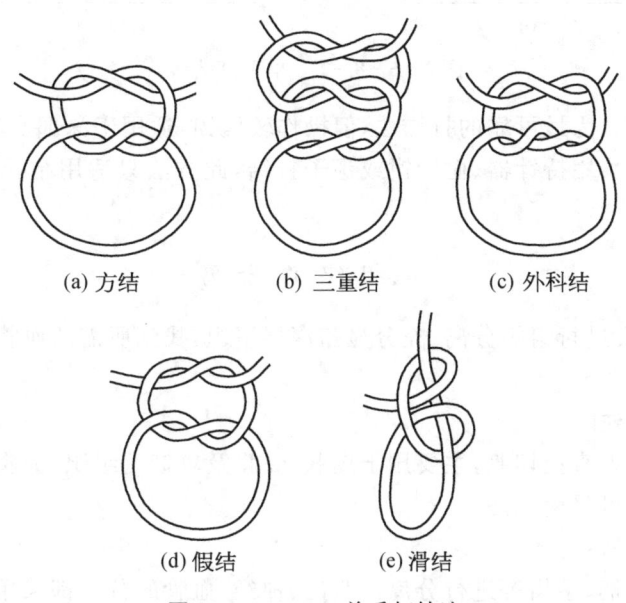

图 2-5-8-1 单手打结法
(a)、(b)、(c) 正确,(d)、(e) 不正确

2. 打结法 有单手打结法、双手打结法及器械打结法。

(1) 单手打结法:操作简便迅速,左右手均可作结,为常用的打结法(图2-5-8-2)。

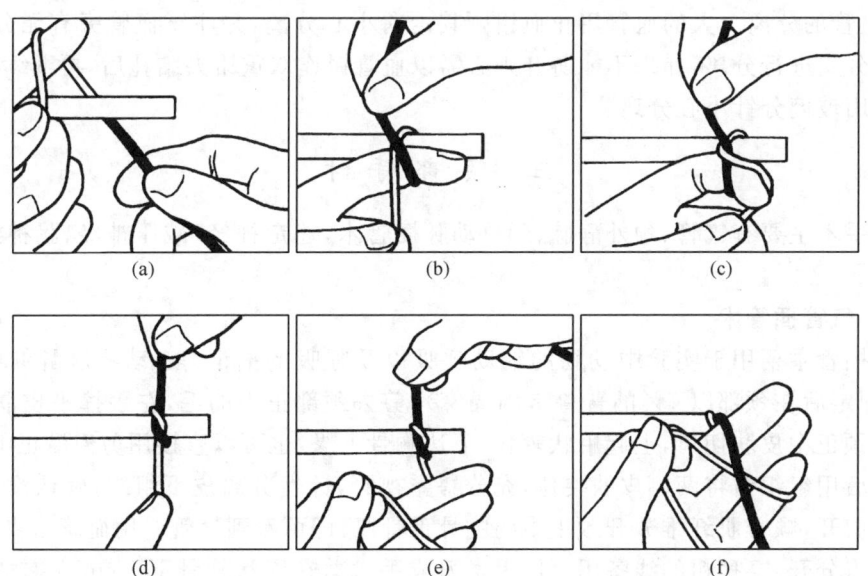

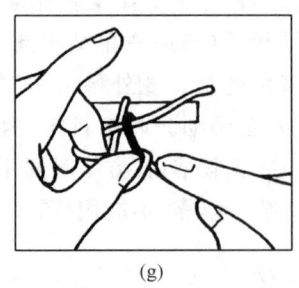
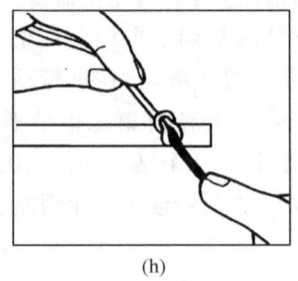

图 2-5-8-2　单手打结法

(2) 双手打结法：为最可靠的打结法，但操作较繁锁，适用于深部及较大血管的结扎。

(3) 器械打结法：用持针器、血管钳或镊子打结，此方法只适用结扎线过短或部位太深不便用手打结时。

## 二、组 织 的 分 离

切口切开后常要进行组织分离，充分显露深层组织，找到所需的血管和神经。分离的方法有两种。

### （一）锐性分离法

使用手术刀、剪刀直接切割，主要用于皮肤、黏膜及较韧的组织，如腹白线。在没有血管的皮下组织、筋膜亦可采用此法。

### （二）钝性分离法

使用止血钳、刀柄、手指等进行分离。肌肉、神经、血管的分离都采用此方法。

1. 肌肉组织的分离　在肌肉与其他组织之间，肌肉与肌肉之间，顺其纤维方向做钝性分离。肌肉内含有丰富的小血管，若需切断，应用血管钳两边钳住，结扎后才切断。

2. 神经的分离　要顺其走向，用玻璃分针小心分离，分离前注意检查玻璃分针是否完好，千万不能损伤神经，影响实验结果。

3. 血管的分离　大的血管用止血钳顺其走向小心分离，并注意血管旁有无分支，要避开血管的分支进行分离，如果不能避开则必需以血管钳作双重钳夹结扎后，再继续分离。小的血管需用玻璃分针小心分离。

## 三、颈 部 手 术

颈部手术主要有气管、颈外静脉、颈总动脉插管术，迷走神经、减压神经、膈神经的分离术等。

### （一）气管插管术

气管插管主要用于实验中动物的辅助呼吸以及呼吸的描记等。动物麻醉仰卧固定后（兔可先固定后在颈部以 1% 的普鲁卡因局麻），剪去颈部正中的毛，左手撑平皮肤，右手持手术刀作颈正中皮肤切口，上起甲状软骨，下达胸骨上缘，也可以直接用剪刀沿正中线剪开。皮肤切开后用组织钳将两侧皮肤夹住，充分暴露视野，钝性分离皮下组织，确认没有血管可以用剪刀剪开，顺着肌纤维分开颈正中的胸骨舌骨肌，即可看到气管。用血管钳将气管与背后的软组织分开，穿稍粗的线备用。用手术刀或手术剪在甲状软骨下 2 cm 左右的位置，从气管软骨上横切一小口,再向头端剪一小切口,成一倒 T 型切口,向胸端插入口径合适的气管插管。用已备好的线迅速结扎好气管插管以免从气管切口上渗出的血液流入气管,造成窒息。如切开气管时,气管腔内有黏液,要用干棉球吸干净后再插入气管插管。结扎好气管插管后,将结扎线在气管插管的侧管上打结固定好,以免脱落(图 2-5-8-3)。

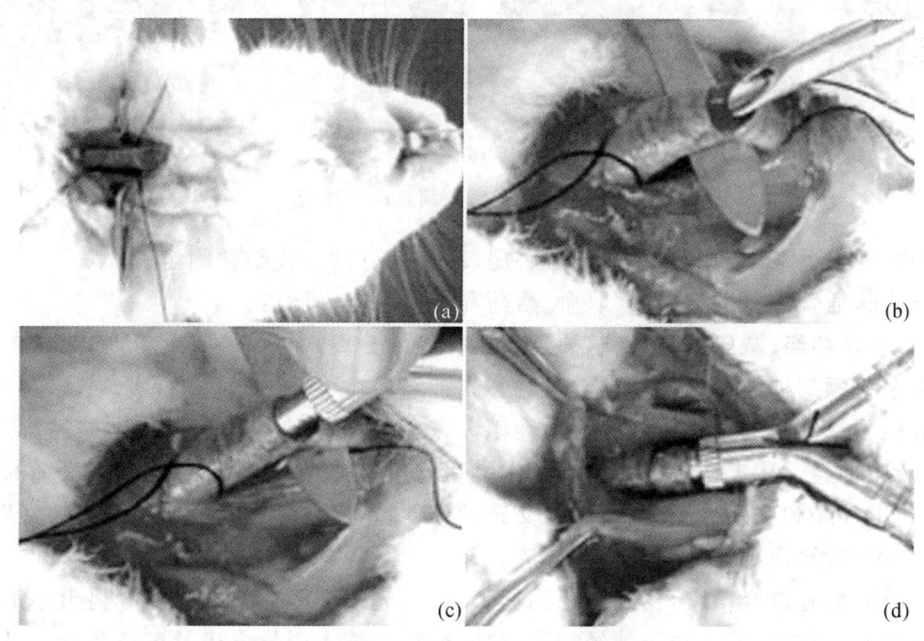

图 2-5-8-3　家兔气管插管

**(二) 颈总动脉插管术**

颈总动脉插管主要用于测量动脉血压或放血。颈总动脉位于气管两侧稍深的位置。同气管插管的方法切开颈正中皮肤,切口长度依实验项目需要而定。用皮钳将皮肤及组织夹开,左手抓住组织钳,示指从下面托起,使颈部气管旁组织外翻,在气管两侧用血管钳分开斜行的胸锁乳突肌,可见到血管神经鞘(内有颈总动脉、迷走神经、交感神经等)。显粉红色,有搏动感的为颈总动脉,小心分离鞘膜,将颈总动脉分离出来。长度为 3~4 cm,下穿两根 4 号丝线备用。备好充满 0.3%~0.5% 肝素生理盐水的动脉套管(可用玻璃动脉套管,也可用白塑料管拉制而成)。于远心端结扎血管,近心端丝线下方用动脉夹夹住血管,用手指或眼科镊托起颈总动脉,以锋利的眼科剪呈约 45°角在动脉向心方向剪一小斜口,向心脏方向插入备好的动脉套管,结扎固定好插管的尖端,并将结扎线固定在动脉套管的小突起处或塑料管上。确认插管已结扎固定,连接好描记装置后才打开动脉夹(图 2-5-8-4)。

**(三) 颈外静脉插管术**

颈外静脉位于颈部两侧皮下(位置浅),胸锁乳突肌外缘。正中切开颈部皮肤后,用左手示中两指将皮肤托起,在皮下小心向外侧分离即可找到暗红色,粗大壁薄的颈外静脉。钝性分离,将周围的软组织分开,分离出颈外静脉长 3~4 cm,下穿两根丝线,远心端结扎,用镊子或手指托起静脉,用眼科剪向心方向剪一斜口,向心端插入备好的塑料管(采血管要事先充好 0.1%~0.5% 肝素生理盐水,输血管要排净空气)。如果观察中心静脉压则必须从右颈外静脉徐徐向内插入右心房口(兔 5~6 cm,犬 10~15 cm)连接中心静脉压观察装置,看

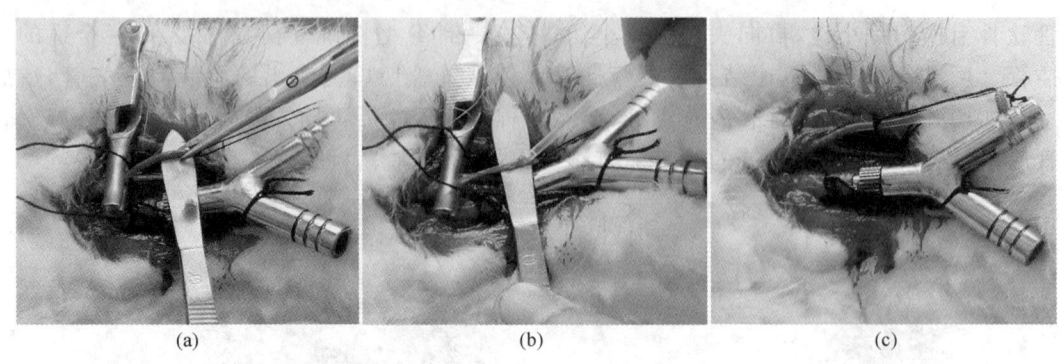

图 2-5-8-4 家兔颈总动脉插管术

见液面随着呼吸上下波动则表示达到右心房口，用备好的丝线结扎固定。

颈外静脉插管主要用于输液、取血、给药和测量中心静脉压。

### （四）迷走神经、减压神经、交感神经和膈神经的分离术

分离家兔颈部神经和血管时，应该根据"先神经后血管，先细后粗"的原则。

以分离颈总动脉的方法找到血管神经鞘。家兔的血管神经鞘除了迷走神经、交感神经外，还有减压神经。迷走神经是3条神经中最粗的1条神经，减压神经是其中最细的1条神经，位于迷走神经和交感神经之间，常与交感神经伴行，但位置常有变异。分离神经时，按减压神经、交感神经、迷走神经顺序依次分离。

小心分离血管神经鞘膜，找到最粗的迷走神经，先以玻璃分针细心地分离出迷走神经旁边的减压神经，穿线备用。减压神经如果成功分离，在连上引导电极及记录装置后可观察到先大后小的三角形群集放电波形，从监听器中还可听到开火车样的声音。交感神经和迷走神经的分离方法与减压神经分离方法相同。

膈神经由第4、5颈神经腹支汇合而成，在颈部下1/5处与臂丛交叉进入胸腔，它不在颈部血管神经鞘内。在颈椎旁的肌肉上可见一细的垂直下行的膈神经，用玻璃分针在臂丛上方细心地分离出2 cm左右，下穿两根用生理盐水湿润的线，经引导电极可记录观察到群集放电波形，从监听器中还可听到与呼吸运动节律相同的声音（图2-5-8-5）。

迷走神经的分离主要用于观察心血管活动的神经调节，减压神经、膈神经的分离目的在于观察神经放电。

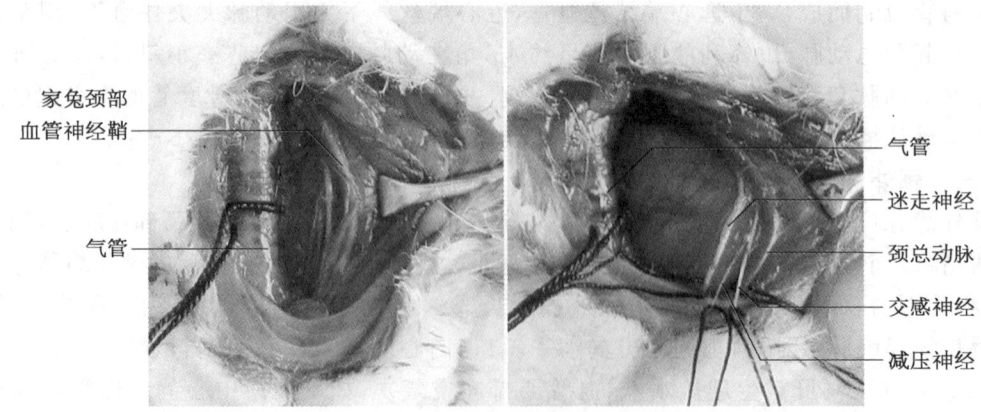

图 2-5-8-5 家兔颈部血管神经鞘内的血管和神经（经分离）

## 四、腹部手术

腹部手术主要介绍输尿管插管术。

动物麻醉仰卧位固定于台上,剪去中下腹部的毛,做耻骨联合上缘向上的正中皮肤切口,兔长4～5 cm,犬长7～8 cm。沿腹白线剪开腹壁和腹膜,找到膀胱,将膀胱外翻,在膀胱底部两侧找到呈灰白色、条索状、质硬的输尿管,分开周围软组织,在输尿管下穿两根丝线,将靠膀胱端结扎,使输尿管内尿液充盈。用眼科剪向肾脏方向剪开输尿管一小斜口,插入充满生理盐水的小塑料管,可见尿液从塑料管内流出,结扎固定好插管。注意:两侧输尿管均应分离结扎。雄性动物应注意将输尿管和输精管区别。术中还要注意用温盐水纱布湿润手术视野以保持腹腔内和小肠的湿度和温度。

输尿管插管主要用于观察尿液量和质的变化。

## 五、股部手术

在股三角区,由外至内分别为股神经、股动脉、股静脉(图2-5-8-6)。

### (一) 股动脉插管术

动物麻醉仰卧固定于台上,剪去腹股沟部位的毛,用手指触摸到股动脉搏动最明显处,沿其走向做皮肤切口(注意:此处动脉、静脉位置较表浅),分离皮下筋膜,暴露股三角区。在此三角区内,由外至内分别为股神经、股动脉、股静脉。用血管钳或玻璃分针小心分离出长3～4 cm的股动脉(有搏动感),远心端结扎,在近心端用动脉夹夹住,向心方向剪一斜口,插入充满0.3～0.5％肝素生理盐水的插管,结扎固定好插管。

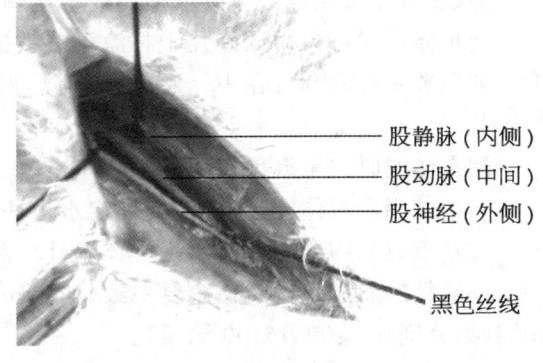

图2-5-8-6 家兔股三角区的神经和血管

股动脉插管主要供放血和测量动脉血压。

### (二) 股静脉插管

股静脉插管方法同股动脉,只是静脉血流方向和压力与动脉不同,在插管时不必用动脉夹夹住近心端。

股静脉插管主要用于输血输液、采血、注射药物等,输液时要注意排空输液管内空气,多次采血时注意管内抗凝,可用0.1％肝素生理盐水充满管腔。

(莫燕娜)

# 第九节 动物实验常用观察指标及其测量技术

## 一、体重的测量

动物体重借助称量仪器测量,依据动物大小选用体重秤、婴儿秤或天平。大动物(如犬、家兔等)用公斤(kg)做单位,小动物(如大鼠、小鼠等)用克(g)做单位。进行慢性实验时,大动物应每隔7~10 d称量体重1次,实验期不长时或估计体重变化较快时应2~3 d称量体重1次。小动物最好每日称量体重1次。

1. 犬　先在体重秤的秤盘上放一块较宽的木板(因为犬体积比较大),引导驯服的犬站在木块上称重。如犬未驯服,则应先将犬嘴及四肢绑好,再放在木板上称重。记下读数,减去木板重量,即为动物体重。

2. 家兔　直接放在一般婴儿秤上称取体重。

3. 大鼠与小鼠　大鼠用500 g或1 000 g带游码的普通天平称量,小鼠用100 g带游码的普通天平称量。称量前先调整天平零点,将动物放在左盘,砝码加在右盘。先将砝码加入右盘与动物体重大致相等时,再调节天平上的游码,直至指针指在零点。动物体重就等于所加砝码(包括游码)的克数。因大、小鼠好动,称量过程中操作必须迅速。

## 二、体温的测量

体温是基本生命体征之一。因此,动物体温测定在动物实验中很常用。

测量动物体温可用数字体温计,也可用普通水银体温计。为了防止测定过程中动物挣扎,导致热敏探头或水银体温计损坏或动物肠壁挫伤,在测温前要先固定好动物。

测量体温时可先用少许凡士林涂于热敏探头或体温计头端,由肛门插入直肠内一定深度。如用数字体温计可在10 s内记录体温,如用水银体温计则需3 min后才取出体温计,观察读数。

测量体温时注意事项如下。

(1) 如用水银体温计,用前要确定水银柱已甩至35℃以下。

(2) 每只动物要固定使用一个体温计。测小鼠体温最好用口表,因为口表尖端较细。

(3) 每次测定的时间长短要一致(如3 min)。如果是慢性实验,每日测定的时间要大致相同(如分别在8:00、16:00测量)。

(4) 每次插入直肠的深度要一致。如犬、家兔等插入3~5 cm,小动物(如大鼠、小鼠等)插入1.5~2.0 cm。测定前可先用油笔在体温计上做好刻度标记或用胶圈(限止环)标明深度。

(5) 每次测定完后,要检查肛门及体温计探头有无血迹。注意避免损伤动物肠壁。此外要注意闭住肛门,对小动物更应如此。

(6) 注意环境温度对动物体温的影响。

## 三、脉搏的检查

脉搏也是基本生命体征之一。正常情况下脉率与心率一致。通过检查脉搏,可判定心脏及血液循环状况,甚至可以判断动物疾病的转归及预后。

检查犬、家兔等较大动物的脉搏,简单方法是右手示指伸入股部内侧,摸测股动脉的跳动次数。如果动物脉搏细弱,可直接在动物左侧胸部用手触及心跳最明显处,计数心跳次数。小动物如大鼠、小鼠等的脉搏检查,一般用触摸心跳代替。

如动物已做好动物插管,并用生物机能实验系统记录血压,则可直接在血压曲线上观测脉搏波,计算出脉搏(心率)。

## 四、动脉血压的测定

血压是指血管内流动的血液对于单位面积血管壁的侧压力,也即压强。最常用的血压是动脉血压,因此通常所说的血压就是指动脉血压。影响动脉血压的直接因素主要有:①心脏每搏输出量。②心率。③外周阻力。④主动脉和大动脉的弹性贮存器。⑤循环血量和血管系统容量的比例。

动脉血压测量记录方法可分为直接测压法和间接测压法。

**(一) 直接测压法**

直接测压法是将导管的一端插入动脉(常用颈总动脉,其次用股动脉),导管的另一端连接压力换能器,通过压力换能器将压力信号的变化转变成电信号的变化,并在生理记录仪或生物机能实验系统精确记录心动周期中各瞬间的血压数值,可看出收缩压及舒张压。

导管的另一端也可直接连接水银检压计,直接读出血压值(mmHg 或 kPa),但这种测定方法灵敏度较差,一般只能测得平均动脉血压,而不能测出收缩压及舒张压。

用仪器或水银检压计测定血压,均应在使用前调整好零点。与血管相通的管腔内要预先充盈 0.3%~0.5%的肝素生理盐水。动脉插管时慎防出血或滑脱。直接测血压法多用于急性动物实验。

**(二) 间接测压法**

间接测压法又称非出血性测压法。临床上测定人体血压通常使用的方法就是间接测压法。用无创血压测量系统也可以通过间接测压法进行动物血压的测量。

这里仅介绍犬股动脉间接测压法。犬股动脉间接测压法与临床一般人体血压测量方法基本相同,不同的是压力袋。犬用压力袋皮袋宽 6 cm,外弧长 44 cm,内弧长 38 cm。股动脉间接测压法多半用触诊法来测量(只测得收缩压),而不用听诊法。

间接测压法多用于慢性动物实验。

## 五、呼吸的测定

动物呼吸的变化也是实验中最常用的指标之一。呼吸的测定内容包括频率、幅度及节律。常用的记录呼吸方法如下。

**(一) 气管插管描记法**

将动物仰卧固定于实验台上,在局麻或全麻下行气管插管术,用粗线将插管固定,然后用橡皮管将气管插管与马利氏鼓相连,再将马利氏鼓的鼓膜运动(呼吸时气压变化)通过连线牵拉张力(机械)换能器的弹性敏感梁,将机械能转变为电能传入生物机能实验系统进行记录。

用呼吸换能器代替张力换能器,可以减免马利氏鼓,使用比较方便。

**(二) 剑突运动描记法**

在剑突上或剑突部位皮肤穿线,把线连接到张力换能器的弹性敏感梁上,余下步骤同气管插管描记法。在剑突上穿线前,最好将剑突与胸骨连接处剪断,使剑突游离,但要注意避免造成气胸。

**(三) 目测法**

呼吸运动必然见有胸廓、腹部的运动,有的动物还有鼻翼运动。目测法测定呼吸的方法比较简单。先让动物保持相对安静状态(避免刺激),以肉眼观察并记录呼吸的频率,用次/min 表示。对大动物要求连续记录 1 min 内的呼吸次数,对小动物要求连续记录 30 s 内的呼吸次数,再换算成每分钟的呼吸次数。还应注意观察呼吸运动幅度及节律。

## 六、中心静脉压的测定

中心静脉压(central venous pressure,CVP)通常用水检压计测量记录。用充满 0.1% 肝素钠生理盐水的塑料软管(静脉导管)从右侧颈外静脉向心插入,到达上腔静脉近右心房入口处(锁骨下 1~2 cm,插入长度 5~6 cm,或遇到阻力后回抽 1~2 cm),导管的外端用三通管连上输液装置和水检压计,用来输液和测定 CVP。在测压前,通过三通管开关先使输液瓶生理盐水灌注到检压计,充满。再通过三通管开关阻断输液瓶通路,而使检压计和静脉导管相通。此时,可见检压计液面除有随呼吸频率上下较大的波动外,还可见液面有较小的与心跳频率一致的颤动(这是判断导管尖是否抵达所需位置的标志,否则应调整导管位置)。待液面下降稳定后读数。

注意:①水检压计上刻度标记"0"处应与被测动物心房的水平高度一致。②不测压时,应将三通管开关阻断检压计通道,使导管和输液瓶相通,缓慢输入生理盐水(5~10 滴/min),以保持静脉通畅。

## 七、胸膜腔压力的测定

### (一) 水检压计法

胸膜腔压力(简称胸内压)可用"U"形管水检压计测定。先将水检压计与特制的胸内导管连接好。在被侧动物(犬、兔等)右胸腋前线的第 4~5 肋骨间,沿肋骨上缘作一长约 2 cm 的皮肤切口。将胸内套管的箭头形尖端从肋间隙插入胸膜腔内,迅速旋转 90°并向外牵引,使箭头形尖端的后缘紧贴胸廓内壁。再将套管的长方形固定片同肋骨方向垂直,旋紧螺丝,使胸膜腔保持密封而不致漏气。此时可见"U"形水检压计的水柱液面下降至插管前水平(0 cm)以下,并随呼吸运动而上下波动,表明胸内压力低于外界大气压(即胸内压为负值),待呼吸平稳后直接从水检压计刻度上读数记录胸膜腔压力,以 $cmH_2O$ 为单位。

也可用粗的穿刺针头(如腰椎穿刺针)代替胸内套管,直接将针头在肋骨上缘顺肋骨方向斜插入胸膜腔,如见水检压计的水柱面下降并随呼吸而升降,即表示已经成功插入胸膜腔内。用胶布固定针尾于胸壁上,防止针头移位或滑出。此法简便易行,但针头容易堵塞,应时加注意。

### (二) 压力换能器法

将压力换能器(呼吸换能器,量程 10~50 $cmH_2O$)和胸内套管(或带穿刺针头胶管)的尾端连接,通过生物机能实验系统记录胸内压。注意:用压力换能器测定胸内压时换能器的换能腔内不需充灌石蜡油或肝素生理盐水。其余操作与水检压计法相同。

(陈世民　王　密)

# 第六章　离体器官、组织实验的基本要求

离体器官、组织实验是指从活着或刚被处死的动物身上取下欲研究的器官或组织,置于人工环境中,设法使其在一定时间内继续保持生理功能,按照特定的目的进行研究。例如,欲研究心肌本身的基本生理特性,生理科学者往往从活体动物身上取出心脏,在体外用一定配方配制的盐溶液(生理溶液)灌流,来研究某些离子、药物对心肌活动的影响。

离体器官、组织实验属于急性实验。其优点在于实验方法比较简单,易于控制条件,如研究内容之外的许多条件(如血流、神经、激素等因素)一般均可被控制,有利于观察和分析某一器官的功能活动过程及特点。但是,离体器官、组织实验也存在一定的局限性,即因体外实验环境难于完全模拟体内环境,故体外实验结果可能不能完全正确地反映体内器官的功能活动规律。

必须指出是,不同的实验方法,各有其特殊的意义,进行生理科学研究时,应根据其所研究的任务和课题的性质,选择最适合的方法。无论采用哪种实验方法,在解释研究结果时,都必须实事求是,既不能把局限于某种特定条件下所获得的资料引申为普遍性规律;更不能把动物实验结果,不加区别地移用于人体。

## 第一节　离体器官、组织的获取

从活着或刚被处死的动物身上取下器官或组织进行研究,手术操作非常关键。为了获取较理想的离体器官或组织,在整个手术过程中,应做到迅速、仔细,避免损伤器官或组织,尽量不要污染器官或组织。整个手术一般应在 10~20 min 内完成。如果要进行插管灌流,断血时间一般控制在 30 s 内为宜。制备神经、肌肉标本时,要按层次分离,切勿用金属器械触碰,并随时用营养液滴加标本,以防干燥。取下的器官或组织应快速置于特定的人工环境中。

## 第二节　离体器官、组织实验的人工环境

离体器官或组织实验的人工环境是指按一定配方配制与在体的细胞外液相似的生理溶液,以一定的灌流压和温度对离体器官或组织进行灌流。根据实验要求,可以在生理溶液中添加其他营养物质。血液的替代液既可在急性与慢性生理科学实验中使用,亦可在离体器官或组织灌注时使用。

人工环境的基本要求如下。

**(一) 灌流液要适当选择**

根据研究对象及实验目的不同可选用不同的灌流液,总的原则是选择能维持离体器官或组织较长时间活动的灌流液。溶液应当用新鲜的蒸馏水制备,并且它们的 pH 需符合正常器官或组织的 pH,即变动于 7.2~7.8(有的实验要求 pH 应维持在 7.4,至少不低于

7.35)。冷血动物和温血动物使用的营养液不同,彼此间的差异主要表现在食盐的含量不等。

常用的溶液有任氏液、克氏液、台氏液、乐氏液、修正乐氏液、拜氏液、生理盐水等(表2-3-1-1)。

在研究胃肠道、胆总管、子宫、输精管、支气管等器官的平滑肌收缩活动时,可根据研究对象及实验要求,选用改良的克氏液(Krebs Sol.),其配方见表2-3-1-1,常用生理溶液的配方。Krebs液最好在每次实验前用双蒸水新鲜配制,这样的效果较好。

**(二) 灌流液要保证有足够的氧气**

当温血动物的离体器官灌注时,灌流液必须用氧气饱和。为了保证供氧充足,最好采用密闭充氧法。先将灌流瓶完全充满灌流液,通过橡皮塞插进一玻璃管并与充满氧(或95% $O_2$+5% $CO_2$)之球胆(或气囊)连接,然后打开灌流瓶之流出管,让灌流液流出200~300 ml。随着灌流液的流出,球胆内之氧便进入灌流瓶,夹住流出管,然后用力摇灌流瓶5~10 min,使灌流液与氧充分混合。假如在实验过程中发现离体器官或组织活性突然变弱,就要立即检查氧的供应是否充足。

根据实验要求,也可采用开放式连续地给灌流室供氧,调节自球胆放出氧气的速度为每秒1~2个气泡。

**(三) 灌流液要保持恒温**

一般灌流温度为37℃,可用超级恒温水浴器来保持灌流液恒温。假如在实验过程中发现离体器官或组织活性突然变弱,要检查温度是否适宜。

**(四) 灌流液要保持恒压**

恒压灌流是保证离体器官或组织得到稳定灌流量的重要条件。灌流液压力可用压力计测定,也可从灌流速度判断。一般来讲,调节灌流速度比较方便。灌流速度视不同灌流介质而不同,一般含20%~30%红细胞的灌流液灌流速度为每克离体器官或组织15 ml/min,而无红细胞、无蛋白的灌流液速度则需每克离体器官或组织3 ml/min。假如在实验过程中发现离体器官或组织活性突然变弱,要检查灌流液压力或灌流速度是否足够。

**(五) 灌流系统管道要保持通畅**

保持灌流系统管道的畅通是实验成功的关键之一。通常引起管道堵塞的主要原因有以下两点。

(1) 由于套管插入过深以致插管将管口堵住,故在插管时要求其前端距管口2~3 mm;另外,当器官或组织的位置改变时,由于套管发生扭曲也可造成管口堵塞。

(2) 管道中有栓塞也是使管道不通畅的常见原因,主要是由于凝血小块或组织块所形成的栓塞,故在制备离体器官或组织的过程中,一方面要防止血液凝固并洗净血液,另一方面要把组织块清除。

**(六) 灌流条件和器官、组织活力要经常检查**

各项实验条件一经选定,便要保持稳定,以维持离体器官或组织的稳定活力。要求离体器官或组织各项指标趋于稳定后,再进行试验。在灌流过程中,要经常检查灌流条件和器官、组织活力有无变化,如有变化应做相应调整以保持条件稳定。

用肉眼进行外观检查,是一个迅速有效的器官、组织活力检查辅助手段,故应仔细观察。

## 第三节　灌流系统的基本组成

一般的灌流仪都有以下几个基本组成部分。

1. 控制灌流系统的恒温装置　用超级恒温水浴器维持整个灌流系统恒定的温度,以保持灌流室中器官或组织的稳定活性。

2. 推动灌流液的泵或高位贮液装置　要求可以调节灌流速度的大小并能控制灌流的过程中的恒定流速。

3. 气体交换装置即人工肺　要求气体交换充分,使灌流液有足够量的氧,一般 $PO_2 >$ 45 mmHg(即 6.0 kPa)。

4. 贮液槽　由于灌流仪的具体设置不同,它的数量、位置均有不同。

5. 灌流室　要求恒温,最好密闭,以维持一定湿度,并能使器官或组织以一定的位置放置。较好的方式是模仿体内位置的倒放式。灌流室一般以透明材料做成,以利于观察器官或组织的情况。

此外,为了便于检测灌流过程中器官或组织的情况,有些灌流仪还附有 $PO_2$、$PCO_2$、pH 电极,以及流量计及温度计。总之灌流仪的设计原则是要使离体器官或组织在灌流仪中具有活性,并使活性稳定,而且操作简便。

因条件限制,有些灌流系统尽管未达到上述要求,但也能做出比较好的实验结果。下面介绍两种比较简易的灌流装置,适合学生实验。一是适用于离体心脏和肺灌流的装置,见图 2-6-3-1;二是适用于离体肠平滑肌及子宫肌肉收缩实验的灌流装置,见图 2-6-3-2。

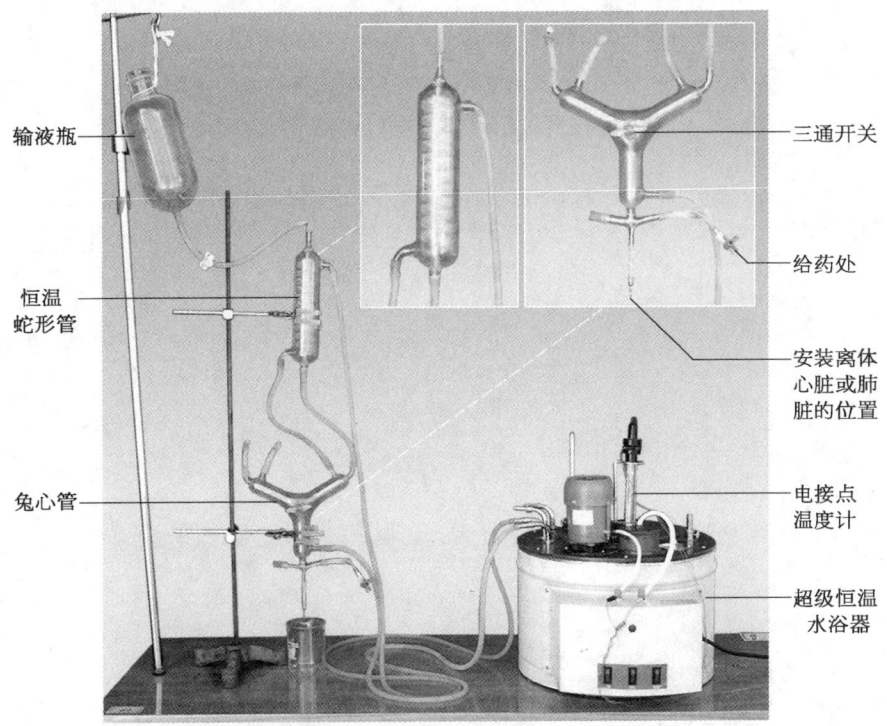

**图 2-6-3-1　离体心脏和肺灌流装置**

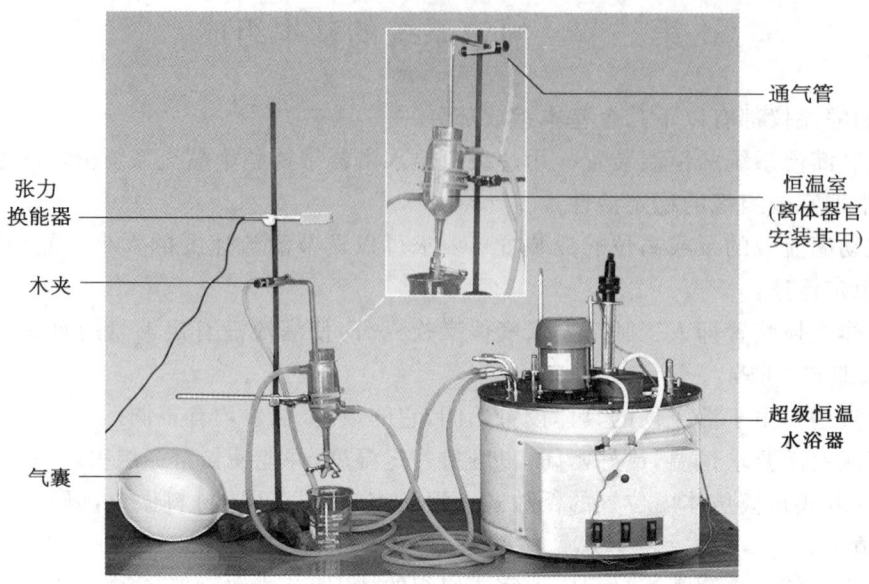

图 2-6-3-2　离体肠平滑肌及子宫肌肉收缩实验的灌流装置

（符史干　陈世民）

# 第七章 医学实验设计

## 第一节 医学实验设计的意义

医学实验研究包括实验室研究、临床试验和小规模的现场调查研究,必须根据研究的目的和条件,结合统计学要求,针对实验研究的全过程,作出周密而完善的实验设计。医学科研的实践表明,实验设计是整个实验过程的实施依据,是实验数据处理的前提,也是提高科研成果质量的一个重要保证。一个周密而完善的实验设计,可以使研究者用较少的人力、物力和时间,获得较丰富而可靠的资料,把误差减少到最低程度;可以对实验数据的误差大小作出比较准确的估计;可以使多种处理因素合理地安排在一个实验中,使实验的效率更高。

## 第二节 医学实验设计的基本原则

高质量的实验结果取决于周密而完善的实验设计,周密而完善的实验设计必须坚持如下四项基本原则(4Rs)。

(一) 代表性(representativeness)

是指实验研究的对象的抽样应能代表总体特征。研究对象的确定因研究目的而异。比如,要研究某药对心绞痛的治疗作用,研究对象中应包括稳定型、变异型、不稳定型心绞痛患者。而如要研究药物对稳定型心绞痛的治疗作用,则要照顾到不同年龄、不同发作频率、ST段改变程度等情况,不能只选择病情轻、病程短、易纠正的病例。否则,研究的成果将失去实用价值。一般要求实验目的相对集中,但过分集中的实验目的会缩小研究成果的覆盖面。实践中应仔细权衡。

(二) 重复性(replication)

这一原则要求实验的结果经得起自己或他人的重复验证。不能重复的实验数据和研究资料是毫无价值的。要使实验的结果具有可重复性,在实验设计时要注意排除偏因,也就是注意克服系统误差,努力做到非实验因素尽可能一致。例如在动物实验中实验组和对照组的动物的种属、性别、窝别、年龄、体重、健康状况等要求尽可能一致。在临床研究中要求:①疾病诊断必须准确可靠,不能使用未经确诊的病例,也不能把不同的疾病患者混在一起,如研究对象是溃疡病患者就不能混入慢性胃炎患者。②患者的年龄、性别、病情轻重的构成要求尽可能一致。③观察的指标、方法、使用的仪器、测定的人员均要求固定。④在治疗过程中,对照组和处理组都必须避免心理因素的影响。

(三) 随机性(randomization)

这一原则要求研究对象的分组必须遵循和坚持随机化的方法,不能因主观意志而转移。它能使主、客观原因都可以得以排除,它不仅仅可克服分配误差,还可使实验研究的可信度明显提高。实践发现,有人常根据主观期望随意取舍实验对象,这种做法应当坚决摒弃。在临床试验中,往往在随机化的基础上,使用双盲技术(double blind technique)克服系统误差。

双盲技术是临床试验设计的常用方法,它的主要目的是使受试者和试验的观察者在试验过程中都不知道具体处理内容,借以排除双方可能产生的心理因素对试验结果的影响或"面子疗效"。具体做法是先由研究设计者编制出处理组和对照组的用药密码,连同受试者的随机分组表交给一个不直接参加试验的工作认真负责的人(一般为药剂师),由其给受试者发药。整个试验过程中,使患者和医生都"盲"了起来,直到处理数据时才公布密码。必须强调的是,采取双盲法时,应同时规定紧急情况下破盲的人员和方法,确保受试者权益。赫尔辛基宣言指出,科学上的或社会上的兴趣绝不应该置于受试者健康的考虑之上。

### (四) 合理性 (rationality)

这一原则要求实验设计既要符合专业要求,又要符合统计学要求,还要切实可行。如比较 A 药 B 药的治疗效果,所选用的剂量不合适就难以达到比较的目的;统计实验结果时,不同的资料有其适用的检验方法,选用的数据处理方法不当就会导致结论的错误;一般看来,样本量越大越能代表总体,但一味追求大样本既不符合实际,也有悖于道德。

也有不少学者认为,实验设计的四大原则是:对照原则、随机原则、重复原则和均衡原则。

## 第三节 实验设计的主要内容

实验设计要解决的主要问题是:①如何选择试验对象?②如何设组与分组?③如何确定样本数?

### 一、试验对象的选择

#### (一) 实验动物的选择

选择实验动物时,要注意动物种属的适用性、健康状况,必要时还要制造或选用人类疾病的动物模型。

小鼠是实验室最常用的一种动物。适用于研究疟疾、马锥虫、血吸虫、流行性感冒、脑炎和其他多种细菌感染疾病;也常用于癌、肉瘤以及其他恶性肿瘤的研究;因其繁殖能力强,亦用于避孕药的研究和药物 $LD_{50}$ 测定。大鼠的用途与小鼠相近。因体形较大,可用于记录血压、胆管插管收集胆汁、胸导管采集淋巴和抗关节炎药物的研究;还可用于各种蛋白质营养价值及维生素等的研究。豚鼠对组织胺和结核杆菌比较敏感,常用于平喘药、抗组织胺药和结核病的防治研究。家兔用于观察各种处置对血压、呼吸、体温及瞳孔的影响;也用于观察药物对哺乳类动物心脏的直接作用;成年雌兔还可用于避孕药实验和热源检查。猫适用于中枢神经系统、循环系统的动物实验。犬经过训练,很适用于慢性实验,特别适用于需要训练的实验,如条件反射、高血压的实验治疗,做成胃瘘、肠瘘等观察处置方法对胃肠蠕动及分泌的影响;临床前药理长期毒性实验也常用犬。猴在生物学上接近于人,脑的高级功能比较发达,适用于观察各种处置对行为的影响。家鸽适用于遗传学、营养学、心理学和药理学的许多研究。

健康方面要选用毛色光亮、行为活泼、体重适宜的动物。小鼠的体重一般要求在

18~22 g;大鼠的体重一般在 160~240 g;豚鼠在 200~300 g;家兔在 1.5~2.5 kg;犬在 10~15 kg。

现已培育出一定品种的致癌系小鼠、高血压大鼠等。研究时,还可根据需要制造各种人类疾病的动物模型。

### (二) 临床受试者的选择

在临床药理研究中,要求按我国《药品临床试验管理规范》(Good Clinical Practice,GCP)进行,掌握好入选和拒绝标准,切实做到既要有代表性又要保证受试者的权益。

Ⅰ期临床药理试验和生物利用度试验的受试者应为健康志愿者,年龄为 18~40 岁,男女(未孕)各半。除了确认健康无疾并在其事先了解试验目的、方法、可能出现的不良反应及防治措施外,还要求其:①1 年内未发生过任何重病;3 个月内未用过对脏器有害的任何药物;4 周内未作为受试者参加过任何药品试验;当前未用任何药品;②无药物过敏史;③无嗜酒等可能影响药物代谢的因素存在。

Ⅱ期、Ⅲ期临床药理试验的受试者为住院患者,除了特别要求外,年龄一般在 18~65 岁,女性患者应未孕,肝肾功能无异常(试药所治疗的疾病表现除外),最好未经过药物治疗。疾病的诊断必须正确可靠,要有客观资料,如病理报告等。此外,有些药物还要根据其药理作用对受试者的入选标准提出特别要求,如 β-受体阻滞剂的临床药理试验就不能用心衰或哮喘患者。

## 二、设组与分组

### (一) 设组

实验设组一般设处理组和对照组。处理组和对照组的研究对象的种属、年龄、体重、性别、病情等各种状况及处理的程序、时间、环境要尽量保持一致,做到"齐同对比"。这是科学研究的灵魂所在。

处理组设置可根据处理的方法或程度分为若干组。如欲研究对某肿瘤的治疗方法,可设手术组、手术加化疗组、化疗加放疗组、手术加放疗组等。研究某药的治疗效果,一般要求至少设 3 个剂量组以观察量效关系。

设立对照组就是给处理组设置可供比较的参照物。其目的在于排除各种混杂的非实验因素对处理结果的影响,展现处理方法的真正价值。因此,对照是科学实验的基本原则之一。在实验室和临床研究中常用的有阴性对照和阳性对照,而历史对照和利用他人的资料进行的对照一般不用。

阴性对照又称空白对照,指未给研究对象任何实质性的处理。如在动物实验中,给其注射或灌胃不含所研究药物、与处理组等容积的该药物的溶剂。临床研究的阴性对照是安慰剂(placebo)对照。安慰剂由淀粉、乳糖等无药理活性的成分制成,其大小、形状、颜色、味道均应与相应的活性药一致。在实践中要注意的是,含有活性药的白色片剂上市半年后可能变色,而安慰剂的颜色则保持不变,会使受试者发觉。口服药的安慰剂也可用胶囊。注射剂的安慰剂一般为生理盐水。

阳性对照一般用公认的、可靠的处理方法与所研究的处理方法作比较,有时亦称标准对照。研究饲料中维生素 E 缺乏对动物肝脏中维生素 D 含量的影响,就用正常饲料组动物肝中的维生素 D 含量作为标准进行对照;临床上,研究某新药的治疗作用,常选用疗效肯定的已知药作对照。使用阳性对照的意义在于,它可以判断出新的处理方法与经典方法孰优孰劣,有无继续研究或开发价值;当研究对象是患者时,阳性对照的处理方法更符合医疗道德;有时,阳性对照还可发现实验过程中可能存在的问题,用了阳性对照处理而不发生反应,有可能是实验标本失去反应性能。

对于何种情况选用阴性对照,何种情况选用阳性对照的看法不一。可供参考的意见是:研究新的处理办法有无作用时用阴性对照,比较新的处理办法作用大小时用阳性对照;临床上,评价处理办法对慢性、功能性病的疗效时用阴性对照,在急症、器质性病时用阳性对照。实际工作中,这两种对照方法常常同时并用。

**(二) 分组**

要实现"齐同对比",就必须运用随机的方法,使每个研究对象都有相同的机会,被分配到处理组或对照组。

常用的随机化分组法有以下几种。

1. 查表法 通常在研究对象的数量确定后,将其编号(患者可用入院号),然后查随机表把它(他)们分配到个对比组中去。

**例** 设有同性别的动物 20 头,按其体重依次编号为 1,2,3,…20 号,请按随机化的方法将其分到处理组(T)和对照组(C)中去。

先规定,奇数随机数分到处理组,偶数随机数者分到对照组。查表的结果如下(表 2-7-3-1)。

表 2-7-3-1　随机数字表

| 动物编号 | 1 | 2 | 3 | 4 | 5 | 6 | 7 | 8 | 9 | 10 | 11 | 12 | 13 | 14 | 15 | 16 | 17 | 18 | 19 | 20 |
|---|---|---|---|---|---|---|---|---|---|---|---|---|---|---|---|---|---|---|---|---|
| 随机数字 | 91 | 76 | 21 | 64 | 64 | 44 | 91 | 13 | 32 | 97 | 75 | 31 | 62 | 66 | 54 | 84 | 80 | 32 | 75 | 77 |
| 分组 | T | C | T | C | C | C | T | T | C | T | T | T | C | C | C | C | C | C | T | T |

故处理组的动物编号是:1,3,7,8,10,11,12,19,20(共 9 头)。对照组的动物编号是:2,4,5,6,9,13,14,15,16,17,18(共 11 头)。

若要求两组的动物数相等,应从对照组中抽出 1 头到处理组中去,方法是:将原随机数字向后延查一个,为 56。除以 11(对照组有 11 头动物,每头都有被抽出的可能),得余数为 1,所以,应把对照组的第一头(即编号为 2)的动物调整到处理组。

2. 抽签法 临床上,可根据拟分的组数把不同颜色的彩球放入袋中,规定处理组和对照组的颜色,每入院一个患者便从袋中抽出一个彩球,决定分组情况。

3. 分层随机法(配对随机区组) 由于患者有男女之分,病情有轻重之别,按上述的随机方法很难做到"齐同对比"。分层随机法可以较好地解决这一问题。具体做法是:将多方面相近的实验对象配成一组,也叫一个层(stratification),或一个组区(block)。如研究针刺疗法的退热作用,发热有高低的分别,成人与儿童对调节体温的因素的反应性也不同,就至少分为 4 个组区:成人高热组、成人低热组、儿童高热组、儿童低热组。然后,根据随机化的方法把患者分到相应的组区中。

## 三、样本数的确定

确定实验对象样本数有 3 种办法:一是根据有关规定,二是估算,三是查表。

### (一) 遵守规定

有些实验的样本数国家或有关部门有具体规定,设计时必须遵守。如我国新药审批办法中规定,Ⅰ期临床药理试验的健康志愿者人数为 20～30 人;Ⅱ期试验的患者数试验组和对照组均不少于 100 人;Ⅲ期试验为扩大的多中心试验,试验组的患者数不少于 300 人,尚须另设对照组;Ⅳ期试验为药物上市后的监测,要求患者数大于 2 000 人。而在生物等效性试验中,生物利用度测试需健康志愿者 18～24 人;随机对照试验所需患者不少于 60 对。

### (二) 估算法

在估算样本含量时,应先知道如下 5 个数字:①标准处理时的结果(均数或成功率)和标准差,可根据以往经验或从有关文献中得到。② 有价值的处理差别,即实验的主持者认为新的处理要比标准处理好多少才有开发或推广的价值,可根据预试的结果或以往的经验而定。③实验主持人希望控制的第一类误差的发生率 $\alpha$,即本无差别而出现"有差别"的概率。$\alpha$ 越小,所需的样本量就会越大。一般取 $\alpha=0.05$。④把握度$(1-\beta)$。这里的 $\beta$ 是假阴性(即第二类误差)发生的概率。$(1-\beta)=0.90$ 的意思是,如果处理方法间确实有差别,则在 10 次实验中可有 9 次的把握发现这一差别。把握度越大,所需的样本量越大。⑤权重。根据 $\alpha$ 和 $(1-\beta)$ 可在表 2-7-3-2 中查出。

表 2-7-3-2 常见的第一类误差和不同把握度的权重

| 把握度 | 第一类误差 | |
|---|---|---|
| | 0.05 | 0.01 |
| 0.5 | 3.9 | 6.7 |
| 0.8 | 7.9 | 11.7 |
| 0.9 | 10.5 | 14.9 |
| 0.95 | 13.0 | 17.8 |
| 0.99 | 18.4 | 24.1 |

1. 计量资料样本数的估算

每组的样本数 $n=2\times(SD)^2/(有价值的处理差)^2\times$ 权重   (公式 2-7-3-1)

例 1：欲比较一种早产婴儿喂养处方与库存人奶对早产儿成长状况的影响,临床上常取早产儿每日体重增加量为指标。经查知:用库存人奶,早产儿的体重增加 14±4 g/日,儿科专家认为,新处方对体重的增加量只有在大于库存人奶体重增加量 3 g/日以上,才有价值。

取：$\alpha=0.05,(1-\beta)=0.80$

查表得 权重为 7.9

∴ $n=2\times 4^2/3^2\times 7.9=28$

答：每组需早产儿 28 人。

2. 计数资料样本数的估算

每组的样本数 $n=\dfrac{(成功率1\times 失败率1)+(成功率2\times 失败率2)}{(成功率1-成功率2)^2}\times$ 权重

  (公式 2-7-3-2)

例 2：已知,常规的抗溃疡病药的溃疡愈合率为 70%。临床医生认为新开发的抗溃疡病药的愈合率为 90% 以上才有价值。请求算每组所需的病例数。

取：$\alpha=0.05,(1-\beta)=0.80$

查表得　权重为 7.9

∴　$n=(90\times10)+(70\times30)/(90-70)^2\times7.9=59$

答：每组的病例数为 59 人以上才可能检查出新药与常规药的差异。

上述的方法仅为估算，实际工作中常有实验对象因各种原因退出（或被剔除）实验，因此，实际的样本量一般是估算量的 1.2 倍，即：

实际样本量 $N=n(1+20\%)$

### （三）查表法

统计学书籍常附有计数资料、计量资料所需样本含量表，可根据确定的 $\alpha$ 和 $(1-\beta)$ 值及有关要求查表求出样本数。

## 第四节　常用的设计方法

### 一、平行对照设计

平行对照设计（parallel controlled design）为标准的随机分组对照设计，是国际上最流行的基本设计方法。其特点是，对照组和处理组同时开始，一道结束。如图 2-7-4-1。

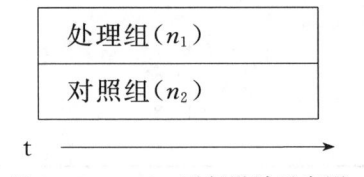

图 2-7-4-1　平行设计示意图

1. 设计要求

（1）两组的代表性、均匀性和实验环境要一致或近似。

（2）必须随机分组，必要时可分层随机分组。

（3）$n_1$ 最好与 $n_2$ 相等。

（4）临床试验必须双盲。

2. 优点　简单易行，临床上适用于疗程较长但一个疗程能治愈的疾病。

3. 缺点　所需样本量较大，可比性不如交叉设计好。

### 二、交 叉 设 计

交叉设计（cross-over design）可在同一个体进行对照，也可在不同个体中进行组间对照试验。其特点是基本排除了处理组和对照组间的个体差异。如图 2-7-4-2 所示。

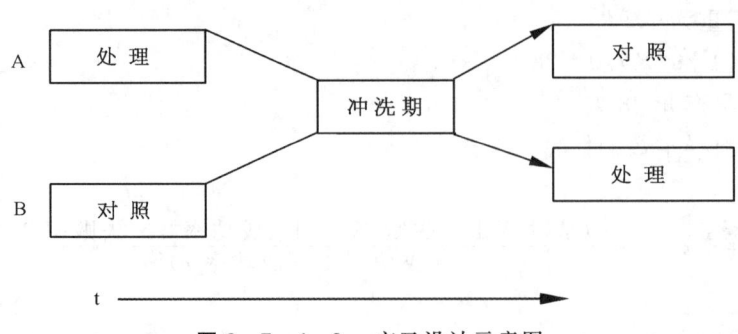

图 2-7-4-2　交叉设计示意图

1. 设计要求

(1) 要有冲洗期,其长短依处理的影响而定。如为临床药理试验,冲洗期至少为试验药物的 5 个 T1/2,保证后一处理不受前者影响。

(2) 处理方法对疾病的基本过程影响不大,只临时减轻症状。适用于病况稳定,随时间变化不大的病症。

2. 优点 所用受试者少,个体差异小。

3. 缺点 试验所需的时间较长,结果易受时间、病情变化的影响,不适于急性或病情变化快的疾病。

## 三、拉丁方设计

拉丁方设计(latin square design)是指把多种处理(一般 3～5 种)与处理顺序排成纵行横行均无重复字母的方阵的设计方法。其特点是每一样本可接受多种处理,前后衔接各不相同,排除了试验对象的个体差异和用药顺序及后遗效应对试验结果的干扰。现以比较某降压药的 3 种剂量(A、B、C)和安慰剂(P)之间的抗高血压效果为例,加以说明。

所排的拉丁方阵见表 2-7-4-1。

表 2-7-4-1 拉丁方设计方阵

| 组 别 | 处 理 顺 序 | | | |
|---|---|---|---|---|
| Ⅰ | A | B | C | P |
| Ⅱ | B | C | P | A |
| Ⅲ | C | P | A | B |
| Ⅳ | P | A | B | C |

1. 设计要求

(1) 方阵中的处理数＝行数＝列数。

(2) 观察指标应是定量或半定量的。

(3) 中途停止试验的对象要尽快补齐。

2. 优点 省人、省时、省工;信息量大。

3. 缺点 要求严,须成方阵;统计运算繁复;缺失资料对试验的影响较大。

## 四、序贯设计

序贯设计(sequential design)此种设计的试验不是分组同时进行,而是逐个或逐对地序贯进行。其特点是试验开始时未规定样本数,在结果触及规定的临界线时即停止试验。它适用于只有一个观察指标的试验。现简介两种较常用的质反应序贯设计方法。

**(一) 单向序贯**

用于回答待试新的处理方法是否优于所对照的处理方法。常用于配对资料或者个体前后对照。具体做法如下(图 2-7-4-3)。

(1) 先确定所需的假阳性率 α,一般取 0.05;假阴性率 β,亦取 0.05;新法优于对照法(记为"SF"),对照法优于新法(记为"FS"),SF 与 FS 的比值为 γ,可根据实际要求而定。

(2) 查表求接受界限(上限,U)和拒绝界限(下限,L)的斜率 b 和截距 a(表 2-7-4-2)。

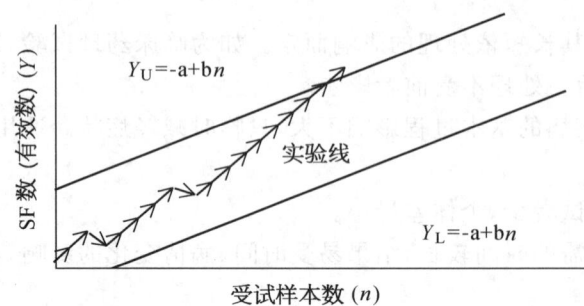

图 2-7-4-3  单向序贯试验设计示意图

表 2-7-4-2  单向序贯试验的上下限的斜率(b)和截距(a)

| γ | $\alpha=\beta=0.05$ | | $\alpha=\beta=0.01$ | |
|---|---|---|---|---|
| | a | b | a | b |
| 1.5 | 7.3 | 0.55 | 11.3 | 0.55 |
| 2.0 | 4.2 | 0.59 | 6.6 | 0.59 |
| 2.5 | 3.0 | 0.62 | 5.0 | 0.62 |
| 3.0 | 2.7 | 0.63 | 4.2 | 0.63 |
| ⋮ | ⋮ | ⋮ | ⋮ | ⋮ |
| 18.0 | 1.0 | 0.78 | 1.7 | 0.78 |
| 20.0 | 1.0 | 0.79 | 1.5 | 0.79 |

(3) 根据方程 $Y_U=a+bn$ 和 $Y_L=-a+bn$ 在方格纸上画出接受限 U 和拒绝限 L。

(4) 试验结果若为 SF 则向 U 的方向划 45°的斜线；若为 FS 则向 L 的方向划 45°的斜线；若两者无差异则舍弃不用。当连线触及 U 时，表明新法优于对照法，停止试验。反之亦然。

## (二) 双向序贯

双向序贯与单向序贯有许多相似之处。所不同的是，它不仅要回答新的处理是否优于对照处理，而且要回答对照是否优于新的处理或两者无差别的问题。因此，除了有 U、L 线外，另有两条中界限 M、M′。它们的方程分别为 $Y_M=-a_2+bn$，$Y_{M'}=a_2-bn$。当连线触及 M、M′时，说明两者无差别(表 2-7-4-3,图 2-7-4-4)。

表 2-7-4-3  双向序贯试验上下及中界限的斜率和截距

| γ | $2\alpha=\beta=0.05$ | | | $2\alpha=\beta=0.01$ | | |
|---|---|---|---|---|---|---|
| | $a_1$ | $a_2$ | b | $a_1$ | $a_2$ | b |
| 1.5 | 17.9 | 16.5 | 0.10 | 26.1 | 22.7 | 0.10 |
| 2.0 | 10.5 | 8.6 | 0.16 | 15.3 | 13.3 | 0.16 |
| 2.5 | 7.9 | 6.5 | 0.22 | 11.5 | 10.0 | 0.22 |
| 3.0 | 6.6 | 5.4 | 0.26 | 9.6 | 8.4 | 0.26 |
| ⋮ | ⋮ | ⋮ | ⋮ | ⋮ | ⋮ | ⋮ |
| 18.0 | 2.5 | 2.1 | 0.56 | 3.7 | 3.2 | 0.56 |
| 20.0 | 2.4 | 2.0 | 0.57 | 3.5 | 3.1 | 0.57 |

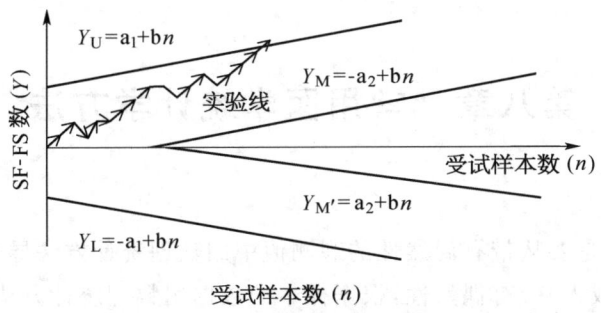

**图 2-7-4-4　双向序贯设计示意图**

（刘军保）

# 第八章 常用医学统计学方法

实验数据的处理是要从带有偶然性的观测值中用数理统计方法导出规律性的结论。因观测样本（少量动物或人）带有偶然性，根据样本的数据用数理统计方法判断其对总体（所有动物或人）的效果，以及各组间（样本间）的资料差异是否有本质上的不同，以使所得结论具有科学的依据。生理科学实验中常用显著性检验（亦称假设检验）法，显著性检验的目的是检验两组实验结果差别的客观性，即检验两组的差异是客观原因影响的结果还是抽样误差的结果。在统计学上有没有显著意义，通常以 $P$ 值来表示，$P$ 表示无效假设可以成立的概率，$P$ 值越小，表示无效假设成立的可能性越小，此时，两组差异的统计学意义越大。一般 $P \geqslant 0.05$，认为无效假设不能推翻，差异无显著意义；$P \leqslant 0.05$，认为差异有显著意义；$P \leqslant 0.01$，差异有非常显著意义。

需要特别指出，统计检验的假设是关于总体特征的假设，用于检验的方法是以检验统计量的抽样分布为理论依据的，作出的结论是概率性的，不是绝对的肯定或否定。此外，在概念上，统计学意义和医学意义并不相同，不能将两者等同或混淆。统计学上有非常显著意义，不等于医学上有非常显著意义。对于实验结果，应该将医学理论和统计检验结合起来，综合分析，最后推断其医学意义。

## 第一节 $\chi^2$（卡方）检验——计数资料的统计分析

医学统计资料按其性质，大体分为计数资料和计量资料两大类。

按每个个体的某一属性来进行分类记数的资料，每个个体间只有质的不同，没有量的差别。例如，动物实验的生存与死亡，化验结果的阴性和阳性，临床治疗的有效与无效，麻醉与不麻醉，惊厥或不惊厥。计数资料的指标一般以"率"表示，推断两个或两个以上总体率（或构成比）之间有无差别？两变量间有无相关关系？通常以 $\chi^2$（卡方）法进行显著性检验。

1. 两组质反应资料的显著性检验——四格表法 也称 $2 \times 2$ 表法，即两行格及两列格的四个方格，其形式见表 2-8-1-1。

表 2-8-1-1 四格表的形式

| 组别 | 结　果 | | $\Sigma$ |
| --- | --- | --- | --- |
| | $+$ | $-$ | |
| 甲 | $a$ | $b$ | $a+b$ |
| 乙 | $c$ | $d$ | $c+d$ |
| $\Sigma$ | $a+c$ | $b+d$ | $a+b+c+d=N$ |

四格表法 $\chi^2$ 值的专用公式：

$$\chi^2 = \frac{(ab-bc)^2 \times N}{(a+b)(c+d)(a+c)(b+d)} \qquad (公式\ 2-8-1-1)$$

**例**：甲药治疗组 50 人，有效 40 人；乙药治疗组 50 人，有效 25 人，检验两组有无显著性差别。见表 2-8-1-2。

表 2-8-1-2 甲药和乙药疗效的比较

|  | 有效 | 无效 | 共计 |
| --- | --- | --- | --- |
| 甲组 | 40 | 10 | 50 |
| 乙组 | 25 | 25 | 50 |
| 共计 | 65 | 35 | 100 |

代入公式 2-8-1-1：$\chi^2 = \frac{(40 \times 25 - 10 \times 25)^2 \times 100}{50 \times 50 \times 65 \times 35} = 9.89$

查 $\chi^2$ 界值表（见统计学附表）

四格表的自由度（$f$）恒等于 1，查表得 0.01 的概率点为 6.61，本例 $\chi^2 = 9.89$，则 $P < 0.01$，差别非常显著。

2. 四格表 $\chi^2$ 值的校正 如果样本含量 $N$ 较小或理论频数较小时，用四格表的专用公式（公式 2-8-1-1）计算出的 $\chi^2$ 值偏大，概率偏低，需要校正。一般认为，当 $1 \leq T < 5$，且 $N \geq 40$ 时，宜用四格表法 $\chi^2$ 值的校正公式：

$$\chi^2 = \frac{(|ab-bc|-0.5N)^2 \times N}{(a+b)(c+d)(a+c)(b+d)} \qquad (公式\ 2-8-1-2)$$

3. 四格表的确切概率公式和多组质反应资料的显著性检验（二列多格表或行×列表），本书不做介绍，请参考有关统计学书籍。

（符 健 陈世民）

## 第二节 $t$ 检验——量反应资料的统计分析

以测量所得的记录，按数值大小来表示的资料。例如，身长（cm）、体重（kg）、脉搏（次/min）、血压（kPa）等。配对或非配对两组间实验数据差异的显著性检验通常用 $t$ 检验（亦称 student 检验）。3 组或 3 组以上组间实验数据差异的显著性检验通常用方差分析（本书不做介绍，请参考统计学书）。

$t$ 检验适用于小样本例数 $n$ 的研究，如果样本例数 $n$ 较大或 $n$ 虽小但总体标准差已知，宜用 $u$ 检验（本书不做介绍，请参考统计学书）。

1. 量反应资料的指标

(1) 均数（mean）是算术平均数的简称，它反映一组观察值在数量上的平均水平。样本均数用 $\bar{x}$ 表示。

$\bar{x}$ 的计算：

$$\bar{x} = \frac{\sum x}{n} \qquad (公式\ 2-8-2-1)$$

(2) 标准差（standard deviation，SD，样本标准差），它表示数据间的变异程度。如 SD 越大，说明个体差异越大，则均数的代表性越小。样本标准差用 $S$ 表示。

SD 的计算：

$$S=\sqrt{\frac{\sum(x-\bar{x})^2}{n-1}}=\sqrt{\frac{\sum x^2-\frac{(\sum x)^2}{n}}{n-1}} \quad \text{（公式 2-8-2-2）}$$

（3）标准误（standard error，SE，均数的标准误），它表示样本均数间的变异程度，也可用 $S_{\bar{x}}$ 表示。

$S_{\bar{x}}$ 的计算：

$$S_{\bar{x}}=\frac{S}{\sqrt{n}} \quad \text{（公式 2-8-2-3）}$$

（4）变异系数（coefficient of variation，CV），亦称离散系数。它是标准差 $S$ 与均数 $\bar{x}$ 之比值的百分数。

CV 的计算：

$$CV=\frac{S}{\bar{x}}\times 100\% \quad \text{（公式 2-8-2-4）}$$

2. 配对的测量资料的显著性检验——配对 $t$ 值法

公式：

$$t=\frac{\bar{x}}{S}\times\sqrt{n} \quad \text{（公式 2-8-2-5）}$$

$$f=n-1$$

式中 $\bar{x}$ 为差值均数，$S$ 为差值标准差。

例：高血压动物模型，测量用药前及用药 7 日后的血压（kPa）数据见表 2-8-2-1。

代入公式 2-8-2-5：$t=\dfrac{2.5}{0.97}\times\sqrt{8}=7.29$

查表得 $t_{0.01}=3.499$，本例 $t=7.29>3.499$，故 $P<0.01$，用药后血压降低值有非常显著性意义。

表 2-8-2-1 某降压药对某种动物血压的影响

| 动物号 | 1 | 2 | 3 | 4 | 5 | 6 | 7 | 8 | $\bar{x}\pm s$ |
|---|---|---|---|---|---|---|---|---|---|
| 用药前血压(kPa) | 21.6 | 21.3 | 24.5 | 21.4 | 22.9 | 28.9 | 21.7 | 21.8 | 23.0±2.6 |
| 用药后血压(kPa) | 18.1 | 19.1 | 20.3 | 19.5 | 21.3 | 26.8 | 18.7 | 20.3 | 20.5±2.7 |
| 血压降低值(kPa) | 3.5 | 2.2 | 4.2 | 1.9 | 1.6 | 2.1 | 3.0 | 1.5 | 2.5±0.97 |

3. 两组均数的显著性检验——两组 $t$ 值法

$$t=\frac{\bar{x}_1-\bar{x}_2}{S_{\bar{x}_1-\bar{x}_2}} \quad \text{（公式 2-8-2-6）}$$

$S_{\bar{x}_1-\bar{x}_2}$ 为两样本均数差的标准误，计算公式：

$$S_{\bar{x}_1-\bar{x}_2}=\sqrt{S_c^2\left(\frac{n_1+n_2}{n_1 n_2}\right)} \quad \text{（公式 2-8-2-7）}$$

$S_c^2$ 为合并样本方差，计算公式：

$$S_c^2=\frac{S_1^2(n_1-1)+S_2^2(n_2-1)}{n_1+n_2-2} \quad \text{（公式 2-8-2-8）}$$

**例**：测量 A 药组和 B 药组用药后动物血压降低值(kPa)数据如表 2-8-2-2,检验两药药效有无显著性差异。

表 2-8-2-2 某两种药物对某种动物的降血压作用

| | 动物 | | | | | | | |
|---|---|---|---|---|---|---|---|---|
| | 1 | 2 | 3 | 4 | 5 | 6 | 7 | 8 |
| A 药组降压值(kPa) | 3.5 | 2.3 | 4.3 | 2.0 | 1.6 | 2.1 | 3.1 | 2.8 |
| B 药组降压值(kPa) | 3.5 | 4.9 | 2.4 | 4.0 | 5.1 | 5.5 | 4.1 | 4.3 |

两组例数均为 $n=8$
经公式 2-8-2-1 和公式 2-8-2-2 计算：
A 药组 $\bar{x}\pm S=2.71\pm0.89$
B 药组 $\bar{x}\pm S=4.23\pm0.98$

代入公式 2-8-2-8： $S_c^2=\dfrac{0.89^2\times(8-1)+0.98^2\times(8-1)}{8+8-2}=0.876$

代入公式 2-8-2-7： $S_{\bar{x}_1-\bar{x}_2}=\sqrt{0.876\left(\dfrac{8+8}{8\times 8}\right)}=0.4679$

代入公式 2-8-2-6： $t=\dfrac{4.23-2.71}{0.4679}=3.25$

$$f=8+8-2=14$$

查 t 界值表 $t_{0.01}=2.98$(见统计学附表)
本例 $t=3.25>2.98$,故 $P<0.01$,说明 A 组和 B 组差异有非常显著性意义。

4. 多组(3 组或 3 组以上)量反应资料的显著性检验——方差分析(本书不做介绍,请参考有关统计学参考书)。

(符 健)

## 第三节 直线回归与相关

医学研究中常常要分析两个变量之间的关系,如年龄与血压、体重与肺活量、药物剂量与动物死亡率、药物剂量与疗效等,直线回归与相关就是研究这种关系的统计学方法,属于双变量分析范畴。

### 一、直 线 回 归

**(一) 直线回归的概念**

以体重与肺活量的依存关系为例,将体重作为自变量(independent variable),用 $X$ 表示,肺活量是应变量(dependent variable),用 $Y$ 表示。在坐标图上,肺活量 $Y$ 有随体重 $X$ 增加而增大的趋势,且散点呈直线趋势,但并非所有散点都恰好在一直线上,这与两变量间严格对应的函数关系不同,称为直线回归(linear regression)。直线回归是回归分析中最基本、最简单的一种,故又称简单回归(simple regression)。见图 2-8-3-1 示。

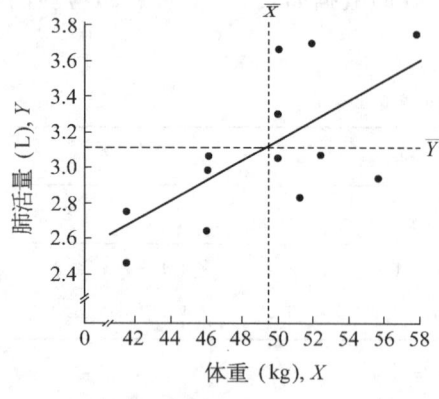

图 2-8-3-1 某校女大学生体重与肺活量散点图

## （二）直线回归的求法

直线回归方程的一般表达式为：

$$\acute{Y} = a + bX \qquad (公式\ 2-8-3-1)$$

式中的 $\acute{Y}$ 为估计值。a、b 是决定回归直线的两个系数，a 为回归直线在 $Y$ 轴上的截距。$a > 0$ 表示回归直线与纵轴的交叉点在原点上方；$a < 0$，表示回归直线与纵轴的交叉点在原点下方；$a = 0$，则回归直线通过原点。b 为回归系数（regression coefficent），即直线的斜率。$b > 0$，表示回归直线从左下方走向右上方，即 $Y$ 随 $X$ 增大而增大；$b < 0$，表示回归直线从左上方走向右下方，即 $Y$ 随 $X$ 增大而减少；$b = 0$，表示回归直线与 $X$ 轴平行，即 $X$ 与 $Y$ 无直线关系。b 的统计学意义是 $X$ 每增（减）一个单位，$Y$ 平均改变 b 的单位。

a、b 系数的计算公式：

$$b = \frac{\sum (X-\bar{X})(Y-\bar{Y})}{\sum (X-\bar{X})^2} = \frac{L_{XY}}{L_{XX}} \qquad (公式\ 2-8-3-2)$$

$$a = \bar{Y} - b\bar{X} \qquad (公式\ 2-8-3-3)$$

式中 $X$、$Y$ 的均数；$L_{XX}$ 为 $X$ 的离均差平方和；$L_{XY}$ 为 $X$ 与 $Y$ 的离均差积和。

$L_{XX}$ 的计算公式：

$$L_{XX} = \sum (X-\bar{X})^2 = \sum X^2 - \frac{(\sum X)^2}{n} \qquad (公式\ 2-8-3-4)$$

$L_{XY}$ 的计算公式：

$$L_{XY} = \sum (X-\bar{X})(Y-\bar{Y}) = \sum XY - \frac{(\sum X)(\sum Y)}{n}$$

$$(公式\ 2-8-3-5)$$

### （三）直线回归方程的图示

为了进行直观分析，可按求出的回归方程在方格坐标纸上作图。在自变量 $X$ 的实测全距范围内任取相距较远且易读的两 $X$ 值，代入回归方程，求出相应两 $Y$ 值，在图上确定两点，以直线连接，即得需要的图形。

### （四）回归系数的假设检验

前面所求得的回归方程是否成立，即 $X$、$Y$ 是否有直线关系，是回归分析首先要考虑的重要问题。可用 $t$ 检验或方差分析对 $X$、$Y$ 的总体回归系数 $\beta$ 进行假设检验。

1. $t$ 检验　按下列公式计算检验统计量 $t$ 值：

$$t = \frac{b-0}{S_b} = \frac{b}{S_{Y,X}/\sqrt{L_{XX}}} \qquad \nu = n-2 \qquad (公式\ 2-8-3-6)$$

$$S_{Y,X} = \sqrt{\frac{\sum (Y-\acute{Y})^2}{n-2}} = \sqrt{\frac{SS_{剩}}{n-2}} \qquad (公式\ 2-8-3-7)$$

b 为回归系数，$S_b$ 为样本回归系数的标准误，$S_{Y.X}$ 为剩余标准差，求得 t 值后，查 t 界值表（见统计学附表）得 P 值，按所取检验水准作出推断结论。

2. **方差分析** 先将 $SS_总$ 分解为 $SS_回$ 与 $SS_剩$ 两个部分，即 $SS_总 = SS_回 + SS_剩$。然后按下列公式计算检验统计量 F 值：

$$F = \frac{SS_总/\gamma_回}{SS_剩/\gamma_剩} = \frac{MS_回}{MS_剩}, \nu_回 = 1, \nu_剩 = n-2 \qquad (公式 2-8-3-8)$$

$SS_总$，等于 $\sum(Y-\bar{Y})^2$，为 Y 的离均差平方和，即 $L_{YY}$；$SS_回$，等于 $\sum(\acute{Y}-\bar{Y})^2$，为回归平方和，$SS_回$ 越大，说明回归效果越好；$SS_剩$，等于 $\sum(Y-\acute{Y})^2$，为剩余平方和，$SS_剩$ 越小，说明直线回归的估计误差越小；$MS_回$ 为回归均方；$MS_剩$ 为剩余均方；$\nu_回$ 为直线回归的自由度；$\nu_剩$ 为剩余变异的自由度。求得 F 值后，查 F 界值表得 P 值（请查统计学书附表），按所取检验水准作出推断结论。

对同一资料，上述两种检验所得结论是一致的，因为 $t=\sqrt{F}$。

**（五）直线回归方程的应用**

直线回归方程主要用于描述两变量间的依存关系、进行实验预测及统计控制等。

## 二、直 线 相 关

**（一）直线相关的概念**

直线相关（linear correlation）又称简单相关，用于双变量正态分布资料。直线相关关心的是两个变量间是否有直线相关关系，如有直线相关关系，那么是正相关，还是负相关以及相关程度如何。不需要求回归方程及由 X 估计 Y。

直线相关的性质可由散点图直观地说明，如图 2-8-3-2 示：

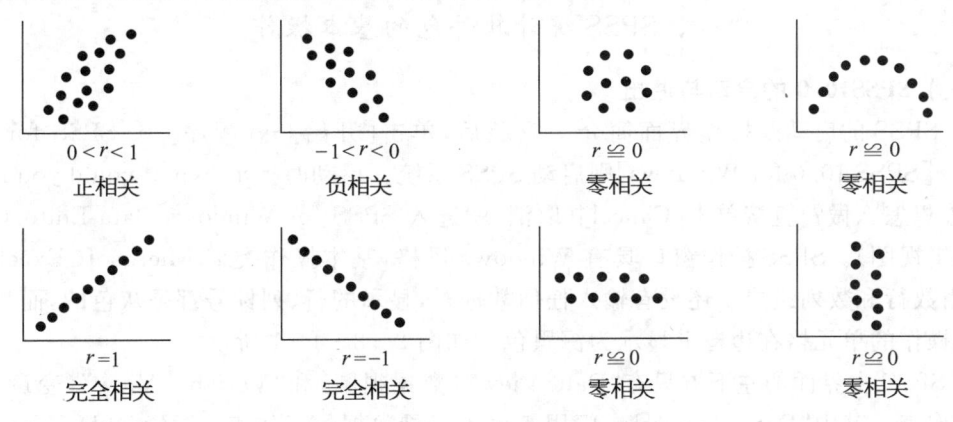

图 2-8-3-2　相关系数示意图

**（二）相关系数的计算及意义**

相关系数（correlation coefficient）又称积差相关系数（coefficient of product-moment correlation），以 r 表示。在具有直线关系的两个变量之间，它可说明相关关系的密切程度和相关方向。其计算公式为：

$$r = \frac{\sum(X-\bar{X})(Y-\bar{Y})}{\sqrt{\sum(X-\bar{X})^2 \sum(Y-\bar{Y})^2}} = \frac{L_{XY}}{\sqrt{L_{XX}L_{XY}}} \qquad (公式 2-8-3-9)$$

相关系数没有单位，其值为$-1 \leqslant r \leqslant 1$。$r$值为正表示正相关，$r$值为负表示负相关，$r$值等于零表示零相关，$r$的绝对值等于1为完全相关。

**（三）相关系数的假设检验**

$r$是样本相关系数，它是总体相关系数$\rho$的估计值。因此，计算出$r$后，接着应做$\rho=0$的假设检验。常用$t$检验方法。计算公式为：

$$t = \frac{r-0}{S_r} = \frac{r}{\sqrt{\frac{1-r^2}{n-2}}}, \nu = n-2 \qquad （公式 2-8-3-10）$$

式中分母$S_r$为相关系数$r$的标准误。求得$t$值后，查$t$界值表（见统计学附表）得$P$值，按所取检验水准作出推断结论。也可按$\nu=n-2$，直接查$r$界值表（见统计学附表）得$P$值，节省计算步骤。

（陈世民）

## 第四节　SPSS 统计软件包在医学统计中的应用

SPSS（Statistical Package for the Social Sciences，社会科学统计软件包）是世界上著名统计软件之一，深受广大科研工作者欢迎。自 SPSS 5.0 版开始改为视窗操作界面，目前已经发展到第 19 版本。自第 10 版本以后，各版本的界面布局及基本操作方法大同小异。SPSS 统计软件包，操作简便，易学易用，在科研工作中广泛使用。本节以 SPSS 10.0 版为蓝本，以杨树勤主编的《卫生统计学》（第三版）教材的例子为例，把在医学统计中常用的$\chi^2$检验、均数的$t$检验、单变量方差分析、直线回归分析作简单的使用介绍。

### 一、SPSS 统计软件包的基本操作

**（一）SPSS10.0 的启动与退出**

1. SPSS 的启动及操作界面简介　安装后，单击［开始］→［程序］→［SPSS for Windows］→［SPSS 10.0 for Windows］则启动 SPSS 系统。启动时提示：what would you like to do?（你想怎么做？）直接单击［Cancel］（取消）就进入 SPSS for Windows Data Editor（SPSS 数据编辑视图）。SPSS 操作窗口具有 Windows 风格，基本操作类似 Microsoft Excel 电子表格，由数行和数列组成。还没有输入任何数据时，显示的行、列标号都是灰色的，而作为当前可以操作的单元格在边框上显示为深黑色。如图 2-8-4-1 所示。

在 SPSS 主界面的左下方只有"Data View"（数据视图）和"Variable View"（变量视图）两个工作表。其中"Data View"是专门用于输入记录数据的工作表。"Variable View"专门用于定义和修改变量的工作表。

2. SPSS 的退出　单击［File］（文件）→［Exit］（退出）就可退出系统。如果数据还没有保存，则出现数据保存提示对话框。

**（二）SPSS 的数据输入方法**

基本方法是首先在"Variable View"（变量视图）中定义好变量的特征，然后才转换到"Data View"（数据视图）中输入数据，在输入数据过程中还可以修改变量的特征。

1. 变量的特征　在"Variable View"中，每一行代表一个变量；每一列代表每个变量的

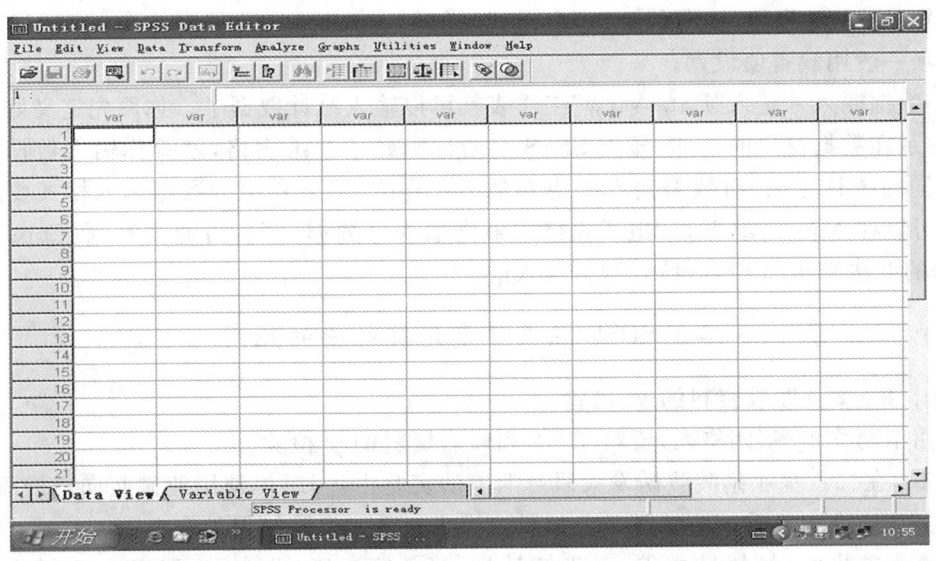

图 2-8-4-1　SPSS 10.0 for Windows 的数据编辑窗口界面

一种特性,共有 10 种特性,经常修改的是:

"Name"(变量名):用于定义该变量的名称,最多只能输入 8 个英文字符或 4 个中文字符。

"Type"(数据类型):用于确定该变量的数据类型,默认是数值型,如要修改则鼠标单击该单元格右侧的"…"就出现 Variable Type(变量类型)选择对话框。数据类型有:Numeric(数值型)、Comma(带逗点的数值型)、Dot(带圆点的数值型)、Scientific Notation(科学记数法)、Date(日期型)、Dollar(带美元符号的数值型)、Custom Currency(自定义)、String(字符型)。

"Width"(数据宽度):是指数据的总宽度(包含小数点在内),默认值是 8。

"Decimals"(小数点位数):是数值型数据的小数点后位数,默认值是 2。

"Label"(变量标签):给变量定义一小段描述性中英文文字的标识,使变量含义更明确。给变量标签不受仅 8 个字符的限制来确定变量含义。

"Values"(数值变量标签):是以数字或符号的形式来定义变量的含义。例如,"1"代表"缺血前","2"代表"缺血 10 min 后","3"代表"缺血 20 min 后",等等。操作方法是:单击该单元格的"…",就出现"Variable Labels"(数值变量标签)对话框,在第一个 Value(其意思是与该变量对应的数值)框中输入"1",然后在第二个 Value(其意思是这

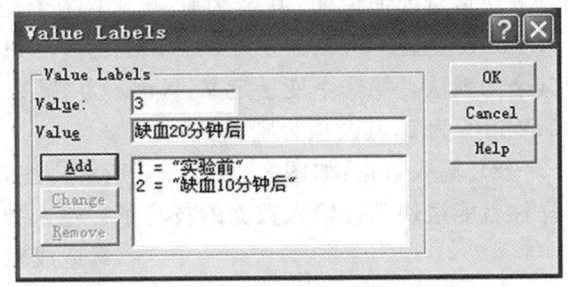

图 2-8-4-2　数值变量标签对话框

个数值所代表的变量含义,即变量标签)框中输入"实验前",最后按[Add](添加)即可(通常以 1-"实验前"来表示此过程);依此输入所有的变量标签。标签不理想的内容也可以修改,方法是先选择要修改的内容,在第二个 Value 框内修改好后,按[change](更改)就完成修改。要删除此变量标签,则先选择变量标签内容,再按[Remove](删除)。最后单击[OK](确定)就完成以数字或符号的形式来定义变量值标签。如图 2-8-4-2 所示。

“Missing”(缺失值,遗漏值)、“Column”(栏宽)、“Align”(数据对齐方式)、“Measure”(测度)项一般用缺省值设置。

2. 数据输入 转入“Data View”工作表就可以输入统计数据了。你原先定义好的变量名,都显示在数据窗口的顶部,显然 SPSS 已给你画好了二维表格,就等你输入数据。注意使用不同的统计方法,对数据输入的要求是不一样的,以下介绍的数据输入格式要注意区别。也可以在 Microsoft Excel电子表格中事先输入好数据,然后再通过复制(Copy)、粘贴(Paste)的办法来实现 SPSS 统计数据输入的。

## 二、SPSS 在医学常用统计中的应用

### (一) R×2 列联表资料的 $\chi^2$ 检验

适用于两样本率(四格表)资料、2×2 列联表资料的 $\chi^2$ 检验。

**例 1** 在二乙基亚硝酸胺诱发大鼠鼻咽癌的实验中,一组单纯用亚硝胺向鼻腔滴注(鼻注组),另一组在向鼻腔滴注的基础上加肌注维生素 $B_{12}$,实验结果见表 2-8-4-1。问两组发癌率有无差别?(杨树勤主编. 卫生统计学[M]. 第三版. 北京:人民卫生出版社,1996:76)。

表 2-8-4-1 两组大鼠发癌率的比较

| 处理组 | 发癌鼠数(1) | 未发癌鼠数(2) |
|---|---|---|
| 鼻注组(1) | 52 | 19 |
| 鼻注+维生素 $B_{12}$组(2) | 39 | 3 |

[注] 表中括号内数字为 SPSS 统计过程中数据输入方法的标记,以下相同。

统计步骤:

(1) 输入数据

1) 定义变量:第①个变量定义:Name 为“处理组”;Type 取 Numeric(数值型),Decimals为 0;Width 为 1;Values 设置:1 -“鼻注组”,2 -“鼻注+维生素 $B_{12}$组”,Values 的设置方法请看前面说明;其余为默认。第②个变量定义:Name 为“发癌情况”;Type 取 Numeric(数值型),Decimals 为 0;Width 为 1;Values 设置:1 -“发癌鼠数”,2 -“未发癌鼠数”;其余为默认。第③个变量定义:Name 为“鼠数量”;Type 取 Numeric(数值型),Decimals 为 0;Width 为 2;其余项为默认。

2) 输入数据:如图 2-8-4-3 所示。注意与表2-8-4-1 中各数据的标记作比较,这样你就能很快掌握输入数据的技巧了。输入数据过程要注意及时保存,以防断电等意外因素造成输入数据丢失。

| | 处理组 | 发病情况 | 鼠数量 |
|---|---|---|---|
| 1 | 1 | 1 | 52 |
| 2 | 1 | 2 | 19 |
| 3 | 2 | 1 | 39 |
| 4 | 2 | 2 | 3 |
| 5 | | | |

**图 2-8-4-3** 列联表分析数据输入法

(2) 统计分析

1) 先对鼠数量进行加权处理:单击主菜单[data](数据)→[Weight cases](案例加权),出现“Weight cases”(案例加权)对话框。选中 Weight cases by(按…加权案例),在 Frequency Variable(频率变量)框中引入“鼠数量”,即加权变量为:鼠数量。具体操作是

先在左边的变量框(备选变量)中选择"鼠数量",然后单击中间有三角形箭头的 ▶ 按钮,就能把"鼠数量"引入 Frequency Variable(频率变量)框内。注意选择不同框内的变量,上述的中间三角形箭头方向不一样,当选择左侧备选变量框内的变量时,中间三角形箭头方向是向右的,表示变量可以引入;当选择频率变量框内的变量时,中间三角形箭头的方向是向左的,表示该变量可以移出。如图 2-8-4-4 所示。以下所讲引入变量的操作方法相似。

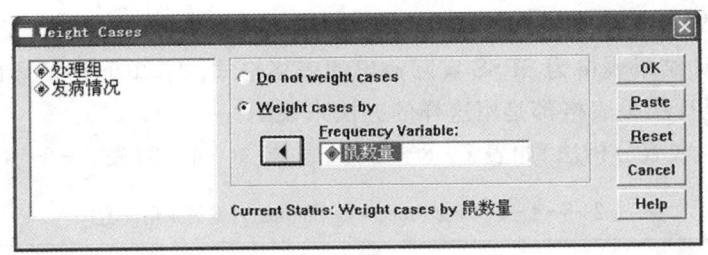

图 2-8-4-4　案例加权对话框

2)选择统计量:单击主菜单[Analyze](统计分析)→[Descriptive Statistics](描述性统计量)→[Crosstabs](交叉表,列联表),即选择了列联表分析法。选择后出现一个"Crosstabs"(交叉表)对话框。在"Row(s)"(行)变量框中引入行变量"处理组";在"Column(s)"(列)"变量框中引入列变量"发病情况"。如图 2-8-4-5 所示。注意图中的中文为具有操作提示性的大体含义,并非统计学专有名词的中文翻译,以下各图都是一样。

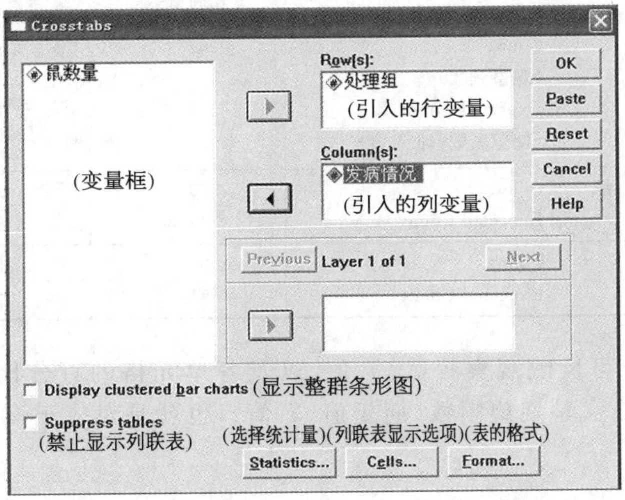

图 2-8-4-5　列联表分析法对话框

单击[Statistics](统计量)选择按钮进入"Crosstabs:Statistics"(交叉表:统计量)选择对话框,选中 Chi-square(卡方检验)的统计量。其余项不选。然后单击[Continue](继续)返回到"Crosstabs:Statistics"对话框。

在 SPSS 统计软件中,每选择一种统计方法,都出现该统计方法的设置对话框,对话框上有各种参数设置的按钮,设置完成后单击[Continue](继续)就返回到原来的统计方法设置对话框。以下都省略说明返回统计方法设置对话框方法。

单击[Cells](列联表单元格选项)进入"Crosstabs Cell Display"(列联表单元格显示选项)对话框。在 Counts(频数)选项中选中 Observed(观察值)和 Expected(期望值)。"Percentage"(百分比)选项是用于分别显示该单元格的实际频数占其所在的该 ROW(行,如处理组)、或该 Column(列,如发病情况)各单元格频数总合计的百分比,如果没有必要可以不选,如本例不选。其余项也不用选。然后返回到"Crosstabs:Statistics"对话框。

3) 最后单击[OK](确定)运行统计分析。

(3) 统计结果及说明:在 SPSS 统计结果中,输出的表格不符合统计学规定的格式,以下所有列出的统计结果表格为 SPSS 实际输出的表格格式。各单元格括号内的中文为大体含义,以下每种统计结果表格都是用这样的办法来说明。

Crosstabs(列联表分析法)如表2-8-4-2、表2-8-4-3、表2-8-4-4所示。

表2-8-4-2 Case Processing Summary(案例处理概况)

| | Cases(案例) | | | | | |
|---|---|---|---|---|---|---|
| | Valid(有效) | | Missing(缺失值) | | Total(总合计) | |
| | N (例数) | Percent (百分比) | N | Percent | N | Percent |
| 处理组 * 发病情况 | 113 | 100.0% | 0 | .0% | 113 | 100.0% |

表2-8-4-3 处理组 * 发病情况 Crosstabulation(处理组与发病情况的列联表)

| | | | 发病情况 | | Total |
|---|---|---|---|---|---|
| | | | 发癌鼠数 | 未发癌鼠数 | |
| 处理组 | 鼻注组 | Count (观察频数) | 52 | 19 | 71 |
| | | Expected Count (期望频数,即 T 值) | 57.2 | 13.8 | 71.0 |
| | 鼻注+维生素$B_{12}$组 | Count | 39 | 3 | 42 |
| | | Expected Count | 33.8 | 8.2 | 42.0 |
| | Total | Count | 91 | 22 | 113 |
| | | Expected Count | 91.0 | 22.0 | 113.0 |

表2-8-4-3可反映观察频数、T 值,以及各单元格的百分比(这里没有显示)。"Expected Counts"含义是期望频数(期望值,T 值),也就是对应于该行该列的理论频率($T_{RC}$)。

表2-8-4-4 Chi-Square Tests(卡方检验)

| | Value (卡方值) | df (自由度) | Asymp. Sig. (2-sided) (近似概率,双侧) | Exact Sig. (2-sided) (确切概率,双侧) | Exact Sig. (1-sided) |
|---|---|---|---|---|---|
| Pearson Chi-Square (皮尔逊卡方检验) | 6.478[b] | 1 | 0.011 | | |
| Continuity Correction (连续校正后的卡方检验)[a] | 5.287 | 1 | 0.021 | | |
| Likelihood Ratio(似然比法) | 7.310 | 1 | 0.007 | | |

(续表)

| | Value (卡方值) | $df$ (自由度) | Asymp. Sig. (2-sided) (近似概率,双侧) | Exact Sig. (2-sided) (确切概率,双侧) | Exact Sig. (1-sided) |
|---|---|---|---|---|---|
| Fisher's Exact Test (确切概率法) | | | | 0.013 | 0.008 |
| Linear-by-Linear Association (直线相关卡方检验) | 6.420 | 1 | 0.011 | | |
| N of Valid Cases (有效案例) | 113 | | | | |

[注] a. Computed only for a 2×2 table.(仅适合2×2列联表计算)
　　b. 0 cells(.0%) have expected count less than 5. The minimum expected count is 8.18.(没有一个期望值低于5,最小的期望值是8.18)

卡方检验统计结果选择的条件如下:①当任何一个 $T$ 值<1,或总例数 $n$ <40 时,选择确切概率法(Fisher's Exact Test)。②当 1<任何一个 $T$ 值<5,而且 $n$ <40 时,选择连续性校正的卡方检验(Continuity Correction)。③当任何一个 $T$ 值≥5,或者 $n$ ≥40 时选择不用校正的卡方检验(Pearson Chi-Square)。

从表 2-8-4-3 中可知,在本例中没有任何一个 $T$ 值小于5,且总例数为113,故卡方检验结果不用校正,即选用 Pearson Chi-Square 检验。由表 2-8-4-4 可知, $\chi^2=6.478$ , $P=0.011$ (即 $0.01<P<0.05$ ),故认为两组发癌率有显著性差异。

(二) 均数的 $t$ 检验

1. 成组设计的两个独立样本 $t$ 检验

**例 2** 某克山病区测得11例克山病患者的血磷值( $X_1$ ,mmol/L)与13名健康人的血磷值( $X_2$ ,mmol/L)如表 2-8-4-5,请问该地急性克山病患者( $X_1$ )与健康人( $X_2$ )的血磷值是否不同?(杨树勤主编.卫生统计学[M].第三版.人民卫生出版社,1996;32)。

表 2-8-4-5 克山病患者及健康人的血磷值(mmol/L)

| | 个 体 序 号 | | | | | | | | | | | | |
|---|---|---|---|---|---|---|---|---|---|---|---|---|---|
| | 1 | 2 | 3 | 4 | 5 | 6 | 7 | 8 | 9 | 10 | 11 | 12 | 13 |
| 克山病患者血磷值( $X_1$ ) | 0.84 | 1.05 | 1.20 | 1.20 | 1.39 | 1.53 | 1.67 | 1.80 | 1.87 | 2.07 | 2.11 | | |
| 健康人血磷值( $X_2$ ) | 0.54 | 0.64 | 0.64 | 0.75 | 0.76 | 0.81 | 1.16 | 1.20 | 1.34 | 1.35 | 1.48 | 1.56 | 1.87 |

统计步骤:

(1) 输入统计数据

1) 定义变量:第①个变量定义:Name 为"分组";Type 取 Numeric(数值型),Decimals 为 0;Width 为 1;Values 设置:1-"克山病患者",2-"健康人";其余项为默认。第②个变量定义:Name 为"血磷值";Type 取 Numeric(数值型),Decimals 为 2;Width 为 4;其余项为默认。

2) 输入数据:如图 2-8-4-6 所示。

(2) 统计分析:单击主菜单[Analyze](统计分析)→[Compare Means](均数比较)→[Independent-Samples T Test](独立样本 $t$ 检验),即选择了成组设计的两个独立样本 $t$ 检验的统计方法,出现"Independent-Samples T Test"对话框。把"血磷值"由左侧变量框引

| | 分组 | 血磷值 |
|---|---|---|
| 1 | 1 | .84 |
| 2 | 1 | 1.05 |
| 3 | 1 | 1.20 |
| 4 | 1 | 1.20 |
| 5 | 1 | 1.39 |
| 6 | 1 | 1.53 |
| 7 | 1 | 1.67 |
| 8 | 1 | 1.80 |
| 9 | 1 | 1.87 |
| 10 | 1 | 2.07 |
| 11 | 1 | 2.11 |
| 12 | 2 | .54 |
| 13 | 2 | .64 |
| 14 | 2 | .64 |
| 15 | 2 | .75 |
| 16 | 2 | .76 |
| 17 | 2 | .81 |
| 18 | 2 | 1.16 |
| 19 | 2 | 1.20 |
| 20 | 2 | 1.34 |
| 21 | 2 | 1.35 |
| 22 | 2 | 1.48 |
| 23 | 2 | 1.56 |
| 24 | 2 | 1.87 |
| 25 | | |

**图 2-8-4-6** 独立样本 $t$ 检验的数据输入法

入“Test Variable(s)”(检验变量)框内,可以引入多个变量。再将左侧变量框中“分组”引入“Grouping Variable”(组变量)框内。如图 2-8-4-7 所示。

当引入分组变量后,还要对分组变量的数值进行设置。单击[Dfine Groups...](定义组)打开“Dfine Groups”(定义组)对话框。选中“use specified values”(使用指定数值),并分别在“Group1”(组 1)和“Group2”(组 2)填上需要比较的分组号,本例只有 1 和 2 两个组,分别填上即可。如图 2-8-4-8 所示。

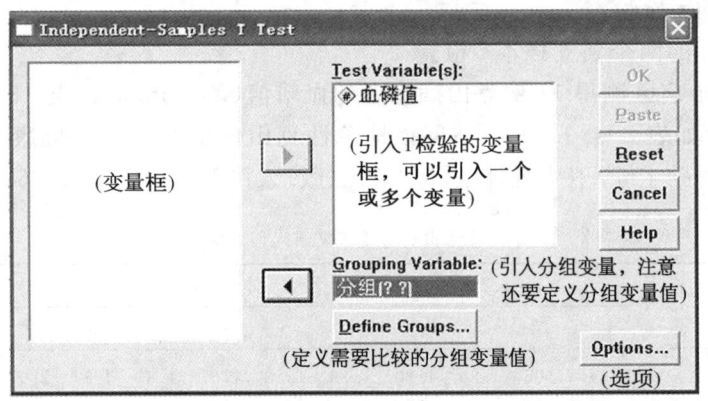

**图 2-8-4-7** 独立样本 $t$ 检验对话框

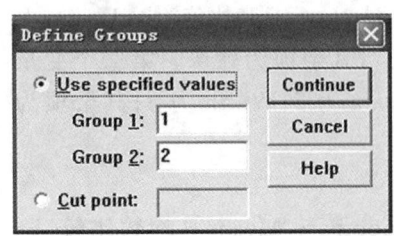

**图 2-8-4-8** 定义组数值对话框

如果分组有 3 个组或以上时,而我们做 $t$ 检验是比较其中某两组均数,这时就可以用 Define Groups 对话框来指定需比较的是哪两组,如比较的是 2 组与 3 组,则在“Group1”和“Group2”栏内分别填入 2 和 3 即可。然后返回“Independent－Samples T Test”对话框。

[Options](选项)选择默认值,即不用修改。然后单击[OK](确定)运行统计分析。

(3) 统计结果及说明:统计结果如表 2-8-4-6,图 2-8-4-7 所示。

表 2-8-4-6 Group Statistics(分组统计量)

| | 分 组 | N（例数） | Mean（均数） | Std. Deviation（标准差） | Std. Error Mean（标准误） |
|---|---|---|---|---|---|
| 血磷值 | 克山病患者 | 11 | 1.520 9 | 0.421 8 | 0.127 2 |
| | 健康人 | 13 | 1.084 6 | 0.422 1 | 0.117 1 |

表 2-8-4-7 Independent Samples Test(独立样本 $t$ 检验)

| | | 血 磷 值 | |
|---|---|---|---|
| | | Equal variances assumed（假设方差是齐的） | Equal variances not assumed（假设方差是不齐的） |
| Levene's Test for Equality of Variances（Levene's 方差齐性检验） | $F$（F 值） | 0.032 | |
| | Sig.（方差齐性检验的概率） | 0.860 | |
| t-test for Equality of Means（均数相等与否的 $t$ 检验） | $t$（T 值） | 2.524 | 2.524 |
| | $df$（自由度） | 22 | 21.353 |
| | Sig.（2-tailed）（$t$ 检验的 $P$ 值，双侧） | 0.019 | 0.020 |
| | Mean Difference（差值均数） | 0.436 3 | 0.436 3 |
| | Std. Error Difference（差值标准误） | 0.172 9 | 0.172 9 |
| | 95% Confidence Interval of the Difference（差值的 95% 可信区间） Lower（下限） | 7.777E-02 | 7.716E-02 |
| | Upper（上限） | 0.794 8 | 0.795 4 |

注意：表 2-8-4-7 的结果已经过了行列转置。如果表格输出太长，可通过行列转置办法使表格行和列转置，这样打印时所占的版面减少。行列转置的操作方法是：在结果视图中双击该表格，在主菜单中出现[Pivot]项，然后单击[Pivot]→[Transpose Rows And Columms]就完成表格的行列转置。

从表 2-8-4-6 看出，克山病患者血磷值测定共有 11 例，平均数是 1.520 9(mmol/L)，标准差是 0.421 8(mmol/L)，标准误是 0.127 2。健康人血磷值也得出相同统计量。

独立样本 $t$ 检验结果选择方法：先看方差齐性检验结果，后选择 $t$ 检验的 $t$ 值和 $P$ 值。如果 Levene's Test for Equality of Variances（Levene's 方差齐性检验）结果（方差齐性检验的概率）$P$ 值>0.05，则认为两个样本的方差是齐的，那么独立样本 $t$ 检验结果选择与 Equal variances assumed（假设方差是齐）项所对应的 $t$ 值和 $P$ 值。否则，选择与 Equal variances not assumed（方差不齐）项所对应的 $t$ 值和 $P$ 值。

从表 2-8-4-7 可看出，方差齐性检验结果，$F=0.32$，$P=0.86$（即 $P>0.05$），因此可认为两组血磷值的方差是齐的；故独立样本 $t$ 检验结果，取 Equal variances assumed（假设方差是齐）的 $t$ 值和 $P$ 值，即 $t=2.524$，$P=0.19$（$0.01<P<0.05$），故认为该急性克山病患者与健康人的血磷值是有差异的。

2. 配对设计的两样本 $t$ 检验

**例 3** 某单位研究饮食中缺乏维生素 E 与肝中维生素 A 含量的关系，将同种属的大鼠按性别相同，年龄、体重相近者配成对子，共 8 对，并将每对中的两只动物随机分到正常饲料组和维生素 E 缺乏组，过一段时期将大鼠杀死，测得其肝中维生素 A 的含量，如下表

2－8－4－8 所示。问不同饲料的大鼠肝中维生素 A 含量有无差别？（杨树勤主编. 卫生统计学[M]. 第三版. 人民卫生出版社，1996：29～30）。

表 2－8－4－8　不同饲料组大鼠肝中维生素 A 含量(U/g)

| 大鼠对号 | 正常饲料组 | 维生素 E 缺乏组 |
|---|---|---|
| 1 | 3 550 | 2 450 |
| 2 | 2 000 | 2 400 |
| 3 | 3 000 | 1 800 |
| 4 | 3 950 | 3 200 |
| 5 | 3 800 | 3 250 |
| 6 | 3 750 | 2 700 |
| 7 | 3 450 | 2 500 |
| 8 | 3 050 | 1 750 |

统计步骤：

（1）输入统计数据

1）定义变量：第①个变量定义：Name 为"正常组"；Type 为 Numeric（数值型），Decimals 为 0；Width 为 4；Labels 给变量标识为"正常饲料组"；其余默认。第②个变量定义：Name 为"维 e 组"；Type 为 Numeric（数值型），Decimals 为 0；Width 为 4；Labels 给变量标识为"维生素 E 缺乏组"；其余为默认。

| | 正常组 | 维e组 |
|---|---|---|
| 1 | 3550 | 2450 |
| 2 | 2000 | 2400 |
| 3 | 3000 | 1800 |
| 4 | 3950 | 3200 |
| 5 | 3800 | 3250 |
| 6 | 3750 | 2700 |
| 7 | 3450 | 2500 |
| 8 | 3050 | 1750 |
| 9 | | |

**图 2－8－4－9**　配对样本 $t$ 检验数据输入法

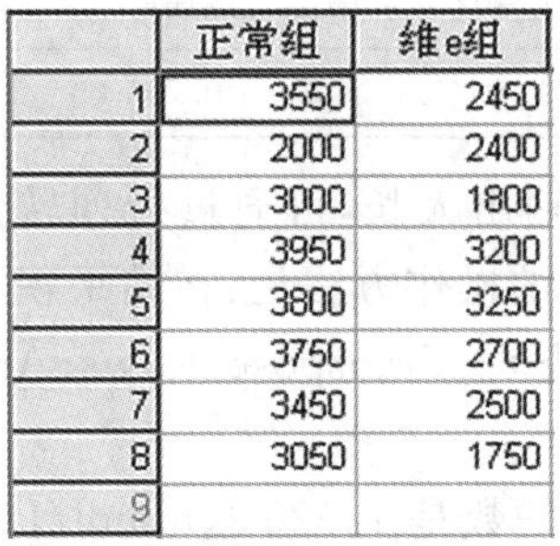

2）输入数据：如图 2－8－4－9 所示。注意：配对样本 $t$ 检验与独立样本 $t$ 检验的数据输入方法是不一样的。配对样本 $t$ 检验数据输入格式与表 2－8－4－8 格式是一样的。

（2）统计分析：单击主菜单[Analyze]（统计分析）→[Compare Means]（均数比较）→[Paired－Samples T Test]（配对样本 $t$ 检验），即选择了配对设计两个样本 $t$ 检验的统计方法，出现"Paired－Samples T Test"（配对样本 $t$ 检验）对话框。如图 2－8－4－10 所示。在左侧变量框中，同时选择两个需要配对检验的变量并引入配对变量框内，如果要移除配对的变量则操作步骤与引入配对变量方法相反。可以同时引入多个配对资料，实现两两样本配对资料的比较。

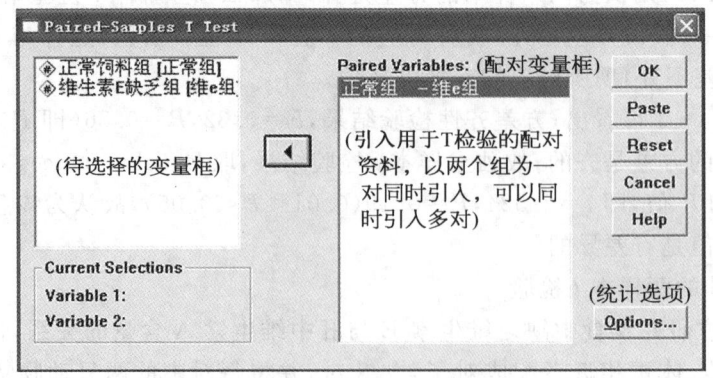

**图 2－8－4－10**　配对样本 $t$ 检验对话框

[Options](选项)取默认值,即不用修改。最后单击[OK](确定)运行统计分析。

(3) 结果及说明:配对样品 $t$ 检验结果如表 2-8-4-9,2-8-4-10 和 2-8-4-11。

表 2-8-4-9　Paired Samples Statistics(配对样本统计量)

| | | Mean（均数） | N（配对例数） | Std. Deviation（标准差） | Std. Error Mean（标准误） |
|---|---|---|---|---|---|
| Pair1 | 正常饲料组 | 3 318.75 | 8 | 632.42 | 223.59 |
| | 维生素 E 缺乏组 | 2 506.25 | 8 | 555.13 | 196.27 |

表 2-8-4-10　Paired Samples Correlations(配对样本相关性分析)

| | | N | Correlation（相关系数） | Sig.（显著性检验 P 值） |
|---|---|---|---|---|
| Pair1 | 正常饲料组 & 维生素 E 缺乏组 | 8 | 0.584 | 0.129 |

表 2-8-4-11　Paired Samples Test(配对样本 $t$ 检验)

| | | | Pair1 |
|---|---|---|---|
| | | | 正常饲料组-维生素 E 缺乏组 |
| Paired Differences（配对差值） | Mean(均数) | | 812.50 |
| | Std. Deviation(标准差) | | 546.25 |
| | Std. Error Mean(标准误) | | 193.13 |
| | 95% Confidence Interval of the Difference（配对差值均数 95% 可信区间） | Lower（下限） | 355.82 |
| | | Upper（上限） | 1 269.18 |
| $t$(T 值) | | | 4.207 |
| $df$(自由度) | | | 7 |
| Sig.(2-tailed)(显著性检验 P 值,双侧) | | | 0.004 |

从表 2-8-4-10 统计结果看出,配对样本 $t$ 检验还对两个配对样本进行相关性分析,相当于进行[Analyze](统计分析)→[Correlate](相关分析)→[Bivariate](两个变量)的相关性统计分析,相关系数 $r=0.584$,相关性显著性检验 $P=0.129(P>0.05)$,说明两个配对样本相关性不明显。对两个配对样本进行相关分析的目的是可让我们能发现两个样本的相关性,以便能进一步分析,但对 $t$ 检验结果的确定没有影响。

由表 2-8-4-11(注意已经进行了行和列转置)看出,本例 $t$ 检验结果是:$t=4.207$, $v=7$,$P=0.004(P<0.01)$,说明两种饲料所得肝中维生素 A 含量有高度显著性差异。

(三) 单变量方差分析

1. 单变量单因素方差分析　单因素方差分析又称一维方差分析(One-Way ANOVA),它用于研究单个因素下多个变量的两组或多组样本均数的比较,即成组设计的多个样本均数的比较。如果在统计中做适当选择还可进行均数间的两两比较,即多重比较(multiple comparison)。

**例 4**　某职业病防治院对 31 名石棉矿工中的石棉肺患者、可疑患者及非患者进行了用力肺活量(L)测定，结果如表 2-8-4-12 所示。问三组石棉矿工的用力肺活量有无差别？(杨树勤主编. 卫生统计学[M]. 第三版. 人民卫生出版社，1996：44)。

表 2-8-4-12　三组石棉矿工的用力肺活量(L)

| 石棉肺患者(1) | 可疑患者(2) | 非患者(3) |
|---|---|---|
| 1.8 | 2.3 | 2.9 |
| 1.4 | 2.1 | 3.2 |
| 1.5 | 2.1 | 2.7 |
| 2.1 | 2.1 | 2.8 |
| 1.9 | 2.6 | 2.7 |
| 1.7 | 2.5 | 3.0 |
| 1.8 | 2.3 | 3.4 |
| 1.9 | 2.4 | 3.0 |
| 1.8 | 2.4 | 3.4 |
| 1.8 | | 3.3 |
| 2.0 | | 3.5 |

统计分析步骤：

(1) 输入统计数据：单因素方差分析的数据输入方法与成组设计 $t$ 检验的数据输入是一样的。

1) 定义变量：第①个变量定义：Name 为“分组”；Type 为 Numeric(数值型)，Decimals 为 0；Width 为 1；Values 设置：1-“石棉肺患者”，2-“石棉肺可疑患者”，3-“非患者”；其余为默认。第②个变量定义：Name 为“肺活量”；Type 为 Numeric(数值型)，Decimals 为 1；Width 为 3；Labels 给变量标识为“用力肺活量(L)”；其余为默认。

2) 数据录入：如图 2-8-4-11 所示。

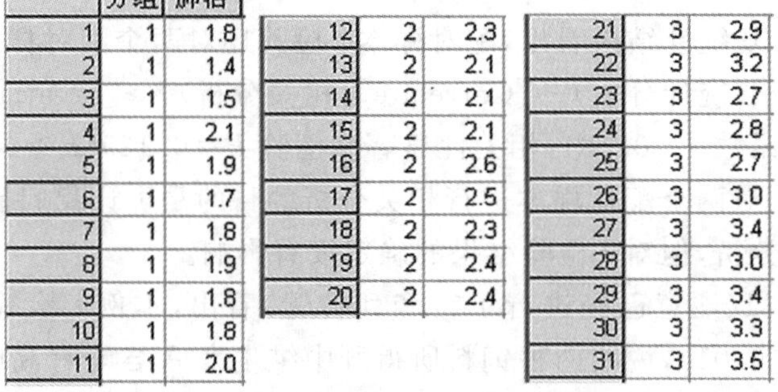

| | 分组 | 肺活 |
|---|---|---|
| 1 | 1 | 1.8 |
| 2 | 1 | 1.4 |
| 3 | 1 | 1.5 |
| 4 | 1 | 2.1 |
| 5 | 1 | 1.9 |
| 6 | 1 | 1.7 |
| 7 | 1 | 1.8 |
| 8 | 1 | 1.9 |
| 9 | 1 | 1.8 |
| 10 | 1 | 1.8 |
| 11 | 1 | 2.0 |
| 12 | 2 | 2.3 |
| 13 | 2 | 2.1 |
| 14 | 2 | 2.1 |
| 15 | 2 | 2.1 |
| 16 | 2 | 2.6 |
| 17 | 2 | 2.5 |
| 18 | 2 | 2.3 |
| 19 | 2 | 2.4 |
| 20 | 2 | 2.4 |
| 21 | 3 | 2.9 |
| 22 | 3 | 3.2 |
| 23 | 3 | 2.7 |
| 24 | 3 | 2.8 |
| 25 | 3 | 2.7 |
| 26 | 3 | 3.0 |
| 27 | 3 | 3.4 |
| 28 | 3 | 3.0 |
| 29 | 3 | 3.4 |
| 30 | 3 | 3.3 |
| 31 | 3 | 3.5 |

**图 2-8-4-11**　单因素方差分析的数据输入方法

(2) 统计分析：单击主菜单[Analyze](统计分析)→[Compare Means](均数比较)→[One-Way ANOVA](单因素方差分析)，即选择了单因素方差分析的统计方法，出现“One-Way ANOVA”对话框。如图 2-8-4-12 所示。

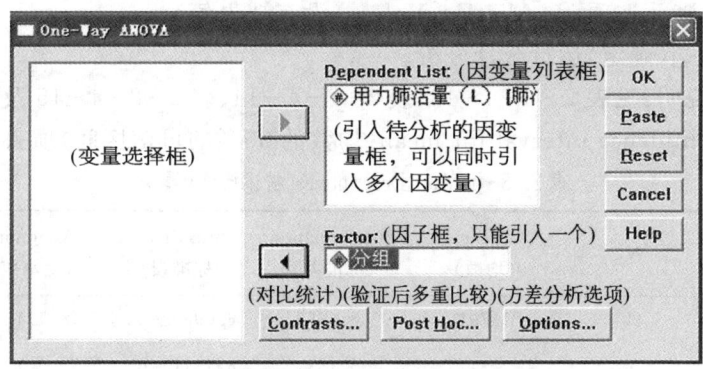

图 2-8-4-12　单因素方差分析对话框

"Dependent List"(因变量列表)框：用于引入需要分析的变量，本例从左侧的变量框中引入的因变量是：肺活量。可以同时选入多个因变量。

"Factor"(因子变量)框：用于引入需要进行比较分析的分组变量，只能引入一个因子变量。本例引入的因子变量是：分组。

〔Contrast〕(对比)按钮：不用设置。

〔Post Hoc〕(验正后多重比较)按钮：主要作用是用于选择各组之间需进行两两比较的统计分析方法。按此按钮后出现一个"one-Way ANOVA:Post Hoc Multiple Comparisons"(单因素方差分析：验证后多重比较)选择对话框。在"Equal Variances Assumed"(假设方差是齐的)中选择常用的是：LSD 法(Least-significant difference，最小显著差异法)。在"Equal Variances Not Assumed"(假设方差是不齐的)中选择常用的是：Dunnett's C 法(邓尼特 C 法)。在"Significance Level"(显著性水准)框中用于定义两两比较时的显著性水平，取默认为 0.05。如图 2-8-4-13 所示。

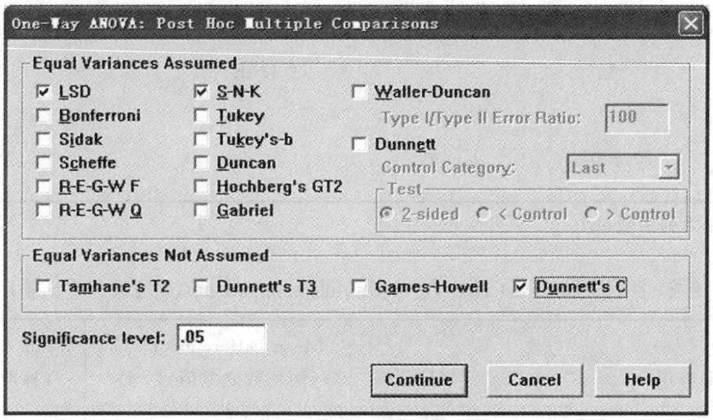

图 2-8-4-13　单因素方差分析中多重比较统计方法选择对话框

〔Options〕(选项)按钮：用于选择附加的统计分析。其中有如下 3 个选项：①"Statistics"(统计量)：包括 Descriptive(描述性统计量，如均数、标准差等)和 Homogeneity-of-variance(方差齐性检验)。一般这 2 个选项都选择。②"Means plot"(平均值作图)：对各组均数设置直线图，以直观地了解它们的差异。本例不选。③"Missing Values"(遗漏值)：为缺失值的设置,取默认选项 No Missing Values(没有缺失值)。

最后单击[OK](确定)运行统计分析。

(3) 结果及说明:见表 2-8-4-13、表 2-8-4-14、表 2-8-4-15 及表 2-8-4-16。这里已把 95% confidence interval for mean(均数的 95% 的可信区间)项去掉。

表 2-8-4-13 Descriptives(描述性统计量)

| | N | Mean（均数） | Std. Deviation（标准差） | Std. Error（标准误） | Minimum（最小值） | Maximum（最大值） |
|---|---|---|---|---|---|---|
| 石棉肺患者 | 11 | 1.791 | 0.202 | 6.098E-02 | 1.4 | 2.1 |
| 石棉肺可疑患者 | 9 | 2.311 | 0.183 | 6.111E-02 | 2.1 | 2.6 |
| 非患者 | 11 | 3.082 | 0.293 | 8.823E-02 | 2.7 | 3.5 |
| Total | 31 | 2.400 | 0.600 | .108 | 1.4 | 3.5 |

[注] 因变量是用力肺活量(L)。

表 2-8-4-14 Test of Homogeneity of Variances(方差齐性检验)

| Levene Statistic | $df1$ | $df1$ | Sig. |
|---|---|---|---|
| 2.852 | 2 | 28 | 0.075 |

[注] 因变量是用力肺活量(L)。

表 2-8-4-15 ANOVA("单因素"方差分析)

| | Sum of Squares（离均差平方和,SS） | $df$（自由度） | Mean Square（均方,MS） | F（F值） | Sig.（显著性P值） |
|---|---|---|---|---|---|
| Between Groups（组间） | 9.266 | 2 | 4.633 | 84.544 | 0.000 |
| Within Groups（组内） | 1.534 | 28 | 5.480E-02 | | |
| Total（总） | 10.800 | 30 | | | |

[注] 因变量是用力肺活量(L)。

表 2-8-4-16 Post Hoc Tests Multiple Comparisons(验证后多重比较)

| | (I)分组 | (J)分组 | Mean Difference(I-J)（两均数之差值,I-J） | Std. Error（标准误） | Sig.（P值） |
|---|---|---|---|---|---|
| LSD 最小显著性 (LSD法) | 石棉肺患者 | 石棉肺可疑患者 | -0.520* | 0.105 | 0.000 |
| | | 非患者 | -1.291* | 9.982E-02 | 0.000 |
| | 石棉肺可疑患者 | 石棉肺患者 | 0.520* | 0.105 | 0.00 |
| | | 非患者 | -0.771* | 0.105 | 0.00 |
| | 非患者 | 石棉肺患者 | 1.291* | 9.982E-02 | 0.00 |
| | | 石棉肺可疑患者 | 0.771* | 0.105 | 0.00 |

|  | (I)分组 | (J)分组 | Mean Difference(I-J)（两均数之差值,I-J） | Std. Error（标准误） | Sig.（P值） |
|---|---|---|---|---|---|
| Dunnett C（邓尼特C法） | 石棉肺患者 | 石棉肺可疑患者 | -0.520* | 0.105 |  |
|  |  | 非患者 | -1.291 | 9.982E-02 |  |
|  | 石棉肺可疑患者 | 石棉肺患者 | 0.520* | 0.105 |  |
|  |  | 非患者 | -0.771* | 0.105 |  |
|  | 非患者 | 石棉肺患者 | 1.291* | 9.982E-02 |  |
|  |  | 石棉肺可疑患者 | 0.771* | 0.105 |  |

[注] 因变量是用力肺活量(L)。
The mean difference is significant at the .05 level.（均数差值显著性检验水准是0.05）。

表2-8-4-13为各组的一般性统计量。表2-8-4-14为各组样本的方差齐性检验，由此决定后面多重比较的统计方法。如果Sig.（方差齐性显著性检验$P$值）大于0.05，则样本的方差是齐的，多重比较时选择LSD法；否则，选择Dunnett's C法。

从表2-8-4-15的单因素方差分析结果可知，$F=84.5$，$P=0.000$（即$P<0.001$）。因此可认为3组石棉矿工的用力肺活量是不同的。经方差齐性检验（表2-8-4-14），$P=0.075$（$P>0.05$），可知3组用力肺活量的方差是齐的，故多重比较时选用假设方差齐时的统计方法——LSD法。从表2-8-4-16中得出各组均数的两两比较结果，$P$值都是0.000（即$P<0.001$），说明3组石棉矿工的用力肺活量都不相同。

**2. 单变量双因素方差分析** 单变量双因素方差分析（Two-Way ANOVA）是用于统计分析配伍组设计（随机区组设计）的多个样本均数比较。在实验研究中经常把种类、年龄、性别、饲养条件相同的动物随机配伍到各个处理组中，研究某个因素的变化情况。因此，在科研工作中经常用到双因素方差分析。

**例5** 某厂医务室测定了10名氟作业工人的工前、工中及工后4h的尿氟浓度（μmol/L），结果如表2-8-4-17所示。问氟作业工人在这3个不同时间的尿氟浓度有无差别？（杨树勤主编.卫生统计学[M].第三版.人民卫生出版社,1996:46）。

表2-8-4-17 氟作业工人不同时间的尿氟浓度

| 工人编号（配伍组） | 尿氟浓度(μmol/L)（处理组） | | |
|---|---|---|---|
|  | 工前(1) | 工中(2) | 工后(3) |
| 1 | 90.53 | 142.12 | 87.38 |
| 2 | 88.43 | 163.17 | 65.27 |
| 3 | 47.37 | 63.16 | 68.43 |
| 4 | 175.80 | 166.33 | 210.54 |
| 5 | 100.01 | 144.75 | 194.75 |
| 6 | 46.32 | 126.33 | 65.27 |
| 7 | 73.69 | 138.96 | 200.02 |
| 8 | 105.27 | 126.33 | 100.01 |
| 9 | 86.32 | 121.06 | 105.27 |
| 10 | 60.01 | 73.69 | 58.95 |

统计分析步骤：

（1）输入统计数据

1）定义变量：第①个变量定义：Name 为"配伍组"；Type 为 Numeric（数值型），Decimals 为 0；Width 为 2；其余为默认。第②个变量定义：Name 为"处理组"；Type 为 Numeric（数值型），Decimals 为 0；Width 为 1；Values 标签设置：1－"工前"，2－"工中"，3－"工后"；其余为默认。第③个变量定义：Name 为"尿氟"；Type 为 Numeric（数值型），Decimals 为 2；Width 为 6；Labels 给变量标签为"尿氟浓度（μmol/L）"；其余为默认。

2）输入数据：如图 2-8-4-14 所示。

| | 配伍 | 处理组 | 尿氟 | | | | | | | | |
|---|---|---|---|---|---|---|---|---|---|---|---|
| 1 | 1 | 1 | 90.53 | 11 | 1 | 2 | 142.12 | 21 | 1 | 3 | 87.38 |
| 2 | 2 | 1 | 88.43 | 12 | 2 | 2 | 163.17 | 22 | 2 | 3 | 65.27 |
| 3 | 3 | 1 | 47.37 | 13 | 3 | 2 | 63.16 | 23 | 3 | 3 | 68.43 |
| 4 | 4 | 1 | 175.80 | 14 | 4 | 2 | 166.33 | 24 | 4 | 3 | 210.54 |
| 5 | 5 | 1 | 100.01 | 15 | 5 | 2 | 144.75 | 25 | 5 | 3 | 194.75 |
| 6 | 6 | 1 | 46.32 | 16 | 6 | 2 | 126.33 | 26 | 6 | 3 | 65.27 |
| 7 | 7 | 1 | 73.69 | 17 | 7 | 2 | 138.96 | 27 | 7 | 3 | 200.02 |
| 8 | 8 | 1 | 105.27 | 18 | 8 | 2 | 126.33 | 28 | 8 | 3 | 100.01 |
| 9 | 9 | 1 | 86.32 | 19 | 9 | 2 | 121.06 | 29 | 9 | 3 | 105.27 |
| 10 | 10 | 1 | 60.01 | 20 | 10 | 2 | 73.69 | 30 | 10 | 3 | 58.95 |

图 2-8-4-14　双因素方差分析的数据输入法方法

（2）统计分析：单击主菜单［Analyze］（统计分析）→［General Linear Model］（一般线性模型）→［Univarate］（单变量），即选择了单变量双因素方差分析的统计方法，出现一个"Univarate"（单变量）对话框。如图 2-8-4-15 所示。

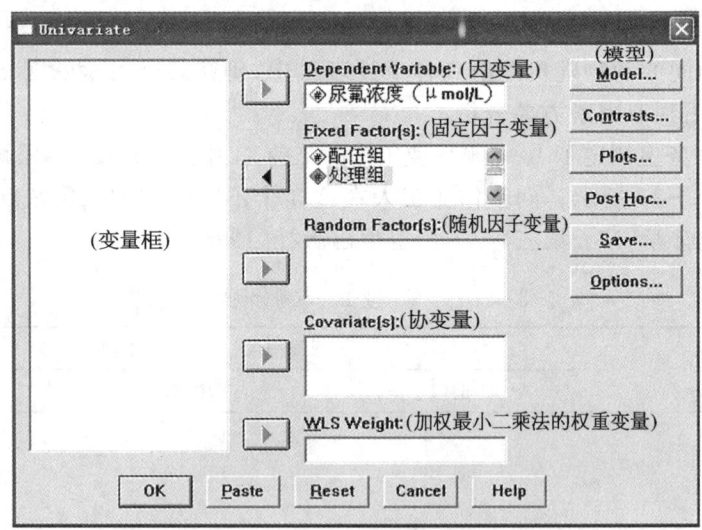

图 2-8-4-15　双因素方差分析对话框

"Dependent Variable"（因变量）框：为引入需要分析的变量（因变量），只能引入一个。本例需分析的因变量是尿氟，故引入因变量框内的变量是"尿氟浓度"。

"Fixed Factors"（固定因子变量，修正因子变量）框：用于引入各个处理组的分组因素变量（因子变量）。几乎绝大多数与分析有关的分组因素，包括配伍组都可以引入此框。本例同时引入"处理组"和"配伍组"。

[Model](模型)按钮:设置统计分析模型。按下[Model]后出现一个"Univarate:Model"(单变量方差分析:统计模型)对话框。用于设置在模型中包含哪些主效应(Main effects)和交互效应(Interaction)。先在此对话框中选中"Custom"(自定义模型),然后在"Build Term"(建立条件项目)下拉列表框中选择:Main effects(主效应),再把"Factors & Covariates"(因子与协变量)框中的备选因子变量:"处理组"和"配伍组"引入"Custom"的模型框内。其余各项取默认值。如图2-8-4-16所示。

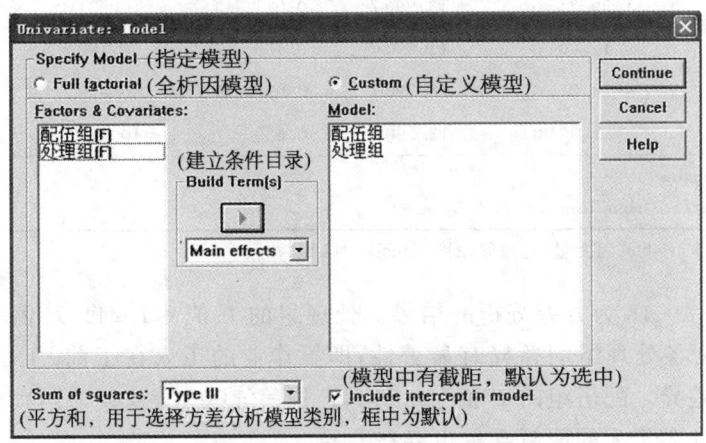

**图2-8-4-16 双因素方差分析模型对话框**

[Post Hoc](验证后多重比较)按钮:用于选择多重比较统计的方法。单击后出现一个对话框,此对话框的作用与单因素方差分析的验证后多重比较对话框具有相似的作用。先把"Factors"(因子变量)框内的"处理组"变量引入"Post Hoc test for"(多重检验)的变量框内,这样灰色的各种多重统计方法就变成可以选择了,统计方法的选择请参考单因素方差分析的选择。通常在"Equal Variances Assumed"(假设方差是齐的)中选择最常用的LSD法,因为配对设计的分组样本方差一般都是齐的。本例选择此项。

其余按钮可不用设置,最后单击[OK](确定)运行统计分析,完成后得到统计报告。

(3)结果及说明:统计出的第1个表为"Between-Subjects Factors"(组间因子变量表)与我们实际应用意义不大,这里不列出。组间因素检验结果见2-8-4-18,相对密度比较见表2-8-4-19。

表2-8-4-18 Tests of Between-Subjects Effects(组间因素检验结果)

| Source(变异来源) | Type III Sum of Squares (Type Ⅲ 离均差平方和方,SS) | df (自由度) | Mean Square (均方,MS) | F (F值) | Sig. (P值) |
|---|---|---|---|---|---|
| Corrected Model(校正模型) | 047 895.877[a] | 11 | 4 254.171 | 4.513 | 0.002 |
| Intercept(截距) | 362 019.463 | 1 | 362 019.463 | 375.246 | 0.000 |
| 配伍组 | 39 712.984 | 9 | 4 412.554 | 4.574 | 0.003 |
| 处理组 | 8 182.893 | 2 | 4 091.447 | 4.241 | 0.031 |
| Error(误差) | 17 365.561 | 18 | 964.753 | | |
| Total(总合计) | 427 280.901 | 30 | | | |
| Corrected Total (校正后的总变异) | 65 261.438 | 29 | | | |

[注] a. R Squared(决定系数)=0.734;Adjusted R Squared(校正后决定系数)=0.571。
Dependent Variable(因变量)是尿氟浓度($\mu$mol/L)。

表 2-8-4-19  Multiple Comparisons(比重比较)

| (I) 处理组 | (J) 处理组 | Mean Difference (I−J)(均数差值) | Std. Error | Sig.(P值) | 95% Confidence Interval(95%可信区间) | |
|---|---|---|---|---|---|---|
| | | | | | Lower Bound | Upper Bound |
| 工前 | 工中 | −39.215 0* | 13.890 7 | 0.011 | −68.398 2 | −10.031 8 |
| | 工后 | −28.214 0 | 13.890 7 | 0.057 | −57.397 2 | 0.969 2 |
| 工中 | 工前 | 39.215 0* | 13.890 7 | 0.011 | 10.031 8 | 68.398 2 |
| | 工后 | 11.001 0 | 13.890 7 | 0.439 | −18.182 2 | 40.184 2 |
| 工后 | 工前 | 28.214 0 | 13.890 7 | 0.057 | −0.969 2 | 57.397 2 |
| | 工中 | −11.001 0 | 13.890 7 | 0.439 | −40.184 2 | 18.182 2 |

Based on observed means

*. The mean difference is significant at the 0.05 level.

[注]  Dependent Variable(因变量)是尿氟浓度($\mu mol/L$)(LSD 法)。

1) 表 2-8-4-18 为方差分析的结果。处理组的 $F$ 值=4.241,$P$ 值=0.031(0.01<$P$<0.05),故认为各处理组间差异有显著性,即氟作业的工人在工前、工中、工后 4 小时 3 个时间尿含量有差异。配伍组的 $F$ 值=4.574,$P$ 值=0.003($P$<0.01),则认为配伍组间差异有显著性,这 10 名工人的尿氟含量也存在差异。

2) 表 2-8-4-19 为验证后多重比较结果。本例的两两比较结果:工前与工中两组之间比较,$P$ 值=0.011($P$<0.05),两组尿氟含量有显著性差异。工前与工后,或工中与工后的两两比较,$P$ 值都大于 0.05,说明接触过氟作业与离开氟作业后较短时间(4 h)内尿氟含量差异无显著性。

(四) 直线回归分析及其方程

**例 6**  某地一年级 12 名女大学生的体重与肺活量数据如表 2-8-4-20 所示,试求肺活量(L)$Y$ 对体重(kg)$X$ 的直线回归方程。(杨树勤主编. 卫生统计学[M]. 第三版. 人民卫生出版社,1996:99)。

表 2-8-4-20  某地一年级女大学生的体重与肺活量数据

| | 女大学生编号 | | | | | | | | | | | |
|---|---|---|---|---|---|---|---|---|---|---|---|---|
| | 1 | 2 | 3 | 4 | 5 | 6 | 7 | 8 | 9 | 10 | 11 | 12 |
| 体重(kg)$X$ | 42 | 42 | 46 | 46 | 46 | 50 | 50 | 50 | 52 | 52 | 58 | 58 |
| 肺活量(L)$Y$ | 2.55 | 2.20 | 2.75 | 2.40 | 2.80 | 2.81 | 3.41 | 3.10 | 3.46 | 2.85 | 3.50 | 3.00 |

统计分析步骤:

(1) 建立数据文件

1) 定义变量:第①个变量定义:Name 为"$X$";Type 为 Numeric(数值型),Decimals 为 0;Width 为 2;Label 即给 $X$ 变量标签为:"体重(kg)";其余为默认。第②个变量定义:Name 为"$Y$";Type 为 Numeric(数值型),Decimals 为 2;Width 为 4;Label 即给 $Y$ 变量标签为"肺活量(L)";其余为默认。

2) 输入数据:如图 2-8-4-17 所示。

（2）统计分析：单击主菜单[Analyze]（统计分析）→[Regression]（回归分析）→[Linear…]（线性回归），即打开线性回归统计分析方法，并出现"Linear Regression"（线性回归分析）对话框。通常我们需要修改的选项并不多。

"Dependent"（因变量）框：用于引入需要回归分析的因变量（应变量）。本例在"Dependent"（因变量）框中引入"肺活量（kg）"。

"Independent"（自变量）框：用于引入回归分析的自变量。可引入多个自变量，这样就能实现多元线性回归分析。本例在"Independent"（自变量）框中引入"体重（kg）"；其余各项不用修改（即取默认设置）。如图2-8-4-18所示。然后按[OK]（确定）运行统计分析。绝大多数的一元线性回归分析，以及部分多元线性回归分析都可以这样简单地操作。

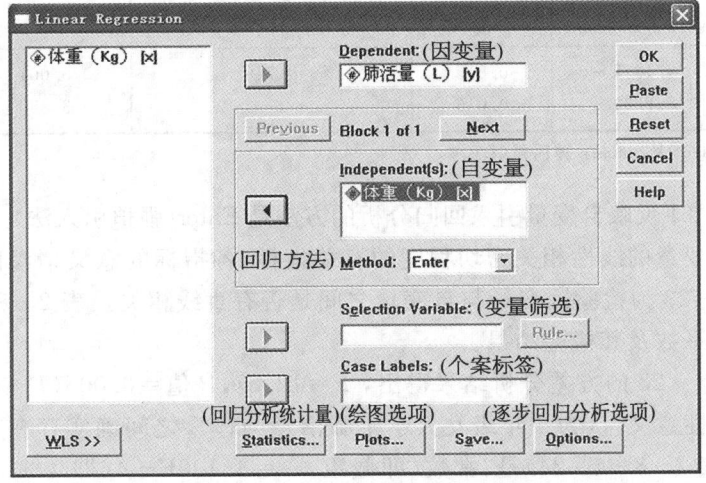

图2-8-4-17 直线回归分析数据输入法

图2-8-4-18 线性回归分析对话框

（3）结果及说明：见表2-8-4-21、表2-8-4-22及表2-8-4-23。

表2-8-4-21 Variables Entered/Removed（变量引入/剔除）[b]

| Model<br>（模型） | Variables Entered<br>（引入变量） | Variables Removed<br>（剔除变量） | Method<br>（回归分析法） |
| --- | --- | --- | --- |
| 1 | 体重（kg）[a] | | Enter（强迫引入法） |

[注] a. All requested variables entered; b. Dependent Variable：肺活量（L）。

表2-8-4-22 Model Summary（模型综合分析概要）

| Model<br>（模型） | R<br>[（复）相关系数] | R Square<br>（决定系数） | Adjusted R Square<br>（校正后的决定系数） | Std. Error of the Estimate<br>[估计值（剩余）标准差] |
| --- | --- | --- | --- | --- |
| 1 | 0.749[a] | 0.562 | 0.518 | 0.2878 |

[注] a. Predictors：(Constant)，体重（kg）。

表 2-8-4-23  ANOVA(方差分析)[b]

| Model(模型) | | Sum of Squares (离均差平方和,SS) | $df$ (自由度) | Mean Square (均方,MS) | F ($F$ 值) | Sig. ($P$ 值) |
|---|---|---|---|---|---|---|
| 1 | Regression(回归) | 1.061 | 1 | 1.061 | 12.817 | 0.005[a] |
| | Residual[残差(剩余)] | 0.828 | 10 | 8.280E-02 | | |
| | Total(总变异) | 1.889 | 11 | | | |

[注]  a. Predictors：(Constant),体重(kg)；b. Dependent Variable：肺活量(L)。

表 2-8-4-24  Coefficients(系数)[a]

| Model(模型) | | Unstandardized Coefficients (未标化回归系数,即样本回归系数) | | Standardized Coefficients (标化的系数,即总体回归系数) | T (回归系数$t$检验的$t$值) | Sig. ($P$ 值) |
|---|---|---|---|---|---|---|
| | | B (系数B值) | Std. Error (标准误) | Beta (总体回归系数$\beta$值) | | |
| 1 | (Constant)(常数) | 4.130E-04 | 0.815 | 0.749 | 0.001 | 1.000 |
| | 体重(kg) | 5.883E-04 | 0.016 | | 3.580 | 0.005 |

[注]  a. Dependent Variable：肺活量(L)。

表 2-8-4-21 反映自变量引入回归分析的方法是 Enter(强迫引入法)。表 2-8-4-22 反映因变量与自变量的线性相关密切程度的有关指标,各指标的意义请参阅统计学有关资料。表 2-8-4-23 为检验因变量与自变量之间是否有直线相关。表 2-8-4-24 为直线相关的有关回归系数及其检验结果。

从表 2-8-4-23 的方差分析结果得出,$F=12.87$,$P$ 值=0.005($P<0.01$),说明回归分析模型有显著性意义,认为一年级女大学生肺活量与体重之间确实存在有直线关系。其线性关系结果(表 2-8-4-24)是:常数(即截距,a)=4.130E-4(即 $4.13\times10^{-4}$);回归系数($b$)=5.883E-02(即 $5.883\times10^{-2}$)。因此,女大学生的肺活量(L)Y 对体重(kg)X 的直线回归方程是：$y=0.00413+0.05883x$。相关系数($r$)=0.749(在多元线性回归分析中为复相关系数),总体回归系数($\beta$)=0.749,决定系数($R^2$)=0.562,剩余标准差($S_{Y.X}$)=0.2878,样本回归系数标准误($S_b$)=0.016 等。

(何显教  黄丽娟)

# 第九章 医学科研论文的撰写

医学科研论文包括基础医学和临床医学科研论文,属于自然科学论文范畴,是医学科学研究工作的书面总结。医学科研论文和其他自然科学的研究论文一样,应具备以下3条标准:①首次公布,即论文所阐明的内容必须是新的;②内容科学,即论文内容不受时间和地域限制,必须是客观真理;③资料详实,即论文内容客观准确,且有一定量的数据。

## 第一节 医学科研论文的基本要求

### (一) 创新性(innovation)

创新性是对科学论文最基本的要求。创新性或独创性表现在"前所未有"或"与众不同"上,它是科学论文的精髓,也是推动科学认识或技术进步的动力。创新性的内含应表现在其先进性或前沿性。先进性可体现在理论水平(如学说的创立、疗效机制的阐明)或实践水平(如医疗、手术及技术)方面的先进,也可在简、便、廉、效、安全方面体现其先进,如经皮冠状血管成形术比冠状动脉搭桥手术要便、廉、效和安全。

要使科学论文具有创新性,首先要从科研课题设计及技术路线和方法上把好关。进行科研课题设计时,首先要充分了解你设计的课题是否是"前所未有"?这取决于你的课题是否能攻克公认的理论难关或解决至今尚未解决的技术难关?课题是否是他人研究工作的缺漏部分或薄弱环节?课题是否可以填补某种理论缺陷或他人研究工作中的空白?那么如何来把握上述创新原则呢?①先要充分阅读国内外有关文献资料,了解自己课题要解决的问题前人是否已经解决了,免犯简单重复、劳民伤财的错误。如20世纪60年代初国外已经报道胃肠手术后废除"两管一禁"232例,可是在20世纪70年代中期国内却有同样论文还说是自己首创。另外从文献阅读中可获悉他人研究工作的空白和薄弱环节,以此来修改或补充自己课题。②根据我国传统医学的特色和优势,结合现代化技术方法及手段,努力、大胆探索是作出有创新性成果的一条重要的,切实可行的途径。笔者曾用先进的放射配体受体结合法及高压液相色谱(HPLC)方法对传统植物药内脑内活性化合物的提取,就取得了一些创新性成果。

### (二) 科学性(scientific reliability)

科学性是科学论文的灵魂和生命,医学科研论文也必须具备科学性。科学性即真理性或真实性。科学性含义包括:①科学论文的内容可继续为尔后科学实践所证明,即具有可重复性;②科学论文所述符合客观实际情况或变化,按其方法重复实践,可取得预期结果或解决相关问题。对论文科学性的把握有时是比较困难的,因为你不可能事必躬亲地对论文涉及的内容、方法进行重复实践验证。事实上我们可以从科研课题设计的合理性、所用技术方法的精确性、所取样本的代表性、数据资料的可靠性,以及分析综合的逻辑性等方面去评价和判断论文的科学性。

1. **课题设计的合理性** 客观上说合理性应包括：①课题设计是根据主、客观条件，从实际出发的，是可行的；②设计技术方法先进；③课题对医学实践有重要的作用和意义。具体地说，课题设计的合理性应考虑：①专业设计的合理性：即运用专业理论知识来保证课题设计先进性，研究结果的创造性及实际意义；②统计学设计的合理性：即科学地解决研究结果的可重复性，保证样本对其总体的代表性、相互比较样本组间的可比性。只有合理的课题设计才能确保研究结果的精确性和可靠性。

2. **研究方法的精确性** 精确性是用来评价实验方法可信赖程度的指标，包括准确度和精密度。多次重复测定值与平均值的接近程度称为精密度，常用标准差或变异系数来表示。标准差或变异系数越大，表示精密度越小，即可重复性越差。增加实验观察次数，可减少随机误差，提高精密度。观察值与实际值的符合程度称为准确度，常用样本观察值与总体参数（真值）的差数或回收率来表示。差数越小或回收率越高，则准确度越高。可用样本分配的随机化、设立对照及分组设计等来减少系统误差，提高方法的准确度。临床上很多疾病可自行缓解，因此要可靠评价某药或某疗法的疗效，一定要设安慰剂、常用药及常规疗法对照，并进行比较。

3. **资料处理科学性** 资料处理的科学性主要指对研究资料必须进行必要的统计学处理，其中包括：①资料的系统、条理化，用均数或百分率来表示某种倾向或规律；②根据 $P$ 值来判断不同组间结果差异是否显著；③揭示各因素之间相互关系，用相关与回归系统或多元分析来显示。注意统计学上的显著性检验只有对可比较的、随机分组的数据资料处理才有意义，也就是说如果实验设计无对照，也不是随机分组，那么计算出来的 $P$ 值毫无意义。

4. **实验结论的客观性** 科研论文中得出的结论是否可靠、科学，首先看推理判断是否合乎逻辑，最终还是要靠后人重复实验和工作实践的验证。结论不能脱离论文中的实验结果，绝对不能随意推理搞"举一反三"。有时重复实验会得到不同的或有差别的结果，这不一定是原结论出错，因为如果重复实验的条件或实验对象不同，就有可能得出不同或有差异的结果。

### （三）逻辑性（logicality）

医学科研论文是实验研究或临床医疗观察得到的材料，经过分析、综合、抽象、概括及推理等逻辑思维过程后的总结。逻辑性主要是指严格、充分的论据和科学的理论思维。医学论文必须具有严密的逻辑性，即将观察到的现象或变化及获得的实验数据进行由此及彼、由表及里的分析，概括出其本质和规律性东西。

## 第二节 医学科研论文的格式和内容

科学论文不同于文学作品，其要求严肃、精炼、规范，并且医学科研论文有其固定的、特有的书写格式。医学科研论文的书写格式一般由以下几个项目组成：论文题目，论文作者与单位，城市名和邮编，论文摘要（中文和英文），关键词（中文和英文），正文，致谢及参考文献。正文包括前言，材料与方法，结果，讨论及结论。目前一般将讨论与结论合并，在篇幅较小论文或短篇报道或科研简报中，往往把前言和材料方法合并，另外将摘要和关键词项目省略。

### （一）题目（title）

论文题目要求简洁、鲜明、确切、具体，并有特点。题目字数不宜太长，一般不超过 20 个字。题目既不能抽象,又不能笼统,也不能模棱两可,例如"中西医结合治疗肿瘤"这个题目就太抽象、笼统,既不确切,又无特点,读者从题目中无法得知用哪一种中西医结合治疗方法,治什么肿瘤。题目一般由研究对象、目的和意义 3 个要素构成,以便使读者见题后对论文的大致内容就有比较深刻的印象。论文题目不仅要题文相符,而且要突出其独创性或有特色的内容。例如"阴茎癌切除后的即时阴茎再造术"题目中"即时再造"显示了论文内容及其独创性。题目中不宜用无信息意义词或词组,也不宜用标点符号。英文题目应尽量简炼,在能明确表达的前提下,尽量使用名词性短语而不用句子。

(二) 作者(author)

论文作者署名要反映论文设计、完成的实际情况,即作者姓名排序应遵循实际参与程度和贡献大小来定,而不是根据学术威望高低或上下级关系。论文第一作者通常是完成科研主要工作及解决关键性问题,对论文写作负主要责任者;或是提出科研设想并指导科研工作,审核资料、执笔定稿者。有资格署名者应具备 3 个条件:①提出并进行过实验设计或具体操作实验并收集数据,并对结果作出分析与解释者。②起草文稿或对其重要内容作了严格认真的修改者。③参与审核、定稿并同意发表。仅仅参与基金申请或参加收集数据或负责监管或协调、后勤保障的人士都不应该署名成为论文作者。署名还应注意不背离科研道德准则,不搞人情署名或不征得本人同意将有名望学者或领导姓名署上,而此人对该项工作根本不了解或根本未参加。论文署名作者一般不宜超过 6 人。英文署名时用汉语拼音写出,按照中国人习惯,将姓放在前,名字放在后,之间空格不用连字符。书写时姓和名的第一个字母应分别大写,如李安 Li An,张小平 Zhang Xiaoping,上官云珠 Shangguan Yunzhu。

(三) 摘要(abstract)

医学科研论文的摘要是论文主要内容简洁、连贯的叙述,是读者在浏览文献时为迅速了解文章内容的主要阅读部分。通过摘要,读者可以确定有无阅读全文的必要。摘要内容一般包括研究目的、方法、结果(具体的数据及统计学处理)和导出的结论。论文摘要应具有与论文等值的阅读、评价及使用价值。论文摘要还必须是论文中最具特色的东西,如新的发现、新的实验方法、新的结论等,这些都要在摘要中表达出来。不能"摘"其不"要"。同时使用英文摘要有助于扩大论文的交流范围,提高其知名度和影响力。一般说摘要拟在论文完成后再写,因为摘要的撰写是论文的进一步精炼浓缩。摘要常规是用第三人称,不分段落连续写成,一般以 150～300 字为宜,不能插入图表等内容。英文摘要应以规范的文法,准确、简洁的措辞,对论文的主要内容进行归纳,不加主观评论和补充说明,做到层次分明,言简意明。英文摘要一般要控制在 300 个单词(1 500 个印刷符号)以内。

(四) 关键词(key words)

关键词重点在"关键",是论文中最能表达其主要内容的词或短语。一般采用论文题目中的重要专业名词、术语、病名,文章内主要观察指标的名称及内容中的其他重要词或短语。一般以 3～8 个为宜。关键词主要作用是便于读者检索和图书情报人员编写索引。西医和中医论文的关键词应分别采用"美国医学索引"中的最新主题词表,"医学主题词注释字顺表"和中医药主题词表。关键词不能选用未被公认的缩略词、化学分子式如"$CaCl_2$"及调查、研究、探索等无意义词。

(五) 前言或引言(introduction)

前言是写在论文正文部分最前面的一段文字,起纲领性作用。前言内容常常是论文产生的背景和研究目的,包括问题的提出、性质,研究的理论依据、价值和意义。前言应简洁明了、开门见山。关于对国内外相关研究的动态介绍时,可用参考文献中的一、二句话说明,并注明文献出处即可。在一篇 4 000 字左右的科研论文中,前言在 200~300 字为宜。前言不用列出栏目标题。

（六）材料与方法(material and method)

材料部分是指具体的实验对象,方法部分应说明实验采用的具体操作方法、步骤以及获得实验数据或资料方法,这部分内容应使读者明白论文结果是如何获得的。实验方法(包括指标的观察和记录方法)的介绍要区别对待。作者开创的新方法要详细介绍,便于他人学习;文献已有报道的方法用角码注明文献出处即可;对常规方法有所改进的,则详细描述改进部分,余就从略。

1. 对实验研究论文　此部分要交代具体实验对象(如动物种系、性别、体重、饲养条件及营养状况等)和实验方法(包括仪器设备、试剂规格、来源,药物批号等);还要交代是否真正经过随机抽样分组以及对照组、实验组的确定和实验例数;还要交代观察的指标和记录方法;最后要说明统计学处理方法。

2. 对临床疾病研究论文　此部分要交代患者年龄、性别、病种、病期、病情及病程等;还要交代病例选择标准(包括诊断标准和分型标准),病例一般情况及随机分组情况,治疗措施、给药途径方法,观察项目以及疗效标准。最后要交代有无采用盲法。

（七）实验结果(results)

结果是论文最关键部分,也是最能体现研究价值和意义的部分。结果要求客观具体,实验数据要经核实且经过统计处理。数据资料最好用统计图表形式列出,使读者一目了然。统计表应简明扼要,图表中所用的数据不要在正文中重现。对临床疗效研究来说,此部要交代和临床有关的全部结果,不能报喜不报忧。还应交代是否所有被研究的病例资料全都被用来做出结论。还要把组间差异的统计学意义和临床意义区别开来。使用照片作治疗前后对比时,要使先后拍摄照片环境和技术条件尽可能一致。总之,结果部分写作要层次分明,内容较多时可列小标题,分项撰写。图表制作要规范,带小数点数据有效位数要相同。

（八）讨论和结论(discussion and conclusion)

讨论是论文说理和论证部分,主要对实验或观察结果(各种数据资料、各种现象和事实)展开讨论,并加以理论分析和提高,再做出客观结论。具体可包括能否证明有关学说或假设的正确性,和公认理论是否一致;实验结果中有无内在规律;发现的预料之外现象的自己假设;与国内外相关研究比较有无异同,进一步分析异同的可能原因,这里可实事求是地与其他作者进行商榷;所得实验结果有何理论和实践意义等。对于药物及方法学的研究论文要与其他有关药物及方法进行比较,以说明新药和新方法的优越性。注意引用别人观点时要在引用处的右上角加方括号注明,不可混为己有。另外,要实事求是地分析自己研究工作中可能存在的错误和教训,并提出今后改进设想或研究方向。讨论必须突出主题,紧紧围绕论文结果中创新的、有特色部分,即重点讨论新的发现或新论点;不能脱离自己的实验结果,也不能引举大量文献写成了综述;也不要重复结论中的内容。讨论部分列不列小标题都可,但段落层次必须清晰,每段应围绕一个中心内容展开讨论。讨论部分不宜用图表。结论要实事求是,既不扩大又不缩小。结论措词要正确、具体、精炼,尽量不要用模棱两可的词,如"或许"、"大约"、"可能"等,也不要用任何修饰词,更不要轻率做出"填补空白"、"国内首创"的结论。

**（九）致谢（acknowlegment）和注明基金来源（foundation）**

有些人对论文有一定贡献，但又未署名，应该得到感谢。致谢一般置于正文之后，参考文献前。此外，还应该注明基金来源（基金名称及基金号），一般放在论文第一页注脚处。

**（十）参考文献（references）**

论文最后部分，是科学研究过程中所参考过的主要文献目录。不应该也无必要罗列一大堆没读过或与本研究关系不大的文献。所列参考文献必须准确、清晰、完整，特别是刊名、年份、卷数、期数和页码都不能搞错。注意只著录公开发表的文献，"未发表资料"、"个人通讯"、"内部交流"、"会议交流"及无书号论文集上文章均不宜引用。一般论著参考文献以10条左右为宜，最多不要超过20条，且最好引用近5年来文献。参考文献一般用顺序编码制，正文引用文献处标注一个带阿拉伯数字的方括号，并在论文末尾"参考文献"处按序码逐条列出。注意只著录自己亲自阅读过的文献，不应从他人的论著或综述中转引著录，以免造成著录有误。

参考文献的格式：

（1）期刊文献　序号.作者名.题名[J].期刊名，年，卷（期）：起页－止页.

（2）书籍文献　序号.主编名.书名[M].版次.出版地：出版社，年，起页－止页.

如果引用章节的作者与主编不同，格式应该是：序号.作者名.章节题名.见：主编名.书名[M].版次.出版地：出版社，年，起页－止页.

注：①注意格式中的标点符号。②作者超过3名时，如果是中文期刊，列出前三者名字加"等"；如果是英文期刊，列出前三者名字加"et al"。③如果书籍是第一版，就不用写版次。

（沈行良）

# 第三篇 动物实验

## 第一章 细胞生理实验

### 实验一 坐骨神经腓肠肌标本制备

**【实验原理与目的】**

两栖类动物的一些基本生命活动和生理功能与温血动物相似,而其离体组织所需的存活条件比较简单,易于控制和掌握。因此在实验中常用蟾蜍或蛙的坐骨神经腓肠肌标本来观察兴奋和兴奋性、刺激与肌肉收缩等基本生理现象和过程。所制备坐骨神经腓肠肌标本是生理学实验中必须掌握的一项基本技能。

本实验目的在于学习破坏蛙类脑脊髓法,掌握坐骨神经腓肠肌标本的制备技术,获得兴奋性良好的坐骨神经腓肠肌标本,为以后有关实验打下基础。

**【实验对象】**

蟾蜍或蛙。

**【实验器材和药品】**

1. 器械 手术器械1套,包括普通剪刀、小手术剪刀、镊子、探针、锌铜弓、玻璃分针、蛙板、玻璃板、固定针等。
2. 药品 任氏液。
3. 其他 瓷盘,培养皿,小烧杯,棉球,棉线,纱布,滴管等。

**【实验步骤和观察指标】**

1. 破坏脑和脊髓 取蟾蜍1只,用布包裹蟾蜍四肢躯干露出头部,用左手握住蟾蜍,并用示指按压头部前端,拇指按压背部,使头部前俯;右手持金属探针由头前端沿中线向尾方划触,触及凹陷处即枕骨大孔的所在。将探针由凹陷处垂直刺入,刺破皮肤即入枕骨大孔,这时将探针尖端转向头方,向前探入颅腔内,然后向各方搅动探针,以捣毁脑组织。如探针确在颅腔内,术者可感觉出针在四面皆壁的腔内。脑组织捣毁后,将探针退出;再由枕骨大孔刺入,并转向尾方,与脊髓平行刺入脊管,以破坏脊髓。脑和脊髓是否完全破坏,可检查动物四肢肌肉的紧张性是否完全消失。拔出探针后,用一干棉球压迫针孔以止血(图3-1-1-1)。另一方法是去脑后再捣毁脊髓。

2. 剪除躯干上部及内脏 在骶髂关节水平以上0.5~1 cm处剪断脊柱。左手握住蟾蛙后肢，用拇指压住骶骨，使蟾蜍头与内脏自然下垂，右手持粗剪刀，沿脊柱两侧剪除一切内脏及头胸部，留下后肢、骶骨、脊柱以及紧贴于脊柱两侧的坐骨神经（图3-1-1-2a）。剪除过程中注意勿损伤坐骨神经。

3. 剥皮　左手握紧脊柱断端（注意不要握住或压迫神经），右手捏住其上的皮肤边缘，用力向下剥掉全部后肢的皮肤（图3-1-1-2b）。把标本放在盛有任氏液的培养皿中。将手及用过的剪刀、镊子等全部手术器械洗净，再继续下面步骤。

4. 分离两腿　用镊子夹住脊柱将标本提起，背面朝上，剪去向上突起的尾骨（注意勿损伤坐骨神经）。然后沿正中线用剪刀将脊柱和耻骨联合中央辟开两侧大腿，并完全分离。将两条腿浸入盛有任氏液的培养皿中（图3-1-1-2c）。

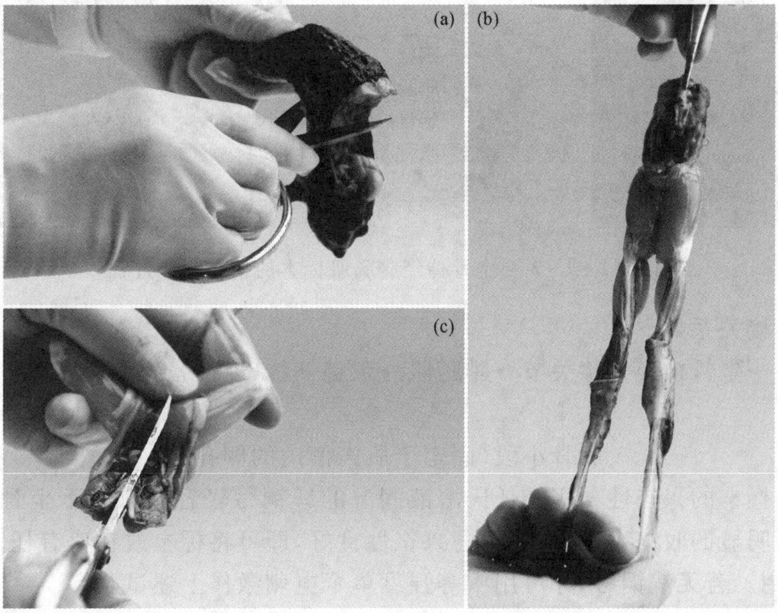

图3-1-1-1　蛙类捉拿和捣毁脑髓的方法

图3-1-1-2　蛙类坐骨神经腓肠肌标本的初步制作过程
（a）剪除躯干上部和内脏　（b）剥掉后背及下肢皮肤　（c）分离两腿

5. 制作坐骨神经腓肠肌标本

（1）分离坐骨神经：取一条腿放置在蛙板上的玻璃片上，用一固定针将粗制标本的脊柱固定在蛙板上（腹面朝上），将下肢拉直并向外旋转，趾蹼朝上，用固定针将跖骨部固定在蛙板上（图3-1-1-3a），用玻璃分针沿脊柱旁游离坐骨神经至尾骨处，再循坐骨神经沟（股二头肌和半膜肌之间的裂缝处），找出坐骨神经的大腿段，用玻璃分针仔细剥离，剪断坐骨神经的所有分支，并将神经分离直至膝关节处（图3-1-1-3b）。

（2）分离腓肠肌：用玻璃分针或镊子将腓肠肌跟腱分离，并穿线结扎。在结扎远端用粗剪刀剪断跟腱，左手执线提起腓肠肌，以手术剪刀剪去其周围联系的组织，但保留腓肠肌起始点与骨的联系,惟须注意勿损伤支配该肌的神经分支(图 3-1-1-3c)。

(3) 游离坐骨神经腓肠肌标本:将该后肢股部所有肌肉从膝关节起沿股骨剥离并剪去,以粗剪刀在股骨上中 1/3 处剪断股骨,剪下一小段与神经相连的脊柱(1~2 个脊椎骨),在膝关节下将小腿剪掉,留下的即为坐骨神经腓肠肌标本(图 3-1-1-3d)。

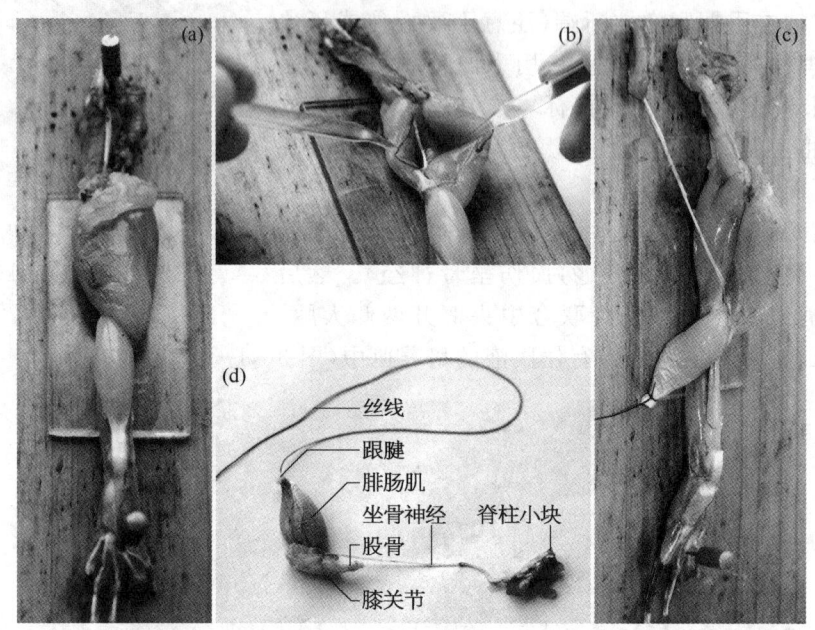

图 3-1-1-3 坐骨神经腓肠肌标本的精细制作过程

其各部连接关系如下:

脊柱小块→坐骨神经→膝关节→腓肠肌→跟腱→线(连接张力换能器)
　　　　　　　　↓
　　　　股骨小段(固定于肌肉槽内的侧孔)

(4) 检查标本的兴奋性　用经任氏溶液润湿的锌铜弓轻轻接触一下坐骨神经,如腓肠肌发生迅速而明显的收缩,则表明标本的兴奋性良好,即可将标本放在盛有任氏液的培养皿中,以备实验用。若无锌铜弓,亦可用中等强度单个电刺激作上述试验。

【注意事项】

1. 沿脊柱中央把下半身剪为左右两半时,位置要正中,否则会损伤坐骨神经。
2. 神经分离需用玻璃分针,分离过程中操作必须精细,避免用金属器械碰夹神经,以免损伤。同时要注意持针分离方向应由中心向外周,以免将神经上段撕伤。坐骨神经周围的组织和神经的小分支,可用玻璃分针纯性分离或用剪刀逐步剪掉。
3. 所用的器械要洁净,接触蛙皮肤,特别是蟾蜍皮肤的用具必须洗净后使用。
4. 应经常用任氏液湿润标本,防止干燥。

【思考题】

1. 你制备的坐骨神经腓肠肌标本的兴奋性如何?
2. 请总结制备新鲜完整的坐骨神经标本过程中的注意事项和体会。

(邓子夫)

# 实验二  阈刺激、阈上刺激与最大刺激

【实验原理与目的】

活的神经肌肉组织具有兴奋性,能接受刺激发生兴奋反应。但刺激要引起组织兴奋,其强度、持续时间和强度—时间变化率都必须达到阈值。一般来说,兴奋性高的组织其阈值低,相反,兴奋性低的组织则阈值高,因此,阈值常作为衡量组织兴奋性高低的客观指标。

不同种类组织的兴奋性高低不同,同一组织的不同单位其兴奋性高低也可不同。例如腓肠肌是由许多肌纤维组成的,各条肌纤维的兴奋性高低并不相同。实验中,采用单一方波电刺激直接(或通过神经间接)刺激腓肠肌时,如刺激强度太弱,则不能引起肌肉收缩,只有达到一定强度时,才能引起肌肉发生最微弱的收缩。这种刚能引起最小反应的最小刺激强度称阈强度(或称强度阈值,简称阈值)。刚达到阈强度的刺激称阈刺激。这时引起的肌肉收缩称阈收缩。以后随着刺激强度的增加,肌肉收缩也相应地逐步增大,这时刺激的强度超过阈值故称为阈上刺激。当刺激强度增大至某一数值时,肌肉出现最大收缩反应。此时如再继续增加刺激强度,肌肉收缩却不再增大。这种能使肌肉发生最大收缩反应的最小刺激强度称为最适强度。具有这种强度的刺激称为最大刺激。最大刺激引起的肌肉收缩称最大收缩。可见在一定范围内,骨骼肌收缩的大小决定于刺激的强度,这是刺激与组织反应之间的一个普遍规律。

本实验的目的是通过实验使学生掌握阈刺激、阈上刺激和最大刺激的概念,了解刺激强度与反应大小的一般关系,并获得一份完整的曲线结果。

【实验对象】

蟾蜍或蛙。

【实验器材和药品】

1. 仪器  生物机能实验系统,张力换能器。
2. 器械  手术器械1套,肌动器,支架,双凹夹等。
3. 药品  任氏液。

【实验步骤和观察指标】

1. 仪器装置  准备好生物机能实验系统及张力换能器的记录装置(参见第二篇第一章《常用生理科学实验仪器》)。根据实验情况调节适当的显示速度或走纸速度,以利于观察。

2. 手术操作  按本章实验一制备坐骨神经腓肠肌标本,并置于任氏液中浸泡10~15min。将标本的股骨残端固定于肌动器的螺旋孔内,将跟腱与张力换能器悬臂的着力点用丝线连接,通过调节丝线紧张度,使腓肠肌处于自然拉长的长度。

3. 观察与记录  ①启动电脑中的生物机能实验系统,在菜单"输入信号"中选择相应观察通道的"张力"指标,点击开始按钮。②设置刺激器参数,在电刺激设置属性页中,刺激方式为"单刺激",首先将"刺激强度1"的值调至最低,然后逐渐增加刺激强度值,在每一次改变刺激强度的时候,均点击刺激按钮,观察肌肉收缩曲线的变化。其他刺激参数为默认值。③当刺激强度达到某一值时,肌肉开始微弱收缩,此时在电脑上将观察到记录曲线有一次弱小的收缩曲线,即为阈收缩,此时所用的刺激为阈刺激。记录下此时的刺激强度。待肌肉恢复(即曲线回到原位置)后,再继续增强刺激,观察并记录收缩反应。随着刺激强度的增加,

肌肉收缩也相应增大,记录纸上描记出的曲线也相应增高。但当肌肉收缩达到一定高度时再增强刺激,肌肉收缩曲线不能继续升高,即为最大收缩,所用刺激称为最大刺激。

另外,实验也可选择生物机能实验系统中的实验模块来完成,具体步骤为:选择"实验项目",在"肌肉神经实验"组中选择"刺激强度与反应的关系"模块,在弹出的对话框中设置各参数即可完成实验(详见 BL-420 介绍)。观察指标与上述相同。

【注意事项】
每两次刺激之间要让肌肉休息半分钟,并用任氏液湿润标本,以保持良好的兴奋性。

【思考题】
1. 骨骼肌的收缩与刺激强度之间的关系如何?
2. 为什么在阈刺激和最大刺激之间,骨骼肌收缩会随刺激强度的增强而增强?

(邓子夫　吉丽敏)

## 实验三　骨骼肌的单收缩、复合收缩和强直收缩

【实验原理与目的】
收缩是肌肉兴奋的外在表现。肌肉收缩有两种形式,即等长收缩和等张收缩。给活的肌肉一个短暂的有效刺激,肌肉会发生一次等长或等张收缩,此称为单收缩。单收缩的全过程可分为潜伏期、收缩期和舒张期,其具体时间和收缩幅度可因不同动物和肌肉以及肌肉当时的机能状态的不同而有所不同。如蛙腓肠肌的单收缩共历时约 0.12 s,其中潜伏期约 0.01 s,收缩期约 0.05 s,舒张期约 0.06 s。若给肌肉相继两个有效刺激,且使两个刺激的间隔时间小于该肌肉单收缩的总时程,则引起肌肉的收缩可以总和起来,出现一连续的收缩,称之为复合收缩。当给肌肉一串有效刺激时,可因刺激频率不同,肌肉呈现不同的收缩形式。如果刺激频率很低,即相继两个刺激的间隔时间大于单收缩的总时程,肌肉出现一连串的在收缩波形上彼此分开的单收缩。若逐渐增大刺激频率,使后一个刺激总是落在前一个刺激引起的肌肉收缩的舒张期,肌肉则呈现锯齿状的收缩波形,称之为不完全强直收缩。再增大刺激频率使后一个刺激总是落在前一次肌肉收缩的收缩期,肌肉将处于完全的持续的收缩状态,看不出舒张的痕迹,称之为完全强直收缩。强直收缩的幅度大于单收缩的幅度,并且在一定范围内,当保持刺激的强度和作用时间不变时,肌肉的收缩幅度随着刺激频率的增大而增大(图 3-1-3-1)。

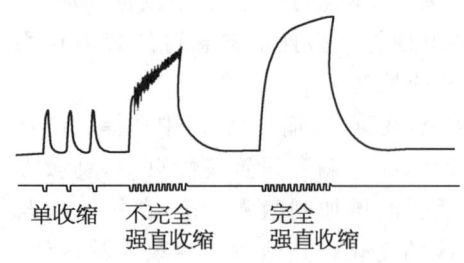

图 3-1-3-1　蛙腓肠肌单收缩、不完全强直收缩和完全强直收缩曲线

本实验的目的在于观察刺激频率和肌肉收缩形式之间的关系,从而认识机体在自然状态下肌肉的收缩形式、产生机制及其生理意义。

【实验对象】
蟾蜍或青蛙。

【实验器材和药品】
1. 仪器　生物机能实验系统,张力换能器,肌动器。
2. 器械　手术器械 1 套,培养皿,支架,双凹夹。

3. 药品　任氏液。

【实验步骤和观察指标】
1. 仪器装置　准备好生物机能实验系统及张力换能器(参见第二篇第一章《常用生理科学实验仪器》)。
2. 手术操作　按本章实验一制作坐骨神经腓肠肌标本,将其浸泡在任氏液中数分钟,待其兴奋性稳定。然后,将已制备好的蛙腓肠肌标本用丝线系于张力换能器上,通过调节丝线紧张度,使腓肠肌处于自然拉长的长度。同时将刺激输出线的两个接头夹在肌动器的刺激电极上。
3. 观察与记录
(1) 观察骨骼肌单收缩：启动单次刺激,可见肌肉出现一次单收缩。
(2) 观察复合收缩：启动双刺激,观察双刺激引起的复合收缩。
(3) 观察不完全与完全强直收缩：启动连续刺激,并逐渐增大刺激频率,观察不完全收缩和完全强直收缩。

【注意事项】
1. 每次刺激之后必须让标本有一定的休息时间,并给标本滴加任氏液。
2. 注意应将坐骨神经与刺激电极紧密接触。

【思考题】
1. 不同的骨骼肌,引起完全强直收缩的刺激频率是否相同？为什么？
2. 同一块肌肉,其单收缩、复合收缩和强直收缩的幅度是否相同？为什么？
3. 请解释离体肌肉疲劳的原因。

(许闽广)

## 实验四　神经干动作电位、传导速度和不应期测定

【实验原理与目的】
可兴奋组织如神经纤维在受刺激而兴奋时,细胞膜电位将发生一系列短暂的变化。由安静状态下的膜外正膜内负的静息电位变为兴奋状态下的膜外负膜内正的去极化状态。因此,在膜外兴奋区相对于未兴奋区来说电位为负。这种电位差所产生的局部电流又引起邻近未兴奋区的去极化,使兴奋沿细胞膜传向整个细胞,而原来的兴奋区的膜电位又恢复到膜外正膜内负的静息水平。这种可传播的、短暂的膜电位变化称之为动作电位。可兴奋组织在一次兴奋之后,其兴奋性要经历一个规律的时相变化,依次是绝对不应期、相对不应期、超常期和低常期,然后才恢复到正常的兴奋性水平。本实验目的在于观察神经干动作电位的基本波形、潜伏期、幅值及时程,观察不同刺激强度对神经干动作电位波形的影响。了解神经纤维兴奋传导速度测定的基本原理和方法,以及神经纤维兴奋后兴奋性变化的规律。

【实验对象】
蟾蜍或青蛙。

【实验器材和药品】
1. 仪器　生物机能实验系统。
2. 器械　手术器械1套,神经标本屏蔽盒。

3. 药品　任氏液。

4. 其他　滴管，滤纸片，棉球。

【实验步骤和观察指标】

1. 仪器装置　准备好生物机能实验系统及相关电极(参见第二篇第一章《常用生理科学实验仪器》)。

2. 手术操作　按本实验一制作坐骨神经腓肠肌标本，将其浸泡在任氏液中数分钟，待其兴奋性稳定。然后，将神经标本屏蔽盒内所有的电极用任氏液棉球擦拭，用镊子夹住神经标本两端扎线，将标本横搭在神经标本屏蔽盒的电极上，盖好标本盒盖，并将刺激电极、引导电极及地线等接线连好(神经干粗端置于刺激电极处，细端置于记录电极)。

3. 观察与记录

(1) 寻找阈刺激和最大刺激：先将刺激强度设为零，再逐渐增大，直至出现动作电位(此时的刺激强度即为阈强度)；逐渐增大至动作电位幅度达到最大值为止，该强度的刺激为最大刺激(记下该强度值)。

(2) 测定传导速度：测量两记录电极之间的距离 s(mm)和传导所用时间 t(ms)，然后，根据公式 v=s/t，计算出传导速度。

(3) 观察不应期：给神经干最大刺激强度使之出现两个大小相等的动作电位，如果出现则用改变刺激间隔的时间，逐渐缩短两刺激间隔时间至第 2 个动作电位刚好变小，此时的刺激间隔时间即为动作电位的恢复周期。如再逐渐缩短刺激间隔时间，第 2 个动作电位刚好消失，则该不应期为绝对不应期。记下绝对不应期，动作电位恢复周期减去绝对不应期就等于相对不应期。

(4) 观察双相动作电位及单相动作电位：以上观察到的都是双相动作电位，用小镊子将两根引导电极($\Upsilon_1$ 至 $\Upsilon_2$)间的神经干夹伤，可见动作电位的第二相消失，变为单相动作电位。

【注意事项】

1. 神经干标本分离要足够长，要剥离干净但又不损伤神经主干。分离时应用眼科剪小心剪去神经分支及周围结缔组织，切忌撕拉。

2. 神经干标本应与记录电极紧密接触，特别要注意与中间接地电极的接触。神经干不能打折，既要经常保持湿润，又要注意防止电极间短路。

3. 刺激强度应从最小的强度开始，逐步增加刺激强度，且持续刺激时间不宜过长，防止损伤神经干。

【思考题】

1. 为什么记录到的双相动作电位的第一相和第二相的波形、幅值不对称？

2. 简述双相动作电位和单相动作电位的产生原理。两者在时程和幅度上有何不同？

3. 为什么在一定范围内，神经干动作电位的幅度随着刺激强度增大而增大？这与动作电位产生的"全或无"现象有无矛盾？

(许闽广)

# 第二章 循环系统实验

## 实验一 蛙心起搏

【目的和原理】

哺乳动物心脏的特殊传导系统具有自动节律性,但各部分的自律性高低不同。以窦房结的自律性最高,正常的心脏搏动每次都由窦房结发出,传到心房、心室引起收缩,所以窦房结被称为哺乳动物心脏正常的起搏点。两栖类动物的起搏点是静脉窦。

本实验的目的是通过改变局部温度和结扎方法来观察蛙心起搏点和蛙心脏不同部位的自律性高低。

【实验对象】

蛙或蟾蜍。

【实验器材和药品】

1. 器械　手术器械1套。
2. 药品　任氏液。
3. 其他　蛙心夹,小试管,滴管,棉线。

【实验步骤和观察项目】

1. 手术操作

（1）取蟾蜍或蛙1只,用探针破坏脑和脊髓后,将蛙仰卧固定在蛙板上,用粗剪刀于胸骨下方2 cm处剪开胸骨表面皮肤,以镊子提起胸骨剑突,并用剪刀向胸骨作一"V"形切口,注意勿伤及心脏,剪去胸骨时即可见心脏包在心包中,仔细剪开心包膜,暴露心脏。

（2）以钝头玻璃分针提举起蛙心,参阅图3-2-1-1识别静脉窦、心房、心室等组织。可见静脉窦,接受两前腔静脉及一后腔静脉。静脉窦与心房相连接处有一半月形白线(窦房沟)。左心房接受肺静脉,两心房汇合于一心室。在前面可见主动脉圆锥(动脉球)离开心室,然后分为二主干即左及右主动脉,每一主干不久又分为三支即颈总动脉、主动脉和肺动脉。

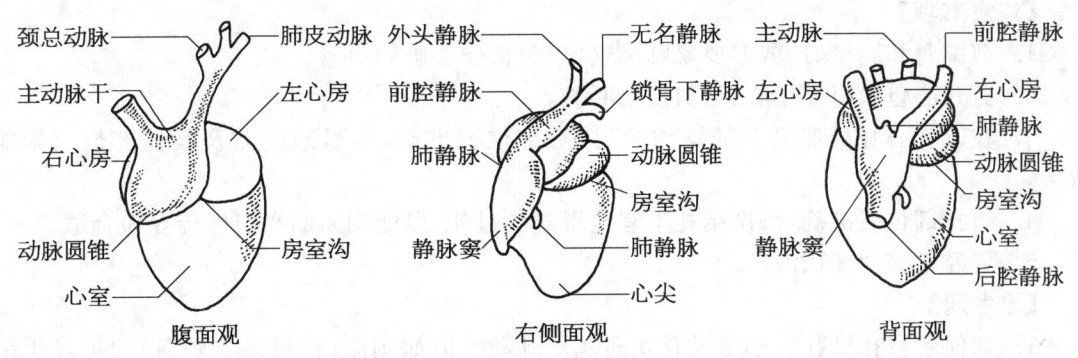

**图 3-2-1-1**　蛙心示意图

2. 观察与记录

(1) 观察静脉窦、心房、心室的跳动次序,并计算它们在同单位时间内的跳动次数。注意每次心脏收缩时都是静脉窦最先开始收缩,随后为两心房同时收缩,再后为心室收缩。

(2) 用盛有35～40℃热水的小试管(或用加热的刺针柄)或用小冰块先后分别接触心室、心房和静脉窦以改变它们的温度,并分别肉眼观察和记录心脏跳动频率的改变。

(3) 斯氏第一结扎。记录正常心脏跳动后用细镊子在主动脉干下穿一线备用,再用玻璃分针将心尖翻向头端,暴露心脏背面,找到静脉窦和心房交界的半月形白线(窦房沟),然后将预先穿入的线沿着半月形白线处进行结扎,以阻断静脉窦和心房间的传导,观察此时静脉窦是否照常跳动,而心房、心室是否停止跳动？以单个机械刺激心室,解释是否有单个收缩？为什么？

(4) 经若干时间(5～30 min,或更长时间)后,心房、心室如已恢复跳动,则分别计数单位时间内静脉窦和心房、心室跳动次数,并观察它们的跳动节律是否一致。

在等候心房及心室恢复跳动期间,学生可做其他项目实验。

(5) 斯氏第二结扎。心房、心室恢复跳动后,在心房、心室交界处(房室沟)作一结扎(也可用另一个心脏),观察心房、心室及静脉窦各自跳动频率,并与结扎前比较是否相同。当心室停止跳动经若干时间后又恢复跳动,比较心室跳动频率与心房跳动频率的变化特点,分析其原因。

(6) 将观察记录的蛙心搏动情况填入表3-2-1-1。

表3-2-1-1 温度与结扎对蛙心起搏的影响

| 实 验 条 件 | 静脉窦(次/min) | 心房(次/min) | 心室(次/min) |
| --- | --- | --- | --- |
| 正常状态 | | | |
| 心室　加温35～40℃ | | | |
| 　　　冰块降温 | | | |
| 心房　加温35～40℃ | | | |
| 　　　冰块降温 | | | |
| 静脉窦　加温35～40℃ | | | |
| 　　　　冰块降温 | | | |
| 斯氏第一结扎 | | | |
| 斯氏第二结扎 | | | |

【注意事项】

1. 剪胸骨和胸壁时,剪刀要紧贴胸壁,以免损伤心脏和血管。
2. 剪开心包膜时要小心,切勿损伤心脏。
3. 在改变心脏局部温度的操作中,接触部位要准确,尽量减少波及其他部位而影响效果。
4. 结扎部位要准确,每次结扎不宜扎得过紧过死,以能刚阻断兴奋性传导为合适。
5. 要经常滴加任氏液。

【思考题】

1. 如何解释在结扎后心房没有立即恢复跳动？但如刺激(机械或点刺激)即可发生跳动,为什么？

2. 在实验中能不能先做斯氏第二结扎,后做斯氏第一结扎？为什么？

（邓子夫　赵善民）

# 实验二　期前收缩和代偿间歇

【实验原理与目的】

在每次心动周期中,心肌每发生一次兴奋—收缩后,其兴奋性将发生一系列周期性变化。心肌兴奋后其兴奋性变化的特点是有效不应期特别长,在此期间给予任何强大刺激均不能引起心肌兴奋收缩。随后为相对不应期,在此期给予心肌强的刺激可引起心肌兴奋收缩,最后为超常期。后两期均处于心肌舒张期内,因此,在舒张期如果在窦房结（两栖类为静脉窦）按正常节律性兴奋下达以前,给予心室肌一次适当的阈上刺激可引起一个提前出现的扩布性兴奋和收缩,称为期前收缩或额外收缩,也称早搏。期前收缩也有自己的有效不应期,而随后窦房结传来的正常的节律性兴奋,常常落在这个期前收缩的有效不应期中,因而不能引起心室的兴奋和收缩,这样心室较长时间地停留在舒张状态,直至下一次窦房结正常的节律性兴奋到达时才恢复原来的正常的节律性兴奋和收缩。因此,期前收缩后就会出现一个较长时间的舒张间歇期,称为代偿间歇。

本次实验的目的是学习在体蛙（或蟾蜍）心跳曲线的记录方法,进而通过对期前收缩和代偿间歇的观察,了解心肌兴奋性变化的特点。

【实验对象】

蛙或蟾蜍。

【实验器材】

1. 仪器　生物机能实验系统,张力换能器,刺激电极。
2. 器械　手术器械1套,铁支架,双凹活动夹。
3. 药品　任氏液。
4. 其他　棉线,蛙板,蛙心夹,玻璃小烧杯,吸管。

【实验步骤和观察指标】

1. 仪器装置　用生物机能实验系统的"期前收缩与代偿间歇"实验模块,记录蛙心收缩曲线（参见第二篇第一章《常用生理科学实验仪器》）。
2. 手术操作　取蛙（或蟾蜍）1只,用蛙探针破坏其脑和脊髓,暴露蛙心,用连线的蛙心夹在心舒张期夹住心尖约1 mm。
3. 观察与记录

(1) 记录正常的心跳曲线,并观察心房和心室波段。

(2) 分别在心室舒张期的早、中、晚期刺激心室（注意每刺激一次后,要待恢复正常几个心跳曲线之后再行第二次刺激）。观察心跳曲线有何变化？注意能否引起期前收缩,它的后面是否出现代偿间歇？

(3) 以上述同等刺激强度的电刺激,在心室收缩期给予心室一次刺激,观察心跳曲线有否改变,如增加刺激强度,在心缩期再给予一次刺激,心跳曲线有否发生改变？为什么？

【注意事项】

1. 记录曲线时应及时加以说明注释。

2. 实验过程中,应经常用任氏液湿润心脏。

3. 装在心室上的刺激电极应避免短路。

4. 心跳曲线的上升支应代表心室收缩,下降支代表心室舒张,如相反则应将换能器倒向。

5. 选择适当的阈上刺激强度时,可先用刺激电极刺激蟾蜍的腹壁肌肉,以检测强度是否适宜。

【思考题】

1. 讨论期前收缩和代偿间歇产生的原因。
2. 心肌有效不应期长有何生理意义?
3. 当心率过速或过缓时,期前收缩后是否一定会出现代偿间歇?为什么?
4. 本实验如果实验结果不理想,甚至失败,原因何在?

(邓子夫　赵善民)

## 实验三　某些理化因素和递质对离体蛙心的影响

【实验原理与目的】

心脏的正常节律性活动必须在适宜的理化环境里才能维持,一旦适宜的理化环境被干扰或破坏,心脏活动就会受到影响。在体心脏受自主神经的双重支配,交感神经兴奋时,其末梢释放去甲肾上腺素,使心肌收缩力加强,传导增快,心率加快;而迷走神经兴奋时,其末梢释放乙酰胆碱,使心肌收缩力减弱,心率减慢。

离体心脏灌流,是在有控制的条件下研究体液因素以及药物对心肌作用机制的重要实验方法。两栖类动物的心脏无冠状循环,心肌的血液供应直接来自心室腔,故灌流时套管插入心室腔内,但灌流哺乳动物心脏时则须通过冠状血管。

本实验是将蛙心离体后,用人工配制理化特性近似蛙血浆的任氏溶液灌流,在一定时间内,可保持节律性收缩和舒张,如改变任氏液的组成成分或浓度,心脏活动的强度和频率将受到影响。

本实验的目的是学习离心蛙心灌流的方法和观察内环境变化对离体蛙心功能的影响。

【实验对象】

蟾蜍或蛙。

【实验器材和药品】

1. 仪器　生物机能实验系统,张力换能器,温度计,恒温水浴器。
2. 器械　手术器械1套,铁支架,双凹夹,离体蛙心灌流装置。
3. 药品　任氏液,0.65%NaCl,2%$CaCl_2$、1%KCl,3%乳酸,2.5%$NaHCO_3$,1:10 000去甲肾上腺素,1:10 000乙酰胆碱。
4. 其他　棉线,试管夹,蛙心插管,滴管,烧杯。

【实验步骤和观察指标】

1. 仪器装置

(1) 准备好生物机能实验系统及张力换能器记录装置(见第二篇第一章《常用生理科学实验仪器》)。

(2) 准备好离体蛙心灌流装置,并与记录仪器相联接。

2. 手术操作

(1) 取一蟾蜍,破坏脑、脊髓,暴露心脏。

(2) 用小镊子夹起心包膜,仔细识别心房、心室、动脉圆锥、主动脉、静脉窦、前后腔静脉等。

(3) 在右主动脉下穿一根线并结扎,再在左、右主动脉下穿一根线。将心脏用玻璃分针向上翻至背面,将前后腔静脉和左右肺静脉一起结扎(注意勿扎住静脉窦)。将心脏回复至原位,在左主动脉下穿两根线,用一根线结扎左主动脉远心端,另一线置主动脉备用。提起左主动脉远心端线,用眼科剪刀在左主动脉上靠近动脉圆椎处剪一斜口,将盛有少量任氏液的蛙心插管由此口插入主动脉,插至动脉圆锥时略向后退,在心室收缩时,向心室后壁方向下插,经主动脉瓣插入心室腔(不可插入过深,以免心室壁堵住插管下口)。插管若成功进入心室,管内液面会随着心室跳动而上下波动。用左主动脉上近心端的备用线结扎插管,并将结扎线固定于插管侧面的小突起上。

(4) 提起插管,在结扎线远端分别剪断左主动脉和右主动脉。轻轻提起插管,剪断左、右肺静脉和前后腔静脉,将心脏离体,用滴管吸净插管内余血,加入新鲜任氏液。反复换洗数次,直至液体完全澄清。保持灌流液面高度恒定(1~2 cm),即可进行实验。

3. 观察与记录

(1) 描记正常蛙心收缩曲线

曲线幅度:代表心脏收缩的强度。

曲线疏密:代表心跳频率。

曲线的规律性:代表心室的节律性。

曲线的顶点水平:代表心室收缩的程度。

曲线的基线:代表心室舒张的程度。

(2) 离子的影响

1) 吸出插管内全部灌流液,换入 0.65% NaCl 观察心缩曲线变化,待效应明显后,吸出灌流液,用新鲜任氏液换洗 3 次,直至心缩曲线恢复正常。

2) 加入 1~2 滴 2% $CaCl_2$ 于新换入的任氏液中,观察心缩曲线的变化。待出现效应后,用新鲜任氏液换洗 3 次至曲线恢复正常。

3) 加 1~2 滴 1% KCl 于新换入的任氏液中,待出现效应后,再用任氏液换洗至曲线恢复正常。

(3) 递质的作用

1) 加入 1~2 滴 1∶10 000 去甲肾上腺素于灌流液中,待效应出现后,用任氏液换洗至曲线恢复正常。

2) 加入 1 滴 1∶10 000 乙酰胆碱于灌流液中,待效应出现后,用任氏液换洗至曲线恢复正常。

(4) 温度的影响:将插管内的任氏液吸出,换入 4℃的任氏液,观察曲线变化,待效应明显后,吸出灌流液,换入室温的任氏液,直至曲线恢复正常。

(5) 酸碱度的影响

1) 加入 2.5% $NaHCO_3$ 溶液 1~2 滴于灌流液中,观察曲线变化,待效应明显后,换用任氏液换洗,直至曲线恢复正常。

2) 加 3% 乳酸 1~2 滴于灌流液中,观察曲线变化。待效应明显后,再加 1~2 滴 2.5% $NaHCO_3$,观察曲线变化。

**【注意事项】**

1. 每次换液时,插管内的液面均应保持恒定高度。
2. 在加化学药物与调换溶液时,须及时做好标记,不要凭记忆而弄错。
3. 本实验所用药品种类较多,吸任氏液的吸管、吸心插管内溶液的吸管和各种药物的吸管要分开,不可混淆,互相污染,以免影响结果。
4. 药物作用不明显时,可加量。
5. 随时滴加任氏液于心脏表面,使之湿润。

**【思考题】**

1. 离体心脏的活动受哪些因素影响?其作用机制如何?在体心脏的活动主要受哪些因素调节?
2. 要使本实验成功,实验过程中要注意哪些问题?

(邓子夫)

## 实验四 减压神经放电

**【实验原理与目的】**

家兔主动脉区的主动脉弓压力感受器的传入神经在颈部单独成一束,称为减压神经或主动脉弓神经。减压神经具有稳定动脉血压的作用。当动脉血压升高或降低时,压力感受器的传入冲动也随之增多或减少,使减压反射相应地增加或减弱,以保持动脉血压相对稳定。

本实验的目的在于观察家兔在体减压神经传入冲动的发放,借以加深对减压反射的理解和认识。

**【实验对象】**

家兔(雌雄不拘)。

**【实验器材和药品】**

1. 仪器 生物机能实验系统,监听器,双极引导电极及其固定支架。
2. 器械 手术器械 1 套,气管插管,注射器(20 ml、5 ml 各 1 支,1 ml 2 支),针头,玻璃分针。
3. 药品 生理盐水,医用液体石蜡,3% 戊巴比妥钠,$10^{-4}$ mol/L 去甲肾上腺素溶液,$10^{-4}$ mol/L 乙酰胆碱溶液。
4. 其他 兔手术台,纱布。

**【实验步骤和观察指标】**

1. 仪器装置 按操作规程准备好生物机能实验系统(参见第二篇第一章《常用生理科学实验仪器》),用"减压神经放电模块"。
2. 手术操作 动物常规麻醉后,分离家兔一侧颈部减压神经(参见第二篇第五章第八节《急性动物实验常用手术方法》)。用皮钳夹住颈部一侧切口边缘的皮肤,使皮肤向外翻做成一小皮兜,用玻璃分针轻轻地把减压神经放到引导电极上,神经不可牵拉过紧,电极不可触及周围组织,并注意动物接地(用接于引导电极外壳的导线夹夹在动物颈部切口处皮肤,使动物接地),将液体石蜡注入皮兜防止神经干燥。

3. 观察与记录

(1) 记录正常的减压神经放电:减压神经的群集放电波形,呈三角形,幅度先大后小,群集放电节律与心率同步,同时能听到监听器发出类似火车开动的声音(图3-2-4-1)。

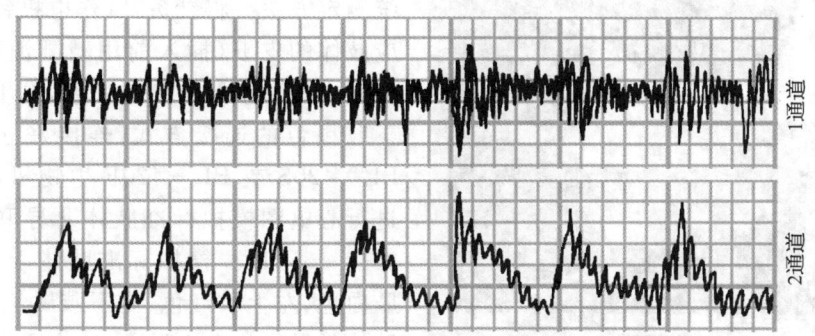

图3-2-4-1  减压神经放电(1通道)及减压神经放电直方图(2通道)

(2) 静脉注射去甲肾上腺素:从耳缘静脉注射1∶10 000去甲肾上腺0.5 ml并做好标记,开始注药的同时,观察减压神经放电的变化。

(3) 静脉注射乙酰胆碱:从耳缘静脉注射1∶10 000乙酰胆碱0.5 ml并作好标记,开始注药的同时,观察减压神经放电的变化。

【注意事项】

1. 分离神经要干净,且不能过度牵拉神经,并要注意防止神经干燥。
2. 电极首先放在近中枢端,如果描记不出神经放电,再把引导电极往外周端移动。

【思考题】

1. 减压神经有什么作用?
2. 减压神经的放电活动与动脉血压之间有何关系?

(许闽广)

## 实验五  大鼠心电图的测定

【实验原理与目的】

心电图是重要的生理指标。动物心电图的测量方法与技术是生理科学实验教学所要求的基本技能之一。

本实验主要介绍大鼠心电图的测量方法与技术。

【实验对象】

大鼠,雌雄不拘,体重200~300 g左右。

【实验器材与药品】

1. 仪器  BL-420S或BL-420F生物机能系统,或心电图机(热笔式直接描记型)。
2. 器械  手术器械1套,大鼠固定板,针灸针9根,1 ml注射器。

3. 药品  3%戊巴比妥钠溶液，2%碘酒。

4. 其他  棉签，棉布带，棉绳。

【实验步骤与观察指标】

1. 麻醉及固定大鼠  取大鼠1只，称重，腹腔注射3%戊巴比妥钠溶液1 ml/kg。待动物麻醉后，用粗棉线将其仰卧位固定在大鼠固定板上。

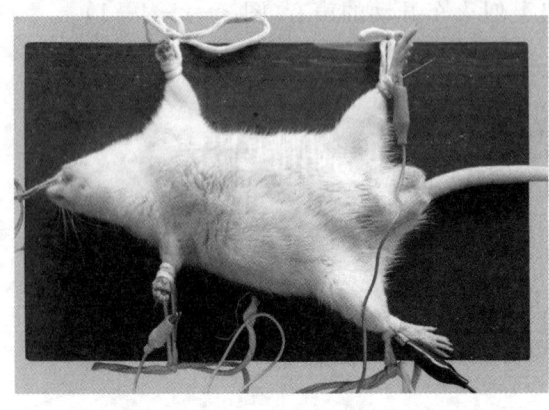

图3-2-5-1  大鼠心电图标准肢体Ⅱ导联

2. BL-420S或BL-420F生物机能系统测定方法  将针灸针（作电极针用）插入相应肢体的皮下（插入前用碘酒消毒肢体踝部内侧皮肤），按照右上肢白色，左下肢红色，右下肢黑色的连接方式，连接好导联线，启动BL-420S或BL-420F生物机能系统即可进行心电图模拟标准肢体Ⅱ导联的记录（图3-2-5-1）。模拟标准肢体Ⅰ导联为右上肢白色，左上肢红色，右下肢黑色。模拟标准肢体Ⅲ导联为左上肢白色，左下肢红色，右下肢黑色。其中白色为负输入极导联线，红色为正输入极导联线，黑色为接地线。胸导联的放置以胸骨体的下缘为平面，紧邻胸骨左右为$V_1$、$V_2$导联，锁骨中线、腋前线、腋中线分别为$V_4$、$V_5$、$V_6$导联，$V_2$与$V_4$的中点为$V_3$导联。

3. 心电图机测定方法  若用心电图机测大鼠心电图，胸导联连接方法与上述胸导联电极安置部位相同。标准肢体导联为右上肢红色，左上肢黄色，左下肢绿色，右下肢黑色。纸速5 mm/s，标准电压10 mV/mm，调整基线居中，启动STAR键，并切换各导联即可测定心电图。

4. 观察指标  从心电图上获得的指标主要有：P波的幅度，QRS波的时间，P-R间期的时间，R-R间期的时间，S-T段的变化，T波的变化等。P波代表心房的电活动，QRS波代表心室的电活动，P-R间期反映兴奋从心房到心室传导的情况，R-R间期反映心率的变化和节律是否整齐，S-T段的变化多反映心肌供血的情况，T波反映心室复极化的情况，见图3-2-5-2。

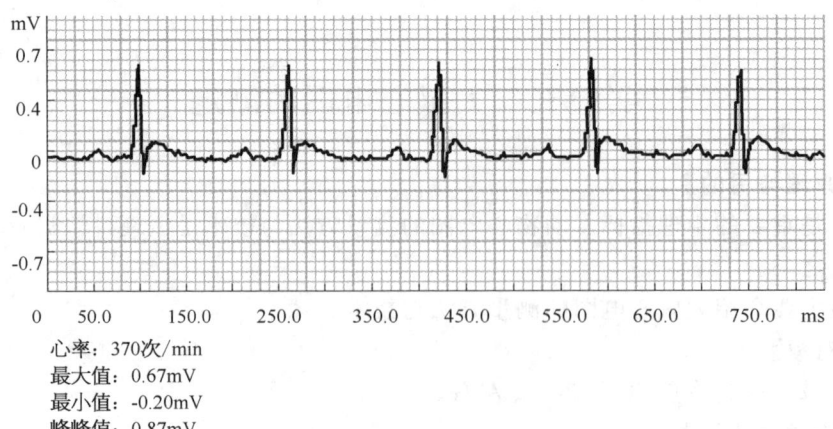

图3-2-5-2  大鼠心电图标准肢体Ⅱ导联波形
（BL-420S生物机能系统记录）

利用系统提供的区间测量工具,测量相邻心电图之间R-R波的时间,根据公式:HR(心率)=60/R-R间期(次/min),计算大鼠心率。

与人的心电图比较:大鼠心率很快,达350次/min左右,而人的心率一般为75次/min左右,另外人的心电图S-T段明显,而大鼠S-T段无或不明显。

**【注意事项】**

1. 大鼠心电图的采集、记录,四肢电极的放置是十分重要的。一定要将电极针插到四肢的皮下,因为如果插入肌肉,就会有肌电的干扰,影响心电图的记录。

2. 记录心电图时,心电图机或者记录仪器都要有较好的地线连接,否则会有其他电信号的干扰。

**【思考题】**

1. 大鼠标准肢体Ⅱ导联心电图波形与正常人体波形有何异同?为何大鼠S-T段缺失或不明显?

2. 用BL-420S系统测心电图时,先按右上肢白色,左下肢红色,右下肢黑色的连接方式安放引导电极记录标准肢体Ⅱ心电图,然后对调引导电极(即右上肢红色,左下肢白色)再次记录标准肢体Ⅱ导联心电图,比较两者有何不同?并解释其原因。

3. 除了利用R-R间期计算心率的方法外,还有其他什么方法可以计算心率?

(许闻广)

## 实验六 血压和心率的神经、体液调节

**【实验原理与目的】**

血压和心率主要受神经、体液的调节。神经调节是指中枢神经系统通过各种心血管反射,如压力感受性反射或化学感受性反射对血压和心率进行调节。体液调节是指血液和组织液中所含有的一些化学物质如肾上腺素等通过对相应受体的作用,对心肌和血管平滑肌活动进行调节,从而引起血压和心率的变化。肾上腺素与乙酰胆碱的拟似药与阻断药也可对心血管活动进行调节,引起心血管的功能(包括血压、心率)发生相应改变。

本实验的目的是以动脉血压和心率为指标,观察整体情况下一些神经、体液因素对心血管活动的调节。观察与分析各外源性传出神经系统药物对受体选择性的差异与所产生效应的关系;分析各受体的激动剂与拮抗剂的相互作用,从而了解各药的作用原理。

**【实验对象】**

犬,体重8~12 kg,或兔,体重2~2.5 kg。

**【实验器材和药品】**

1. 仪器 生物机能实验系统,血压换能器,刺激电极。

2. 器械 手术台,手术器械1套,动脉插管,活动双凹夹,铁支柱,三通管,静脉输液装置,注射器(1 ml 3支,5 ml、20 ml各1支)。

3. 药品 3%戊巴比妥钠,0.5%肝素生理盐水,0.5%盐酸麻黄碱,$10^{-4}$ mol/L 肾上腺素,$10^{-5}$ mol/L 肾上腺素,$10^{-4}$ mol/L 去甲肾上腺素,$10^{-5}$ mol/L 异丙肾上腺素,1%酚妥拉明,$10^{-3}$ mol/L 普萘洛尔,$10^{-5}$ mol/L 乙酰胆碱(ACh),$10^{-3}$ mol/L ACh,$10^{-3}$ mol/L 毛果芸香碱,1%阿托品,生理盐水。

4. 其他 有色丝线，纱布，脱脂棉花。

**【实验步骤和观察指标】**

1. 仪器装置 按操作规程准备好生物机能实验系统的血压记录装置及电刺激装置（参见第二篇第一章《常用生理科学实验仪器》）。

2. 手术操作

（1）动物麻醉与固定：动物称重后，以3%戊巴比妥钠1 ml/kg（30 mg/kg）静脉注射麻醉。将麻醉好的动物仰卧位固定于动物手术台上。

（2）备皮：剪去颈部及左右双侧腹股沟（手术部位）的被毛。

（3）分离一侧迷走神经：在颈部正中切开6～8 cm皮肤，分离出一侧迷走神经以备电刺激用。

（4）分离颈部血管：分离出两侧颈总动脉，分别穿线备用。

（5）分离股部血管并插管：于右侧腹股沟动脉搏动明显处沿动脉走向切开皮肤约5 cm，分离出右侧股动脉；用同样方法在左侧腹股沟处分离出左股静脉。行右股动脉插管，与压力换能器连接，记录血压。行左股静脉插管，与充满生理盐水的输液装置相连接，维持每分钟10～15滴，保持管道通畅，以备静脉注射药物用。

3. 观察与记录

（1）正常血压曲线：动脉血压随心室的收缩和舒张而变化。心室收缩时血压上升，心室舒张时血压下降，这种血压随心动周期波动称为"一级波"（心搏波），其频率与心率一致。此外可见动脉血压亦随呼吸而变化，吸气时血压先是下降，继则上升，呼气时血压先是上升，继则下降。这种波动叫"二级波"（呼吸波），其频率与呼吸频率一致。有时还可见到一种低频率（几次到几十次呼吸波为一周期）的缓慢波动，称为"三级波"，可能与心血管中枢的紧张性周期有关。

（2）神经反射对血压及心率的调节

1）牵拉颈总动脉：手持预先穿好的丝线，向心脏方向轻轻拉紧右侧颈总动脉，持续10～15 s，观察血压变化。

2）夹闭颈总动脉：用动脉夹夹闭左侧颈总动脉5～10 s，观察血压变化。再夹闭两侧颈总动脉5～10 s，观察血压变化。

3）电刺激迷走神经外周端，观察血压及心率的变化。

（3）外源性体液因子（药物）对血压及心率的调节：待血压平稳后，描记一段正常血压曲线，即按下列顺序由静脉插管注入药物，每次给药后输入生理盐水（NS）2.0 ml。实验前可先输入NS 3.0 ml，连续3次，观察每次输入NS是否引起血压、心率的变化。前一种药物作用消失后，再给下一种药物。

A组：拟肾上腺素药实验。①生理盐水3 ml。②$10^{-4}$ mol/L 肾上腺素液（adrenaline）0.1 ml/kg（10 ug/kg）。③$10^{-4}$ mol/L 去甲肾上腺素液（norepinephrine）0.1 ml/kg（10 ug/kg）。④$10^{-5}$ mol/L 异丙肾上腺素液（isoprenaline）0.1 ml/kg（1 ug/kg）。⑤0.5%盐酸麻黄碱（ephedrine）0.1 ml/kg（0.5 mg/kg）。

B组：α受体阻断药实验。①$10^{-5}$ mol/L 肾上腺素液 0.1 ml/kg（1 ug/kg）。②1%酚妥拉明（phentolamine）0.3 ml/kg（3 mg/kg），3 min后再给下药。③重复本组①。④重复A组③、④项。

C组：β受体阻断药实验。①$10^{-3}$ mol/L 普萘洛尔液(propranolol) 0.3 ml/kg(0.3 mg/kg)。（注意缓注，以防血压过度降低）。②重复A组④。③重复A组②、③两项。

D组：拟胆碱及抗胆碱药实验。①将 $10^{-5}$ mol/L Ach 用4支试管依10倍稀释为 $10^{-6}$ mol/L，$10^{-7}$ mol/L，$10^{-8}$ mol/L，$10^{-9}$ mol/L。然后从低浓度至高浓度依次注射 0.1 ml/kg，测定 Ach 引起血压下降的最小有效量。②$10^{-3}$ mol/L 毛果芸香碱液(pilocarpine) 0.1 ml/kg(0.1 mg/kg)。③1%阿托品液(atropine) 0.1 ml/kg(1 mg/kg)。④最小有效量的 ACh。⑤重复本组②。⑥$10^{-3}$ mol/L ACh，5 ml(不计体重)。

【注意事项】
1. 每项实验后，应等血压基本恢复并稳定后再进行下一项。
2. 每次注射药物后应立即用注射器注射 2 ml 左右生理盐水，以防止药液残留在针头、插管内及局部静脉中，影响下一种药物的效应。

【思考题】
1. 动脉血压是如何保持相对稳定的？
2. 夹闭一侧及两侧颈总动脉，血压的变化及其发生机制有何不同？
3. 拟肾上腺素药和抗肾上腺素药的代表药物有哪些，各（主要）作用于哪些受体，对血压影响的作用如何？
4. 拟胆碱药的代表药物有哪些？其主要临床适应证是什么？
5. 作用于 α 和 β 受体的药物中，哪些药物（列出具体药名）之间存在着拮抗作用（属于受体的竞争性、非竞争性拮抗或药物效应的生理性拮抗），这些拮抗作用有何临床意义？

（陈世民　符　健）

## 实验七　犬失血性休克

【实验原理与目的】
休克是一种全身性病理过程，失血、创伤、感染、过敏等多种原因都可以引起休克。血容量急剧降低、血管容量扩大和急性心功能衰竭可以作为休克的始动环节。休克发生发展的关键是微循环灌注障碍。犬失血性休克模型很稳定，动物耐受性较强，操作方便，缺点是费用较大。

本实验通过对犬大量放血，使其血容量急剧降低，复制出犬失血性休克模型，观察失血性休克时血流动力学改变及微循环变化，探讨其发生机制。

【实验对象】
犬，体重 8.0~12.0 kg。

【实验器材和药品】
1. 仪器　生物机能实验系统，血压换能器，张力换能器，光学显微镜，超级恒温水浴器。
2. 器械　手术器械1套，中心静脉压测量及输液装置，微循环观察装置(恒温灌流盒)，动脉导管，静脉导管，输尿管插管，记滴器，500 ml 烧杯，5 ml、10 ml 及 50 ml 注射器，体温计，三通管。
3. 药物　生理盐水，0.5%肝素生理盐水(5 mg/ml)，3%戊巴比妥钠溶液，微循环灌流液(1%明胶台氏液)。

4. 其他　丝线,纱布,吸管,连接大号针头的胶管,硅胶管,擦镜纸。

【实验步骤和观察指标】

1. 仪器装置　按操作规程准备好生物机能实验系统的血压、呼吸、尿滴记录装置(见第二篇第一章《常用生理科学实验仪器》),准备好微循环观察装置。

2. 手术操作

(1) 动物麻醉与固定:动物称重后,以3%戊巴比妥钠1 ml/kg(30 mg/kg)静脉注射麻醉。将麻醉好的动物仰卧位固定于动物手术台上。

(2) 备皮:剪去颈部、腹部及右侧腹股沟等手术部位的犬毛。

(3) 颈部手术:在颈部正中切开皮肤6~8 cm,分离气管、左颈总动脉和右颈外静脉。①行气管插管并连接马利氏鼓,通过鼓膜运动牵拉张力换能器的弹性敏感梁活动,张力换能器与仪器连接,记录呼吸;②行左颈总动脉插管并经三通管-压力换能器与仪器连接,记录动脉血压;③将静脉导管从右颈外静脉插入到上腔静脉入右心房口处(锁骨下1~2 cm)并与中心静脉压(CVP)测量输液装置连接,行测量中心静脉压和输液用。未测CVP时,维持每分钟10~15滴输液速度,以保持管道通畅。

记录呼吸方法也可在剑突处皮肤上缝1针,用线连接张力换能器,但当动物清醒挣扎时,这种方法容易损坏张力换能器。也可以用呼吸换能器记录呼吸,免马利氏鼓。

(4) 股部手术:于右侧腹股沟动脉搏动明显处沿动脉走向切开皮肤4~5 cm,分离出股动脉。用连接大号针头胶管行股动脉插管,暂不松开动脉夹,备放血用。

(5) 腹部手术

1) 在耻骨联合上作下腹部正中切口,长约5 cm,找到膀胱,在其背面膀胱三角区找到并分离双侧输尿管,插入输尿管导管,用记滴器记录每分钟尿滴数或尿量。

2) 在右侧腹直肌旁作6~8 cm的腹部旁正中切口,钝性分离肌肉,打开腹腔后推开大网膜,找出一段游离度较大的小肠肠襻,轻轻拉出,置于微循环恒温灌流盒内,用显微镜观察肠系膜微循环。

3. 观察与记录　实验过程中动态观察记录的指标包括:动物一般情况、皮肤黏膜颜色、肛温、动脉血压、CVP、尿量和肠系膜微循环(血管口径、血流速和肠系膜毛细血管数及血液流变学参数)。

(1) 放血前:手术完毕,待动物血压平稳后,观察与记录上述各项指标作实验对照值。

(2) 放血造成休克

1) 松开股动脉上的动脉夹,预先在500 ml烧杯中加入肝素2 mg/kg体重,用于收集所放血液。快速放血,在15 min内使平均动脉血压(MAP)降至40 mmHg(5.33 kPa),通过调节放血量,维持MAP于40 mmHg,30 min。

2) 测量放血量。

3) 记录失血期间动物各项观察指标的改变,每5~10 min记录1次,特殊变化随时纪录。

(3) 抢救:将所放出的血液用50 ml注射器从静脉缓缓回输,输血完毕后观察30 min,每10 min记录1次各项观察指标变化。也可设计输入高渗盐水、胶体溶液等其他抢救方案。

【注意事项】
1. 麻醉深浅要适度,麻醉过浅,动物疼痛可致神经源性休克。麻醉过深会出现呼吸暂停,此时应及时做人工呼吸(可用手有节奏地压迫和放松胸廓)。
2. 尽量减少手术创伤引起出血。
3. 牵拉肠襻要轻巧,以免引起创伤性休克。
4. 血压换能器和动脉导管要排除气泡和加入一定量肝素抗凝。静脉导管一经插入后除非测量 CVP,宜缓慢滴入生理盐水(10~15 滴/min),以保持管道通畅。

【思考题】
1. 放血使 MAP 降至 40 mmHg 后即停止放血,MAP 有什么变化?为什么?
2. 急性大量失血是如何引起休克发生的?
3. 为什么输回所失的全部血液后犬血压仍未能恢复至原来的水平?

(陈世民)

## 实验八 家兔失血性休克及抢救

【实验原理与实验目的】
本实验与"犬失血性休克"的原理是一样的,但家兔价格较低,可供实验者选择。
本实验通过复制家兔失血性休克模型观察失血性休克时家兔的血流动力学变化及肠系膜微循环变化,探讨休克的发生机制及比较不同抢救治疗方案的效果。

【实验对象】
家兔,雄性,体重 2.0~2.5 kg。

【实验器材和药品】
1. 器材 BL-420 生物机能实验系统,BI-2000 图像分析系统,恒温灌流盒,输液装置,中心静脉压装置,压力换能器,手术器械,家兔手术台,动静脉插管,导尿管,听诊器,三通阀,1 ml、10 ml、50 ml 注射器。
2. 药品 0.5%肝素生理盐水,生理盐水,蒸馏水,液状石蜡。

【实验步骤和观察指标】
1. 动物麻醉与固定 家兔称重后,通过耳缘静脉注射 3%戊巴比妥钠 1 ml/kg(30 mg/kg)麻醉。将麻醉好的家兔仰卧位固定于动物手术台上。
2. 备皮 剪去手术部位(颈部、股部、腹部)被毛。
3. 手术操作
(1) 在甲状软骨下切开颈正中皮肤约 6 cm,分离左侧颈总动脉和右侧颈外静脉,穿双线备用。
(2) 选一侧股三角区,在该侧后肢沿血管神经走行方向一致长约 4 cm 切口,小心分离股动脉,穿双线备用。
(3) 从耳缘静脉缓慢注入 0.5%肝素溶液 2 ml/kg,使动物全身肝素化。
(4) 向股动脉插入充满肝素带有三通接头的细塑料管 1 根,结扎固定,备放血用。
(5) 行左颈总动脉插管并经三通管-压力换能器与仪器连接,记录动脉血压。
(6) 将静脉导管从右颈外静脉插入到上腔静脉入右心房口处(长 4~5 cm,看见水柱随着呼吸上下波动)并与中心静脉压(CVP)测量输液装置连接,行测量中心静脉压和输液用。连接于中心静脉压装置上的带三通管(测中心静脉压和输液用)的颈外静脉插管。未测CVP时,维持每分钟 10～15 滴输液速度,以保持管道通畅。

4. 肠系膜微循环标本的制备　沿腹直肌旁做一条长约 6 cm 的纵行切口,钝性分离,在腹腔内可见淡粉红色、肠壁较饱满的盲肠,紧贴前腹壁在左下腹侧用卵圆钳钳住游离端阑尾后,将阑尾末端上 8～12 cm 处的回肠襻轻轻拉出腹外,用止血钳夹住腹部切口,以防肠管外溢。用温生理盐水纱布保护平铺固定,将肠系膜放置在恒温灌流盒内以 38℃ 恒温灌流,并将兔灌流盒固定于显微镜镜台上,在显微镜下观察肠系膜微循环。

5. 将导尿管插入尿道(插管前其起始部用液体石蜡润滑)。

6. 测量家兔肛温。

7. 放血前观察动物的各项生理指标,包括皮肤黏膜颜色及温度、血压、心率、中心静脉压、尿量、肛温,肠系膜血流速度、血流量、血管内径等,并作记录。

8. 复制失血性休克动物模型　从股动脉快速放血,直至收缩压下降至为 5.33～5.99 kPa(40～45 mmHg)时,记录此时的出血量,以后根据血压的波动调节放出的血量,使血压维持在此水平。在维持阶段密切观察上述各项指标的变化,每隔 10 min 记录 1 次。

9. 维持血压在 5.33～5.99 kPa(40～45 mmHg)30 min 后,再观察各项指标并记录。

10. 然后可根据休克的病理生理学改变按下列方案或自行设计抢救方案(每组选择其中一种方案),再比较观察抢救效果。

(1) 将放出的血液由静脉快速输回(失血量以最初到 40 mmHg 时的失血量为准)。

(2) 将放出的血液由静脉输回后,再输入与失血量等量的生理盐水。

(3) 将放出的血液由静脉输回后,再输入与失血量等量的生理盐水＋扩血管药物(如 654-2 1 mg/kg)。

(4) 将放出的血液由静脉输回后,再输入与失血量等量的生理盐水＋缩血管药物(如去甲肾上腺素 0.75 mg/kg)。

(5) 单纯输入失血量 2 倍的生理盐水。

11. 抢救后,观察 10 min,再记录各项指标 1 次,然后处死动物,结束实验。

【注意事项】

1. 本实验要尽量减少手术性出血和创伤。
2. 麻醉深浅要适度,麻醉过浅,动物疼痛,可致神经源性休克。
3. 血管插管、压力换能器内及放血的器皿内,事先应加一定量的肝素。
4. 维持过程中血压低于 40～45 mmHg,尽快输入放出的血直到血压升至 40～45 mmHg,如高于 40～45 mmHg,可再抽出一点血直到降至 40～45 mmHg。

【思考题】

1. 动脉血压降低可否认为是判定休克的唯一指标?
2. 休克前后,中心静脉压、尿量有何变化?机制是什么?
3. 休克前后,肛温、皮肤黏膜颜色及温度有何变化?为什么?
4. 救治原则及依据是什么?
5. 对于失血性休克,应选用哪种血管活性药物效果比较好,为什么?

(龙儒桃　马　兰)

# 实验九 大鼠失血性休克

**【实验原理与目的】**

本实验与"犬失血性休克"及"家兔失血性休克"的原理是一样的,但大鼠价格较低,供实验者选择。

本实验的目的是复制大鼠失血性休克的动物模型,观察失血性休克时动脉血压、中心静脉压及微循环的变化,探讨失血性休克的发病机制。

**【实验对象】**

大鼠1只,体重250~350 g,雌雄不拘。

**【实验器材和药品】**

1. 仪器　生物机能实验系统,压力换能器、高级恒温水浴器、光学显微镜。
2. 器械　手术器械1套,三通管,8号、24号针头若干,1 ml、5 ml注射器各1副,小动脉夹,微循环灌流盒。
3. 药品　1%普鲁卡因,5%葡萄糖溶液,20%乌拉坦溶液,0.9%生理盐水,台氏液,肝素溶液(1 000 U/ml)。
4. 其他　外径1.5 mm塑料管,丝线,纱布,擦镜纸等。

**【实验步骤和观察指标】**

1. 仪器装置

(1) 准备好生物机能实验系统的血压记录装置。

(2) 实验前保持高级恒温水浴器水槽内水温在37~38℃,用装有台氏液的输液瓶置于恒温水浴锅中。准备好微循环观察装置。

2. 手术操作

(1) 动物麻醉与固定:给大鼠腹腔注射20%乌拉坦0.5 ml/100g,将其仰卧固定于鼠固定台上。

(2) 备皮:剪去颈前区及腹部被毛。

(3) 行右颈外静脉插管:将外径约为1.5 mm的塑料管(或硅胶管)经右颈静脉切口小心插入至右心房(可通过心房压力波形来判断导管是否插入心房),连接压力换能器或水检压计。分离左颈外静脉,备回输血用。

(4) 肝素化:经导管按0.2 ml/100 g体重的剂量注射肝素溶液(1 000 U/ml),作全身肝素化。

(5) 行颈总动脉插管:分离一侧颈总动脉,行动脉插管,接压力换能器,记录血压用。

(6) 观察肠系膜微循环:向恒温灌流盒内注入37℃左右的台氏液,选择一段游离度较大的小肠襻,轻轻从腹腔中拉出,放置微循环恒温灌流盒内,用光学显微镜观察肠系膜微循环。

3. 观察与记录　在实验过程中动态观察的各项指标包括:动脉血压、中心静脉压、微循环变化(微血管、血液流速、流态)等变化。

(1) 放血前:手术完毕,待动物稳定15 min左右,观察与记录上述各指标作实验对照值。

(2) 放血：打开颈总动脉插管上的三通管放血，在 15 min 内使动脉血压缓慢降至 60 mmHg，记录各项指标。20 min 后，再次放血至动脉血压降至 40 mmHg，记录各项指标。维持血压在 40 mmHg，30 min，每 5～10 min 记录 1 次，特殊变化随时纪录。

(3) 回输血：通过左颈外静脉回输所放出的全部血液，每 10 min 记录指标 1 次，共记录 30 min（如果时间允许，可观察记录 1 小时或更长）。

【注意事项】
1. 麻醉要适度，麻醉过浅，动物疼痛可致神经源性休克；麻醉过深，容易导致呼吸抑制，动物死亡。
2. 牵拉肠襻动作要轻柔，以免造成创伤性休克。
3. 尽量减少因手术而引起的出血。

【思考题】
1. 何谓休克？休克的原因和始动环节？
2. 结合本实验讨论休克各期微循环变化。

（蒙 山 王 密）

## 实验十　毛花苷丙中毒及利多卡因抢救

【实验原理与目的】
毛花苷丙（西地兰）等强心苷类药物能抑制房室传导，提高浦肯野纤维自律性，缩短心肌的有效不应期（effective refractory period, ERP），导致异位自律性提高等，其中毒可引起各种心律失常。利多卡因能降低浦肯野纤维自律性，相对延长 ERP，消除折返激动，能治疗毛花苷丙等强心苷类药物引起的快速型室性心律失常。

本实验的目的是观察强心苷类药物中毒时的心电图变化及利多卡因的抗心律失常作用。了解用心电图描记法检查药物对心脏影响的方法。

【实验对象】
猫 1 只，体重 1.5～2.5 kg，雌雄不拘。

【实验器材和药品】
1. 仪器　心电图机，针形记录电极。
2. 器械　手术台，手术器械，股静脉插管，铁支架，滴定管，注射器。
3. 药品　0.025% 毛花苷丙溶液，0.25% 利多卡因溶液，3% 戊巴比妥钠溶液。
4. 其他　棉线等。

【实验步骤和观察指标】
1. 仪器装置　心电图机的使用，参见《常用实验仪器》中心电图机的详细介绍。
2. 手术操作
(1) 动物麻醉与固定：动物称体重后，腹腔注射 3% 戊巴比妥钠 1.3 ml/kg（39 mg/kg）麻醉。将麻醉好的动物仰卧固定于手术台上。
(2) 分离股静脉并插管：切开一侧腹股沟处皮肤 3～5 cm，分离出股静脉，安插与滴定管相连的静脉插管，用线结扎固定，以备注药。
3. 观察与记录

(1) 记录正常心电图：在动物四肢安插针形电极，选用标准肢体Ⅱ导联，振幅 1 mV＝10 mm，纸速 25 mm/min，作描记心电图准备，先描记一段正常心电图。

(2) 给药并观察与记录心电图：按 7～10 滴/min 左右的速度连续向股静脉内输入含量为 0.025％毛花苷丙溶液，每隔 2 min 记录心电图 1 次，出现明显心律失常时（约半小时），每隔 1 min 记录 1 次，观察并分析所出现的各种心律失常。出现室颤时，经三通管缓慢给 0.25％利多卡因 0.3 ml/kg，观察并分析利多卡因能否对抗此时的心律失常。

【注意事项】
1. 本实验最好用猫，因猫对强心苷类药物比较敏感，且心率较慢，心电图波形易辩认。
2. 给药速度要恒定，确保能观察到典型的心律失常。

【思考题】
1. 强心苷类药引起的快速型心律失常，为何能用利多卡因解救？
2. 临床使用强心苷类药治疗时，要注意什么？

（王小蒙　赖　术）

## 实验十一　强心苷类药物的作用、中毒与解救

【实验原理与目的】

强心苷类药物的主要作用机制是通过抑制心肌细胞膜上 $Na^+ - K^+ - ATP$ 酶，使肌浆中游离钙增多，具有直接加强心肌收缩力的作用。

本实验的目的是观察强心苷类药物对离体豚鼠心脏的直接作用、中毒表现以及利多卡因抗强心苷中毒所致快速型心律失常的作用。了解离体豚鼠心脏的灌流方法。

【实验对象】

豚鼠，体重 250～300 g。

【实验器材和药品】

1. 仪器　生物机能实验系统，张力换能器，超级恒温水浴器。
2. 器械　离体心脏灌流装置，蛙心夹，培养皿，滑车，1 ml 和 2 ml 注射器各 1 个，棉线，小动物手术器械 1 套，烧杯。
3. 药品　乐氏液，低钙乐氏液（含钙量为常用乐氏液的 1/4），0.5％肝素，0.02％毛花苷丙（Deslanoside，西地兰），0.1％利多卡因，1％氯化钙。

【实验步骤和观察指标】

1. 仪器装置　按操作规程准备好生物机能实验系统（参见第二篇第一章《常用生理科学实验仪器》）。预先安装好离体心脏灌流装置并连接恒温水浴器（图 2-6-3-1）。

2. 手术操作

(1) 给动物腹腔注射 0.5％肝素（2 ml/只），5～10 min 后击昏并仰卧固定于软木板上。

(2) 沿肋缘下横向剪开腹前壁，再依次纵向剪开两侧胸壁和横膈前缘，将胸壁翻至头侧。暴露心脏和各大血管，用手指轻轻提取心脏，迅速剪断各大血管。主动脉应以距其起始部 4 mm 处（即第一支头臂动脉发出处）剪断最适当，取出心脏并立即放入盛灌流液的培养皿中（冷灌流液）。剪开并分离心包膜，并剪除心脏以外的组织，在液面下找出主动脉断端，将其迅速固定于灌流装置上。

(3) 缓慢打开灌流液开关,冲出残存的血液。待心跳规则后,在肺动脉起始部与右室圆锥部之间剪一小口,以利冠状血管回流液的排出。

(4) 将蛙心夹夹住心尖,并与换能器相连,调整好记录仪器(见《常用实验仪器》)。

3. 观察与记录　待心脏活动稳定后,描记一段正常收缩曲线,然后按下列步骤进行实验。

(1) 换用低钙乐氏液灌流,制作心功能不全模型。

(2) 待心肌收缩明显减弱时,给予 0.02% 毛花苷丙 0.1 ml,观察心脏收缩曲线(振幅、频率、节律)的变化,3～5 min 后重复给药(每次以 0.1 ml 递增给药),直至出现心律失常。

(3) 当出现心律失常时,立即给予 0.1% 利多卡因 0.1 ml。若心律无明显好转,3 min 后再重复给药(每次 0.1 ml),直至心律恢复正常。

(4) 再给予 0.02% 毛花苷丙 0.1 ml,然后每隔 3 min 加入氯化钙溶液 1～2 滴,直至心脏收缩呈一条直线,然后按(3)法用 0.1% 利多卡因抢救。

【注意事项】

1. 灌流液使用前应通入含 5% $CO_2$ 和 95% $O_2$ 的混合气体 10 min。灌流液温度恒定于 37℃。

2. 整个灌流系统在灌注前应排出气泡,否则可能引起冠脉气栓。

3. 灌流液和药物通过主动脉进入冠脉分布于心肌,故插管不宜过深,插管开口应在冠状血管开口以上。

4. 灌流速度不宜过快,否则由于心房膨胀而影响心室收缩力。

5. 用利多卡因解救时应慢推,否则易导致利多卡因中毒。

【思考题】

1. 根据实验结果分析治疗量和中毒量强心苷的作用机制?
2. 利多卡因为什么能解救强心苷引起的心律失常?还可选择哪些药物?
3. 应用强心苷期间能否静脉注射钙剂?

(李佩琼　赖　术)

## 实验十二　普萘洛尔对抗氯化钡引起的心律失常实验

【实验原理与目的】

高浓度 $Ba^{2+}$ 可能具类似 $Ca^{2+}$ 所致的心律失常作用。普萘洛尔(propranolol,心得安)通过阻断心肌 $β_1$ 受体,抑制 $Ca^{2+}$ 或 $Ba^{2+}$ 内流,从而可抑制心律失常。

本实验的目的是观察普萘洛尔抗心律失常的作用。

【实验对象】

大鼠 6 只,体重 150～200 g,雌雄不拘。

【实验器材和药品】

1. 仪器　心电图机,针形记录电极。
2. 器械　1 ml 注射器,大鼠固定板。
3. 药品　10% 水合氯醛,4% 氯化钡,0.025% 普萘洛尔。

【实验步骤和观察指标】

1. 仪器装置　心电图机的使用方法参见第二篇第一章《常用生理科学实验仪器》第三节心电图机的详细介绍。

2. 动物麻醉与固定　每间实验室分为6个实验小组，每组取大鼠1只，称重，腹腔注射10%水合氯醛0.3 ml/100 g（300 mg/kg）麻醉后，仰卧固定在大鼠板上。

3. 观察与记录

（1）记录正常心电图：在动物四肢安插针形电极，选用标准肢体Ⅱ导联，振幅1 mV＝10 mm，纸速25 mm/min，记录正常心电图。

（2）给予氯化钡并观察与记录：动物由舌下静脉缓慢注射0.4%氯化钡0.1 ml/100 g（4 mg/kg），立即出现心律失常（多为室性双向性心动过速或室性早搏，约连续30 min左右恢复窦性心律），注射后即刻及以后每隔2 min记录心电图，直到心律恢复正常，记录心律失常维持时间。

（3）观察普萘洛尔抗心律失常作用：待心律恢复正常后，再过10 min舌下静脉注射0.025%普萘洛尔0.1 ml/100 g（0.25 mg/kg），5 min后再舌下静脉注射同样剂量的氯化钡，并用同样方法记录心电图及心律失常维持时间。将结果记录于表3-2-12-1。

4. 统计全室各组结果，比较前后两次氯化钡引起心律失常维持时间并做 $t$ 检验。

表3-2-12-1　静脉注射普萘洛尔前后氯化钡引起大鼠心律失常持续时间

| | 不同大鼠心律失常持续时间(min) | | | | | | |
|---|---|---|---|---|---|---|---|
| | 1组 | 2组 | 3组 | 4组 | 5组 | 6组 | 平均 |
| 注射氯化钡前 | | | | | | | |
| 第一次注射氯化钡 | | | | | | | |
| 第二次注射氯化钡 | | | | | | | |

【注意事项】

1. 氯化钡需要新鲜配制。第一次注射氯化钡后30 min，如果心律失常尚未恢复可以接着注射普萘洛尔，心律能很快恢复。

2. 腹腔注射水合氯醛麻醉时，速度不宜过快，否则易致动物呼吸抑制死亡。

3. 舌下静脉给氯化钡或普萘洛尔时，必须缓慢注射。

【思考题】

1. 氯化钡引起心律失常的原因是什么？

2. 普萘洛尔抗心律失常的机制是什么？临床上主要用于何种心律失常的治疗？

（王小蒙　赖　术）

# 第三章 泌尿系统实验

## 实验一 利尿药实验

**【实验原理与目的】**

利尿药能作用于肾脏,通过抑制各段肾小管对 $Na^+$ 或 $Cl^-$ 的重吸收而发挥利尿作用。

本实验的目的是通过观察利尿药和脱水药的利尿作用及其对水和电解质的影响,以了解利尿药、脱水药的利尿异同点。

**【实验对象】**

家兔,体重 2.0～3.0 kg(雄性为好,雌性应未孕)。

**【实验器材和药品】**

1. 仪器　722 分光光度计,比色杯,记滴器。
2. 器械　兔手术台,手术器械 1 套,开口器,试管架,试管。
3. 药品　3%戊巴比妥钠,0.5%肝素生理盐水溶液,钠、钾和氯混合标准液,0.5%焦锑酸钾液(potassium pyroantimonate),1%四苯硼钠液(sodium tetraphenylboron),单一显色剂,无水乙醇,30%乙醇,生理盐水,1%呋塞米(速尿),50%葡萄糖。

**【实验方法和观察指标】**

1. 仪器装置　准备好 722 分光光度计、比色杯、记滴器。
2. 手术操作　①取体重 2.5～3.0 kg 家兔 1 只,称重,以 3%戊巴比妥钠 1 ml/kg(30 mg/kg)静脉注射麻醉。②麻醉后将家兔仰卧固定于兔台上,剪去下腹部正中兔毛。③行双侧输尿管插管,连接记尿滴装置,记录尿量(可用仪器记录或肉眼观察记录尿量)。
3. 观察与记录

(1) 观察记录给药前正常尿量(ml/min)及每分钟尿滴数(正常对照)。

(2) 从耳缘静脉注射下列各药并收集尿液。①注射生理盐水 20 ml,收集 10 min 尿量并记录尿滴数。②注射 1%呋塞米 1 ml/kg(10 mg/kg),收集每 10 min 尿量并记录尿滴数,至尿量明显减少(30～40 min)。③注射 50%葡萄糖 2 ml/kg(1 g/kg),同②收集尿量。

(3) 测尿糖(班氏尿糖定性检查)

1) 原理:在热碱性溶液中,葡萄糖的醛基(—CHO)被氧化,可将试剂中的 $Cu^{2+}$ 还原成 CuO 而出现砖红色沉淀,反应式:

$$C_6H_{12}O_6 + 2Cu^{2+} + NaOH \xrightarrow{\triangle} C_6H_9O_7Na + Cu_2O\downarrow + H_2O$$

　　　　　　(班氏试剂)　　　　　　　　　　(砖红色)

2) 操作步骤:取试管 1 支,加入班氏试剂 2 ml,加热至沸,再加尿液 0.2 ml,再煮沸 2 min,观察结果:蓝色不变(一)(无葡萄糖),绿色(＋),绿黄色(＋＋),土黄色(＋＋＋),砖红色(＋＋＋＋),从绿色到砖红色,尿中葡萄糖逐渐增加。

(4) 尿中钠、钾和氯离子浓度测定：取试管 16 支，每 4 支 1 组，分别标上 N、G、F 和 S。然后把生理盐水、50%葡萄糖和 1%呋塞米作用后收集的各样品尿取出 0.1 ml 依次加入 N、G、F 管中，S 管内加入钠、钾和氯离子的混合标准溶液 0.1 ml。再按下列各表(表 3-3-1-1，3-3-1-2，3-3-1-3)各离子测定程序加入试剂。

表 3-3-1-1　钠离子的测定

| 加样(ml) | 试管号 | | | |
|---|---|---|---|---|
| | N | G | F | S |
| 样品尿 | 0.1 | 0.1 | 0.1 | — |
| 标准溶液 | — | — | — | 0.1 |
| 蒸馏水 | 4.9 | 4.9 | 4.9 | 4.9 |
| 混匀后，各管吸取 1 ml 置相应编号的试管内，依次加入下列试剂 | | | | |
| 0.5%焦锑酸钾液 | 1.0 | 1.0 | 1.0 | 1.0 |
| 无水乙醇 | 1.0 | 1.0 | 1.0 | 1.0 |
| 30%乙醇 | 2.0 | 2.0 | 2.0 | 2.0 |

表 3-3-1-2　氯离子的测定

| 加样(ml) | 试管号 | | | |
|---|---|---|---|---|
| | N | G | F | S |
| 样品尿 | 0.1 | 0.1 | 0.1 | — |
| 标准溶液 | — | — | — | 0.1 |
| 单一显色剂 | 4.9 | 4.9 | 4.9 | 4.9 |

表 3-3-1-3　钾离子的测定

| 加样(ml) | 试管号 | | | |
|---|---|---|---|---|
| | N | G | F | S |
| 样品尿 | 0.1 | 0.1 | 0.1 | — |
| 标准溶液 | — | — | — | 0.1 |
| 1%四苯硼钠液 | 1.0 | 1.0 | 1.0 | 1.0 |
| 蒸馏水 | 3.9 | 3.9 | 3.9 | 3.9 |

混匀后，选波长 460 nm，以蒸馏水调零，测定各样品钠和氯离子的光密度(OD)。各管钾离子的光密度测定，选波长 560 nm。

$$\text{样品尿中钠和氯离子浓度} = 150 \text{ mmol/L} \times \frac{\text{样品尿的光密度}(OD)}{\text{标准溶液的光密度}(OD)} \quad (\text{公式 } 3-3-1-1)$$

$$\text{样品尿中钾离子浓度} = 5 \text{ mmol/L} \times \frac{\text{样品尿的光密度}(OD)}{\text{标准溶液的光密度}(OD)} \quad (\text{公式 } 3-3-1-2)$$

(5) 生理盐水、高渗葡萄糖和呋塞米的利尿作用比较：见表 3-3-1-4。

表 3-3-1-4　生理盐水、高渗葡萄糖和呋塞米的利尿作用比较

| 药物 | 尿量 ml/10 min | 作用持续时间 (min) | Na⁺ | | | K⁺ | | | Cl⁻ | | |
|---|---|---|---|---|---|---|---|---|---|---|---|
| | | | OD | mmol/L | 总排量 (mmol/L) | OD | mmol/L | 总排量 (mmol/L) | OD | mmol/L | 总排量 (mmol/L) |
| NS | | | | | | | | | | | |
| 50%GS | | | | | | | | | | | |
| 1%呋塞米 | | | | | | | | | | | |

附：试剂配制方法

1. 钠、钾和氯离子的混合标准溶液

(1) NaCl(AR)：8.766 g，120℃烘烤干 2 h 后置于干燥器内冷却。

(2) $K_2SO_4$(AR)：0.436 g，置于 100 ml 的容量瓶内，用蒸馏水溶解并定容摇匀。溶液中钠和氯离子浓度为 150 mmol/L，钾离子为 5 mmol/L。

2. 0.5%焦锑酸钾(AR)　2 g，加蒸馏水至 400 ml，置沸水中溶解，冷却后加入 10% KOH 6 ml，混匀。试剂用塑料瓶或涂蜡瓶保存。

3. 1%四苯硼钠溶液

(1) 液：$Na_2HPO_4 \cdot 12H_2O_7 \cdot 16$ g，加蒸馏水至 100 ml 溶解摇匀。

(2) 液：称取枸橼酸 2.19 g，加蒸馏水至 100 ml 溶解摇匀。

4. 取(1)液 19.45 ml＋(2)液 0.55 ml 即成缓冲液。取 1 g 四苯硼钠加缓冲液 20 ml，再加蒸馏水 100 ml 摇匀溶解即是 1%四苯硼钠溶液。此溶液 pH 为 8.0～8.05，置冰箱内保存备用。

5. 单一显色剂　黄氧化汞 150.2 mg 加 $HNO_3$ 30 ml，煮沸 5 min，然后加蒸馏水至 100 ml，再加硫氰酸氨 88 mg，煮沸 30 min，冷却，溶液加蒸馏水至 1 000 ml，放置于室温，次日加硝酸铁 1 g 即成。

【注意事项】

1. 静脉注射麻醉药时要缓慢，否则会导致呼吸抑制。
2. 输尿管插管完毕后，轻轻将腹腔内容物回纳入腹腔，盖上生理盐水纱布。

【思考题】

1. 利尿药与脱水药(渗透性利尿药)的药理作用和临床应用有哪些异同点？
2. 各类利尿药、脱水药的代表药有哪些？对水和电解质有何影响？

（符　健　黄斌学）

# 实验二　急性汞中毒性肾功能不全

【实验原理与目的】

急性肾功能不全是指各种原因在短时间内引起肾脏泌尿功能急剧障碍，以致机体内环境出现严重紊乱的病理过程，临床表现为水中毒、氮质血症、高钾血症和代谢性酸中毒。

氯化汞($HgCl_2$)为无机汞类化合物，可引起肾小管上皮细胞变性坏死，坏死脱落的上皮细胞可在小管内形成各种管型，阻塞肾小管管腔，使原尿流出受阻，同时由于管腔内压升高，

引起有效滤过压降低，从而使肾小球滤过率降低，导致肾泌尿功能障碍，形成少尿。

本实验通过注射 $HgCl_2$ 造成重金属汞中毒，复制急性中毒性肾功能不全的动物模型，观察动物的血气、酸碱、血清尿素氮、血清钾、尿的变化以及肾脏的形态改变，学习急性肾功能不全时内环境的变化。

【实验动物】

家兔 2 只，体重 1.5～2.5 kg。

【实验器材与药品】

1. 仪器  分光光度计，血气分析仪，离心机，恒温水浴锅。
2. 器械  手术器械，1 ml 和 5 ml 注射器，滴管，漏斗，吸管，试管，试管夹，试管架，酒精灯，颈动脉插管。
3. 试剂及药品  1%氯化汞溶液，3%戊巴比妥钠溶液，1%普鲁卡因溶液，生理盐水，1%肝素生理盐水溶液，0.5%酚红溶液，10%NaOH 溶液，5%醋酸溶液，酸性混合试剂，2%二乙酰-肟试剂，尿素氮标准液(0.02 mg/ml)。

【实验步骤和观察指标】

1. 观察指标：

(1) 全血：血气分析仪测定 pH、$PaCO_2$、$[HCO_3^-]$、$[K^+]$、$[Na^+]$ 和 $[Cl^-]$。

(2) 血清：生化分析仪测定 BUN。

(3) 尿：尿量、尿蛋白定性和镜检。

(4) 肾：大体、剖面及组织学检查。

2. 实验步骤

(1) 家兔急性肾功能不全模型的制备：将实验动物分为两组，一组为正常对照组，另一组为肾中毒实验组。家兔于实验前一日称重后，实验组按 1.2 ml/kg 体重剂量皮下或肌内注射 1% $HgCl_2$，造成急性中毒性肾功能不全模型，对照组则在相同部位注射同量的生理盐水。将兔均置于大漏斗上，收集 24 h 尿量。必要时，给两组动物从耳缘静脉缓慢输注 5%葡萄糖液(20 ml/kg 体重，5 min 内注完)，以保证有足够尿量。

(2) 尿液样品的制备：实验开始，家兔称重后，20%氨基甲酸乙酯溶液(0.5～1 g/kg 体重)或 3%戊巴比妥钠(30 mg/kg 体重)耳缘静脉注入麻醉后，将兔仰卧固定于兔台。按《急性动物实验常用手术方法》行双侧输尿管插管，收集尿液。也可暴露膀胱，用注射器吸出膀胱内全部尿液置于试管(10 ml 的尖底离心管)中，供尿蛋白定性和尿液镜检。

(3) 血液样品的制备

1) 剪去颈部兔毛，在甲状软骨水平下作长约 6 cm 颈部正中切口，钝性分离出一侧颈总动脉，长度为 2.5～3 cm，结扎颈总动脉远心端，用动脉夹夹住近心端，颈动脉插管内注入肝素生理盐水溶液，进行颈总动脉插管，采血用。

2) 抽取 0.5 ml 动脉血作血气分析，取 3 ml 动脉血(滴入肝素数滴后)离心(1 500 r/min，5～10 min)，取血清供尿素氮测定用。

(4) 记录尿量及做尿常规检查

1) 收集 1 h 尿液，记录尿量。

2) 尿常规检查

a. 尿蛋白定性试验(加热醋酸法)

原理：加热可使蛋白质变性凝固，加稀醋酸使 pH 下降，约达到蛋白质等电点(pH5.0 左右)，也有利于变性凝固的蛋白质沉淀。加酸还可以溶解因尿液受热而出现的尿酸盐或磷酸盐结晶等。

方法：取正常及中毒兔尿液各 5 ml 分别放入试管中，以试管夹夹住试管，倾斜试管在乙醇灯上加热至沸腾（试管口应对着窗外，并不断转动试管以免受热不匀而爆炸伤人），若有混浊，加入 5% 醋酸溶液 3～5 滴，再加热至沸。若尿变清，是尿酸盐或磷酸盐结晶所致，若混浊不退为蛋白阳性。按表 3-3-2-1 判断检查结果。

表 3-3-2-1　加热醋酸法检查尿蛋白定性试验的结果判断标准

| 浑浊度 | 清晰 | 轻度混浊 | 稀薄乳样混浊 | 乳浊或少量碎片 | 絮状凝固程度 |
|---|---|---|---|---|---|
| 蛋白质定性 | − | + | ++ | +++ | ++++ |
| 蛋白质定量(g%) | <0.01 | 0.01～0.05 | 0.05～0.20 | 0.2～0.50 | >0.50 |

[注]　若尿液混浊，则建议先离心后取上清液做蛋白定性试验。

b. 尿液镜检

方法一：取收集的尿液 1 滴置于玻片上，镜检时应用较弱光线，以低倍镜将涂片全貌观察一遍，寻找有无细胞、管型和结晶等，以免遗漏量少而有意义的物体。若有阳性，则应计数 20 个低倍镜视野内所见的管型，并分别记录视野所见数目。再用高倍镜仔细辨认和计数各类细胞在每视野中的数量，仅见 10 个视野。用最低和最高数报告或报告平均数。如：

透明管型 0～1/低倍

红细胞 0～3/高倍或均值 0.6

白细胞 0～5/高倍或均值 2

如数量过多时，可报告大于××个或满视野；如数极少，可报告极少或偶见。

方法二：可取一定量的尿液分别置于离心管中离心沉淀 5 min(1 500 r/min)，取沉渣涂片，先低倍镜后高倍镜观察，计算 10 个不同视野的管型和细胞的近似平均值，其中管型以低倍镜视野计算。

(5) 血清尿素氮(BNU)的测定

原理：血清尿素氮在强酸条件下与二乙酰-肟和氨硫脲煮沸后缩合生成的红色化合物（二嗪衍生物），其颜色的深浅与 BUN 的含量成正比。取 3 只试管分别标号后按表 3-3-2-2 操作。

表 3-3-2-2　二乙酰-肟法测定血清尿素氮含量

| 试剂(ml) | 1(空白管) | 2(标准管) | 3(样品管) |
|---|---|---|---|
| 尿素氮试剂 | 5.0 | 5.0 | 5.0 |
| 二乙酰-肟试剂 | 0.5 | 0.5 | 0.5 |
| 蒸馏水 | 0.1 | — | — |
| 尿素标准液 | — | 0.1 | — |
| 1:5 稀释的血清 | — | — | 0.1 |

将上述各管充分摇匀，置沸水中加热 15 min，用自来水冷却 3 min，在 540 nm 波长下比色，记录标准管的光密度读数(D 标)及样品管的光密度读数(D 样)。计算每 100 ml 血清中

尿素氮的含量(mg)＝(D样/D标)×0.002×(5×100/0.1)＝(D样/D标)×10＝血清尿素氮(mg%)

(6) 肾脏的形态学观察

1) 用空气栓塞法将对照组及中毒家兔一并处死,取出肾脏,称重,计算肾重与体重之比。

2) 观察并比较两组家兔肾脏的大体形态、颜色、光泽、条纹等。

3) 组织切片示教:于显微镜下观察皮质肾小管上皮有无明显的变性、坏死、脱落;管腔有无蛋白、红细胞、管型等。

**【注意事项】**

1. 作血气分析的血样要注意密闭。
2. 尿蛋白定性实验时注意试管口不要对着人,小心加热,切勿让试管内尿液溢出。
3. 取血清、标准液等试剂的剂量要准确。加热及冷却时间也要准确。

**【思考题】**

1. 根据实验结果,分析氯化汞引起急性肾功能衰竭的机制。
2. 依据血气分析结果,讨论功能代谢发生了哪些变化?为什么?
3. 结合本实验结果,分析产生尿蛋白、管型的机制。
4. 急性肾功能衰竭发生的常见原因有哪些?如何分类?
5. 急性肾功能衰竭患者进入多尿期,尽管尿量已有明显增多,但还可存在氮质血症,其机制是为什么?

附录:血清尿素氮测定试剂的配制

1. 2%二乙酰-肟试剂　称取二乙酰-肟 2 g,蒸馏水溶解并加至 100 ml。

2. 尿素氮试剂　取浓 $H_2SO_4$ 44 ml,85% $H_3PO_4$ 66 ml,溶于 100 ml 蒸馏水中,冷至室温依次加硫氨脲 50 mg,溶解后再加硫酸镉 1.62 g($3CdSO_4 \cdot 8H_2O$)或 2.0 g($3CdSO_4 \cdot 6H_2O$),溶解后加蒸馏水至 1 000 ml,可冷藏保存 6 个月。

3. 尿素氮标准储备液(0.2 mg 氮/ml)　精确称取尿素 42.8 mg,溶于 50 ml 蒸馏水中加氯仿 6 滴,再用蒸馏水稀释至 100 ml,可冷藏储存 6 个月。

4. 尿素氮标准液(0.02 mg 氮/ml)　取上述尿素氮标准储备液 100 ml,加蒸馏水至 1 000 ml。

(郑奕迎　马　兰　王丹妹　黄培春)

# 第四章 神经系统实验

## 实验一 去大脑僵直

【实验原理与目的】

中枢神经系统对伸肌的紧张度具有易化作用和抑制作用，通过两者的作用使骨骼肌保持适当的紧张度，以维持机体的正常姿势。若在中脑上、下丘之间离断动物的脑干，则抑制伸肌紧张的作用减弱而易化伸肌紧张的作用相对加强，动物将出现四肢伸直，头尾昂起，脊柱后挺的角弓反张现象，这就是去大脑僵直。

本实验的目的是让学生熟悉大脑实验的一般方法，掌握中枢神经系统对伸肌的紧张度具有易化作用和抑制作用的相关知识。

【实验对象】

健康家兔，体重 2.0～3.0 kg，雌雄不拘。

【实验器材和药品】

1. 器械　手术器械 1 套，骨钻，咬骨钳，竹刀。
2. 药品　3%戊巴比妥钠，生理盐水。
3. 其他　骨蜡或止血海绵，纱布，脱脂棉。

【实验步骤与观察指标】

1. 手术操作

（1）从兔耳缘静脉按 1 ml/kg 体重的量缓慢注入 3%戊巴比妥钠。

（2）动物麻醉后，将兔仰卧固定与手术台上，减去颈部及头顶的被毛，于颈部正中线切开皮肤，分离肌肉，暴露气管后做气管插管；找出气管左、右两侧的颈总动脉，均穿线以备结扎。

（3）将兔转为俯卧位，四肢固定。用手托住头部，由两眉连线中点上方至枕部将头皮纵行切开，用刀柄向两侧剥离肌肉与骨膜；兔头水平放置，在旁开矢状缝 0.5 mm 左右的颅顶处用骨钻开孔，再以咬骨钳将创口扩大，暴露整个大脑上表面。手术过程中，若颅骨出血可用骨蜡止血，特别是向对侧扩展时，要注意勿伤及颅骨内壁的矢状窦，以免大出血。剪开硬脑膜。结扎两侧颈总动脉。将动物的头托起，用切脑刀柄从大脑半球后缘轻轻翻开枕叶，即可见到四叠体（上丘较大，下丘较小），在上、下丘之间切脑刀片与水平呈 60°角果断向颅底横切，将脑干完全切断。兔去大脑僵直脑剖面示意图见图 3-4-1-1。

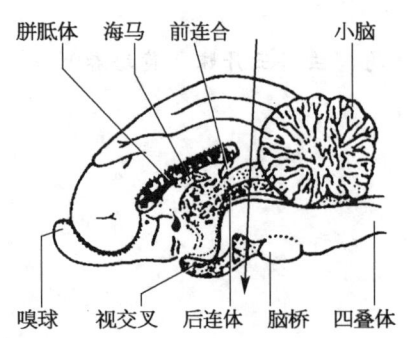

图 3-4-1-1　兔去大脑僵直脑剖面示意图

2. 观察与记录　松绑四肢，几分钟后可见兔的四肢伸直,头仰,尾上翘,呈角弓反张状态。见图 3-4-1-2。

【注意事项】

1. 麻醉不能过深。
2. 切断脑干处的定位要准确,若切割部位太低,可损伤延髓呼吸中枢,引起呼吸停止;反之,横切部位过高,则可能不出现去大脑僵直现象。

【思考题】

1. 家兔产生去大脑僵直的机制是什么?
2. 去大脑僵直实验对临床神经反射检查有何启示?
3. α 僵直和 γ 僵直有何不同?

图 3-4-1-2　兔去大脑僵直状

(吉丽敏　许闽广)

## 实验二　大脑皮质运动功能定位

【实验原理与目的】

大脑皮质运动区是调节躯体运动功能的高级中枢。它通过锥体系和锥体外系下行通路,控制脑干和脊髓运动神经元的活动,从而控制肌肉运动。电刺激皮质后发生的效应在人和高等动物的中央前回最为明显,称为皮质运动区功能定位或运动的躯体定位结构。在较低等的哺乳动物,如兔和大鼠,大脑皮质运动功能定位已具一定雏形。

本实验的目的是通过电刺激大脑皮质运动区引起躯体运动效应,观察皮质运动区功能定位现象,进一步领会皮质运动区对躯体运动的调节作用。

【实验对象】

大鼠或家兔,雌雄不拘。

【实验器材和药品】

1. 仪器装置　电刺激器,刺激电极。
2. 器械　手术器械 1 套,小骨钻、小咬骨钳。
3. 药品　3% 戊巴比妥钠(或者 20% 乌拉坦),生理盐水,液体石蜡。
4. 其他　骨腊(或止血海绵),纱布。

【实验步骤和观察指标】

1. 仪器装置　按操作规程连接 BL-420 生物机能实验系统和刺激电极(参见第二篇第一章第一节)。
2. 手术操作

(1) 麻醉:大鼠以 3% 戊巴比妥钠 0.7~1 ml/kg 体重进行肌内注射,兔则用 3% 戊巴比妥钠以 0.7~1 ml/kg 体重从耳缘静脉注射,轻度麻醉(参见前面介绍的动物麻醉方法)。

(2) 开颅法:将动物俯卧位固定,并将头部固定,剪去头部的毛,从眉间至枕部矢状缝切开皮肤及骨膜,用刀柄向两侧剥离肌肉并刮去颅顶骨膜。用小骨钻小心钻开颅骨,勿伤硬脑膜。用小咬骨钳扩大创口,暴露一侧大脑表面,勿伤及矢状窦。需要时用骨蜡(或明胶海棉)止血。小镊子夹起硬脑膜并仔细剪掉,暴露出大脑皮层,滴上少量温热液体石蜡,以防皮层干燥。手术完毕放松动物的头及四肢,以便观察躯体运动效应。

观察刺激皮质的效应:逐点依次刺激大脑皮质不同区域,观察躯体运动反应,并将结果标记在大脑半球侧面观的示意图上(图3-4-2-1)。刺激参数:波宽0.1~0.2 ms,电压10~20 V,频率20~100 Hz。每次刺激时间持续1~5 s;每次刺激后休息约1 min。

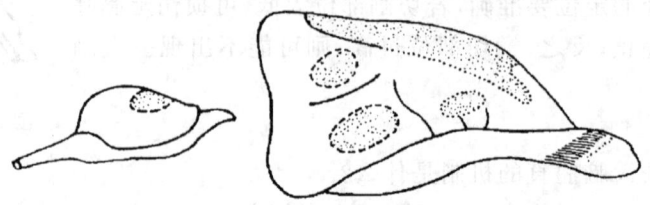

图3-4-2-1 大鼠(左)和兔(右)右侧大脑半球示意图
虚线区域表示受电刺激可引起躯体运动的皮层区域

(3) 不开颅法
1) 切开头顶皮肤,暴露颅骨。
2) 先根据骨标志线(图3-4-2-2)定位。
   a. 矢状线——与矢状缝重合的直线。
   b. 旁矢状线——沿眶后切迹内侧缘与矢状线相平行的直线。
   c. 切迹连线——两侧眶后切迹前缘连线。
   d. 冠状线——冠状缝的平行线。
   e. 顶冠间线——顶间前线与冠状线之间的平行线。
   f. 顶间前线——沿顶间骨前端(即人字缝顶点)与冠状缝的平行线。
3) 参照图3-4-2-3的数字位置将大头针去帽制成的针形电极以小锤自颅顶外部垂直钉入2~3 mm深。
4) 刺激电极采用单极输出连接到大头针,无关电极置腹部正中皮下。移动大头针,找到最佳代表区,并绘图。

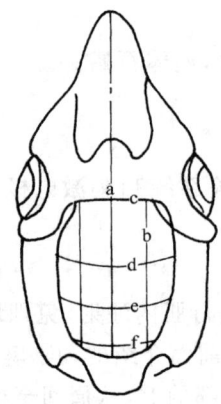

图3-4-2-2 兔的颅顶标志线示意图
a. 矢状线 b. 旁矢状线 c. 切迹直线
d. 冠状线 e. 顶冠间线 f. 顶间前线

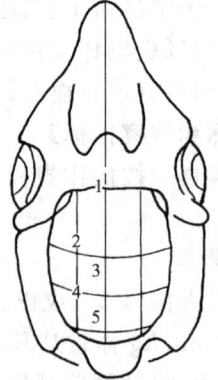

图3-4-2-3 大脑半球运动区以及电刺激所致的躯体运动效应的示意图
1. 头动 2. 咀嚼 3. 前肢 4. 竖耳 5. 举尾

（4）实验要求：必须先了解大鼠和兔大脑皮质运动区的位置，并画好依仗大脑半球侧面或顶表面观的示意图，将观察到的反应标记在图上。分析讨论实验结果，写出实验报告。麻醉不宜过深，过深则影响刺激效应。

【注意事项】
1. 麻醉不宜过深，过深则影响刺激效应。
2. 术中仔细止血，并注意勿损伤大脑皮质。保持皮质应有的兴奋性、表面光滑、血管清晰。
3. 选定恰当的刺激参数。
4. 刺激电极间距宜小，但勿短路。

【思考题】
1. 为什么刺激大脑皮质引起的肌体运动往往有左右交叉现象？
2. 人与家兔大脑皮质运动区定位有何不同？为什么？

（许闽广）

# 实验三  去小脑动物的观察

## 一、毁损小鼠小脑的观察

【实验原理与目的】

小脑对于维持姿势、调节肌紧张、协调和形成随意运动均有重要作用。这些作用均可以从小脑在进化过程中的发展，小脑与其他脑区的神经连接以及损毁或刺激实验的结果中得到证实。根据小脑的传入、传出纤维联系可以把小脑分成三部分，即前庭小脑、脊髓小脑和皮层小脑。脊髓小脑的主要功能是参与对骨骼肌张力的调节，皮层小脑的主要功能是协调随意运动，而前庭小脑在维持机体平衡中起重要作用。小脑对肌紧张的调节既有易化作用，也有抑制作用，刺激前叶蚓部可抑制同侧伸肌紧张，而刺激前叶两侧部则加强同侧肌紧张。因此，当毁坏动物一侧小脑后，可引起肌紧张失调和平衡功能的障碍。

本实验的目的是观察破坏一侧小脑后引起肌紧张力、随意运动的变化以及平衡的失调，从而了解小脑对躯体运动的调节作用。

【实验对象】

小鼠。

【实验器材和药品】

剪刀，镊子，6号注射针头，200 ml 烧杯 1 只，棉球，乙醚。

【实验步骤和观察指标】

（一）麻醉法

1. 先观察小鼠的正常活动情况，然后将小鼠罩于烧杯内，并放入一团浸透乙醚的棉球进行麻醉，直至小鼠停止活动，呼吸变得深慢为止。

2. 沿头部正中线剪开头皮直达耳后水平，暴露顶骨及顶间骨。以右手拇指和食指捏住头部两侧（不能捏得太紧，以防把眼球挤出），用手术刀轻轻把顶骨上的一肌肉往后分离，通过透明的颅骨即可见到小脑的位置。

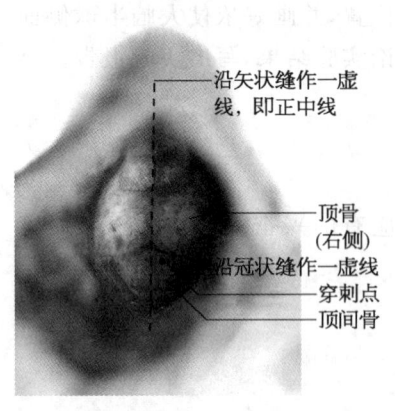

图 3-4-3-1 小鼠一侧小脑破坏定位

3. 对照图 3-4-3-1 中所指的穿刺点(穿刺点距离人字缝、正中线垂直距离各约 3 mm),用 6 号针头垂直穿入一侧顶间骨(进针 2~3 mm),捣毁一侧小脑,取出针头,用棉球止血。

4. 待小鼠清醒后观察其活动,注意其姿势的不平衡现象和肢体肌肉紧张度。

(二) 直接毁损法

也可以不用麻醉,先把小鼠俯位固定在蛙板上,将四肢用绳缚住。用左手拇指和示指捏住头部,然后按(一)麻醉法的第 2、3 点操作。最后放开缚绳,使小鼠行走,观察其姿势和平衡现象以及肌肉的紧张度。

【注意事项】

1. 麻醉时应密切观察动物呼吸(烧杯不能完全密闭,与桌面间留一小缝,以免动物因缺氧窒息而死亡)。

2. 针刺破坏小脑时,不可刺入太深,以免损伤中脑。

3. 实验后,应先将小鼠处死后再弃之。

## 二、鸽一侧小脑损伤

【实验原理与目的】

与"毁损小鼠小脑的观察"的实验原理与目的相同。

【实验对象】

鸽子。

【实验器材和药品】

包布,乙醇灯,棉球,手术刀,探针,5%~10% FeCl 溶液。

【实验步骤和观察指标】

1. 用一细长绳系住鸽子脚。实验者手执绳端以防鸽子飞走,观察鸽子的活动状态。

2. 用包布裹住鸽体,只暴露头部,使其不能运动。剪去头顶部和头后部的羽毛。

3. 沿正中线,切开头后部皮肤,然后用烧红的探针直接烫开后头部的肌肉,在枕后隆凸一侧外上 2~3 mm 处(图 3-4-3-2)用探针向嘴平行方向刺入颅内 4~5 mm 深,然后上下、左右稍搅动一下,即可部分破坏一侧小脑。注意不可刺入过深。破坏后即将探针取出,用棉球压迫止血。

4. 经几分钟后,进行观察。此时的鸽子可表现为伤侧肢体紧张性增强,如伤侧翅膀及爪伸直,运动受限,运动时向伤侧绕圈子,站立不稳,失去平衡协调运动。若将鸽子双眼蒙住,运动时不平衡现象更为显著。

【注意事项】

在进行手术时,小心勿伤及矢状窦及附近半规管。

【思考题】

1. 试述小脑有几部分,各有何功能?

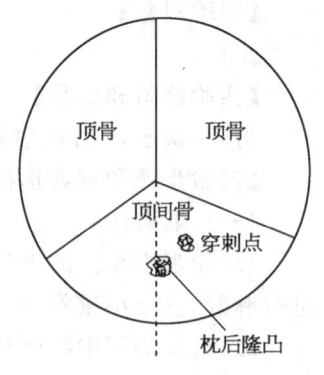

图 3-4-3-2 鸽子一侧小脑破坏(后面)示意图

2. 一侧小脑损伤后出现何症状？根据出现的症状探讨该症状的可能机制。

（赵善民　晋　玲）

## 实验四　小鼠脊髓半横切

**【实验原理与目的】**

脊髓不仅是机体的低级反射中枢，也是躯干和四肢的感受器、效应器和上下传导通路的低级与高级中枢的联络通路。皮肤的痛、温觉的纤维走行于脊髓丘脑侧束，而轻触觉的纤维走行于脊髓丘脑前束，它们的传导纤维是先交叉后上行。肌肉本体感觉、深部压觉和辨别觉的纤维走行于脊髓丘脑后束，其传导纤维是先上行后交叉。一旦脊髓的一侧被切断，会发生对侧的痛、温觉障碍，同侧深感觉和辨别觉障碍。又由于脊髓半横切，从神经系统高级部位传来的冲动不能传到横切面水平以下的脊髓运动中枢，因此受损伤侧后肢的复杂运动反应消失。

本实验的目的是学习哺乳类动物脊髓半横切的方法，了解脊髓感觉传导功能的交叉现象。

**【实验对象】**

小鼠，雌雄不拘。

**【实验器材和药品】**

1. 器械　手术器械 1 套，蛙板，200 ml 烧杯，大头针或 5～6 号注射针头数个。
2. 药品　乙醚，冰水。
3. 其他　棉球，缝针，缝线。

**【实验步骤和观察指标】**

1. 将小鼠放在桌面上，观察其正常活动与四肢运动情况。
2. 用烧杯罩住小鼠，烧杯内放入一浸有乙醚的棉球，使其麻醉。
3. 将已麻醉的小鼠俯卧位固定于蛙板上，以拇、示两指摸到小鼠浮肋为标志处，剪去其背中部的毛。沿背部中线切开皮肤约 1.5 cm，在浮肋以下紧贴第 1～3 腰椎的棘突，用手术刀切开棘突两侧和椎骨间的肌腱，用镊子分离肌肉，暴露椎骨，然后轻轻夹住第 2 腰椎，用小骨剪剪去其棘突和一侧椎弓，暴露出白色的脊髓约 2 mm。
4. 以脊髓背面正中的脊髓后动脉为标志，用 6 号注射针头插入脊髓中央旁约 1 mm，并向外侧面划断，使该侧脊髓完全横断，用间断缝合法缝合皮肤。

也可以用简便的手术法：将小鼠以乙醚轻度麻醉（为迅速出现效果，也可不用麻醉。助手以示指和拇指握住小鼠颈部皮肤和两耳，另一手按住鼠尾固定）。从背部中线剪开皮肤，看清脊柱和棘突，在脊柱正中央有一清晰小血管（动脉）作为左右的分界线（图 3-4-4-1），从肩胛间脂肪块的下缘（相当于第 7～8 胸椎）用大头针或 6 号注射针头从正中小血管的侧

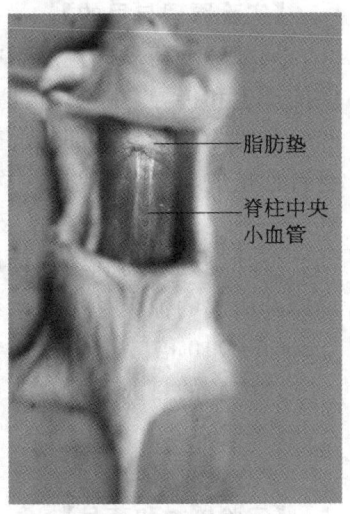

图 3-4-4-1　小鼠脊柱中央小血管

旁刺入骨髓腔,注入脊髓深 2～3 mm 为宜,勿超过中线,否则会出现全离断。若第一次离断不完全,可再补充破坏。但破坏范围过大,则无法挽救。半横切完成后,待鼠清醒,即可进行观察。如不麻醉,破坏后就可观察。

5. 骨髓半横切后,松开动物四肢,可见损伤侧后肢瘫痪,拖着后肢行走。用摄子夹住损伤侧后肢,动物有鸣叫反应,说明该侧仍有感觉,但不能运动。夹住对侧后肢,动物后肢屈曲,不鸣叫,说明健侧能运动,有触觉,但无痛觉。

6. 将两后肢分别浸入冰水中,损伤侧的后肢受到冷刺激后,动物会挣扎。而健侧受冷刺激后没有反应。

【注意事项】

1. 剪开椎骨时注意千万不得损伤脊髓。
2. 暴露脊髓后,必须在看清脊髓后再进行半横切。横切时切勿损伤脊髓背面正中的脊髓后动脉,以免失血过多。
3. 用冰水刺激健侧脚趾时,如果只是轻轻触及水面,因触觉可引起腿的屈曲,所以一定要将后肢浸入冰水中,才能检验它对冷刺激的反应。
4. 半横切术后,创口可用生理盐水棉球覆盖,也有人主张用间断缝合法缝合创口皮肤。

【思考题】

1. 脊髓半横切部位为何选在第 1～3 腰椎处?
2. 对半横切出现的结果进行分析和讨论。

(赵善民　何显教)

# 实验五　局麻药实验

## 一、普鲁卡因蛛网膜下隙麻醉(腰麻)

【实验原理与目的】

局部麻醉药局部应用于神经末梢或神经干周围时,能暂时、完全和可逆性地阻断神经冲动的产生和传导,在意识清醒的条件下,使局部痛觉暂时消失。较高浓度时也能抑制平滑肌和骨骼肌的活动。局部麻醉药在给药部位可被吸收,若大量局部麻醉药进入血管,可引起全身毒性反应,主要表现是:中枢神经系统先兴奋后抑制,初期表现为眩晕、烦躁不安、肌肉震颤,进一步发展为神志错乱及全身性强直-阵挛性惊厥,最后转入昏迷、呼吸麻痹。中枢神经抑制性神经元对局麻药比较敏感,首先被局麻药所抑制,因此引起脱抑制而出现兴奋现象。局麻药引起的惊厥是边缘系统兴奋灶扩散所致。丁卡因(tetracaine)的毒性比普鲁卡因强(procaine)10 倍。

本实验的目的是观察普鲁卡因蛛网膜下隙的麻醉作用。

【实验对象】

家兔 1 只,体重 1.5～2.5 kg,雌雄不限。用针刺其后肢有痛反射。

【实验器材和药品】

1. 器械　磅秤,2 ml 注射器,7 号针头,棉球。
2. 药品　5%普鲁卡因溶液,2%碘酒,75%乙醇。

**【实验步骤和观察指标】**

1. 取成年家兔 1 只,称体重,将其腰骶部 5 cm×5 cm 范围内的毛剪去或剃去,标记注射位置(第 7 腰椎与第 1 骶椎之间,即背部髂骨脊连线之中点稍下处)。

2. 先观察兔正常活动情况,然后一人固定家兔:使兔自然俯卧,将兔头挟于腋下,用左手托住臀部,固定兔身于操作者的左手臂与胸前之间,尽量使兔背部屈曲;另一人给药:消毒注射部位,左手固定注射处皮肤,右手持注射器,针头沿第 7 腰椎间隙刺入(针筒偏向兔头,针与脊椎成 45°角),当动物后肢出现跳动时即可注入 5% 普鲁卡因 0.2 ml/kg。

3. 观察兔后肢活动及对针刺痛反应情况的变化。

## 二、普鲁卡因与丁卡因的毒性比较

**【实验原理与目的】**

本实验原理与"普鲁卡因蛛网膜下隙麻醉(腰麻)"的原理相同。本实验的目的在于观察局麻药的毒性及比较普鲁卡因与丁卡因毒性的大小。

**【实验对象】**

小鼠 18 只,体重 18～22 g,雌雄不限。

**【实验器材和药品】**

1. 器械　天平,1 ml 注射器,鼠罩。
2. 药品　1% 盐酸普鲁卡因溶液、1% 盐酸丁卡因溶液、生理盐水、3% 苦味酸溶液。

**【实验步骤和观察指标】**

1. 将小鼠随机分成 3 组,标记称重,观察其正常活动。
2. 每组分别腹腔注射 0.1 ml/10 g 的 1% 盐酸普鲁卡因或 1% 盐酸丁卡因或生理盐水。
3. 观察给药后动物的反应:活动变化、发生惊厥的时间及程度,比较普鲁卡因与丁卡因的毒性。
4. 将结果纪录于表 3-4-5-1 中。

表 3-4-5-1　普鲁卡因与丁卡因对小鼠的毒性比较

| 组别 | n | 药物及其剂量(ml/10 g) | 惊厥鼠数 | 惊厥发生率 |
|---|---|---|---|---|
| 甲 | 6 | 1% 盐酸普鲁卡因　0.1 | | |
| 乙 | 6 | 1% 盐酸丁卡因　0.1 | | |
| 丙 | 6 | 生理盐水　0.1 | | |

**【思考题】**

为什么在临床上一般不选用丁卡因作浸润麻醉?

(许小林　赖　术)

# 实验六　药物抗惊厥实验

## 一、苯巴比妥钠抗电惊厥作用

**【实验原理与目的】**

以一定强度电流刺激小鼠头颅可引起全身强直性惊厥。苯巴比妥钠(sodium phenobarbital)属中枢抑制药,可对抗电刺激等引起的惊厥作用。

本实验的目的是通过电刺激制作成惊厥模型,观察苯巴比妥钠的抗惊厥作用。

【实验对象】

小鼠,18~22 g,雌雄均可,雌性应未孕。

【实验器材和药品】

1. 仪器 BL-420生物机能实验系统。
2. 器械 注射器,天平,鼠笼。
3. 药品 1%苯巴比妥钠溶液,生理盐水。

【实验方法和观察指标】

1. 打开电脑,运行 BL-420生物机能实验系统,在系统主界面的菜单条上依次选择实验项目——药理学模块——电惊厥实验。在主界面的电刺激器窗口中,可见电刺激的各参数(刺激强度、刺激串数),参数值可依动物个体的反应程度进行调整。比如,先将刺激强度设为60 V时,电刺激小鼠无反应,则增加刺激强度至65 V进行刺激,至达到小鼠出现后肢强直的刺激强度。

2. 动物筛选 取小鼠数只,用生理盐水擦湿两耳,将BL-420生物机能实验系统刺激输出线末端的两鳄鱼夹分别夹在小鼠的两耳上。点击BL-420生物机能实验系统刺激参数窗口中的"⌐⌐"(电刺激启动按钮)1次。以后肢强直作为电惊厥阳性鼠,选出数只。

3. 取电惊厥阳性鼠4只,称重编号。1、2号鼠腹腔注射苯巴比妥钠溶液0.1 ml/10 g (0.1 g/kg),3、4号鼠注射等容量的生理盐水作对照。

4. 给药后30 min,以与给药前相同的刺激强度刺激小鼠,比较各鼠给药前后对电刺激反应的差异。将结果记录于表3-4-6-1中。

表3-4-6-1 苯巴比妥钠的抗惊厥作用

| 鼠号 | 体重(g) | 药物及剂量 | 电刺激反应 ||
|---|---|---|---|---|
| | | | 药前 | 药后 |
| 1 | | | | |
| 2 | | | | |
| 3 | | | | |
| 4 | | | | |

【注意事项】

1. 引起惊厥的电刺激参数因个体差异而不同,电压不宜过大,以免死亡。
2. 操作时谨防触电,同时避免两鳄鱼夹相碰引起短路而损坏刺激仪。
3. 筛选电惊厥阳性鼠必须是惊厥可恢复的小鼠,以后肢强直为阳性指标。

【思考题】

1. 试述苯巴比妥钠抗惊厥的作用机制。
2. 临床上应用苯巴比妥钠抗惊厥应注意哪些事项?

## 二、地西泮对抗中枢兴奋药过量引起惊厥的作用

【实验原理与目的】

二甲氟林(demefline)和尼可刹米(nikethamide,coramine)为主要兴奋延脑呼吸中枢的

药物,过量均可引起中枢各部位广泛兴奋而导致惊厥。二甲氟林作用强度比尼可沙米强约100倍。教学实验中选择其中一种中枢兴奋药即可。地西泮为中枢抑制药,对中枢兴奋药过量等原因引起的惊厥有良好的对抗作用。

本实验的目的是观察中枢兴奋药过量的毒性反应和地西泮的对抗作用。

### 【实验对象】

小鼠,18~22 g,雌雄均可,雌性应未孕。

### 【实验器材和药品】

1. 器械　鼠笼,天平,注射器。
2. 药品　药物组合一:0.08%二甲氟林,1%地西泮溶液,生理盐水;药物组合二:5%尼可刹米,0.25%地西泮溶液,生理盐水。

### 【实验方法和观察指标】

1. 取小鼠4只,称重,编号。
2. 分别给1、2号鼠腹腔注射1%地西泮溶液0.1 ml/10g(与二甲氟林配对)或0.25%地西泮溶液0.1 ml/10 g(与尼可刹米配对),3、4号鼠注射等容量的生理盐水作对照。
3. 30 min后,各鼠分别皮下注射二甲氟林溶液或尼可刹米溶液0.1 ml/10g,观察并记录各鼠是否出现惊厥,出现快慢和强度(痉挛、强直或死亡)。将结果记录于表3-4-6-2中。

表3-4-6-2　地西泮抗惊厥作用

| 鼠号 | 体重(g) | 药物及剂量 | 注射二甲氟林(或尼可刹米)后反应 | |
|---|---|---|---|---|
| | | | 惊厥产生时间 | 反应情况 |
| 1 | | | | |
| 2 | | | | |
| 3 | | | | |
| 4 | | | | |

### 【注意事项】

1. 掌握腹腔注射和皮下注射要领,规范操作。
2. 注射二甲氟林或尼可刹米后不宜给小鼠其他刺激(如声音、惊吓等)。

### 【思考题】

1. 地西泮有哪些作用和用途?
2. 中枢兴奋药有哪些毒性反应?应如何防治?

(廖长秀　韦健全)

## 实验七　药物的镇痛作用

### 一、热　板　法

### 【实验原理和目的】

热刺激体表可产生疼痛反应。通过测定小鼠给药前后热板痛阈的改变,用以判断药物的镇痛作用。

本实验的目的是通过学习热板镇痛的实验方法,掌握吗啡(morphine)或哌替啶(pethidine)的镇痛作用。

**【实验对象】**

雌性小鼠,体重18~22 g。

**【实验器材和药品】**

1. 仪器　热板仪或电热恒温水浴槽,电子秤。
2. 器材　1 ml注射器,秒表,鼠罩。
3. 药品　0.1%盐酸吗啡溶液或0.4%盐酸哌替啶溶液,生理盐水。

**【实验步骤和观察指标】**

1. 动物筛选　将水浴温度调至55±0.5℃。然后将小鼠置于热板上,测定各小鼠的正常痛阈值,以舔后足出现的时间为疼痛指标。共测2次,每次间隔5 min,以平均值不超过30 s的小鼠供实验用。

2. 正式实验　取筛选合格的小鼠4只,称重并编号,按上述方法分别测定小鼠给药前的痛阈值,将每只小鼠所测两次痛阈的平均值,作为给药前痛阈值。1、2号鼠腹腔注射0.1%盐酸吗啡溶液0.1 ml/10 g,3、4号鼠腹腔注射生理盐水0.1 ml/10 g。用药后第15、30、45 min分别测定各鼠的痛阈值,对于痛阈值大的小鼠按60 s计。将整个实验室结果,按下列公式计算各药不同时间的镇痛百分率,把结果填入表3-4-7-1中。

表3-4-7-1　药物的镇痛作用

| 组别 | 给药前平均痛阈值 | 给药后平均痛阈值(s) | | | 镇痛百分率(%) | | |
|---|---|---|---|---|---|---|---|
| | | 15 min | 30 min | 45 min | 15 min | 30 min | 45 min |
| 对照组 | | | | | | | |
| 实验组 | | | | | | | |

$$药物镇痛百分率 = \frac{用药后平均痛阈值 - 用药前平均痛阈值}{用药前平均痛阈值} \times 100\%$$

(公式3-4-7-1)

**【注意事项】**

1. 小鼠宜用雌性,因雄性小鼠遇热时睾丸易下垂,阴囊皮肤对热刺激敏感。
2. 热板法个体差异较大,实验动物应预先筛选,一般以痛阈值在30 s内者为敏感鼠,可供实验用。
3. 用药后小鼠痛阈值超过60 s者,应立即取出,防止足部烫伤而影响实验结果,其痛阈值按60 s计。
4. 室温以15℃左右为宜,过低动物反应迟钝,过高则敏感。

## 二、化学刺激实验方法

**【实验原理与目的】**

把醋酸等化学刺激物注入腹腔,可使小鼠很快产生疼痛反应,表现为腹部两侧收缩内陷、腹壁下贴、臀部抬高或后肢伸展,即扭体反应。

本实验的目的是学习化学刺激镇痛实验方法,掌握吗啡(morphine)或哌替啶(pethidine)的镇痛作用。

【实验对象】

小鼠,体重 18～22 g,雌雄不拘。

【实验器材和药品】

1. 器械　电子称,1 ml 注射器,鼠罩。
2. 药品　0.1%盐酸吗啡溶液或 0.4%盐酸哌替啶(杜冷丁)溶液,0.6%醋酸溶液或 1%酒石酸锑钾溶液,生理盐水。

【实验步骤和观察指标】

1. 小鼠 4 只,分成两组称重标记。观察正常活动后,1、2 号小鼠腹腔注射 0.1%盐酸吗啡溶液 0.1 ml/10 g,3、4 号小鼠腹腔注射生理盐水 0.1 ml/10 g 作对照。
2. 给药后 20 min,两组小鼠均腹腔注射 0.6%醋酸溶液 0.1 ml/10 g,观察记录注射醋酸后 15 min 内的两组出现扭体的鼠数和扭体次数。
3. 统计整个实验室结果,将扭体的鼠数及扭体次数平均值记录于表 3-4-7-2 中,并按下列公式计算镇痛百分率。

表 3-4-7-2　两组小鼠的扭体反应

| 组别 | 药物剂量 | 动物数 | 扭体鼠数 | 扭体次数 | 镇痛百分率(%) |
|---|---|---|---|---|---|
| 给药组 | | | | | |
| 对照组 | | | | | |

$$药物镇痛百分率 = \frac{对照组扭体次数 - 实验组扭体次数}{对照组扭体次数} \times 100\% \quad (公式\ 3-4-7-2)$$

【注意事项】

1. 用药剂量要准确,剂量过大会造成呼吸抑制,剂量过小效果不明显。
2. 酒石酸锑钾或醋酸溶液应在实验前临时配制,否则致痛效果不佳。
3. 扭体反应指标中有任何一项表现即可认为阳性。

【思考题】

1. 简述吗啡镇痛作用的机制及其临床应用。
2. 盐酸吗啡与哌替啶的镇痛作用有何区别？用药时应注意哪些问题？

(郑子敏　韦健全)

# 实验八　纳洛酮、尼可刹米对急性吗啡中毒的解救作用

【实验原理与目的】

治疗量吗啡对呼吸中枢有抑制作用,中毒时呼吸频率可减慢至 3～4 次/min,乃至呼吸完全停止。纳洛酮(naloxone)是阿片受体的特异性阻断药;尼可刹米是中枢兴奋药。它们对急性吗啡中毒呼吸抑制有对抗作用。

本实验给家兔静注大剂量吗啡制作成急性吗啡中毒模型,观察纳洛酮、尼可刹米对抗吗啡抑制呼吸作用的特点,并学习检测呼吸的实验方法。

【实验对象】

家兔2只,体重约2 kg。

【实验器材和药品】

1. 仪器　生物机能实验系统,张力换能器。
2. 器材　家兔固定台、铁支架、双凹夹、蛙心夹、5 ml及10 ml注射器、6号针头。
3. 药物　1%盐酸吗啡溶液、0.02%纳洛酮溶液、25%尼可刹米溶液。
4. 其他　棉线。

【实验步骤和观察指标】

1. 按操作规程准备好生物机能实验系统,并连上张力换能器。
2. 将兔称重,背位固定于家兔固定台上,头部用棉线拉住上牙固定好。在剑突下2 cm处皮肤夹上蛙心夹,蛙心夹的丝线连接于张力传感器上,调整好张力,用通道1、2分别记录甲、乙两兔的正常呼吸曲线。
3. 在记录呼吸曲线的情况下由耳缘静脉注射1%吗啡溶液1～2 ml/kg,观察呼吸频率和幅度,待呼吸抑制明显后,甲兔耳缘静脉注射0.02%纳洛酮溶液2ml/kg,乙兔耳缘静脉注射25%尼可刹米0.25～0.5 ml/kg。继续观察呼吸变化。
4. 通过剪切等把结果打印出来,将呼吸频率及呼吸幅度记录于表3-4-8-1中。

表3-4-8-1　纳洛酮、尼可刹米对急性吗啡中毒的解救作用

| | | 给药前 | 注射吗啡后 | 注射纳洛酮后 | 注射尼可刹米后 |
|---|---|---|---|---|---|
| 甲兔 | 呼吸频率(次/min) | | | | |
| | 呼吸幅度(cm) | | | | |
| 乙兔 | 呼吸频率(次/min) | | | | |
| | 呼吸幅度(cm) | | | | |

【注意事项】

1. 静脉注射吗啡应一次性快注射。
2. 纳洛酮、尼可刹米应事先抽好,以便呼吸抑制明显时可立即静脉注射。
3. 静脉注射尼可刹米的速度不宜过快,否则易引起惊厥。

【思考题】

1. 急性吗啡中毒的特征、致死原因是什么?
2. 哪些药物可以抢救急性吗啡中毒?其机制是什么?

(韦健全　廖长秀)

# 第五章 呼吸系统实验

## 实验一 膈神经放电

【实验原理与目的】

呼吸中枢的节律性活动通过传出神经(膈神经和肋间神经)引起膈肌和肋间肌的节律性收缩和舒张活动,从而产生了节律性呼吸运动。因此,用电生理方法记录膈神经放电活动情况可以作为反映呼吸中枢节律性活动的一项指标。某些体内外因素对呼吸运动的反射性影响,也能通过记录膈神经放电改变情况得到反映。

本实验的目的在于观察某些因素引起家兔在体膈神经发放群集性传出冲动情况,加深对呼吸肌收缩节律来源的认识。

【实验对象】

家兔,雌雄不拘。

【实验器材和药品】

1. 仪器  生物机能实验系统,监听器,双极引导电极及其固定支架。
2. 机械  手术器械1套,兔手术台,气管插管,注射器(20 ml、5 ml 各1只,1 ml 2只)及针头,玻璃分针,纱布。
3. 药品  生理盐水,医用液体石蜡,3%戊巴比妥钠(或 20%乌拉坦)溶液,装有 $CO_2$ 的气囊。

【实验步骤和观察指标】

1. 连接生物机能实验系统有关装置(参见第二篇第一章《常用生理科学实验仪器》),用"膈神经放电"实验模块。
2. 动物手术

(1) 动物常规麻醉与固定后,气管插管(参见第二篇第五章第八节《急性动物实验常用手术方法》)。

(2) 分离膈神经:在颈下部,用止血钳沿胸锁乳突肌与颈外静脉之间向颈椎骨旁分离,可见由内向后外行走的较粗大的臂神经丛,在臂神经丛的内侧可见一条较细的神经横跨臂神经丛,转靠近颈椎旁行走入胸腔,此神经就是膈神经。用玻璃分针在臂丛上方分离膈神经2 cm 左右,穿线置于外周端(近胸部)备用。如图 3-5-1-1 所示。

(3) 参见减压神经放电的办法给膈神经做小皮兜,并将液体石蜡注入皮兜内以防止神经干燥。

(4) 分离双侧迷走神经,并穿线备用。

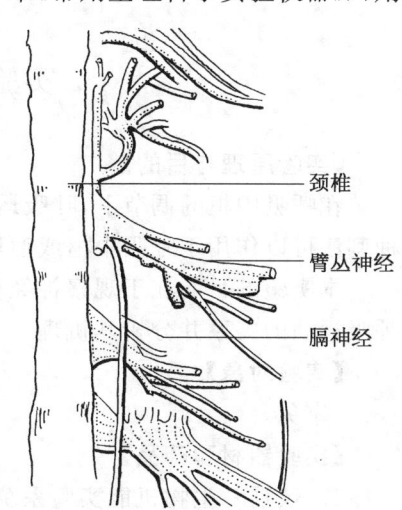

图 3-5-1-1  膈神经大体位置示意图

3. 观察与记录

(1) 记录正常的膈神经放电:用玻璃分针轻轻地将膈神经放在引导电极上。观察膈神经放电:膈神经群集放电呈梭形与吸气同步,从监听器可听到"拉锯样"声音(图3-5-1-2)。

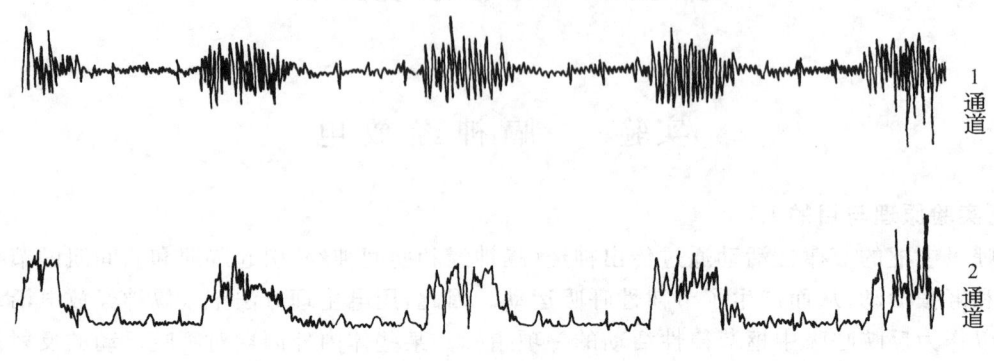

图 3-5-1-2　膈神经群集放电
1通道为膈神经放电　2通道为膈神经放电直方图

(2) 吸入气中 $CO_2$ 浓度增加对膈神经放电的影响。将 $CO_2$ 气囊的管口对准气管插管,打开气囊管口夹子,观察膈神经放电的变化。

(3) 剪断双侧迷走神经对膈神经放电的影响。剪断一侧迷走神经,观察膈神经放电变化。剪断另一侧迷走神经,观察膈神经放电变化。

【注意事项】

1. 分离神经要干净,且不能过度牵拉神经,并要注意防止神经干燥。
2. 电极首先放在近外周端,如果描记不出神经放电,再把引导电极往中枢端移动。

【思考题】

1. 试比较膈神经放电形式与减压神经放电形式有何异同?
2. 如何通过实验证明膈神经是传入或传出神经?

(许闽广　何显教)

## 实验二　呼吸运动的调节

【实验原理与目的】

在呼吸中枢的调节下,呼吸运动有节律地进行,并能适应机体代谢的需要。体内、外各种刺激可以作用于呼吸中枢或通过不同的感受器,反射性影响呼吸运动。

本实验的目的在于观察神经和体液因素对呼吸运动的调节作用;观察血压急性升高与呼吸运动的关系并分析其机理。

【实验对象】

家兔。

【实验器材和药品】

1. 仪器　生物机能实验系统,张力换能器,血压换能器。
2. 器械　马利氏气鼓,手术器械1套,兔手术台,刺激器,气管插管,注射器(20 ml、5 ml 各1只),婴儿秤,静脉导管及静脉输液装置(带三通开关),听诊器。

3. 药品　生理盐水，20％氨基甲酸乙酯（或 3％戊巴比妥钠）溶液，3％乳酸溶液，$CO_2$ 气袋，钠石灰瓶，生理盐水，肾上腺素生理盐水（1‰肾上腺素 1 ml＋生理盐水 9 ml）。

4. 其他　50 cm 长的橡皮管 1 条，纱布、线、球胆 2 个（分别装入 $CO_2$ 和空气）。

【实验步骤和观察指标】

1. 仪器装置　按操作规程准备好生物机能实验系统的呼吸及血压记录装置（参见第二篇第一章《常用生理科学实验仪器》）。

2. 手术操作　参见第二篇第五章第八节《急性动物实验常用手术方法》中的颈部手术。

(1) 动物麻醉与固定：家兔一只，称体重后，由耳缘静脉缓慢注入 20％氨基甲酸乙酯(5 ml/kg)，待动物麻醉后仰卧固定于手术台上。

(2) 气管插管：沿颈部正中切开皮肤，分离气管，行气管插管，用于描记呼吸曲线。

(3) 分离出颈部两侧迷走神经，穿线备用。

(4) 颈总动脉插管：分离一侧颈总动脉，在颈总动脉插入动脉插管并连接于血压换能器，用于记录动脉血压。

(5) 颈外静脉插管：先准备好静脉输液装置，排除输液管道的气体。分离一侧颈外静脉，结扎颈外静脉远心端，在近心端靠近结扎处剪开一小口并插入静脉导管，结扎固定，调节好适当的输液速度。

3. 观察与记录　先描记一段正常呼吸和血压曲线，然后按以下项目观察记录。

(1) 增加吸入气中 $CO_2$ 浓度：将装有 $CO_2$ 的球胆管口对准气管插管侧管（两者有一定距离）并将球胆的夹子逐渐松开，使 $CO_2$ 气流不宜过急地随吸气进入气管。此时记录高浓度 $CO_2$ 对呼吸运动的影响。夹闭 $CO_2$ 球胆，观察呼吸恢复的过程。

(2) 缺氧：将气管插管的侧管通过钠石灰与盛有一定容量空气的球胆相连，家兔呼吸球胆中的空气。动物呼出的 $CO_2$ 可被钠石灰吸收，故随着呼吸的进行，球胆中的 $O_2$ 愈来愈少，记录呼吸运动的变化。待呼吸运动恢复正常再进行下项观察。

(3) 增大无效腔：把 50 cm 长的橡皮管连接在侧管上，家兔通过这根长管进行呼吸，观察呼吸运动有何变化，呼吸发生明显变化后即去掉橡皮管，使其恢复正常。

(4) 血中酸性物质增多时的效应：用 5 ml 注射器，由耳缘静脉较快地注入 3％的乳酸 2 ml，观察此时呼吸运动的变化过程。

(5) 迷走神经在呼吸运动中的作用：描记一段对照呼吸曲线，先切断一侧迷走神经，观察呼吸运动有何变化，再切断另一侧迷走神经，观察呼吸运动有何变化。然后以不同刺激强度刺激一侧迷走神经的向中端，再观察呼吸运动的变化。

(6) 血压急性升高对呼吸运动的影响：输入 37℃生理盐水（输入总量按 100 ml/kg，输液速度为 180～200 滴/min）待滴注将近完毕立即从输液管中注入稀释肾上腺素生理盐水（按肾上腺素 0.45 mg/kg），记录呼吸和血压。

【注意事项】

1. 气管插管时，剪口后，一定要注意对气管进行止血和气管内清理干净再进行插管。

2. 经耳缘静脉注射乳酸时，要选择静脉远端，注意不要刺破静脉，以免乳酸外漏，引起动物躁动。

3. 用保护电极刺激迷走神经向中端之前一定要先检查刺激器的输出。

4. 气管插管侧管的夹子在实验全过程中不得更动，以做振幅的前后比较。

**【思考题】**

1. 分析各项实验结果，缺氧、$CO_2$ 及乳酸增多时对呼吸的影响机制有何不同？
2. 迷走神经在节律性呼吸运动中起何作用？
3. 急性血压升高对呼吸有何影响？机理如何？

（谢协驹）

## 实验三　家兔实验性肺水肿

**【实验原理与目的】**

正常情况下，肺组织间液的回流明显大于滤出，保证了肺泡的相对"干燥"和正常功能。当肺毛细血管流体静压增高、血浆胶体渗透压降低、肺微血管壁通透性增高、肺淋巴回流障碍等因素中的某个或多个同时或相继作用，一般先发生间质性肺水肿，然后，发展为肺泡水肿。肺水肿发生后，可引起气体弥散障碍以及肺泡通气与血流比例失调（如果气道内存在水肿液，还会引起通气障碍），最终导致呼吸功能不全。

大剂量肾上腺素可引起机体血液重新分布、血管内外液体交换失衡及体内外液体交换失衡，导致急性肺水肿，呼吸功能障碍。

本实验的目的是用大剂量肾上腺素复制肺水肿模型，观察急性肺水肿的表现，分析其发生机制。

**【实验对象】**

家兔 2 只，体重 1.5～3.0 kg，雄雌不拘。

**【实验器材和药品】**

1. 仪器　生物机能实验系统，张力换能器。
2. 器械　气管插管，马利氏气鼓，手术器械 1 套，听诊器 1 具，静脉导管及静脉输液装置 2 套，10 ml 注射器 2 支，6 号针头 2 个，50 ml 烧杯 2 个，天平与砝码。
3. 药品　1% 普鲁卡因溶液，$10^{-4}$ mol/L 肾上腺素生理盐水，0.9% 氯化钠溶液（生理盐水）。
4. 其他　丝线，棉球，滤纸。

**【实验步骤和观察指标】**

家兔随机分为实验组和对照组两组，实验过程进行动态、交叉对比观察。

（一）实验组

1. 仪器装置　按第二篇第一章第一节及第二节的介绍准备好生物机能实验系统及张力换能器纪录装置。

2. 手术操作

（1）固定动物：准确称重后将家兔仰卧固定于兔台上，剪去颈部手术野被毛。

（2）局部麻醉：用 1% 普鲁卡因溶液行颈部皮下浸润麻醉，切开颈前部皮肤，分离气管及一侧颈外静脉。

（3）气管插管：行气管插管，连接马利氏气鼓及张力换能器等呼吸记录装置。

（4）颈外静脉插管：行一侧颈外静脉插管，连接静脉输液装置，以 10～15 滴/min 速度输入生理盐水溶液以维持管道通畅。

3. 观察与记录

(1) 记录一段正常呼吸曲线,用听诊器听肺呼吸音。然后输入37℃生理盐水,输入总量按 100 ml/kg 体重计算,输液速度为 160~180 滴/min。待滴注完输液总量后,从三通管向静脉缓慢注入 $10^{-4}$ mol/L 肾上腺素生理盐水,肾上腺素剂量按 0.5 mg/kg 体重。注完肾上腺素后,继续以 10~15 滴/min 速度输入生理盐水溶液维持管道通畅。

(2) 在输液及注射肾上腺素前后及过程中,要密切动态观察并记录下列指标变化:①呼吸频率和幅度有无变化?如何变化?有否呼吸急促、困难;②肺部听诊有否出现啰音?属何种性质?③气管插管有否粉红色泡沫液流出?如果上述指标有明显改变,表明肺水肿已经发生。

(3) 动物发生肺水肿后,用血管钳夹注气管,处死动物,剖开胸腔,先将心肺一起取出,再小心分离肺脏,用丝线在气管分叉处结扎气管,用天平称肺重量(g),计算肺系数。

$$肺系数 = \frac{肺重量(g)}{体重量(kg)} \qquad (公式\ 3-5-3-1)$$

正常兔肺系数为 4~5。

(4) 肉眼观察肺解剖变化:肺大体外观(形状和颜色),肺组织切面有否液体溢出(注意其量、颜色、性质)。

(5) 光镜下观察肺组织切片(教师预先准备好)。

(二) 对照组

除了不使用肾上腺素外,其余实验步骤、条件和内容与实验组相同。

【注意事项】
1. 实验组和对照组之间,要严格控制实验条件及操作的同一性,这样才有对照意义。
2. 忌用实验前肺脏已经有异常征象的家兔。
3. 取肺脏时,操作要小心,防止肺表面损伤而导致水肿液流失,影响肺系数的准确性。
4. 重复使用肾上腺素,两次间隔时间为 10~15 min,不宜过频。

【思考题】
1. 肺循环和体循环血管壁的厚度及 α 受体密度有何不同?
2. 实验组家兔发生肺水肿的机制是什么?
3. 实验组家兔为什么会出现粉红色泡沫液?
4. 常见肺水肿有哪几种?其发生机制有何不同?
5. 本实验导致呼吸功能不全的类型及其机制是什么?

(陈世民)

## 实验四  大鼠实验性肺水肿

【实验原理与目的】
实验原理与目的与"家兔实验性肺水肿"项目相同,但大鼠费用较低。教学时可选择其中之一。

【实验对象】
雄性大鼠,体重 150~200 g。

**【实验器材与药品】**

1. 器械　2 ml 注射器及针头 2 个，小天平 1 台，剪刀、镊子各 1 把，线，滤纸。
2. 药品　0.1% 盐酸肾上腺素注射液，生理盐水，0.3% 戊巴比妥钠溶液。

**【实验步骤与观察指标】**

1. 取 150～200 g 左右的大鼠 1 只作实验鼠，称重，观察动物的一般情况、呼吸和肤色后按 1.5～2.0 ml/只腹腔注射 0.1% 盐酸肾上腺素注射液，记录时间，观察动物的变化，注意口鼻有无泡沫液体流出。

2. 待动物死亡后，解剖尸体，结扎气管后取出心肺，然后将心脏分离（注意不要损伤肺组织），将表面血迹用滤纸擦去后准确称重。肉眼观察肺大体的改变，注意有无泡沫样液体流出。如注射药物 20 min 后动物未死亡，可按 0.3% 戊巴比妥钠溶液 0.1 ml/100 g 腹腔注射，待发挥麻醉作用后，剪断颈动脉快速放血处死。

3. 取体重与实验鼠大致相同的大鼠一只，实验步骤与实验鼠不同之处是腹腔注入等量的生理盐水，其他步骤和实验鼠相同。处死方法：按 0.3% 戊巴比妥钠溶液 0.1 ml/100 g 腹腔注射，待发挥麻醉作用后，剪断颈动脉快速放血处死。

4. 计算大鼠肺系数。肺系数公式：肺系数＝肺重量(g)/体重量(kg)。正常大鼠肺系数为 4～9。

**【注意事项】**

1. 解剖动物时，注意不要损伤肺表面和挤压肺组织，以防止水肿液流出，影响肺系数值。
2. 对照鼠处死方法只能用快速放血方法，其他处死方法均可引起肺水肿。

**【思考题】**

1. 肾上腺素为何会引起肺水肿？
2. 分析注射大量肾上腺素引起急性肺水肿的机制。

（蒙　山）

## 实验五　家兔呼吸功能不全

**【实验原理与目的】**

呼吸功能不全可因肺通气障碍、气体弥散障碍以及肺泡通气与血流比例失调引起。

本实验的目的在于通过复制家兔呼吸功能不全模型，观察家兔呼吸功能不全时血气和呼吸的变化并分析其机制。熟悉动脉采血和了解血气测定方法。观察氧疗对不同原因引起呼吸功能不全的治疗效果。观察胸内压变化。

**【实验对象】**

家兔 4 只，体重 2～3 kg，性别相同及体重相近，分别进行窒息、气胸、肺水肿和呼吸中枢抑制实验。也可用 2 只家兔，一只作窒息和肺水肿，另一只作气胸和呼吸中枢抑制实验。

**【实验器材和药品】**

1. 仪器　生物机能实验系统，张力换能器，血气分析仪。
2. 器械　气管插管，马利氏气鼓，手术器械 1 套，连接三通管活塞的动脉插管，1 ml、2 ml、5 ml、20 ml 注射器，6 号、9 号、16 号针头，天平与法码，弹簧夹，枕式氧气袋。

3. 药品　1%普鲁卡因溶液、1%肝素生理盐水溶液、0.9%氯化钠溶液、10%葡萄糖溶液、1%盐酸吗啡、25%尼可刹米。

4. 其他　小橡皮块若干、棉球、胶布。

【实验步骤和观察指标】

1. 仪器装置　按操作规程准备好生物机能实验系统的呼吸记录装置(参见第二篇第一章《常用生理科学实验仪器》)。准备好血气分析仪，用于测定血气指标。

2. 手术操作

(1) 固定动物：将各家兔称重后仰卧固定于兔台上，剪去手术野被毛。

(2) 局部麻醉：注射1%普鲁卡因溶液局部麻醉。

(3) 气管插管：分离气管，并插入气管插管，用于记录呼吸曲线。

(4) 颈总动脉插管：分离一侧颈总动脉，结扎远心端，在近心端插入连接充满生理盐水三通管活塞的动脉插管，以备采血用。

3. 观察与记录　本实验设窒息、气胸、肺水肿、呼吸中枢抑制及氧疗等实验内容，教学中可选择其中部分或全部项目。

(1) 共同观察与记录的指标

1) 记录呼吸曲线：调节生物机能实验系统的放大倍数及记录速度，使描记的呼吸曲线疏密及振幅均适宜。注意呼吸频率和幅度变化。

2) 动脉采血及血气分析：用2 ml注射器从三通管的侧管抽出动脉插管内的死腔液。然后，用预先以1%肝素生理盐水溶液浸润管壁的2 ml注射器取血2 ml，取下注射器迅速套上插有橡皮块的针头，柔和地充分摇匀，立即送作血气分析。取血时切忌与空气接触，如针管内有小气泡要立即排除。采血后动脉插管内再补充回生理盐水。血气分析指标：$PaO_2$、$PaCO_2$、pH值等。

(2) 窒息实验

1) 记录一段正常呼吸曲线，采正常动脉血测血气指标。

2) 用弹簧夹将"Y"型气管插管上端侧管所套的橡皮管完全夹住，使家兔处于完全窒息状态60 s；或在完全夹住的橡皮管上插两个9号针头，造成家兔不完全窒息8~10 min，取动脉血作血气分析并记录呼吸变化。

3) 放开弹簧夹约10 min，待家兔呼吸恢复正常，取动脉血作血气分析并记录呼吸变化。

小结：分别于窒息前、窒息时(完全窒息状态60 s，不完全窒息8~10 min)及窒息解除后10 min记录呼吸变化并采动脉血并做血气分析。

(3) 气胸实验

1) 按第二篇第五章《动物实验常用观察指标及其测定技术》一节内容进行胸内压测定，用压力换能器法记录胸内压。

2) 用粗的穿刺针头插入右侧胸腔，造成开放性气胸，然后用胶布将针尾固定在胸部皮肤上，防止针头移位或滑脱。

3) 观察不同呼吸状态时胸内压的变化。调节记录仪器适当的扫描速度，记录胸内压变化曲线。比较吸气时和呼气时的胸内压，读出胸内压数值(mmHg数乘以1.36即为$cmH_2O$数)。

加强呼吸运动的效应：将气管套管一侧短橡皮管夹闭，另一侧与连接长橡皮管的玻璃管连接,增大无效腔,使呼吸运动加快。观察并记录深呼吸时的胸内压数值,此时的胸内压与平静呼吸时的胸内压有何异同。

憋气的效应:在吸气末或呼气末,分别堵塞或夹闭气管套管的两侧管。此时动物虽用力呼吸,但不能呼出肺内气体或吸入外界气体,处于用力憋气状态。观察此时胸内压变动的最大幅度,胸内压是否可高于大气压?

4) 用 50 ml 注射器将胸腔内空气抽尽,拔出针头。最后等 10~20 min,动物呼吸恢复正常。

小结:分别于气胸前、气胸 10 min 时及解除气胸后 10 min 时记录呼吸变化并采动脉血并做血气分析。

(4) 高渗葡萄糖液引起的肺水肿

1) 抬高兔台头端约成 30°,保持气管位于正中部位。

2) 用 2 ml 注射器取 10%葡萄糖溶液 1~2 ml(依动物大小取量),将针头(带塑料管)插入气管内。5 min 内缓慢匀速地将葡萄糖液滴入气管内以造成肺水肿,注射后 10min,放平兔台。

3) 在注射葡萄糖前及注射葡萄糖后 20 min 取动脉血作血气分析并描记呼吸。

4) 出现明显血气及呼吸变化后,处死动物,在气管分叉处结扎气管,取出肺称重,计算肺系数(公式 3-5-3-1),肉眼观察肺解剖变化。

(5) 呼吸中枢抑制实验

1) 耳缘静脉快速注射 1%吗啡 1.2~2 ml/kg,观察并记录呼吸振幅和频率变化。

2) 待呼吸明显抑制时(几乎是一条直线),取动脉血作血气分析,描记呼吸变化,立即耳缘静脉缓慢注射 25%尼可刹米 0.3~0.5 ml/kg,观察并记录呼吸变化。

3) 血气分析:分别于注射吗啡前、注射吗啡后呼吸抑制时及注射尼可刹米解救后取动脉血作血气分析,同时描记呼吸运动。

(6) 急性呼吸功能不全的氧疗

1) 实验 3 气胸未解除前和实验 4 肺水肿动物发生明显的血气变化后,将气管插管的上端连接氧气瓶(袋)使动物吸入纯氧 5 min。

2) 取吸氧前后动脉血作血气分析,比较因不同原因所致呼吸功能不全的氧疗效果。

【注意事项】

1. 用穿刺针插入胸腔时,不要插得过猛过深,以免刺破肺组织和血管,形成气胸和出血过多。气胸后胸腔内的空气一定要抽尽。

2. 静脉注射吗啡应快速,否则呼吸抑制不明显。

3. 注射吗啡时,应备好尼可刹米,呼吸明显抑制时,应按原针头注入尼可刹米,速度应慢,否则,动物会惊厥而死亡。

【思考题】

1. 窒息、气胸、肺水肿、呼吸中枢抑制可引起哪型呼吸衰竭?

2. 氧疗对上述哪种病因所致的呼吸衰竭效果最佳?为什么?

3. 吗啡引起的严重呼吸抑制,为何用尼可刹米解救而不用其他中枢呼吸兴奋药?

(谢协驹)

## 实验六  平喘药实验(豚鼠肺支气管灌流法)

【实验原理与目的】

肺组织的肥大细胞、支气管平滑肌细胞的细胞膜上存在着 $\beta_2$ 受体、$H_1$ 受体、$\alpha$ 受体与 M 受体。$\beta_2$ 受体激动时,可激活细胞膜上的腺苷酸环化酶,后者又催化细胞内 cAMP 的合成。cAMP 水平提高对支气管平滑肌有稳定膜电位、扩张支气管的作用。$\alpha$ 受体激动时则使细胞内 cAMP 水平降低,使支气管收缩。激动 M 胆碱受体,可激活鸟苷酸环化酶,使细胞内 cGMP 合成加速,cGMP 水平提高,从而收缩支气管。同时,$\beta_2$ 受体激动时,可抑制组胺、慢反应物质等过敏介质的释放,$\alpha$ 受体与 M 受体激动时则可促进过敏介质的释放。

本实验的目的是通过观察药物对豚鼠肺支气管灌流量的影响,来分析这些药物对支气管平滑肌的作用,加深对药物作用机制的理解。了解离体肺支气管灌流方法。

【实验对象】

豚鼠,体重 400~600 g。

【实验器材和药品】

1. 仪器  超级恒温水浴器。
2. 器械  支气管灌流装置,培养皿,大小剪刀,镊子,血管钳,1 ml 注射器,蛙板,量筒,烧杯。
3. 药品  乐氏液,0.01%异丙肾上腺素溶液,1.0%乙酰胆碱(acetylcholine,ACh)溶液,0.2%苯海拉明(diphenhydramine)溶液,0.5%组织胺(histamine)溶液,巴比妥钠溶液。
4. 其他  棉线。

【实验步骤和观察指标】

1. 仪器装置  预先安装好肺支气管灌流装置并连接恒温水浴器(图 2-6-3-1)。贮液瓶内充满含氧的乐氏液,经恒温(37℃)水浴中的蛇形管到达灌液套管。

2. 手术操作

(1) 腹腔注射巴比妥钠溶液将豚鼠麻醉,切开颈动脉放血,然后固定于蛙板上。迅速用粗剪刀打开胸腔暴露心肺。

(2) 用小镊子分离出气管,于甲状软骨下 2~3 个气管环处剪断气管并用镊子提起,剪除周围组织连同心肺一并取出。

(3) 立即置入盛有冰冷乐氏液的培养皿内并轻轻挤压数次,以排出肺内气体。

(4) 去除心脏,然后将气管用线扎于灌流装置的套管上,缓慢打开灌流液开关,以乐氏液灌流之。待肺充分膨胀后,在肺脏表面用针头散在性穿孔数个至数十个。调节灌流速度至每分钟流出 28~32 ml。

3. 观察与记录  待灌流量恒定后即可按下列顺序给药,每给一组药物待其灌流量恢复正常后再给下一组药。

(1) 0.5%组织胺溶液 0.5 ml。0.5 min 后开始记录每分钟液体流出量,观察其作用高峰时间和维持时间。

(2) 重复注入组织胺,待其作用明显后,给予 0.01%异丙肾上腺素溶液 0.5 ml。观察灌流量有何变化,与步骤(1)比较。

(3) 注入 0.2%苯海拉明溶液 0.5 ml。待 3～5 min 后,重复注入组织胺,观察灌流量有何变化,与步骤(1)比较。

(4) 1.0%乙酰胆碱溶液 0.5 ml,同步骤(1)。

(5) 重复注入乙酰胆碱,待作用明显后,注入 0.01%异丙肾上腺素溶液 0.5 ml,观察流量变化,与步骤(4)比较。

(6) 将结果记录于表 3-5-5-1 中。

表 3-5-5-1 豚鼠肺支气管灌流量(ml/min)

| 药物 | 药前 | 药后 (min) | | | | | | | | | |
|---|---|---|---|---|---|---|---|---|---|---|---|
| | | 1 | 2 | 3 | 4 | 5 | 6 | 7 | 8 | 9 | 10 |
| 组织胺 | | | | | | | | | | | |
| 组织胺+异丙肾上腺素 | | | | | | | | | | | |
| 苯海拉明+组织胺 | | | | | | | | | | | |
| 乙酰胆碱 | | | | | | | | | | | |
| 乙酰胆碱+异丙肾上腺素 | | | | | | | | | | | |

【注意事项】

1. 切开颈动脉放血,倒提豚鼠(即头朝下),以免血块阻塞气管。灌流好的肺脏应无萎陷或凝血区域。

2. 每次给药后应予少量乐氏液冲管。

3. 整个实验过程中应使贮液瓶中的乐氏液保持在一定高度,以免影响灌流量。

【思考题】

1. 受试药物中哪些引起灌流量减少？哪些引起灌流量增加？其机制是什么？哪些药物是特异性拮抗剂？哪些药物是生理性拮抗作用？

2. 阿托品是否可以用于支气管哮喘？为什么？

3. 异丙肾上腺素用于支气管哮喘有哪些副作用？为什么？

(李佩琼　韦健全)

# 第六章 消化系统实验

## 实验一 消化道平滑肌生理特性及其影响因素

**【实验原理与目的】**

消化道平滑肌除了具有肌肉组织的共同特性,如兴奋性、传导性和收缩性,还有平滑肌自己独特的特性。如兴奋性低,收缩缓慢的自动节律性,较大伸展性,对化学物质、温度变化及牵张刺激比较敏感等。离体小肠在体外适宜环境中可以保留其生理特性。

本实验的目的是学习哺乳动物离体器官的灌流方法,并观察消化道平滑肌的一般生理特性,以及某些因素对它的影响。

**【实验对象】**

家兔,体重 2 kg 左右,雄雌不拘。

**【实验器材和药品】**

1. 仪器 生物机能实验系统,张力换能器,恒温平滑肌槽。
2. 器械 组织剪,敷料镊,木槌,培养皿,通气管,加氧泵,铁支架,双凹夹,温度计,大烧杯。
3. 药品 台氏液,$10^{-4}$ mol/L 乙酰胆碱,$10^{-4}$ mol/L 肾上腺素,1 mol/L NaOH,1 mol/L HCl,0.2% 硫酸阿托品注射液。

**【实验步骤和观察指标】**

1. 仪器装置

(1) 依图 3-6-1-1 装置连接好 CW-2 型平滑肌槽恒温仪。实验前将台氏液加入浴锅及灌流槽高度的 2/3 处,开启电源开关,使其加热,恒温定点在 38℃ 左右(若恒温控制失灵,需用温度计随时探测灌流浴槽中的温度)。将"乙"形玻璃通气管放置在灌流槽内,出气端用短线连接一蛙心夹,另一端经橡皮管与"Y"形玻管连接,调节橡皮管上的螺旋夹,使氧气的气泡一个接一个地缓慢逸出,多余的气体经侧管排出。

(2) 换液方法:打开 A 夹,使浴锅的台氏液注入灌流浴槽,打开 B 夹,可使灌流浴槽中的液体排出。注意用 38℃ 的台氏液随时补充浴锅内被消耗的台氏液,并

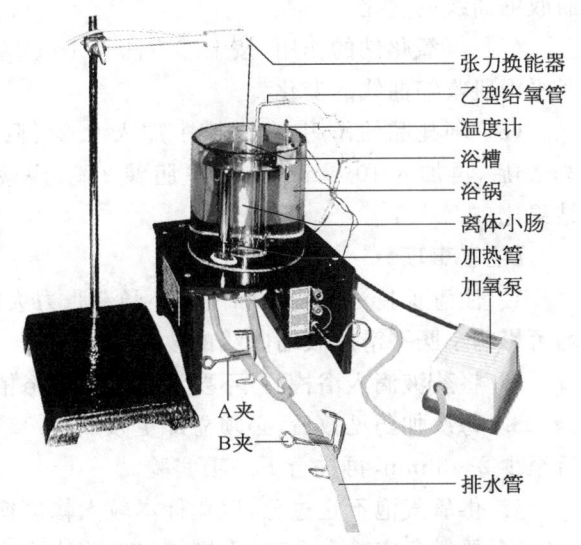

**图 3-6-1-1** 平滑肌生理特性实验装置图

使浴槽的溶液保持在同一高度。

2. 手术操作　用木槌猛击兔的头枕部使其昏迷,迅速剖开腹腔,以胃幽门与十二指肠交界处为起点,先将肠系膜沿肠缘剪去,再剪取 20~30 cm 肠管。在肠壁外用手轻轻挤压以除去肠内容物,并迅速将肠管放入盛有室温台氏液的培养皿中浸浴,将其剪成 2~3 cm 长的肠段,轻轻冲去肠内容物,放入另一盛有新鲜室温台氏液的培养皿中,供氧备用。取一段小肠一端固定于通气管,另一端用蛙心夹夹住,通过丝线系于张力换能器的弹簧片上,适当调节换能器高度,使丝线松紧适度,且标本和丝线悬于浴槽中央,不能与浴槽壁接触。

3. 观察与记录

(1) 记录离体小肠活动:用生物机能实验系统,记录小肠运动曲线,根据标本收缩力的大小和频率,调节增益,扫描速度,使记录效果满意,待标本功能正常,收缩稳定后即可开始实验。

(2) 在 38±0.5℃ 环境下记录肠段的活动情况:注意观察收缩曲线的基线水平、收缩幅度、频率和节律。曲线上升表示平滑肌紧张性增加;曲线下移,表示平滑肌紧张性降低。幅度增高表示平滑肌收缩加强;幅度减小,表示平滑肌收缩减弱。频率快表示小肠运动增强,频率慢表示小肠运动减弱。

(3) 温度影响:将室温台氏液、38℃台氏液、42℃台氏液分别换入浴槽内,观察不同温度对小肠平滑肌收缩的影响。

(4) 乙酰胆碱的作用:在 38±0.5℃ 环境下,用滴管向浴槽内加入 $10^{-4}$ mol/L 乙酰胆碱 1~2 滴,观察小肠平滑肌活动的变化。待作用明显后,立即更换浴槽内台氏液,并注入新鲜台氏液,反复冲洗 2~3 次,以洗涤或稀释残留的乙酰胆碱。待平滑肌收缩节律恢复稳定后,进行下一项观察。

(5) 肾上腺素的作用:按上述方法将 $10^{-4}$ mol/L 肾上腺素 2 滴加入浴槽,观察小肠平滑肌收缩曲线变化。

(6) 盐酸的作用:按上述方法将 1 mol/L HCl 溶液 3~5 滴加入浴槽内,观察小肠平滑肌收缩曲线的变化。

(7) 氢氧化钠的作用:按上述方法将 1 mol/L NaOH 溶液 3~5 滴加入浴槽内,观察小肠平滑肌收缩曲线的变化。

(8) 阿托品的作用:在浴槽中加入 0.2% 阿托品溶液 2~4 滴,记录小肠收缩曲线,经 2 min 后,再加入 $10^{-4}$ mol/L 乙酰胆碱 2 滴,观察小肠平滑肌收缩曲线的变化,并与第(4)项结果比较。

【注意事项】

1. 注意保持浴槽水温和离体小肠牵张力大小。实验中不能随时调节小肠牵张力,否则均可影响小肠平滑肌收缩曲线的改变。

2. 将药液滴入浴槽时,不要滴在悬线或浴槽壁上,更不能滴在浴锅内。

3. 每次加药见效后,必须立即更换新鲜38℃台氏液至少 2~3 次,并待肠段恢复正常后至少 2~3 min,再进行下一项实验。

4. 供氧气泡不宜过急,以免标本较大幅度摆动而影响记录。

5. 要避免实验桌振动,否则描出的曲线不平滑,影响观察。

【思考题】
1. 要保持哺乳类动物离体小肠平滑肌正常的收缩功能，需要哪些基本条件？
2. 分析乙酰胆碱、阿托品对消化道平滑肌的作用及其机制。

（晋　玲　何显教）

## 实验二　肠缺血-再灌注损伤

【实验原理与目的】

临床上，溶栓疗法、动脉搭桥术、心脏外科体外循环、断肢再植、器官移植和肠扭转复位后均可使组织、器官缺血后重新得到血液再灌注。多数情况下，再灌注对避免组织因缺血缺氧所致损伤，促进组织、器官功能恢复是有利的，但是，有时缺血后再灌注不仅不产生有利作用，反而引起比缺血时更为严重的组织、器官结构损伤及功能障碍。这种现象称为缺血-再灌注损伤。

本实验的目的在于学习复制肠缺血-再灌注损伤动物模型，观察肠缺血-再灌注损伤时血液循环变化及局部小肠形态学变化，探讨肠缺血-再灌注损伤的发病机制。

【实验对象】

家兔，体重 1.5～2.0 kg，实验前禁食过夜，自由饮水。

【实验器材和药品】

1. 仪器　生物机能实验系统，血压换能器，张力换能器（可增加解剖显微镜）。
2. 器械　兔固定台，手术器械 1 套，中心静脉压测量及输液装置，动脉导管，静脉导管，5 ml 注射器，针头，三通管，动脉夹（可增加微循环观察装置）。
3. 药物　生理盐水，0.3% 肝素生理盐水，1% 普鲁卡因溶液（可增加微循环灌流液——1% 明胶台氏液）。
4. 其他　纱布垫，丝线。

【实验步骤和观察指标】

1. 仪器装置　按操作规程准备好生物机能实验系统的血压、呼吸记录装置（见《常用实验仪器》）。
2. 手术操作

(1) 动物固定与备皮：将家兔称重后仰卧固定于兔台上，剪去颈部和腹部被毛。

(2) 麻醉：手术部位用 1% 普鲁卡因作局部浸润麻醉。

(3) 颈部手术：在颈部正中切开 3～4 cm 的皮肤，分离气管、左颈总动脉和右颈外静脉。①行气管插管并连接马利氏鼓，通过鼓膜运动牵拉张力换能器的弹性敏感梁活动，张力换能器与仪器连接，记录呼吸；②行左颈总动脉插管并经三通管-压力换能器与仪器连接，记录动脉血压；③将静脉导管从右颈外静脉插入到上腔静脉入右心房口处（锁骨下 1～2 cm）并与中心静脉压（CVP）测量输液装置连接，行测量中心静脉压和输液用。未测 CVP 时，维持每分钟 10～15 滴输液速度，以保持管道通畅。

(4) 腹部手术：①从剑突下 1.5 cm 处起，做一长 6～8 cm 的上腹部正中切口，打开腹腔，用温生理盐水纱布将内脏轻轻推向左前方，暴露出脊柱和腹膜后组织，先找到右肾，再将与右肾门相对（左偏下）的肠系膜上动脉找出，小心用蚊式钳将其分离并穿线备用（图 3-6-2-1，

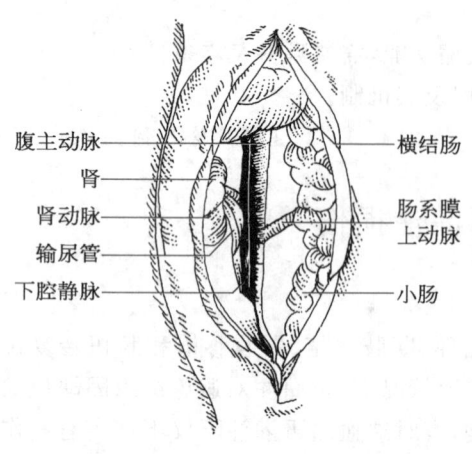

图 3-6-2-1 肠系膜上动脉示意图

图 3-6-2-2）。②如有条件,可增加微循环观察:在腹腔右下方,找到回盲交界处,将回肠系膜拉出腹腔外约 10 cm,置于微循环恒温灌流盒内,用显微镜观察肠系膜微循环。

(5) 从耳缘静脉或颈外静脉插管注射 0.3% 肝素生理盐水 3 ml/kg 体重。

3. 观察与记录

(1) 观察记录夹闭肠系膜上动脉之前的动脉血压、呼吸、CVP,检查腹腔液体渗出情况和小肠形态学变化,如淤血、点状出血及水肿等(有条件时,可以增加观察肠系膜微循环,包括微动脉和微静脉口径、毛细血管数目、血流速度及血液流变学变化)。

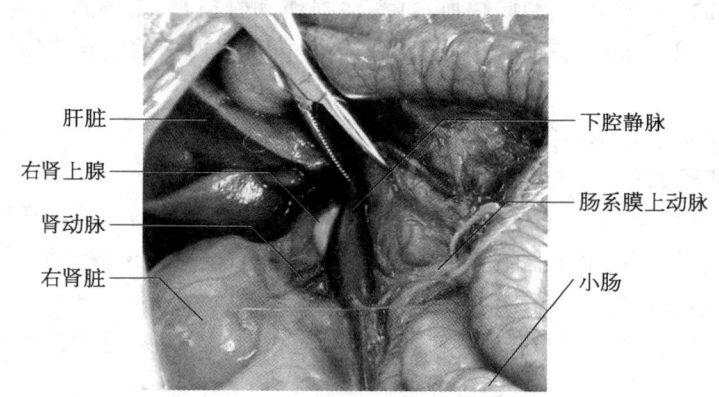

图 3-6-2-2 肠系膜上动脉相片

(2) 夹闭肠系膜上动脉:轻轻提起肠系膜上动脉的穿线,用尖端套有硅胶管的小止血钳夹闭肠系膜上动脉。也可将肠系膜上动脉结扎在一条硬塑料管上,以远端小动脉完全停止搏动为成功夹闭的标准。结扎后,于 0、10、20、40、60 min 动态观察记录上述指标的变化。

(3) 夹闭肠系膜上动脉 60 min 后,松开止血钳或剪开捆线使肠系膜上动脉再灌注。用手感觉肠系膜上动脉远心端已恢复搏动,观察小肠颜色变化,确认小肠血流恢复情况。观察记录上述指标的变化。松开结扎后,于 0、10、20、30 min 动态记录再灌注后上述指标变化。

【注意事项】

1. 必须钝性分离肠系膜上动脉,操作要小心细致,以避免损伤血管而导致大出血。
2. 牵拉肠襻要轻巧,以免引起创伤性休克。
3. 剖腹时如动物仍有疼痛反应,可再用 1% 普鲁卡因做腹膜浸润麻醉。

【思考题】

1. 何谓缺血-再灌注损伤?
2. 临床上哪些情况下可以发生肠缺血-再灌注损伤?
3. 肠缺血-再灌注对循环系统有什么影响?为什么?
4. 试述自由基在缺血-再灌注损伤发病机制中的作用。

5. 试述钙超负荷在缺血-再灌注损伤发病机制中的作用。

（陈世民）

# 实验三　氨在肝性脑病发病机制中的作用

【实验原理与目的】

肝性脑病是指继发于严重肝脏疾病的一种神经精神综合征。氨中毒学说是阐述肝性脑病发病机制的主要学说之一。

本实验的目的是指导学生采用肝大部分切除术复制出急性肝功能不全模型，对经不同处理的实验动物输入氯化铵，观察出现相应症状所需氯化铵用量及时间，探讨氨在肝性脑病发病机制中的作用。此外，加强学生对实验设计对照原则的理解。

【实验对象】

家兔2只，成年，健康，性别相同，体重相近，实验前禁食过夜，自由饮水。

【实验器材和药品】

1. 器械　手术器械1套，兔固定台，方盘，动脉夹，5 ml、10 ml、50 ml注射器及针头，婴儿秤。

2. 药品　1%普鲁卡因溶液，2.5%复方氯化铵（$NH_4Cl$）溶液。

3. 其他　塑料导管，静脉输液装置，粗和细的手术线。

【实验步骤和观察指标】

取家兔2只，随机分为实验组和对照组进行实验。

(一) 实验组(肝叶大部分切除＋注射 2.5% 复方 $NH_4Cl$ 溶液)

1. 将家兔称重后仰卧固定于兔台上，剪去上腹部正中被毛，用1%普鲁卡因溶液作局部浸润麻醉。

2. 从剑突下作长6～8 cm的上腹部正中切口，打开腹腔，暴露出肝脏，术者左手示指和中指在镰状韧带两侧将肝脏往下压，右手持剪刀剪断肝与横膈之间的镰状韧带(图3-6-3-1)。辨明肝脏各叶，用粗棉线沿肝左外叶、左中叶、右中叶和方形叶之根部围绕1周并结扎(图3-6-3-2)，待上述肝叶变成暗褐色后用组织剪逐叶剪除。保留右外叶及尾状叶(图3-6-3-3)。

3. 沿胃幽门向下找出十二指肠，用小圆缝合针作荷包缝合(图3-6-3-4)。从荷包中央剪一小口，将细塑料管插入十二指肠腔内约5 cm，收缩荷包缝合并打结，然后再用缝线在塑料管上另打一个结固定，以防塑料管滑脱。将肠管回纳腹腔，只留塑料管一端于腹外，用三角缝合针全层缝合腹壁，将动物松绑，放在实验台上观察和进一步实验。

4. 每间隔5 min用注射器通过塑料管向肠腔内注入2.5%复方 $NH_4Cl$ 溶液5 ml，直至出现全身性抽搐。

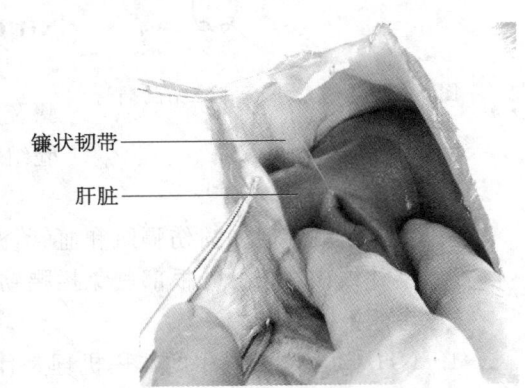

图3-6-3-1　家兔肝镰状韧带

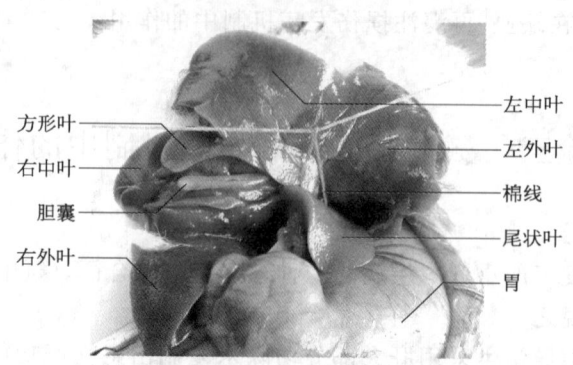

图 3-6-3-2　家兔肝叶（脏面观）及棉线结扎部位

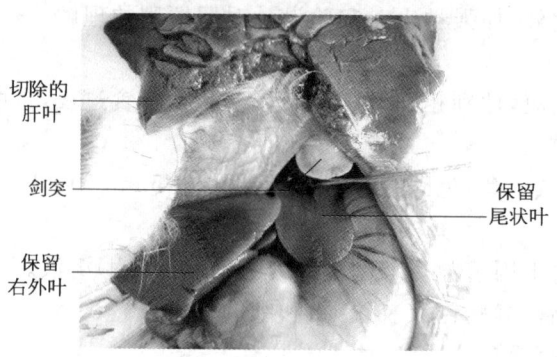

图 3-6-3-3　家兔肝叶切除

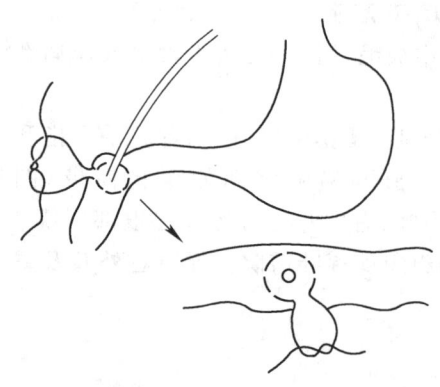

图 3-6-3-4　家兔十二指肠插管及荷包缝合

5. 记录开始向肠腔注药至出现大抽搐的时间以及使用 2.5% 复方 $NH_4Cl$ 溶液总药量，计算出每千克体重的用药量。观察并记录动物在注射 2.5% 复方 $NH_4Cl$ 溶液前后的呼吸、角膜反射、瞳孔大小及对刺激的反应等情况的动态变化。

6. 有条件时，最好检测实验动物血氨水平的动态变化。

（二）对照组（肝叶假手术＋注射 2.5% 复方 $NH_4Cl$ 溶液）

对照组家兔除肝叶不结扎和切除外，其余操作步骤及观察指标与实验组家兔基本相同。注意比较实验组与对照组家兔各指标的异同。

【注意事项】

1. 剪镰状韧带时勿损伤膈肌和血管，游离肝脏时动作宜轻以免肝叶破裂出血。
2. 结扎线应扎于肝叶根部避免拦腰勒破肝叶，结扎要牢靠。

【思考题】

1. $NH_4Cl$ 在本实验中的作用机理是什么？
2. 本实验中哪些表现反映了大脑的功能障碍？为什么？

（陈世民）

# 第七章 血液系统实验

## 实验一 血液凝固

【实验原理与目的】

血液凝固过程可分为3个阶段：凝血酶原激活物形成，凝血酶原激活成凝血酶，纤维蛋白原转变为纤维蛋白。由于激发凝血反应的原因和反应产生的途径不同，因子X的激活可以分为内源性和外源性两条途径。如果直接从血管中抽血观察血液凝固，此时因血液凝固几乎没有组织因子参予，其凝血过程主要由内源性途径所激活，若用兔脑粉(脑组织含有丰富的组织因子)启动外源性途径，则主要反映凝血过程的第二、三阶段。若在血浆中加入外源性凝血酶，则可直接观察凝血过程的第三阶段。

本实验的目的是了解血液凝固的基本过程及其影响因素。

【实验对象】

家兔，雌雄不拘。

【实验器材和药品】

1. 仪器　恒温水浴器，秒表。
2. 器械　手术器械1套，兔手术台，动脉夹，塑料动脉插管，清洁小试管(10 mm×7.5 mm)11支，50 ml 小烧杯2个，100 ml 烧杯1个，0.5 ml 吸管6支，10 ml 注射器，5号针头，滴管，试管架，吸管架。
3. 药品　3%戊巴比妥钠溶液，富血小板血浆，少血小板血浆，兔脑粉悬液，0.025 mol/L $CaCl_2$ 溶液，生理盐水，肝素8U(置小试管内)，草酸钾1～2 mg(置小试管内)，稀释凝血酶溶液，石蜡油，碎冰块。
4. 其他　带橡皮刷的玻棒或竹签，棉花。

【实验步骤和观察指标】

1. 仪器装置　准备好37℃恒温水浴，秒表。
2. 手术操作　家兔麻醉与固定后，分离出一侧颈总动脉，在其下穿过两条丝线。一线将颈总动脉干头端结扎，另一线备用(供固定动脉插管)。在颈总动脉近心端向心脏方向插入动脉插管(请参阅颈总动脉动脉插管术)，用丝线固定。需放血时开启动脉夹即可。
3. 观察与记录

(1) 观察纤维蛋白原在凝血过程中的作用：由颈总动脉插管放血10 ml，分别注入两个小烧杯内，一杯静置；另一杯用带橡皮刷的玻棒或竹签不断地搅拌，观察血液的凝固现象。取出玻棒或竹签，用水洗净，观察缠绕在玻棒或竹签上的纤维蛋白，经过这样处理的血液是否会发生凝固？

(2) 血液凝固的加速和延缓：取干洁的小试管6支，按表3-7-1-1准备各种不同的实验条件。由颈总动脉插管放血，各管加血1 ml，每30 s倾斜试管1次，直至血液凝固而不再流动为止。记录血液凝固的时间。

表3-7-1-1 影响血凝的因素

| 实验条件 | | 凝血时间 |
|---|---|---|
| 粗糙面 | 棉花少许 | |
| | 石蜡油润滑整个试管表面 | |
| 温度 | 37℃水浴中 | |
| | 浸在盛有碎冰块的烧杯中 | |
| 肝素8 U(加血后摇匀) | | |
| 草酸钾1～2 mg(加血后摇匀) | | |

如果肝素管及草酸钾管不出现血液凝固,两管各加0.025 mol/L CaCl$_2$溶液2～3滴,观察血液是否会凝固?

(3) 观察内源性及外源性凝血过程:取干洁的小试管3支,按表3-7-1-2分别加入富血小板血浆、少血小板血浆、生理盐水和兔脑粉悬液。然后同时加入0.025 mol/L CaCl$_2$溶液,摇匀,每15 s倾斜试管1次,分别记录3支试管的血浆凝固时间。血浆加钙后为什么会发生凝固?比较第一和第二管、第一和第三管、第二和第三管的血浆凝固时间,分析产生差别的原因。

表3-7-1-2 内源性和外源性凝血途径的观察

| 试剂 | 第一管 | 第二管 | 第三管 |
|---|---|---|---|
| 富血小板血浆 | 0.2 ml | | |
| 少血小板血浆 | | 0.2 ml | 0.2 ml |
| 生理盐水 | 0.2 ml | 0.2 ml | |
| 兔脑粉悬液 | | | 0.2 ml |
| 0.025 mol/L CaCl$_2$ | 0.2 ml | 0.2 ml | 0.2 ml |
| 血浆凝固时间 | | | |

(4) 凝血酶时间的测定:取小试管1支,加入少血小板血浆0.2 ml,迅速加入稀释的凝血酶溶液0.2 ml,开动秒表,摇匀后置37℃水浴中。不断倾斜试管,密切观察并记录血浆凝固时间,此即"凝血酶时间"。

【注意事项】

1. 第1和第2两个观察项目可同时进行,可只放血1次。
2. 如果有必要进行第二次放血时,最先由插管内流出的血液应弃去。

附:试剂的配制

1. 富血小板血浆和少血小板血浆的制备 取1%乙二胺四乙酸钠或0.1 mol/L枸橼酸钠抗凝全血(1份抗凝剂加9份全血)。以1 000 r/min的速度离心10 min,取上层血浆即为富血小板血浆。取同样抗凝全血以4 000 r/min的速度离心30 min,上层血浆即为少血小板血浆。由于血小板容易破坏。最好在实验的当日制备。不用时保存于冰箱4℃。

2. 兔脑粉悬液的制备

(1) 兔干脑粉的制备：将新鲜兔脑彻底除去软脑膜及血管网，用生理盐水洗净，置乳钵中研碎。除去研不碎的杂质，加3倍量的丙酮，研磨0.5 min（注意不要研磨太久，致成胶状，丙酮不易分离。如已成胶状，则需要加少量丙酮，轻轻混匀即可分离）。静置数分钟后，倒去上清液，再加适量丙酮，如此反复5～6次，使脑组织完全脱水成灰白色微细粉末状。用滤纸过滤，可能挤去丙酮，将脑粉摊开，在空气中干燥成为无黏着性的颗粒状粉末（亦可用真空抽气机或置于37℃温箱中1 h使其干燥），干脑粉制成后应分装密封，保存于普通冰箱4℃内，半年之内活性不变。

(2) 兔脑悬液的制备：取干脑粉0.3 g放入大试管内，加生理盐水5 ml，混匀，置45℃水浴内10 min，并经常摇动。然后以1 000 r/min的速度离心1 min（或静置）将大颗粒沉淀弃去，取上层乳白色液体即为脑悬液。应用前应先检查其活性：取血浆0.1 ml，脑悬液0.1 ml加0.025 mol/L CaCl$_2$ 1ml，观察其凝固时间，如凝固时间在12～14 s内，即可采用；否则应调整其浓度（为使学生实验容易掌握时间。本实验所要求的脑悬液活性是使血浆凝固时间为1 min左右）。脑悬液置普通冰箱保存2周内其活性恒定。

3. 凝血酶溶液的制备

(1) 浓缩凝血酶溶液的制备：取枸橼酸钠抗凝血浆100 ml，加冷蒸馏水1 000 ml，保持0～5℃，边搅拌，边缓缓慢加入2%醋酸溶液，调节pH至5.3（约需3.2 ml）。此时产生白色混浊，置冰箱过夜。离心后弃其上清液，沉淀物用25 ml生理盐水溶解，用2% Na$_2$CO$_3$调节pH至7.0（约需2滴，碱过量时可用醋酸纠正），再加0.25 mol/L CaCl$_2$ 3 ml，立即用玻棒搅拌，以除去不断生成的纤维蛋白丝。待2 h让凝血酶充分形成，即得粗制的凝血酶溶液。若加入等量丙酮，离心后弃去上清液，所得沉淀用生理盐水25 ml溶解，10 min后离心。收集上清液，即为精制凝血酶溶液，分装保存于－20℃。

(2) 稀释凝血酶溶液的制备：以生理盐水将上述浓凝血酶溶液稀释，使该稀释液0.1 ml能将0.1 ml正常血浆在16～18 s内凝固为度。

【思考题】
1. 请分析本实验每一项结果产生的原因。
2. 结合本实验结果，比较血液凝固的内源性途径与外源性途径的区别。
3. 凝血酶时间延长有何临床意义？

(许闽广)

## 实验二 家兔急性弥散性血管内凝血

【实验原理及目的】

通过耳缘静脉注入兔脑粉浸液，启动外源性凝血途径而导致弥散性血管内凝血(disseminated intravascular coagulation，DIC)。

本实验的目的是让学生初步掌握复制家兔急性弥散性血管内凝血动物模型，并通过几项血液学实验结果，讨论急性DIC的发病机理，同时了解检查急性DIC的几项血液学的常规方法。

【实验对象】

健康家兔2只，体重2.0～3.0 kg，雌雄不拘。

**【实验器材和药品】**

1. 仪器　离心机,721型分光光度计,显微镜,双孔电热恒温水浴锅,秒表。

2. 器械　哺乳类动物急性手术器械1套,兔固定台,小试管架,5 ml玻璃试管,0.5 ml吸管,血小板计数板,血红蛋白吸管。

3. 药品　4%兔脑粉生理盐水溶液,P试液,K试液,1%硫酸鱼精蛋白液(protamine sulfate),0.025 mol/L氯化钙溶液,血小板稀释液,3%戊巴比妥钠溶液,3.8%枸橼酸钠溶液,饱和氯化钠溶液,12.5%亚硫酸钠溶液,$KH_2PO_4$ - NaOH缓冲液,0.9%氯化钠溶液。

**【实验步骤及观察指标】**

将家兔随机分为实验组和对照组。

(一) 实验组

1. 手术操作

(1) 将家兔称体重后,仰卧固定于兔台上,剪去颈部手术野被毛。

(2) 用1%盐酸普鲁卡因溶液局部浸润麻醉。

(3) 颈部正中切口,分离一侧颈总动脉并行动脉插管,插管外端连接三通管,用以采集血样本。

2. 采集正常血标本并测定凝血相关指标　放开动脉夹,将最先流出的数滴血弃去,然后在装有3.8%枸橼酸钠(0.5 ml)的离心管中放入兔血4.5 ml,轻轻地上下颠倒混匀,注意勿震荡。先取兔血20 μl加入0.38 ml血小板稀释液中,供血小板计数用。然后将血液离心15 min(3 000 r/min)后,小心取出抗凝管内血浆用以测定凝血相关指标:①白陶土部分凝血活酶时间(APTT)。②凝血酶原时间(PT)。③血浆鱼精蛋白副凝试验(3P试验)。④血浆纤维蛋白原含量。

3. 注射兔脑粉浸液复制DIC模型　兔脑粉浸液量按2 ml/kg体重计算,将总量用生理盐水稀释至30 ml,由耳缘静脉注射(可用头皮静脉针),在15 min内注完。其注入速度为:第一个5 min以1.0 ml/min注入;第二个5 min以2.0 ml/min注入;最后5 min以3.0 ml/min注入。

4. 分别于注射兔脑粉浸液开始后的15 min、45 min采集血样,采血方法及测定指标与上述第2项相同。比较三次采血血样本各指标的差异。

(二) 对照组

1. 以生理盐水代替兔脑粉浸液注射,注入途径、总量和速率等均与实验组相同。

2. 采血时间、血量及检测指标与实验组一致。

(三) 急性DIC血液学指标的检测方法

1. 白陶土部分凝血活酶时间(KPTT)测定

(1) 原理:以脑磷脂代替血小板(磷脂),白陶土为活化剂,使凝血因子Ⅹ、Ⅺ充分活化,与血浆混合,温育一定时间使凝血因子活化,然后加入氯化钙测定血浆凝结时间。

(2) 方法:①于37℃水浴的试管内,放入白陶土部分凝血活酶试剂液(K液)0.1 ml,加入被检血浆0.1 ml,混匀,开动第一块秒表。②至3 min时加入0.025 mol/L氯化钙溶液0.1 ml,混匀,同时开动第二块秒表,继续水浴30 s,取出试管。③倾斜试管(如遇凝结时间甚长者,于两次观察之后仍置水浴中)直至白陶土颗粒聚集变粗时记录时间(通常混合液随即凝固成块)。重复2~3次,取平均值。

正常参考值：人 37±3.0 s，兔约 30 s，犬 15.6～20.7 s。

2. 凝血酶原时间（PT）测定

(1) 原理：血浆中加入过量的组织凝血活酶与适量的钙离子，观察其凝固时间，据此可以估计血浆中凝血酶原复合物（凝血因子Ⅱ、Ⅴ、Ⅶ、Ⅹ）的水平。它是外源性凝血系统基本的筛选实验。

(2) 方法：①取被检血浆 0.1 ml，加入小试管内，不可混入红细胞，置 37℃ 水浴 1～3 min。②迅速加入 P 试液 0.2 ml 混匀，同时开动秒表，轻轻摇动试管，8～10 s 取出，转动，直至液体停止流动或出现粗颗粒时，既为凝血酶原时间。重复 3 次，取平均值。

正常参考值：人 12±1 s，兔 6～8 s，犬 7～10 s。

3. 血浆鱼精蛋白副凝试验（3P 试验）

(1) 原理：鱼精蛋白可分离 FDP 与纤维蛋白单体结合的可溶性复合物使纤维蛋白单体聚合沉淀，呈现纤维丝条。

(2) 方法：①取被检血浆 0.5 ml，加入小试管内，置 37℃ 水浴至少 3 min。②然后向小试管内加入 1% 硫酸鱼精蛋白液 0.5 ml，混匀，再放在 37℃ 水浴 15 min。③取出试管，将试管轻轻地摇动，置明亮的光源下，观察有无不溶解物质，必要时用放大镜观察。有白色纤维或凝块为阳性，均匀混浊、无白色纤维为阴性。

4. 血浆纤维蛋白原定量测定（热沉淀比浊法）

(1) 原理：血浆经 pH6.3 缓冲液稀释后置 56℃ 水浴 15 min，纤维蛋白原被沉淀而呈现浊度，而其他蛋白质仍处于溶解状态，于 405 nm 波长比浊测定，在一定范围内，纤维蛋白原含量与浊度成正比。

(2) 方法

1) 取试管 2 支，标明"测定"、"空白"。按表 3-7-2-1 操作。

表 3-7-2-1 热沉淀比浊法血浆纤维蛋白原定量测定

| 加入物 | 空白管 | 测定管1（实验组） | 测定管2（对照组） |
| --- | --- | --- | --- |
| 待测血浆（ml） | — | 0.1 | 0.1 |
| 蒸馏水（ml） | 0.1 | — | — |
| $KH_2PO_4$ - NaOH 缓冲液（ml） | 4.0 | 4.0 | 4.0 |

将各管内液体旋转混匀。用 722 分光光度计，波长 405 nm，1 cm 比色杯，以空白管调零，每管测 2 次光密度，先读取第一次吸光度为 $A_1$，然后两管同置 56℃ 水浴 15 min，取出冷却至室温，再读取第二次吸光度为 $A_2$。

2) 校正曲线制作：取新鲜混合血浆 1 份，加 125 g/L 亚硫酸钠溶液 19 份，沉淀纤维蛋白原，反复 2 次，最后溶于生理盐水（电泳图谱显示单一纤维蛋白原区带），用双缩脲法测定蛋白含量。将此纤维蛋白原溶液稀释成 1.0 g/L、2.0 g/L、4.0 g/L、6.0 g/L、8.0 g/L，分置 5 管，各管取稀释标准液 0.1 ml 和缓冲液 4.0 ml 混合。空白管加蒸馏水 0.1 ml 和缓冲液 4.0 ml 混合，与"操作方法"同样条件读取 $A_1$ 和 $A_2$，并分别计算各管的 $\Delta A$，与相应的纤维蛋白原浓度绘制校正曲线，在 8 g/L 范围内呈线性。

3) 计算：计算 $A_2 - A_1 = \Delta A$，查校正曲线得结果。

5. 血小板计数

(1) 方法：①吸血小板稀释液 0.38 ml 于一小试管内，用血红蛋白吸管取血 20 μl 立即加入血小板稀释液内，充分摇匀，置室温下 10～30 min。②然后用滴管将上述混悬液一小滴滴入计算室内，静置 15 min，用高倍镜计数。③数 5 个中方格内的血小板数，乘以 1 000，即得每立方毫米血小板数。

(2) 正常参考值：兔(30～60)万/mm³

【注意事项】

1. 兔脑浸液静注速度与实验成败关系极大。原则是先慢后快，切忌过快，否则极易造成动物猝死。注射过程中密切观察动物呼吸情况，必要时酌情调整注射速度。

2. 在插管时，应先用生理盐水充满硅胶管后再插入兔的动脉，这样可以防止空气进入动物体内，造成空气栓塞。在每次采取血样完毕后也要用生理盐水冲洗动脉插管（用 5 ml 注射器）以防管内凝血。但应注意不能使用抗凝剂，以免影响测试数据。

3. 实验用的血浆如暂时不用，可置入冰箱 4℃保存，但时间也不宜过长，一般不长于 4 h，如室温较低（低于 20℃）时，血浆在测试前应在 37℃水浴箱中温育 1 min 左右。

4. 本实验中所用的试剂、血浆样本较多，同一吸管只能吸取某一试剂或血浆样本，应避免交叉使用。

5. $KH_2PO_4-NaOH$ 缓冲液 pH 和实验温度对热沉淀比浊法血浆纤维蛋白原定量测定法结果有影响，缓冲液 pH 若比 6.3 增减 0.2U，可产生约 7% 的误差；加热温度若比 56℃升高或降低 1℃，可产生约 +12% 的误差。故两者务必严加控制，以保证本法的准确度和重复性。标本要新鲜，抗凝要完全，比浊前要混匀。抗凝可用草酸盐或 $EDTA-Na_2$。加热管在比浊前要缓慢冷却，否则脂血略有干扰。

【思考题】

1. 根据实验中的血液学实验结果，讨论急性 DIC 的发病机制。
2. 内源性和外源性途径在实验室检查方面有何差别？

附：试剂配制

1. 适当浓度的凝血酶悬液　将凝血酶悬液以正常人血浆作基质，将凝固时间调至 15～18 s。

2. K 试液　实验前将 2% 白陶土生理盐水悬液 1 份与兔脑磷脂悬液等量混合，作 APTT 测定用。

3. P 试液　实验前称取兔脑粉 200 mg，加入 5 ml 生理盐水，充分混匀后放入 37℃恒温水浴箱内孵育 1 h。在此过程中，用玻璃棒搅拌 3～4 次，并颠倒混匀，然后离心（1 000 r/min）5 min，取上清液，再加入等量的 0.025 mol/L 氯化钙溶液，用前摇匀，作 PT 实验用。

4. 1% 硫酸鱼精蛋白液　取硫酸鱼精蛋白 1 g，用生理盐水配制成 100 ml，再以 2% 碳酸钠溶液调 pH 至 6.5，用滤纸过滤后，置普通冰箱保存、备用（也可使用市售 1% 鱼精蛋白注射液）。

5. 兔脑浸液的制备　称取兔脑粉[实验前检测其活力，以凝血酶原时间（PT）不超过 12 s 为宜]400 mg，加入 10 ml 生理盐水，充分搅匀后放入 37℃恒温水浴箱内孵育 1 h，每隔 15 min 搅拌 1 次，然后离心（1 000 r/min）5 min，取上清液过滤后供静脉注射用。

6. $KH_2PO_4-NaOH$ 缓冲液（pH6.3）　取 0.1 mol/L $KH_2PO_4$ 50 ml 加 0.1 mol/L

NaOH 10.6 ml 混合,并加蒸馏水至 100 ml。

7. 血小板稀释液

(1) 草酸铵稀释液:草酸铵 1 g 加蒸馏水至 100 ml,过滤后 4℃保存。

(2) 尿素稀释液:尿素 0.166 mol/L,1.7 mmol/L 枸橼酸钠,40%甲醛 0.1 ml,蒸馏水加至 100 ml,过滤后 4℃保存。

(马 兰 黄培春 王丹妹)

## 实验三 酚磺乙胺(止血敏)和肝素对小鼠血凝时间的影响

**【实验原理与目的】**

肝素在体内、体外均有强大的抗凝作用。可延长凝血时间,其作用机制主要是通过与抗凝血酶Ⅲ(AT-Ⅲ)结合,引起 AT-Ⅲ 构象改变,活性增加,灭活凝血因子Ⅱa、Ⅸa、Ⅹa、Ⅺa、Ⅻa 而发挥抗凝血作用。酚磺乙胺能使血管收缩,降低毛细血管通透性,也能增强血小板聚集性和黏附性,促进血小板释放凝血活性物质,缩短凝血时间,达到止血效果。

本实验的目的是学习测定血凝时间的方法,观察药物缩短或延长血凝时间的作用。

**【实验对象】**

小鼠 3 只,体重 20~22 g。

**【实验器材与药品】**

1. 器械 1 ml 注射器,天平,弯头镊子,毛细玻管,清洁玻片,针头。
2. 药品 5%酚磺乙胺(etamsylate)溶液,80 U/ml 的肝素溶液,生理盐水。

**【实验步骤与观察指标】**

1. 毛细玻管法 取健康小鼠 3 只,做好标记。甲鼠腹腔注射酚磺乙胺 0.5 g/kg(即 5%酚磺乙胺溶液 0.1 ml/10 g);乙鼠腹腔注射肝素 800 U/kg(即 80 U/ml 肝素溶液 0.1 ml/10 g);丙鼠腹腔注射生理盐水 0.1 ml/10 g。每鼠给药间隔 5 min。30 min 后,用毛细玻管插入内眦,稍加旋转,吸取达 5 cm 的血柱,然后每隔 30 s 折断毛细玻管一短截,检验有否出现血凝丝,记录从毛细玻管采血至出现血凝丝的时间即为血凝时间。记录于表 3-7-3-1 中。

汇集全班实验结果,分别计算 3 组小鼠的平均血凝时间,并作均数之间差异的显著性检验,从而得出关于酚磺乙胺和肝素对凝血时间影响的结论。

2. 玻片法 拔除毛细玻管后,分别滴 2 滴血于清洁玻片的两端,血滴的直径约 5 mm。每隔 30 s 用牙签挑动血液 1 次,直到尖端能挑起纤维蛋白丝为止,记录血凝时间。另一滴血供最后复验。同上法统计实验结果。

表 3-7-3-1 酚磺乙胺和肝素对小鼠血凝时间的影响

| 组别 | 小鼠数 | 药物 | 血凝时间(均数±标准差) | | 对血凝时间的影响 |
|---|---|---|---|---|---|
| | | | 毛细玻管法 | 玻片法 | |
| 酚磺乙胺 | | | | | |
| 肝素 | | | | | |
| 生理盐水 | | | | | |

**【注意事项】**

1. 血凝时间测定可受当时温度影响,温度过低时血凝时间延长,进行本实验室温最好在 15℃左右。

2. 测试血凝时间用毛细玻管的内径最好为 1 mm,且要求均匀一致,清洁干燥。

3. 如血凝时间超过 10 min,即以 10 min 计。

**【思考题】**

1. 酚磺乙胺和肝素对血凝时间有何影响?其作用机制如何?临床上有哪些应用?

(黎为能　韦健全)

# 第八章　内分泌与生殖系统实验

## 实验一　药物对离体子宫的作用

**【实验原理与目的】**

子宫兴奋药能选择性地兴奋子宫平滑肌,其作用可因子宫生理状态及剂量的不同而有差异。雌激素可提高子宫平滑肌对子宫兴奋药的敏感性。

本实验的目的是通过观察子宫兴奋药对离体子宫的作用,掌握其作用特点,了解离体子宫的实验方法。

**【实验对象】**

小鼠,雌性未孕,体重 $30\pm2$ g,实验前两日每日 1 次给小鼠皮下注射己烯雌酚 0.1 ml/只。

**【实验材料和药品】**

1. 仪器　生物机能实验系统,张力换能器,超级恒温水浴器。
2. 器械　麦氏浴槽,通气沟,小弯勾,氧气球胆,小镊子,小剪刀,组织剪,培养皿,双凹夹,1 ml 注射器。
3. 药品　乐氏液、0.2%己烯雌酚(diethylstilbestrol)、缩宫素(3-异亮氨酸-8-亮氨酸,atonin)(5 U/ml)、0.02%马来酸麦角新碱(ergometrine maleate)。

**【实验步骤和观察指标】**

1. 仪器装置　按操作规程准备好生物机能实验系统及张力换能器记录装置。参见第二篇第一章《常用生理科学实验仪器》介绍。按图 2-6-3-2 安装好离体子宫灌流装置。在麦氏浴槽中加入乐氏液,调节浴槽水温并保持在 30~32℃,标好液面高度,并调节球胆以 1~2 个气泡/s 向浴槽加氧。

2. 手术操作　将小鼠颈椎脱臼致死。然后迅速将小鼠仰位固定于蛙板上,在下腹部正中剪开 2~3 cm 的小口,暴露腹腔,找出子宫。小鼠子宫为"Y"形的双子宫,用小镊子小心夹住子宫角游离端(勿夹子宫,以免损伤子宫肌纤维),取出子宫,并在子宫颈处剪为两段放入盛有少量乐氏液的培养皿中备用。取一段约 2 cm 子宫以缝针结扎两端,一端结扎成直径 0.5~1 cm 的环并固定在通气勾上,另一端结扎留线并垂直系于张力换能器感应片小孔上,换能器与装有生物机能实验系统的计算机相连。

3. 观察与记录　待标本稳定并有节律收缩后,描记一段正常曲线,然后按下列顺序给药。

(1) 以每次累加 0.05 ml 缩宫素(5 U/ml)观察子宫平滑肌的反应情况,每加 1 次药均描记一段收缩曲线,至出现强直收缩为止。

(2) 换液,用乐氏液冲洗 3 次,待曲线恢复正常后给下一个药。

(3) 马来酸麦角新碱(0.2 mg/ml),加药方法同(1)。

【注意事项】
1. 分离子宫时动作应轻柔且迅速，避免牵拉，以免子宫组织损伤或缺氧坏死，操作时尽量使标本处于乐氏液中。
2. 实验过程中要注意供氧和保温，浴槽中乐氏液换液前后应保持高度一致，以 30 ml 为宜。
3. 两次加药的间隔时间应尽可能保持一致。
4. 实验动物也可选用大鼠或豚鼠。

【思考题】
1. 缩宫素、麦角新碱的作用和用途有何异同？
2. 常用的子宫兴奋药有哪些？

（李佩琼 黎为能）

## 实验二 肾上腺皮质激素的抗炎作用

【实验原理与目的】
肾上腺皮质激素具有很强的抗炎作用，能抑制感染性炎症和非感染性（如过敏性、机械性、化学性）炎症。在急性炎症初期，该药能增高血管的紧张性，减轻充血，降低毛细血管通透性，抑制炎性浸润和渗出。
本实验的目的是观察肾上腺皮质激素（地塞米松）的抗炎作用。

【实验对象】
小鼠，体重 18～22 g，性别相同。

【实验器材和药品】
1. 仪器　722 分光光度计。
2. 器械　1 ml 注射器，天平，烧杯，刻度离心管，试管，试管架，吸球，吸管，微量可调移器。
3. 药品　1% 伊文思蓝（evans blue），0.02% 地塞米松（dexamethasone），1% 保泰松（phenylbutazone），0.5% 醋酸，生理盐水。

【实验步骤和观察指标】
1. 手术操作
(1) 动物给药处理：取小鼠 9 只，随机分为 3 组。第一组腹腔注射生理盐水 0.2 ml/只，第二组腹腔注射保泰松 0.1 ml/10 g，第三组腹腔注射地塞米松 0.1 ml/10 g。给药后 30 min，分别尾静脉注射 1% 伊文思蓝 0.1 ml/10 g，5 min 后腹腔注射 0.5% 醋酸 0.1 ml/只，过 25 min 后立即处死小鼠。
(2) 取腹腔液：把处死的小鼠剖腹，暴露内脏，取出腹腔内渗出液，并用微量可调移器吸取少量生理盐水（约 0.3 ml）缓慢冲洗腹腔，共 4 次，均置入刻度离心管，调整管内容积到 1.5 ml，将每组 3 只小鼠的渗出液与洗出液混合并调整容量至 5 ml。肉眼比较给药组与对照组试管颜色深浅。
2. 观察与测定
(1) 把盛有腹腔液的离心管离心 5 min（2 000 r/min），取上清液约 4 ml 置于试管，用

722分光光度计在620 nm波长测定光密度,以生理盐水做空白对照,取1%伊文思蓝1 ml稀释到10 ml后取5 ml作标准管,计算各组动物渗入腹腔的染料。

(2) 统计学处理:采用"$t$检验"方法进行统计学处理(参见《常用医学统计学方法》)。

3. 结合专业理论和统计学处理结果,分析地塞米松及保泰松是否有抗炎作用。

【注意事项】

1. 伊文思兰注射剂量要准确。
2. 醋酸必须注射在腹腔内,否则会影响染料的渗出。
3. 处死动物一定要在给予醋酸后25 min,时间过长、过短均会影响结果。

【思考题】

1. 肾上腺皮质激素如何发挥抗炎作用?
2. 肾上腺皮质激素有何不良反应?

(王小蒙　赖　术)

## 实验三　肾上腺皮质激素抗内毒素性休克实验

【实验原理与目的】

肾上腺皮质激素能提高机体对内毒素的耐受性,家兔在给予大肠杆菌内毒素后,表现为血压降低,地塞米松能明显拮抗大肠杆菌内毒素引起的血压降低作用。

本实验的目的是观察地塞米松的抗内毒素性休克作用。

【实验对象】

家兔,体重2.0～3.0 kg。

【实验器材和药品】

1. 仪器　生物机能实验系统,血压换能器。
2. 器械　气管套管,动脉套管,动脉夹,手术刀,止血钳,小剪刀,小镊子注射器,手术台。
3. 药品　生理盐水,3%戊巴比妥钠溶液,大肠杆菌内毒素,0.5%地塞米松注射液,去甲肾上腺素。
4. 其他　丝线,头皮针。

【实验步骤和观察指标】

1. 仪器装置　准备好生物机能实验系统及血压换能器记录装置。
2. 手术操作　取家兔1只,称重后以3%戊巴比妥钠溶液0.7～1 ml/kg耳缘静脉注射麻醉,仰卧固定于手术台。从耳缘静脉刺入头皮针(针管以0.5%肝素钠抗凝),以备给药。分离气管并做气管插管。分离出一侧颈总动脉,行动脉插管并连接于血压记录装置。
3. 观察与记录

(1) 预防给药法:记录稳定的正常血压后,从耳缘静脉注射大肠杆菌内毒素(96亿/ml)1 ml/kg,观察血压下降和恢复的过程。待血压恢复到注射内毒素前水平,从耳缘静脉注射地塞米松2 ml/kg,2～10 min后再次耳缘静脉注射上述剂量的内毒素。比较两次注射内毒素后血压变化有何不同。

(2) 治疗给药法:①血压平稳后,从耳缘静脉注射大肠杆菌内毒素1.1～1.2 ml/kg,待血压下降到最低点并持续一段时间后,耳缘静脉注射地塞米松 2～3 mg/kg,观察血压的变化。②血压平稳后,耳缘静脉注射与①相同剂量的内毒素。待血压下降到最低点并持续一段时间后,从耳缘静脉注射去甲肾上腺素 10 μg/kg,观察血压的变化。③血压平稳后,再次从耳缘静脉注射相同剂量的内毒素。待血压下降到最低点并持续一段时间后,耳缘静脉注射地塞米松 2～3 mg/kg,5 min 后从耳缘静脉注射去甲肾上腺素 10 mg/kg,观察血压的变化。

【注意事项】
1. 每次给药后给予 3～5 ml 生理盐水。
2. 每次给予内毒素,血压下降会逐渐减弱,此时可适当增加 0.1～0.2 ml 内毒素剂量。

【思考题】
1. 内毒素如何引起休克的发生?
2. 地塞米松如何能够抗内毒素性休克?

(符　健)

# 第九章 药物的药效学与药代动力学

## 实验一 乙酰胆碱量效关系曲线及阿托品 $pA_2$ 测定

**【实验原理与目的】**

乙酰胆碱(ACh)为 M 受体激动剂,可引起豚鼠平滑肌收缩,按对数累加剂量给药可得到"S"形累加剂量反应曲线(cumulative dose response cure, CDRC),根据 CDRC 可求得其 $pD_2$($pD_2$ 为激动剂-受体复合物解离常数的负对数值,其数值等于产生半最大效应时激动剂克分子浓度的负对数)。$pD_2$ 值大,说明激动剂作用强。

阿托品为 M 受体竞争性拮抗剂,可使 ACh 的 CDRC 平行右移,根据公式可求出 $pA_2$(能使激动剂的浓度提高到 2 倍时产生原来的效应所需受体阻断剂的克分子浓度负对数值。)。$pA_2$ 值大,说明拮抗剂作用强。

本实验的目的:①掌握药物量效关系的实验方法及 $pD_2$ 和 $pA_2$ 的概念及求法,加深对激动剂、拮抗剂、量效关系和竞争性拮抗的理解。②了解离体肠实验方法。

**【实验对象】**

离体豚鼠肠段。

**【实验器材和药品】**

1. 仪器 生物机能实验系统,张力换能器,超级恒温水浴器。
2. 器械 通气沟,氧气球胆,小镊子,剪刀,培养皿,小烧杯,1ml 注射器,弯圆针,丝线,双凹夹,坐标纸,台氏液恒温浴槽。
3. 药品 硫酸阿托品 $10^{-6}$ mol/L、$10^{-5}$ mol/L、$10^{-4}$ mol/L;乙酰胆碱 $10^{-8}$ mol/L、$10^{-7}$ mol/L、$10^{-6}$ mol/L、$10^{-5}$ mol/L、$10^{-4}$ mol/L、$10^{-3}$ mol/L、$10^{-2}$ mol/L、$10^{-1}$ mol/L。

**【实验步骤和观察指标】**

1. 仪器装置 准备好生物机能实验系统的张力换能器记录装置。按图 2-6-3-2 安装好离体肠平滑肌收缩实验的灌流装置,调节超级恒温水浴器浴槽水温至 32℃。
2. 手术操作

(1) 肠段制备:取豚鼠 1 只,3%巴比妥钠腹腔注射麻醉后断头致死。迅速打开腹腔找到回盲部,然后在距回盲部 2 cm 处剪断回肠。取回肠一段长 8~9 cm,放入盛有台氏液的培养皿中,用台氏液将肠内容物冲洗干净,然后将回肠剪成数段备用(段长 1.0~1.5 cm)。

(2) 调节浴槽水温至 32℃,在恒温浴槽中加入台氏液 30 ml,标好液面高度,取备用回肠一段,一端用带线弯圆针钩系于通气钩上,另一端与张力换能器相连,然后置于恒温浴槽中,通气钩另一端与球胆相连,调节自球胆放出的氧气速度为每秒 1~2 个气泡,待肠段稳定 10~15 min。

(3) 将张力换能器接上生物机能实验系统的输入接口,调节仪器参数(见《常用实验仪器》),以记录肠段张力信号波形。

3. 观察与记录

(1) 肠段稳定后,从 $10^{-8}$ mol/L 浓度开始,按蓄积法给予 ACh,滴加至出现最大收缩效应。具体操作如下:首先加入 $10^{-8}$ mol/L 的 ACh 药液 0.3 ml 于 30 ml 的浴槽中,并通过标记按钮作好标记,此时浴槽中 ACh 的实际浓度为 $1.0×10^{-8}×0.3/30=1.0×10^{-10}$ mol/L,对于这个剂量肠段没有反应或稍后有一点反应,接着加 0.6 ml 该浓度的药液,蓄积浓度为 $(1.0×10^{-8}×0.6)/30 + 1.0×10^{-10}=3×10^{-10}$ mol/L,依次类推,累积加药(表 3-9-1-1),直到肠段 ACh 的反应不再增加为止,如图 3-9-1-1,由此可制作 ACh 量-效曲线。

表 3-9-1-1 ACh 剂量蓄积操作表

| 步骤 | 加入药液浓度 | 加入 ml 数 | 蓄积浓度($×10^{-10}$ mol/L) |
|---|---|---|---|
| 1 | $1.0×10^{-8}$ | 0.3 | 1.0 |
| 2 | $1.0×10^{-8}$ | 0.6 | 3.0 |
| 3 | $1.0×10^{-7}$ | 0.21 | 10 |
| 4 | $1.0×10^{-7}$ | 0.6 | 30 |
| 5 | $1.0×10^{-6}$ | 0.21 | 100 |
| 6 | $1.0×10^{-6}$ | 0.6 | 300 |
| 7 | $1.0×10^{-5}$ | 0.21 | 1 000 |
| 8 | $1.0×10^{-5}$ | 0.6 | 3 000 |

继续加药,直到肠段对 ACh 的反应不再增加为止

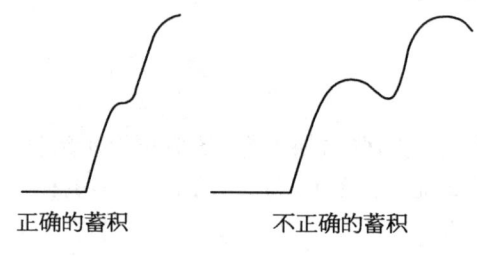

图 3-9-1-1 药物蓄积曲线

(2) 以上试验完毕后,换入新鲜的台氏液反复冲洗 3 次,平衡稳定后加入 $10^{-6}$ mol/L 阿托品 0.3 ml,再以同法分别制作存在拮抗剂 $10^{-6}$ mol/L 阿托品情况下 ACh 的量-效曲线。具体操作是:加入 $10^{-6}$ mol/L 阿托品 0.3 ml 预处理肠段 2 min 后,按上法从未加阿托品(A=0)前 ACh 最小有效浓度起依次加入 ACh,直至出现最大收缩效应,绘制出在 $10^{-6}$ mol/L 浓度的阿托品($A=A_1$)作用下 ACh 的量-效关系曲线,此时可见到剂量-反应曲线平行右移,最大效应不变,如图 3-9-1-2。充分洗去药物后,再以同样的方法,制作出在 $10^{-5}$ mol/L、$10^{-4}$ mol/L 浓度阿托品($A=A_2$ 及 $A=A_3$)的作用下 ACh 的量-效关系曲线。

(3) 计算 $pD_2$ 及 $pA_2$

BL-410/BL-420 生物机能实验系统中已经设定了一定的数据处理程序,其中有 $pA_2$、$pD_2$ 和 $pD'_2$ 计算程序,现简单介绍其使用方法:单击主菜单中数据处理选项,弹出的子菜单中选择 $pA_2$、$pD_2$ 和 $pD'_2$ 的计算,在呈现含 4 个表单的新窗口内依次填入相应的浓度($Di$)、效应($Ei$)、回归点数、拮抗剂浓度($Ai$),选择计算类型——$pA_2$ 或 $pD_2$,单击计算结果按钮,可求得 $pA_2$ 或 $pD_2$,单击量效曲线按钮,可见量效曲线。

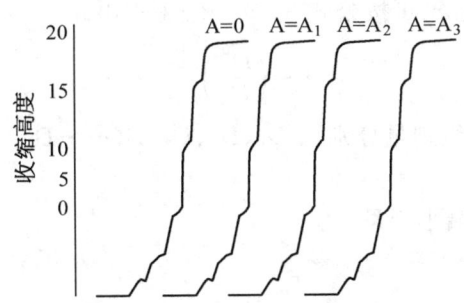

图 3-9-1-2  阿托品对 ACh 收缩豚鼠回肠平滑肌作用的原始记录

**【注意事项】**

1. 制备肠段动作轻柔，不要用镊子夹肠段中部，也不要过度牵拉组织，以免损伤之。
2. 为使记录基线稳定，实验前必须给回肠加以一定的拉力(0.5~1) g。

**【思考题】**

1. 什么是激动剂？什么是拮抗剂？如何区别药物作用的效价强度与效能？
2. 何谓竞争性拮抗？有何实际意义？
3. 试述 $PD_2$ 与 $PA_2$ 的概念及意义。

（邝少轶  许小林）

## 实验二  药物半数致死量($LD_{50}$)的测定

**【实验原理与目的】**

半数致死量($LD_{50}$)是某一药物使 50% 实验动物死亡所需要的剂量。$LD_{50}$ 小说明毒性大，$LD_{50}$ 大说明毒性小。其量效关系呈"S"形曲线，死亡率为 50% 时斜率最大，灵敏度最高，所以 $LD_{50}$ 是判断药物毒性最恰当、最常用的指标。

本实验的目的是通过测定药物半数致死量($LD_{50}$)，了解其测定过程，方法及计算，理解测定的原理及各参数的含义和意义。

**【实验对象】**

小鼠，体重 18~22 g，雌雄各半。

**【实验器材和药品】**

1. 器械  小鼠笼，注射器(1 ml)，天平，计算器。
2. 药品  戊巴比妥钠。

**【实验步骤和观察指标】**

1. 探索剂量范围

(1) 确定剂量上下限：按估计量(经验或文献资料)给药，每次用 3 只动物，逐步探索出使全部动物死亡的最小剂量 $D_m$，和一个动物也不死亡的最大剂量 $D_n$，如动物全部死亡则降低剂量，如动物全不死亡则加大剂量，直到找出 $P_m=100\%$ 的致死剂量($D_m$)和 $P_n=0\%$ 的不致死剂量($D_n$)。

(2) 确定组数($n$)：分组以 4~9 组为宜，可根据适宜的组距确定，相邻两组剂量的比值不宜超出 0.6~0.9 范围。

(3) 确定各组剂量公比 $r$：可按公式 3-9-2-1 求出。

$$r=\left(\frac{D_m}{D_n}\right)^{\frac{1}{n-1}}$$ （公式 3-9-2-1）

(4) 确定各组剂量：各组剂量分别以 $D_1$、$D_2$、$D_3$、$D_4$……$D_m$ 代表，根据最小剂量($D_n$)和剂量公比值($r$)可计算出：

$D_1 = D_n = $ 最小剂量 （公式 3-9-2-2）

$D_2 = D_1 \times r$ （公式 3-9-2-3）

$D_3 = D_2 \times r$ （公式 3-9-2-4）

$D_m$（最大剂量）$= D_{m-1} \times r$ （公式 3-9-2-5）

(5) 配制等比稀释药液系列：使各组小鼠给药容量相等，一般为 0.2 ml/10 g。

2. **动物分组、给药** 取体重 18～20 g 小鼠 40 只，雌雄兼用（实验前禁食不禁水 12 h 以上），随机分为 4 组，每组 10 只，然后按表 3-9-2-1 腹腔注射戊巴比妥钠（给药容积均为 0.2 ml/10 g 体重），记录动物死亡率。

表 3-9-2-1 不同剂量戊巴比妥钠所致小鼠死亡率

| 组别 | 剂量 $D$ (mg/kg) | log $D$ | 死亡率 $P$ | $P^2$ | 概率单位($Y$) |
|---|---|---|---|---|---|
| 1 | 150.000 | 2.176 | | | |
| 2 | 127.500 | 2.106 | | | |
| 3 | 108.375 | 2.035 | | | |
| 4 | 92.119 | 1.964 | | | |

3. $LD_{50}$ 的计算

(1) **点斜法** 点斜法也称孙氏法。1963 年，孙瑞元对 Karber 法加以改进，并发展成为的一种计算简便，所得参数与正规概率单位法较接近的方法。

基本公式：

$$LD_{50} = \log^{-1}\{[X_m - i(\sum P - 0.5)] + i \times (1 - P_m - P_n)/4\}$$ （公式 3-9-2-6）

$LD_{50}$ 的标准误

$$S_{x50} = i\sqrt{\frac{\sum P - \sum P^2}{n-1}}$$ （公式 3-9-2-7）

$LD_{50}$ 的 95% 可信限 $= \log^{-1}(\log LD_{50} \pm 1.96 \times S_{X50})$ （公式 3-9-2-8）

以上各式中 $X_m$ 为最高死亡率 $P_m$ 组的剂量对数，$i$ 为组距（$\log D$ 间距），$P_m$ 为最高死亡率（用小数表示），$P_n$ 为最低死亡率（用小数表示），$n$ 为组内动物数。

其余有关公式为：

回归方程： $Y = a + bX$ （公式 3-9-2-9）

回归系数（回归直线斜率）：

$b = (Y_H - Y_L)/i(G - H)$ （公式 3-9-2-10）

截距 $a = 5 - b \log LD_{50}$ （公式 3-9-2-11）

死亡率为 K 的致死剂量

$LD_K = \log^{-1}[(Y_K - a)/b]$ （公式 3-9-2-12）

$$S_{xK} = S_{X50}\sqrt{1 + \frac{4}{G}\left(\frac{Y_K - 5}{b_i}\right)^2}$$ （公式 3-9-2-13）

$LD_K$ 的 95% 可信限值 $= \log^{-1}(\log LD_K \pm 1.96 \times S_{XK})$ （公式 3-9-2-14）

其中，$G$ 为实验分组数，$H$ 为 $G/2$ 的整数部分。$Y_H$ 与 $Y_K$ 为高、低概率单位组的均值，即按实验组数，将较高概率单位($Y$)的几组算出平均值为 $Y_H$；低概率单位的几组算出平均值为 $Y_L$。如 $G$ 为偶数（例 $G=6$），各取 $G/2$ 求 $Y_H$ 与 $Y_L$ 均值（此时 $H=G/2=6/2=3$）；当 $G$ 为奇数时，正中间一组不参加计算 $Y_H$ 与 $Y_L$，此时的 $H=(G/2)0.5$[如 $G=7$ 时，$H=(7/2)-0.5=3$]，概率单位 $Y$ 可根据死亡率查表（概率单位表）而得。$Y_K$ 系死亡率为 $K$% 的概率单位。

**计算示例**：给小鼠（体重 20±2 g，雌雄各半）腹腔注射某药，测 24 h 的死亡率（表 3-9-2-2），计算 $LD_{50}$ 与 $LD_{10}$ 及有关数据。

表 3-9-2-2 某药所致小鼠死亡率

| 剂量 (mg/kg) | 350 | 245 | 172 | 120 | 84 | 59 |
|---|---|---|---|---|---|---|
| 死亡数/动物数 ($r/n$) | 20/20 | 17/20 | 16/20 | 6/20 | 2/20 | 0/20 |

将各组剂量换算对数剂量，计算出各组死亡率及有关数据，填入表 3-9-2-3 内。概率单位 $Y$ 值也可由公式算出。

$$Y \cong 5 + 1.5 \log[(0.029 + P)/(1.029 - P)]$$ （公式 3-9-2-15）

表 3-9-2-3 $LD_{50}$ 的点斜计算表

| 对数剂量 ($X$) | 死亡率 ($P$) | $P^2$ | 概率单位 ($Y$) | $Y_H, Y_L$ | 其他 |
|---|---|---|---|---|---|
| 2.544 | 1.00 | 1.0000 | 7.24 | | $Xm=2.544$ |
| 2.389 | 0.85 | 0.7225 | 6.04 | $Y_H = 1/3(7.24+6.04+5.84)$ $=6.390$ | $i=0.155$ |
| 2.234 | 0.80 | 0.6400 | 5.84 | | $n=20$ |
| 2.074 | 0.30 | 0.0900 | 4.48 | | $G=6$ |
| 1.924 | 0.10 | 0.0100 | 3.72 | $Y_L = 1/3(4.48+3.72+2.76)$ $=3.653$ | $H=3$ |
| 1.770 | 0.00 | 0.0000 | 2.76 | | |
| | $\sum P = 3.05$ | $\sum P^2 = 2.4625$ | | $Y_H - Y_L = 2.737$ | |

根据（公式 3-9-2-6）：

$$LD_{50} = \log^{-1}\{[X_m - i(\sum P - 0.5)] + i \times (1 - P_m - P_n)/4\}$$
$$= \log^{-1}\{[2.544 - 0.155(3.05 - 0.5)] + 0.155 \times (1 - 1 - 0)/4\}$$
$$= 140.9 \text{ mg/kg}$$
$$b = (Y_H - Y_L)/i(G - H) = 2.737/0.155(6 - 3) = 5.866$$
$$a = 5 - b \log LD_{50} = -7.648$$

$$LD_{10} = \log^{-1}[(Y_{10}-a)/b] = \log^{-1}\{[3.716-(-7.648)]/5.886\}$$
$$= 85.25 \text{ mg/kg}$$

(2) Bliss法：Bliss法也称为正规概率单位法，此法在计算中严格按照常态分布及常态累积曲线的数学理论，它先把反应率转化为概率单位并进行数学纠正，再加权重处理，然后直线回归求出校正线方法。该法立论严谨，结果可靠，是公认求$LD_{50}$的最佳方法。但其计算繁复，手算易出错，多在计算机进行运算。

BL-410/BL-420生物机能实验系统中预先设定了一定的数据处理程序，其中有$LD_{50}$与$ED_{50}$计算程序，现简单介绍其使用方法：单击主菜单中数据处理选项，弹出的子菜单中选择计算药效参数$LD_{50}$与$ED_{50}$，在呈现的新窗口内依次填入相应的每组剂量(mg/kg)、动物总数、死亡动物数、有效实验组数，单击计算结果按钮，可求得$LD_{50}$及其95%可信限。

**【注意事项】**

本实验为定量观察，所加药量应准确；动物死后应立即取出，以免其他动物吃咬尸体而影响剂量的准确性。

**【思考题】**

1. 试述$LD_{50}$测定的意义。
2. $LD_{50}$与治疗指数有何关系？意义如何？
3. $LD_{50}$ 95%可信限的意义是什么？

（邝少轶　韦健全）

## 实验三　不同剂量、不同给药途径、不同肝和肾功能对药物作用的影响

### 一、不同剂量的硫喷妥钠对小鼠作用的影响

**【实验原理与目的】**

巴比妥类药是镇静催眠药。随剂量由小到大，相继出现镇静、催眠、抗惊厥和麻醉作用，甚至出现呼吸麻痹致死。

本实验的目的是观察不同剂量的硫喷妥钠对小鼠作用的差异。

**【实验对象】**

小鼠30只，体重18~22 g，雌雄不拘。

**【实验器材和药品】**

1. 器械　1 ml注射器，天平，小鼠观察罩。
2. 药品　0.2%、0.4%和0.8%硫喷妥钠溶液，3%苦味酸溶液(picric acid)。

**【实验步骤和观察指标】**

将小鼠随机分成3组，经编号、称体重并观察其正常活动后，分别由腹腔注射硫喷妥钠。给药剂量为：大剂量组，80 mg/kg(0.8%硫喷妥钠，0.1 ml/10g)；中剂量组，40 mg/kg(0.4%硫喷妥钠，0.1 ml/10g)；小剂量组，20 mg/kg(0.2%硫喷妥钠，0.1 ml/10g)。

给药后观察并比较小鼠活动情况，翻正反射消失(即作用开始时间)、恢复(即醒转时间)及维持时间。计算麻醉发生率，将结果填入表3-9-3-1。

表 3-9-3-1  不同剂量硫喷妥钠对小鼠翻正反射的影响

| 组别 | $n$ | 剂量(mg/kg) | 翻正反射消失 | 发生率 |
| --- | --- | --- | --- | --- |
| 小剂量 | 10 | 20 | | |
| 中剂量 | 10 | 40 | | |
| 小剂量 | 10 | 80 | | |

## 二、不同肝功能对硫喷妥钠作用的影响

【实验原理与目的】

肝脏是药物代谢的主要场所。肝细胞内微粒体的 P-450 酶系统促进药物生物转化,同时微粒体的葡萄糖醛酸转移酶使药物或其代谢产物与葡萄糖醛酸结合,形成极性高的代谢产物而利于排出体外。四氯化碳溶解肝脏微粒体脂质,破坏微粒体酶,从而使代谢药物的能力降低。

本实验的目的是观察肝功能损害对药物作用的影响。

【实验对象】

小鼠 30 只,体重 18~22 g,性别不限。

【实验器材和试剂】

1. 器械  1 ml 注射器,天平,小鼠观察罩,组织剪。
2. 药品  0.5%硫喷妥钠溶液,10%四氯化碳油剂(carbon tetrachloride),3%苦味酸溶液。

【实验步骤和观察指标】

将小鼠随机分成两组,分别皮下注射 10%四氯化碳 0.2 ml/10 g 或同量的生理盐水,24 h 后,每个鼠由腹腔注射 0.5%硫喷妥钠 50 mg/kg(0.1 ml/10 g),观察动物翻正反射情况:翻转动物四肢朝天,外力消失后动物能自身复原,则说明翻正反射存在,反之为反射消失。

记录并比较两组小鼠翻正反射消失(即作用时间)和持续时间(即维持时间)有何差别。处死动物取出肝脏,比较两组动物肝脏的大小、颜色等。

计算潜伏期和持续时间,将结果填于表 3-9-3-2。

表 3-9-3-2  小鼠肝功能状态对硫喷妥钠麻醉作用的影响

| 肝功能 | $n$ | 潜伏期 | 持续时间 |
| --- | --- | --- | --- |
| 正常 | 10 | | |
| 损害 | 10 | | |

[注] 潜伏期=$t_{翻正反射消失时间}-t_{给药时间}$;持续时间=$t_{翻正反射恢复时间}-t_{翻正反射消失时间}$。

## 三、不同肾脏功能对链霉素作用的影响

【实验原理与目的】

链霉素在体内不被代谢,大部分以原形经肾排泄,肾功能损害时,链霉素排泄减慢,易在体内引起蓄积中毒。

本实验的目的是观察肾脏功能损害对药物作用的影响。

【实验对象】

小鼠 30 只,体重 18～22 g,性别不限。

【实验器材和试剂】

1. 器械　1 ml 注射器,天平,小鼠观察罩,组织剪。

2. 药品　1.2%链霉素溶液(streptomycin)或 2.4%卡那霉素溶液(kanamycin),0.1%氯化高汞溶液(Mercuric chloride),3%苦味酸溶液。

【实验步骤和观察指标】

将小鼠随机分成两组,分别腹腔注射 0.1%氯化高汞溶液 0.06 ml/10g 或同量的生理盐水,24 h 后每鼠由尾静脉注射 1.2%链霉素溶液 0.1 ml/10 g(如尾静脉注射困难,可改为皮下注射 2.4%卡那霉素溶液 0.25/10 g),观察、比较两组小鼠的活动及死亡情况。处死动物取出肾脏,比较两组动物肾脏的大小、颜色等。

## 四、不同给药途径对硫酸镁作用的影响

【实验原理与目的】

硫酸镁口服不易吸收,产生泻下和利胆作用;注射可吸收,产生抗惊厥作用。

本实验的目的是观察不同给药途径对药物作用的影响。

【实验对象】

家兔,体重 1.5～2 kg,雌雄不拘。

【实验器材和试剂】

1. 器械　10 ml、20 ml 及 50 ml 注射器,导胃管,张口器,小烧杯,棉球。

2. 药品　5%硫酸镁溶液(magnesium sulfate),2.5%氯化钙溶液(calcium chloride),3%苦味酸溶液。

【实验步骤和观察指标】

取家兔 2 只,称重,标记为甲、乙号,先观察正常活动(即肌张力、呼吸频率)情况,然后给甲兔缓慢静脉注射 5%硫酸镁溶液 175 mg/kg(3.5 ml/kg),如见兔肌肉松弛不能站立、呼吸明显抑制时,立即静脉缓慢注射 1%氯化钙溶液 0.4 ml/kg,直到肌张力和呼吸恢复(不一定注射完全部剂量,根据具体情况而定)。给乙兔 5%硫酸镁溶液 800 mg/kg(16 ml/kg)灌胃,观察动物有无上述不良反应,并解释为什么给药途径不同出现的作用也不同。将结果记录于表 3-9-3-3 中。

表 3-9-3-3　硫酸镁溶液静脉注射及灌胃对家兔的不同作用

| 兔号 | 体重 | 药物 | 剂量 | 给药前 | | 给药途径 | 给药后 | | $CaCl_2$ 解救结果 |
|---|---|---|---|---|---|---|---|---|---|
| | | | | 肌张力 | 呼吸 | | 肌张力 | 呼吸 | |
| 甲 | | | | | | | | | |
| 乙 | | | | | | | | | |

【注意事项】

1. 给药前抽好硫酸镁和氯化钙。

2. 兔耳静脉注射硫酸镁时必须缓慢,否则中毒难以解救。
3. 中毒时应保留针头,立即用氯化钙按上针头注入及时解救。
4. 硫酸镁或氯化钙剂量可按动物个体情况,适当增加或减少。
5. 家兔灌胃为示教实验。

【思考题】
1. 影响药物作用的因素有哪些?
2. 不同剂量的巴比妥类药物的作用特点是什么?
3. 肝肾功能对药物作用的影响有何临床意义?

(王小蒙　许小林)

## 实验四　水杨酸钠药代动力学参数测定

【实验原理与目的】

水杨酸钠(sodium salicylate)与三氯化铁(ferric trichloride)在酸性条件下反应生成紫色络合物,后者在波长 510 nm 处比色,其光密度与水杨酸钠浓度成正比关系,可用光电比色法测定给药后血浆中的水杨酸钠浓度。

在常用剂量下,水杨酸钠与多数药物在体内的消除过程均按一级动力学规律($dc/dt = -kc$)消除,其对数血浓度-时间曲线为一条直线,直线方程为:$\log C_t = \log C_0 - \dfrac{k}{2.303} \times t$。依据该直线方程,可计算出水杨酸钠的半衰期及其他药代动力学参数(详见后)。

本实验的目的是以水杨酸钠为例了解血浆药物浓度随时间变化的时量关系;了解药代动力学参数的测定方法及临床意义。

【实验对象】

家兔,体重 1.5~2 kg,雌雄不拘。

【实验器材和药品】

1. 仪器　分光光度计,离心机,计算器。
2. 器械　试管(5 ml、10 ml),离心管(10 ml),刻度吸管(1 ml、2 ml、5 ml),座标纸,滴管,干棉球,夹子,兔箱,额头手术灯,记号笔,小玻棒,手术刀片。
3. 药品　10%及 0.04%水杨酸钠溶液,三氯化铁和三氯醋酸混合液(5 g 三氯化铁加10%三氯醋酸溶解至 100 ml),100 μg/ml 肝素生理盐水溶液。

【实验步骤和观察指标】

1. 实验前准备　取离心管 10 支,编号 0~9 号。每管加入三氯化铁和三氯醋酸混合液2 ml,8 号管再加 0.04%水杨酸钠标准液 0.6 ml,9 号管加蒸馏水 0.6 ml,取试管 8 支(已用肝素荡涤过),编号 0~7 号,备用。
2. 给药及采集给药前后的血样　取兔 1 只,称重,置于兔箱中,用手术灯的热力烘耳等方法使血管扩张,充血明显后,用刀片割破一侧耳缘静脉,采血 1 ml 置于 0 号管中,用干棉球压住并用夹子夹紧切口以防止出血,然后在另一侧耳缘静脉注射 10%水杨酸钠 2 ml/kg,准确记录给药完毕的时间。在给药完毕后的第 5、15、30、45、60、90、120 min 从已被割破的耳缘静脉处分别采血约 1 ml,依次于 1~7 号试管中。

3. 处理血样及测定其光密度和计算水杨酸钠血浆药物浓度  从 0～7 号试管中分别精确吸取 0.6 ml 依次置于 0～7 号离心管中，用小玻棒搅拌 0～7 号管各 1 min，分别加入蒸馏水 5 ml，再搅拌 1 min，以 3 000 r/min 离心 10 min，用吸管取上清液约 6 ml 备用。8、9 号两管各加蒸馏水 5 ml，摇匀待用。

在分光光度计上，用 510 nm 波长，1 cm 光径比色皿，以蒸馏水调零，测 0～9 号管光密度得 $d_0$～$d_9$，各测试管水杨酸钠光密度与水杨酸钠浓度按下列公式计算并将结果记录于表 3-9-4-1 中。

标准管水杨酸钠光密度：$D_8 = d_8 - d_9$

测定管水杨酸钠光密度：$D_n = d_n - d_0$

水杨酸钠浓度计算：    $C_n = D_n/D_8 \times 400 (ug/ml)$

表 3-9-4-1  水杨酸钠血浆药浓度测定记录

|  | 用药后时间(min) | | | | | | |
| --- | --- | --- | --- | --- | --- | --- | --- |
|  | 5 | 15 | 30 | 45 | 60 | 90 | 120 |
| 光密度 | | | | | | | |
| 血浓度 ($\mu$g/ml) | | | | | | | |
| 对数血浓度 ($\mu$g/ml) | | | | | | | |

4. 计算药代动力学参数

(1) 求 $Y(\log C)$ 对 $X$(给药时间)的直线回归方程：$\log C_t = \log C_o - \dfrac{k}{2.303} \times t$，因 $\log C_o$ 及 $-K/2.303$ 为常量，本公式可简化为：$Y = a + bX$，(其中 $Y = \log C_t$，$a = \log C_o$，$b = -k/2.303$)，用直线回归法算出式中 a、b 值(详见《直线相关与回归》中的公式 2-8-3-2，公式 2-8-3-3)即可确定水杨酸钠在兔体内消除规律的直线回归方程。

(2) 计算消除速率常数：$K = -2.303b$

(3) 计算半衰期($T_{1/2}$)：$T_{1/2} = 0.693/K$

(4) 计算表观分布容积($Vd$)：$Vd = D_o/C_o = D_o/\log^{-1} a$ ($D_o$ 为用药剂量 200 mg/kg)

∵  $a = \log C_o$  ∴  $C_o = \log^{-1} a$

(5) 计算清除率($CL$)：$CL = \dfrac{0.693}{T_{1/2}} \times Vd$

(6) 计算总量时曲线下面积($AUC$)：$AUC = C_o/K_e = C_o Vd/CL$  (∵ $K_e = CL/Vd$)

(7) 绘制浓度-时间曲线及对数血浓度-时间曲线。

【注意事项】

1. 静脉给药时，应一次将全部的药液注入血管内。

2. 以开始采血时间作为血样本时间，若未能按时采血，则以实际采血时间参加计算。受实验课时间的限制(120 min)，可不采给药后 90、120 min 的血样。

3. 如改用犬做本实验，其采血样方法改为从静脉抽取。

【思考题】

1. 药代动力学参数 $AUC$、$Vd$、$T_{1/2}$、$CL$ 有何临床意义？

2. 药物在体内消除有几种类型？各自有何特点？

（李佩琼　许小林）

## 实验五　磺胺嘧啶(SD)药代动力学参数测定

**【实验原理与目的】**

磺胺类药物为对氨基苯类化合物，它们在酸性溶液中可与亚硝酸钠起重氮反应，产生重氮盐。此盐在碱性溶液中与酚类化合物起偶联反应，形成橙红色的偶氮化合物。其化学反应如图 3-9-5-1。

橙红色的偶氮化合物在波长 525 nm 处比色，其光密度与磺胺嘧啶(sulfadiazine，SD)成正比关系，可用分光光度计测定给药后血浆中的磺胺嘧啶浓度。

在常用剂量下，磺胺嘧啶与多数药物在体内的消除过程均按一级动力学规律（$dc/dt = -kc$）消除，其对数血浓度-时间曲线为一条直线，直线方程为：$\log C_t = \log C_o - \frac{k}{2.303} \times t$。依据该直线方程，可计算出磺胺嘧啶的半衰期及其他药代动力学参数。

本实验的目的是以磺胺嘧啶为例，了解血浆药物浓度随时间变化的时量关系，了解药代动力学参数的测定方法及临床意义。

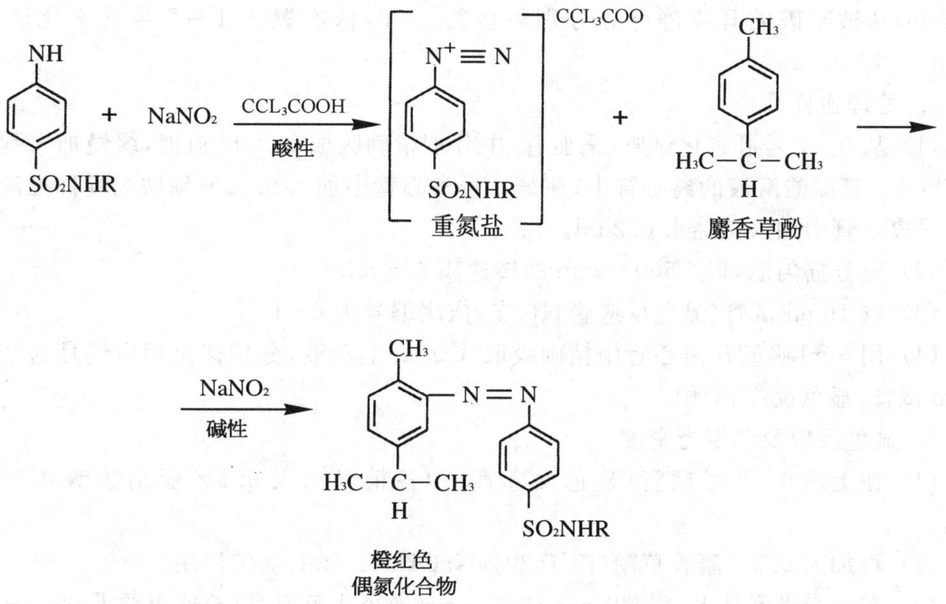

**图 3-9-5-1　磺胺嘧啶重氮反应原理图**

**【实验对象】**

家兔，体重 1.5～2 kg，雌雄不拘。

**【实验器材和药品】**

1. 仪器　分光光度计，离心机，计算器。

2. 器械  0.5 ml、1.0 ml、5.0 ml、10 ml 刻度吸管,常用及半对数计算纸,5 ml 肝素化试管(采血管),10 ml 试管(显色反应管),10 ml 离心管,滴管,干棉球,酒精棉球,平口塑料夹子,兔箱,额头手术灯,记号笔,小玻棒,手术刀片。

3. 药品  6%三氯醋酸溶液,20%磺胺嘧啶溶液,0.05%磺胺嘧啶溶液,0.5%亚硝酸钠溶液,0.5%麝香草酚溶液(溶于 20%NaOH 溶液内),100 μg/ml 肝素生理盐水溶液。

【实验步骤与观察指标】

1. 实验前准备

(1) 取离心管 10 支,编号 0~9 号。

(2) 每管均加入 6%三氯醋酸溶液 7.8 ml。

(3) 另取 5 ml 肝素化试管(采血管)8 支,编号 0~7 号备用。

2. 给药及采集血样

(1) 取家兔 1 只,称重,置于兔箱中。用鹅头手术灯烘耳,使血管扩张,充血明显后,用刀片割破一侧耳缘静脉。

(2) 给药前采血:从割破的耳缘静脉采血 1 ml 置于 0 号肝素化试管(采血管)中。采血完毕,用干棉球压住并用塑料夹夹紧切口,以防止出血。

(3) 给药:在另一侧耳缘静脉注射 20%磺胺嘧啶 2 ml/kg($D_0$=400 mg/kg)。准确记录给药结束时间。

(4) 给药后采血:在给药结束后的第 15 min、30 min、45 min、60 min、75 min、90 min、120 min,从被割破的耳缘静脉处分别采血约 1 ml,依次置于 1~7 号肝素化试管(采血管)中。

3. 处理血样

(1) 从 0~7 号肝素化试管(采血管)中分别精确吸取 0.2 ml 血液,缓慢加入到 0~7 号备有 6%三氯醋酸溶液的离心管中;在第 8 号离心管中加入 0.05%磺胺嘧啶标准液 0.2 ml,第 9 号离心管中加入蒸馏水 0.2 ml。

(2) 充分摇匀后,以 1 500 r/min 的转速离心 5 min。

(3) 取 10 ml 试管(显色反应管)10 支,依次编号为 0~9 号。

(4) 用 5 ml 吸管从离心管中精确吸取 3.0 ml 上清液,分别移至相应编号为 0~9 号的 10 ml 试管(显色反应管)中。

4. 显色反应及测定光密度

(1) 在上述 0~9 号试管(显色反应管)中各精确加入 0.5%亚硝酸钠 0.5 ml,充分摇匀。

(2) 再加入 0.5%麝香草酚(溶于 20%NaOH)1.0 ml,摇匀待用。

(3) 在分光光度计上,用 525 nm 波长,1 cm 光径比色皿,以蒸馏水调零,测 0-9 号试管中溶液的光密度,得 $d_0$~$d_9$。

(4) 按下列公式计算各测试管 SD 光密度与 SD 浓度,并将结果记录于表 3-9-5-1 中。

标准管 SD 光密度:$D_8 = D_8 - D_9$

测定管 SD 光密度:$D_n = D_n - D_0$

SD 浓度计算:$C_n = D_n/D_8 \times 500 (\mu g/ml)$

表 3-9-5-1　SD 血浆药物浓度测定记录表

| | 用药后时间(min) | | | | | | |
|---|---|---|---|---|---|---|---|
| | 15 | 30 | 45 | 60 | 75 | 90 | 120 |
| 光密度 | | | | | | | |
| 血浓度($\mu g/ml$) | | | | | | | |
| 对数血浓度($\mu g/ml$) | | | | | | | |

5. 计算药代动力学参数

(1) 求 $Y(\log C)$ 对 $X$(给药时间)的直线回归方程：

$\log C_t = \log C_o - \dfrac{k}{2.303} \times t$，因 $\log C_o$ 及 $-K/2.303$ 为常量，本公式可简化为：$Y = a + bX$，(其中 $Y = \log C_t$，$a = \log C_o$，$b = -k/2.303$)，用直线回归法算出式中 a、b 值(详见《直线相关与回归》中的公式 2-8-3-2，公式 2-8-3-3)即可确定磺胺嘧啶在家兔体内消除规律的直线回归方程。

(2) 计算消除速率常数：$K = -2.303b$

(3) 计算半衰期($T_{1/2}$)：$T_{1/2} = 0.693/K$

(4) 计算表观分布容积($Vd$)：$Vd = D_o/C_o = D_o/\log^{-1}a$($D_o$ 为用药剂量 400 mg/kg)

∵ $a = \log C_o$　∴ $C_o = \log^{-1} a$

(5) 计算清除率($CL$)：$CL = \dfrac{0.693}{T_{1/2}} \times Vd$

(6) 计算总量时曲线下面积($AUC$)：$AUC = C_o/K_e = C_o Vd/CL$　(∵ $K_e = CL/Vd$)

(7) 绘制浓度-时间曲线及对数血浓度-时间曲线。

【注意事项】

1. 静脉给药时，应一次将全部的药液注入血管内。
2. 以开始采血时间作为血样本时间，若未能按时采血，则以实际采血时间参加计算。
3. 如改用犬做本实验，其采血样方法改为从静脉抽取。

【思考题】

1. 药代动力学参数 $AUC$、$Vd$、$T_{1/2}$、$CL$ 有何临床意义？
2. 药物在体内消除有几种类型？各自有何特点？

(李佩琼　莫燕娜)

# 实验六　磺胺类药物的体内分布和乙酰化率

【实验原理与目的】

1. 显色原理　磺胺嘧啶(sulfadiazine，SD)等磺胺类药物为芳伯胺化合物，它们在酸性溶液中可与亚硝酸钠起重氮反应，产生重氮盐。此盐在碱性溶液中与酚类化合物(麝香草酚)起偶联反应，形成橙红色的偶氮化合物，其生成量与磺胺的含量成正比。

2. 测定原理　家兔按体重给予一定剂量磺胺药之后，药物在兔体内随血液循环先分布到组织器官后再产生效应。测出组织中的 SD 含量可知道 SD 在体内的分布情况。本实验在给予 SD 静注之后,取出多个组织器官样本,应用磺胺的呈色原理显色,然后用分光光度计以 525 nm 波长测定各样本的光密度。根据 Beer - Lamber 定律,浓度与光密度成正比关系,即符合 $Y=a+bX$（$a,b$ 为常数,$X$ 为血样本中 SD 含量,$Y$ 光密度）。

3. 尿中乙酰化磺胺含量的测定原理 磺胺类药物在体内经乙酰化酶作用形成乙酰化磺胺。由于乙酰化作用产生在芳伯氨基结构上,所以乙酰化磺胺不能像原形磺胺一样经过呈色反应生成偶氮化合物(有色物质),尿样本直接呈色反应显色后测定的是尿中原形磺胺含量。要测定尿中乙酰化磺胺含量,可通过水解反应使乙酰化磺胺完全水解成原型磺胺,先测定尿中磺胺总量(原形磺胺＋乙酰化磺胺),再减去另测得的尿中原形磺胺含量即可得到。

其化学反应过程如下：

4. 本实验的目的是通过测定磺胺嘧啶（SD）的体内分布情况,增加对药物体内过程的感性认识,加深对药动学知识在临床应用的了解。

【实验器材和药品】

1. 仪器 分光光度计,离心机。
2. 器械 兔手术器械 1 套,兔台,兔箱,0.5 ml、1.0 ml、5.0 ml、10 ml 吸管,注射器及针头,离心管,试管,油性记号笔,计算器,研钵,天平,量筒,水浴锅。
3. 药品 6％三氯醋酸溶液(tricholroacetic acid),20％磺胺嘧啶(sulfadiazine),肝素注射液,0.5％亚硝酸钠溶液(sodium nitrite),0.5％麝香草酚溶液(thymol,溶于 20％NaOH 溶液内)。

【实验对象】

家兔,体重 1.5～2 kg,雌雄不拘。

【实验步骤和观察指标】

1. 血、尿和组织标本的采集

(1) 家兔 1 只,称重后静注 1％肝素生理盐水 1 ml/kg(或静注 0.3％肝素生理盐水 3 ml/kg)。约 5 min 后,从股静脉取血 1 ml(作空白对照)。

(2) 然后,静注 20% 磺胺嘧啶 3 ml/kg(600 mg/kg)及肌注呋塞米 0.5 ml,可保证收集到一定量尿样本。1 h 后,再从静脉取血 1 ml。

(3) 将兔处死取下列样本:剪开颅腔取脑,剪开腹腔取膀胱内尿液,胆囊内胆汁,子宫内羊水(如有)及肝。

2. 观察与测定

(1) 取尿液 10 ml 置 100 ml 烧杯内,加 1 mol/L 氢氧化钠 1 ml,然后加蒸馏水约 50 ml,混摇后过滤(此步骤目的是除去尿中磷酸盐)。移入 100 ml 容量瓶内,用蒸馏水加至刻度,摇匀。用 50 ml 量筒量出 50 ml 作尿样本 2(测原形磺胺);在原容量瓶内加 10 mol/L HCl 1 ml(小心操作),于水浴上煮沸 1 h,使乙酰化磺胺完全水解为原形磺胺。取出后冷却至室温,倒入 50 ml 量筒中,加蒸馏水至 50 ml 刻度,用作尿样本 1(测尿中磺胺总量)。尿样本经上述处理稀释 10 倍,故测定值应乘以 10(如静注 SD 后家兔未排尿应收集膀胱内全部尿液,可测出 1 h 内尿中排出磺胺量及占给药的百分比)。

(2) 各切取脑和肝组织 2.0 g 分别放在研钵中,加 6% 三氯醋酸少量分次冲洗研钵,亦经过过滤入上述量筒中至 20 ml 刻度为止。取离心管数支并按各样本顺序统一标号并记录,然后加样:用不同吸管分别准确吸取血液、尿液、胆汁、羊水样本各 0.2 ml(实含 0.2 g 组织 SD 含量)加入标号离心管中,再加入 6% 三氯醋酸溶液 5.8 ml。充分摇匀后置离心机内以 1500 r/min 离心 5 min,使组织、蛋白沉淀。

(3) 取离心后上清液各 3.0 ml 移入同样标号试管中,按下列步骤显色:加 0.5% 亚硝酸钠溶液 0.5 ml,充分摇匀,再加 0.5% 麝香草酚溶液 1.0 ml,摇匀显色。置分光光度计中,以 525 nm 波长,用给药前血样本作空白对照调"零"点,测出各样本光密度值。

(4) 建立回归方程式:按表 3-9-6-1 用兔血配制标准 SD 浓度,用与实验相同的操作显色,测定各已知准确 SD 含量的血样本光密度值。用直线回归计算器或直线回归法运算可算出 SD 含量与光密度关系的直线回归方程的 a 值和 b 值(见《直线相关与回归》)。

表 3-9-6-1 标准 SD 含量及测得的光密度值

| 血样本 SD $X'$(mg/L) | 量测得光密度值 $Y'$ | 血样本 SD 含量 $X'$(mg/L) | 测得光密度值 $Y'$ |
| --- | --- | --- | --- |
| 2 000 | 1.38 | 200 | 0.138 |
| 1 500 | 1.02 | 100 | 0.075 |
| 1 000 | 0.681 | 50 | 0.039 |
| 500 | 0.343 | 25 | 0.026 |

标准 SD 含量与光密度值关系直线回归方程为:

$$Y = 3.745 \times 10^{-3} + 6.832 \times 10^{-3} X \quad \text{(公式 3-9-6-1)}$$

或

$$X = \frac{Y - 3.745 \times 10^{-3}}{6.832 \times 10^{-3}} \quad \text{(公式 3-9-6-2)}$$

用上述 SD 含量与光密度关系直线回归方程可求出静注 SD 后各样本的 SD 含量。也可先绘制成标准曲线图后再求各样本的 SD 含量。

(5) 将各样本测得光密度值 Y 代入方程(公式 3-9-6-2)求出 X(SD 含量),再按下列公式算出数据:

(1) 如某组织 X 测得 SD 浓度为 $C_x$,血浓度为 $C_血$,

则：       某组织 SD 浓度占血液浓度百分比 $= \dfrac{Cx}{C_{血}} \times 100\%$       （公式 3-9-6-3）

结果记录方法：如 $Cx < C_{血}$（上值 $<100\%$）用 $\%$ 表示，如 $Cx > C_{血}$（上值 $>100\%$）用倍数表示，算出全部样本值。

（2）如尿样本 1 测得 SD 浓度为 $C_{尿1}$，尿样本 2 为 $C_{尿2}$，

则：       体内乙酰化率（尿中）$\% = \dfrac{(C_{尿1} - C_{尿2})}{C_{尿1}} \times 100\%$       （公式 3-9-6-4）

（3）如给药后 1 h 尿量计为 $V$，

则：       1 h 尿中排出磺胺总量 $= C_{尿1} \times V$       （公式 3-9-6-5）

       1 h 尿中排出原形磺胺量 $= C_{尿2} \times V$       （公式 3-9-6-6）

【注意事项】

1. 本实验中使用试管较多，必须按各样本顺序统一标号并记录，以免发生错误。
2. 本实验系定量分析，吸取样本或加试液务必准确。

【思考题】

1. 根据实验结果解释：为什么该药为流行性脑脊髓膜炎的首选药及常用于泌尿道等感染的治疗？
2. 根据实验结果联系磺胺药溶解度实验的结果，解释 SD 损害泌尿系统的原因及预防措施的意义。

（王小蒙　黎为能）

## 实验七　碱化尿液对水杨酸经肾排泄的影响

【实验原理与目的】

弱酸性或弱碱性药物在肾小球滤过液中，存在解离型与非解离型，后者为脂溶性，能通过肾小管细胞的脂质膜扩散，再吸收回血浆。通过碱化或酸化尿液，使尿中 pH 值变化从而影响药物的解离度，使其易于再吸收或排泄。

本实验的目的是观察碳酸氢钠碱化尿液对水杨酸经肾排泄的影响。

【实验对象】

家兔，体重 1.5～2 kg，雌雄不拘。

【实验材料和药品】

1. 仪器　722 分光光度计。
2. 器械　兔手术台，剪刀，止血钳，50 ml、30 ml、5 ml 注射器，25 ml、50 ml 量筒，试管，试管架，烧杯，滴管，蕈形管，头皮针，0.5 ml、1 ml、10 ml 吸管，洗耳球，玻璃笔。
3. 药品　0.002 5%、0.005%、0.01%、0.02%、0.04% 水杨酸标准液，10% 水杨酸钠溶液，4% 碳酸氢钠，10% $FeCl_3$ 溶液，2 mol/L HCl 溶液（滴瓶），3% 戊巴比妥钠溶液，生理盐水。
4. 其他　pH 试纸，棉球。

【实验步骤和观察指标】

1. 兔膀胱插管　取家兔 2 只，称重，分别用 3% 戊巴比妥钠溶液 1 ml/kg 静脉麻醉，仰

位固定。剪去下腹部毛,在耻骨联合上缘向上沿正中线作约 5 cm 长的皮肤切口,再沿腹白线剪开腹壁及腹膜,找出膀胱,在膀胱腹侧面,避开血管作一 1 cm 长的切口。用镊子提起切口,把蕈形管插入膀胱,并用线将膀胱与套管固定。

2. 给药及收集尿液

(1) 分别给两兔耳缘静脉缓慢注射生理盐水 30 ml/kg 以保证尿量。

(2) 给药前先测兔尿的 pH。给 pH 较高的乙兔耳缘静脉注射 4‰ $NaHCO_3$ 10 ml/kg;甲兔耳缘静脉注射生理盐水 10 ml/kg。静脉注射速度宜慢。要求 10 min 后乙兔的尿 pH 达 8 左右。分别收集甲、乙两兔的尿液。

(3) 分别给两兔耳缘静脉注射 10% 水杨酸钠溶液 1.5 ml/kg 并立即收集尿液(共收集 60 min)。

3. 测定尿中水杨酸的排出量 取给水杨酸钠前(空白管)和水杨酸钠后(测定管)的尿量各 0.5 ml,分别加蒸馏水 8 ml,摇匀,加 2 mol/L HCl 溶液 0.5 ml,再加 10% $FeCl_3$ 溶液 1 ml,然后用 722 分光光度计在 520 nm 波长处比色。根据光密度读数从标准曲线中查得尿内水杨酸的浓度,再用这一浓度乘以尿量便得 60 min 内水杨酸钠排出的总量。步骤见表 3-9-7-1,结果填入表 3-9-7-2 中。

表 3-9-7-1 测定尿中水杨酸含量实验步骤

| 兔号 | 试管号 | 实 验 步 骤 | | | | |
|---|---|---|---|---|---|---|
| | | (1) 尿液 | (2) 加生理盐水 | (3) 加 2 mol/L HCl | (4) 加 10% $FeCl_3$ | (5) 比色测光密度(D) |
| 甲兔 | 空白管 | 0.5 ml | 8 ml | 0.5 ml | 1 ml | |
| | 测定管 | 0.5 ml | 8 ml | 0.5 ml | 1 ml | |
| 乙兔 | 对照管 | 0.5 ml | 8 ml | 0.5 ml | 1 ml | |
| | 测定管 | 0.5 ml | 8 ml | 0.5 ml | 1 ml | |

表 3-9-7-2 尿中水杨酸含量测定结果

| 药 物 | 尿液(pH) | 尿量(ml) | 光密度(D) | 尿中药物浓度(mg/L) | 药物排出总量(mg) | 相当于给药量的百分比(%) |
|---|---|---|---|---|---|---|
| 水杨酸钠 | | | | | | |
| 水杨酸钠+$NaHCO_3$ | | | | | | |

附:

(1) 水杨酸浓度的直线回归方程为 $Y = 71.097X + 0.0096$ ($Y$ 为光密度,$X$ 为水杨酸浓度 mg/L)。

(2) 计算公式:60 min 内水杨酸钠排出的总量(mg)=待测尿样本浓度×稀释倍数×尿总量。

(公式 3-9-7-1)

(3) 反应原理:水杨酸钠排泄为水杨酸,与 $FeCl_3$ 生成一种呈紫色的络合物。

$$6\,\text{C}_6\text{H}_4(\text{COOH})(\text{OH}) + \text{FeCl}_3 \longrightarrow [\text{Fe}(\text{C}_6\text{H}_4(\text{COOH})(\text{O}))_6]^{3-} + 3\text{HCl} + 3\text{H}^+$$

【注意事项】

1. 应在实验前筛选 2 只尿液 pH 相差较大的家兔。
2. 加试剂后如果不显色或混浊可再加 HCl 以酸化之。
3. 如尿量过少,或排泄浓度过高难以比色可用蒸馏水稀释。
4. 给兔注射生理盐水以增加尿量时,两兔的注射时机、速度应平行。

【思考题】

1. 哪些因素可以影响药物的吸收、分布、排泄？怎样才能减慢或促进有机酸性或碱性药物从肾排泄？
2. 服磺胺类药时碱化尿液和巴比妥类药物中毒碱化尿液的目的有何不同？用链霉素治疗泌尿道感染时为什么要加服 $NaHCO_3$？

（李佩琼　黎为能）

# 第十章 药品安全性实验

## 实验一 热原检查（家兔法）

**【实验原理与目的】**

能引起人体和动物发热的物质称为致热原(pyrogen)。其中，内毒素(endotoxin, ET)是一种有代表性的细菌致热原(bacterial pyrogen, BP)，它是革兰阴性细菌的菌壁成分，其活性成分是脂多糖(lipopolysaccharide, LPS)，包含O-物异侧链、核心多糖和脂质A 3个部分组成。现已证明脂质A是致热的主要成分。内毒素很耐热，干热160℃ 2 h才能将其灭活，注射液容易被内毒素污染。静脉输液中若含有致热原，会使人和动物发热，故必须对注射液进行常规的热原检查。常用的方法有家兔热原检查法和细菌内毒素检查法（鲎试验法）。热原检查（家兔法）系将一定剂量的供试品，静脉注入家兔体内，在规定时间内，观察家兔体温升高的情况，以判定供试品中所含热原的限度是否符合规定。

本实验的目的是掌握注射液热原检查方法（家兔法）及判断标准，了解热原和需进行热原检查的制剂类型。

**【实验对象】**

健康、无孕的家兔3只（试验当日家兔停食2 h），体重1.5 kg以上，雌雄不拘。

**【实验器材和药品】**

1. 器材 兔子固定箱，肛门温度计，20 ml或30 ml注射器，针头，镊子，酒精棉球。

2. 药品 无热原5％葡萄糖注射液A样品（经250℃ 30 min或200℃ 1 h或180℃ 2 h加热除热原），5％葡萄糖注射液B样品（未除热原）。其中A样品没有内毒素污染，B样品有内毒素污染，各实验小组抽签选一种样品。

**【实验步骤和观察指标】**

1. 供试用家兔 供试用的家兔至少为普通级动物，体重1.7～3.0 kg，雌兔应无孕。预测体温前7日应用同一饲料饲养，在此期间内，体重应不减轻，精神、食欲、排泄等不得有异常现象。未曾用于热原检查的家兔，应在检查供试品前3～7日内预测体温，进行挑选。挑选的条件与检查供试品相同，仅不注射药液，每隔30 min测量体温1次，共测8次，8次体温均在38.0～39.6℃，且最高与最低体温差不超过0.4℃的家兔，方可供热原检查用。用于热原检查后的家兔，若供试品判定为符合规定，至少应休息48 h后可重复使用；对血液制品、抗毒素和其他同一过敏原的供试品在5日内可重复使用1次。若供试品判定为不符合规定，则组内全部家兔不再使用。

2. 试验前准备 热原检查前1～2日，供试验用家兔应尽可能处于同一温度环境中，实验室和饲养室的温度相差不得大于3℃，实验室的温度应在17～25℃。热原检查全过程中，应注意室温变化不得大于3℃；并应保持安静，避免强光照射，避免噪声干扰和引起动物骚动。家兔在检查前至少1 h开始停止给食并置于适宜的装置中，直至检查完毕。家兔的体温测定应使用精密度为±0.1℃的测温装置。测温探头或肛温计插入肛门的深度和时间各兔应相同,深度一般约6 cm,时间不得少于15 min。每隔30 min测量体温1次,一般测量2次,两次体温之差不得超过0.2℃,以此两次体温的平均值作为该兔的正常体温。当日使用的家兔,正常体温应在38.0~39.6℃,同组各兔间正常体温之差不得超过1℃。

3. 检查用的注射器、针头及一切与供试品接触的器皿,置置干烤箱中用250℃加热30 min,也可用其他适宜方法除热原。

供试品或稀释供试品的无热原稀释液,在注射前应预热至38℃。供试品的注射剂量按各制品规程的规定。但家兔每1 kg体重注射体积不得少于0.5 ml,不得大于10 ml。

4. 检查法 取适用的家兔3只,测定其正常体温后15 min内,自家兔耳静脉缓缓注入规定剂量(预热至38℃)的供试品溶液(1~2 ml/kg),然后每隔30 min按前法测量其体温1次,共测6次,以6次体温中最高的一次减去正常体温,即为该兔体温升高的温度。如3只家兔中,有1只家兔体温升高0.6℃或0.6℃以上;或3只家兔体温升高均低于0.6℃,但体温升高的总和达1.4℃或1.4℃以上,应另取5只家兔复试,检查方法同上。结果填入表3-10-1-1中。

表3-10-1-1 家兔法热原检查结果

| 检查日期 | | 室温 | | 检查者 | |
|---|---|---|---|---|---|
| 检品名称 | | 含量 | | 批号 | |
| 兔号 | 1 | 2 | 3 | 4 | 5 |
| 性别 | | | | | |
| 体重(kg) | | | | | |
| 注射前第一次 T(℃) | | | | | |
| 注射前第二次 T(℃) | | | | | |
| 注射前平均 T(℃) | | | | | |
| 注射供试品时间 | | | | | |
| 注射后第一次 T(℃) | | | | | |
| 注射后第二次 T(℃) | | | | | |
| 注射后第三次 T(℃) | | | | | |
| 注射后第四次 T(℃) | | | | | |
| 注射后第五次 T(℃) | | | | | |
| 注射后第六次 T(℃) | | | | | |
| 注射前后△T(℃) | | | | | |
| 检查结论 | | | | | |

[注] T为体温(℃),△T为体温变化值(℃)。

5. 结果判定 在初试的3只家兔中,体温升高均低于0.6℃,并且3只家兔体温升高总和低于1.4℃;或在复试的5只家兔中,体温升高0.6℃或0.6℃以上的家兔仅有1只,并且初试、复试合并8只家兔的体温升高总和为3.5℃或3.5℃以下,均认为供试品的热原检查符合规定。

在初试的3只家兔中,体温升高0.6℃或0.6℃以上的家兔超过1只;或在复试的5只家兔中,体温升高 0.6℃或 0.6℃以上的家兔超过 1 只;或在初试、复试合并的 8 只家兔的体温升高值总和超过 3.5℃,均认为供试品的热原检查不符合规定。

当家兔升温为负值时,均以 0℃计。

【注意事项】

1. 热原检查法是一种绝对方法,没有标准品同时进行实验比较,是以规定动物发热反应的程度来判断的。影响动物体温变化的因素又较多,因此必须严格按照要求的条件进行实验。

2. 给家兔测温或注射药液时动作应轻柔,以免引起动物挣扎而使体温波动。测量家兔体温应使用精密度为±0.1℃的测温装置。测温时,在测温探头或肛温计上涂少许液体石蜡,插入肛门深度约 6 cm,测温时间至少 1.5 min,每兔各次测温最好用同一体温计,且测温时间相同,以减少误差。

3. 本实验记述的方法主要供教学实验之用,其他事项可参阅药典。

【思考题】

热原检查时对家兔有何要求?试验中须注意什么?

## 实验二 溶血性实验

【实验原理与目的】

溶血性是指药物制剂引起的溶血和红细胞凝聚等反应。溶血性反应包括免疫性溶血与非免疫性溶血。免疫性溶血是药物通过免疫反应产生抗体而引起的溶血,为Ⅱ型和Ⅲ型过敏反应;非免疫性溶血包括药物为诱发因素导致的氧化性溶血和药物制剂引起血液稳态的改变而出现的溶血和红细胞凝聚等。溶血性试验是观察受试物是否能够引起溶血和红细胞凝聚等反应。

凡是注射剂和可能引起免疫性溶血或非免疫性溶血反应的其他药物制剂均应进行溶血性试验。本实验用常规的体外试管法(肉眼观察法)。

本实验的目的是通过本实验认识溶血现象,并掌握溶血性实验的基本操作。

【实验对象】

家兔,体重 1.5 kg 以上,雌雄不拘。

【实验器材和药品】

1. 器材  三角烧瓶,玻璃试管,玻璃棒,盖玻片,载玻片,显微镜,恒温箱,离心机。

2. 药品  0.9%氯化钠溶液(生理盐水),蒸馏水,注射用药品(如庆大霉素注射液或其他注射液),凝集液,1%鸡蛋白或明胶液。

【实验步骤和观察指标】

1. 2%兔血细胞混悬液的制备  取家兔心脏血 20 ml,放入含玻璃珠的三角烧瓶中振摇 10 min,除去纤维蛋白原,制成脱纤血液。移入刻度离心管内,加生理盐水约 10 倍量,摇匀,1 500 r/min 离心 15 min,除去上清液,沉淀的红细胞再用生理盐水洗至上清液呈无色透明为止,按血细胞体积,用生理盐水将其稀释成 2%的混悬液。

2. 受试物的制备  按说明书规定的临床使用浓度,用 0.9%氯化钠溶液 1∶3 稀释后作为供试品溶液;用于血管内给药的注射剂以使用说明书规定的临床使用浓度作为供试品溶液。

3. 溶血性试验 取洁净试管 7 支编号,按表 3-10-2-1 加入各种液体。第 6 管不加入供试品溶液,用生理盐水作空白对照;第 7 管用蒸馏水代替生理盐水,作为溶血的阳性对照。各管轻轻摇匀后送入 37℃ 恒温水浴箱中孵育,记录 15 min、30 min、45 min、1 h、2 h、3 h、4 h 的结果。

4. 结果观察 若试验中的溶液呈澄明红色,管底无细胞残留或有少量红细胞残留,表明有溶血发生;如红细胞全部下沉,上清液体无色澄明,表明无溶血发生。若溶液中有棕红色或红棕色絮状沉淀,振摇后不分散,表明有红细胞凝聚发生。如有红细胞凝聚的现象,可按下法进一步判定是真凝聚还是假凝聚。若凝聚物在试管振荡后又能均匀分散,或将凝聚物放在载玻片上,在盖玻片边缘滴加 2 滴 0.9% 氯化钠溶液,置显微镜下观察,凝聚的红细胞能被冲散者为假凝聚,若凝聚物不被摇散或在玻片上不被冲散者为真凝聚。

表 3-10-2-1 注射用药品溶血性试验结果

| 加入试剂 | 试 管 号 | | | | | | |
|---|---|---|---|---|---|---|---|
| | 1 | 2 | 3 | 4 | 5 | 6 | 7 |
| 注射用药品(ml) | 0.1 | 0.2 | 0.3 | 0.4 | 0.5 | 0 | 0 |
| 生理盐水(ml) | 2.4 | 2.3 | 2.2 | 2.1 | 2.0 | 2.5 | 0 |
| 蒸馏水 | 0 | 0 | 0 | 0 | 0 | 0 | 2.5 |
| 2% 红细胞混悬液(ml) | 2.5 | 2.5 | 2.5 | 2.5 | 2.5 | 2.5 | 2.5 |
| 37℃ 孵育 15 min 结果 | | | | | | | |
| 37℃ 孵育 30 min 结果 | | | | | | | |
| 37℃ 孵育 45 min 结果 | | | | | | | |
| 37℃ 孵育 1 h 结果 | | | | | | | |
| 37℃ 孵育 2 h 结果 | | | | | | | |
| 37℃ 孵育 3 h 结果 | | | | | | | |
| 37℃ 孵育 4 h 结果 | | | | | | | |

[注] 结果中,"+"表示溶血;"△"表示凝聚;"-"表示不溶血也不凝聚。

【注意事项】

1. 供采血的动物可采用家兔、羊、犬和大鼠。

2. 本试验可用 2% 红细胞悬液,也可用 2% 全血的生理盐水混悬液。两种混悬液的试验结果基本一致。但前者溶液澄明,易于观察,而后者操作方便。

如在半小时内溶液由澄明变成黄或棕黄色,并有棕黄色絮状沉淀,表示药液中有凝集血细胞蛋白的因素。这时可取凝集液一滴置于载玻片上,在显微镜下可见红细胞凝集,在盖玻片周围滴加生理盐水,凝集的红细胞能被冲散则为假凝集,不被冲散则为真凝集。有真凝集现象者不可供临床注射使用;有假凝集者可结合局部刺激试验结果,考虑谨慎使用。如有假凝集现象,而必须进行溶血试验者,可在药液中先加入 1% 鸡蛋白或明胶液,以除去凝集因素,再进行试验。

【思考题】

1. 什么叫溶血现象?与药物有关的哪些因素可以引起溶血现象?

2. 如何进行溶血性试验？其结果如何判断？

# 实验三　过敏性试验

【实验原理与目的】

过敏性又称超敏反应，指机体受同一抗原再刺激后产生的一种表现为组织损伤或生理功能紊乱的特异性免疫反应，是异常的或病理性的免疫反应。其分类法如下：Ⅰ型又称快发或速发过敏型，由 IgE 介导，主要表现为荨麻疹、过敏性休克、支气管哮喘、变应性鼻炎、胃肠道与皮肤过敏反应等；Ⅱ型又称细胞毒型或溶细胞型，由 IgG 介导，主要表现为库姆斯试验阳性的溶血性贫血、粒细胞减少和血小板减少性紫癜；Ⅲ型又称免疫复合物型或血管炎型，由 IgG、IgM 介导，主要表现为局限性肺炎、血管炎、狼疮样反应、肾小球肾炎等；Ⅳ型又称迟发型或结核菌素型，由 T 淋巴细胞介导，主要表现为接触性皮炎。

Ⅰ型过敏反应通常用皮肤主动过敏试验、全身主动过敏试验和皮肤被动过敏试验等考察，本实验介绍全身主动过敏反应。即对致敏成立的动物体内，腹腔注射抗原，观察抗原与 IgE 抗体结合后导致肥大细胞、嗜碱性细胞脱颗粒、释放活性介质而致的全身性过敏反应。

本实验的目的是观察动物接触受试物后所产生的全身或局部过敏反应现象，掌握过敏性实验的原理和基本操作方法。

【实验对象】

豚鼠，体重为 300~400 g，雌雄不拘。

【实验器材和药品】

受试药品（庆大霉素注射液，含庆大霉素 0.08 g/ml），生理盐水，鸡蛋清溶液，注射器，针头。

【实验步骤和观察指标】

1. 设立阴性、阳性对照组和受试物组，每组动物数至少 6 只。阴性对照组应给予同体积的生理盐水，阳性对照组给予 200 ml/L 鸡蛋清溶液，受试物组给予庆大霉素注射液。各组动物均按无菌操作隔日分别腹腔注射相应药液 0.5 ml/只，共 3 次致敏。将各组动物分为 2 批，每批 3 只，分别于首次注射后 14 d 和 21 d 静脉注射相应药液（1 ml/只）攻击。

2. 各组豚鼠注射药液攻击后 30 min 内，按表 3-10-3-1 症状详细观察每只动物的反应、症状的出现及消失时间，最长观察 3 h。然后按表 3-10-3-2 判断过敏反应发生程度。根据过敏反应发生率和发生程度进行综合判断。

表 3-10-3-1　豚鼠过敏反应症状

| 0 正常 | 7 呼吸急促 | 14 步态不稳 |
| --- | --- | --- |
| 1 躁动 | 8 排尿 | 15 跳跃 |
| 2 竖毛 | 9 排粪 | 16 喘息 |
| 3 颤抖 | 10 流泪 | 17 痉挛 |
| 4 搔鼻 | 11 呼吸困难 | 18 旋转 |
| 5 喷嚏 | 12 哮鸣音 | 19 潮式呼吸 |
| 6 咳嗽 | 13 紫癜 | 20 死亡 |

表 3-10-3-2　豚鼠全身致敏性评价标准

| 反应症状 | 结果 | 评价 |
|---|---|---|
| 0 | - | 过敏反应阴性 |
| 1-4 症状 | + | 过敏反应弱阳性 |
| 5-10 症状 | ++ | 过敏反应阳性 |
| 11-19 症状 | +++ | 过敏反应强阳性 |
| 20 | ++++ | 过敏反应极强阳性 |

【注意事项】
1. 注意静脉注射的准确性，防止药物外漏，影响观察结果。
2. 注意观察过敏症状的产生并进行正确评价分级。

【思考题】
如何进行过敏性试验？其结果如何判断？

## 实验四　刺激性实验

【实验原理与目的】

刺激性是指非口服给药制剂给药后对给药部位产生的可逆性炎症反应，若给药部位产生了不可逆性的组织损伤则称为腐蚀性。刺激性试验是观察动物的血管、肌肉、皮肤、黏膜等部位接触受试物后是否引起红肿、充血、渗出、变性或坏死等局部反应。本实验介绍注射给药部位的刺激性试验。

本实验的目的是观察给药后动物的表现以判定药物是否对受试动物有刺激性，掌握刺激性实验的原理和操作方法。

【实验动物】

家兔，每组动物数不少于 3 只。体重 1.5~3.0 kg，雌雄不拘。

【实验器材和药品】

1. 器材　兔固定箱，酒精棉球，5 ml 或 10 ml 注射器，针头，照相机，剪刀，记号笔，10% 甲醛溶液。

2. 药品　受试药品(庆大霉素注射液，含庆大霉素 0.08 g/ml)，生理盐水。

【实验步骤和观察指标】

1. 用药方法　应设生理盐水对照，可采用同体左右侧自身对比法。用药剂量，10 mg/kg。用药部位根据药物的给药途径确定，可选用耳缘静脉、耳中心动脉(其他动物可选用前、后肢静脉及股动脉等)、股和背部肌肉、侧胸壁皮下组织、静脉旁组织等，最大可能地暴露毒性。本实验重点介绍静脉注射给药。

2. 操作方法　取健康家兔 6 只，随机分为受试药物组和对照组(生理盐水)，家兔置于固定箱，每日定时以无菌操作法从家兔耳缘静脉给药 1 次，连给 5 次，每次给药后 24 h 肉眼观察注射部位有无充血、水肿、出血、坏死。于末次给药后 24 h，处死部分动物，剪下兔耳，并取给药部位静脉血管组织(离注射点近心端 0.5、1.5、3.0 cm 截取)作病理切片，经 10% 甲醛溶液固定，常规脱水，石蜡包埋，HE 染色，光镜下观察。病理学检查指标：静脉血管内皮细胞的完整度,有无变性、坏死改变、基底膜是否完整、管壁及管周组织的完整情况等。

留下的动物根据受试物的特点和刺激性反应情况,继续观察14~21日再进行组织病理学检查,以了解刺激性反应的可逆程度。

3. 结果评价　根据肉眼观察和组织病理学检查的结果进行综合判断,提供照片。

【注意事项】
1. 注意给药部位的准确。
2. 注意给药剂量的准确。

【思考题】
1. 什么叫刺激性?
2. 如何进行刺激性试验?其结果如何判断?

（刘　嫱　张　丽）

# 第十一章 感觉器官实验

## 实验一 豚鼠一侧迷路破坏的效应

**【实验原理与目的】**

内耳迷路中的前庭器官是维持身体姿势和平衡的感受装置,通过"前庭器官→前庭核→小脑绒球小结叶→前庭核→脊髓运动神经元→肌肉"这一反射弧,反射性地改变颈部和四肢的肌紧张,从而调节机体的姿势和平衡。当一侧迷路的功能被破坏或消失后,将引起机体的肌紧张性协调障碍,导致机体失去维持正常姿势与平衡的能力。动物的头将偏向患侧,并出现眼球震颤。若握住动物的后肢将其提起,则其头及躯干皆弯向患侧。如任动物自由活动,则见其沿躯体纵轴旋转,不能正常行走。

本实验的目的是观察迷路在维持动物正常姿势与平衡中的作用。

**【实验动物】**

豚鼠 2 只,体重 400~800 g。

**【实验器材和药品】**

棉球,滴管,氯仿,生理盐水。

**【实验步骤和观察指标】**

1. 操作方法　将豚鼠随机分为实验组及对照组。①实验组:将豚鼠侧卧,拽住一侧耳郭,用滴管吸取 0.5 ml 的氯仿,注入外耳道深处,紧握豚鼠使其保持侧卧位置 10~15 min,不许其头部转动,使氯仿渗入迷路。②对照组:用生理盐水代替氯仿,其余与实验组相同。

2. 观察与记录　①实验组:滴氯仿 10~15 min 后,观测并纪录豚鼠头部偏斜、眼球震颤、自由运动情况及握其后肢提起后,其头及躯干侧弯情况。②对照组:滴生理盐水 10~15 min 后,观察记录与实验组相同的指标。将两组实验结果进行比较。

**【注意事项】**

1. 往外耳道滴氯仿后,要保持侧卧位置一段时间,使氯仿渗入。
2. 滴氯仿的量不宜过多,以免损伤内耳。

**【思考题】**

1. 破坏动物一侧迷路后,为什么会出现破坏侧肢体和躯干伸肌及对侧颈肌紧张性降低,头及躯干均歪向破坏迷路一侧,以致身体平衡失调现象?
2. 如果人类一侧迷路被破坏,将有何临床表现?

(王彩冰　黄俊杰)

# 第十二章 其 他

## 实验一 小鼠缺氧实验

### 一、几种类型的缺氧

**【实验原理与目的】**

组织的供氧不足或用氧障碍都可导致缺氧。供氧不足可因吸入气中氧分压过低或呼吸、血液、循环等多系统器官的功能障碍引起;用氧障碍可因组织中毒或损伤引起。

本实验的目的在于通过复制乏氧性缺氧和血液性缺氧,了解缺氧的原因及发生机制。观察不同类型缺氧时,呼吸和血液颜色的变化及其发生机制。

**【实验对象】**

小鼠。

**【实验器材和药品】**

1. 器械 小鼠缺氧瓶(或 100～125 ml 带塞锥形瓶或广口瓶),一氧化碳(CO)发生装置广口瓶,5 ml、1 ml 注射器,滴管,乙醇灯,剪刀,镊子,陶瓷板。

2. 药品 钠石灰($NaOH \cdot CaO$),甲酸,浓硫酸,氢氧化钠,5%亚硝酸钠,1%亚甲蓝(美兰),生理盐水。

**【实验步骤和观察指标】**

观察动物一般情况、呼吸、存活时间、皮肤颜色、血液及肝脏颜色。

1. 乏氧性缺氧

(1) 取两只体重相近的小鼠分别放入装有少许钠石灰的缺氧瓶内,观察动物的一般情况,呼吸、皮肤和口唇的颜色,然后把其中一只缺氧瓶的瓶塞塞紧,随时重复观察上述指标直到动物死亡为止。记录在这种缺氧条件下动物生存时间。另一只缺氧瓶不加盖,观察动物的各种指标,与前一只小鼠比较。

(2) 动物死亡后立即从眼球后取血 1 滴,滴入加有等量生理盐水的陶瓷板上比较血液颜色的改变。

(3) 动物尸体留待一氧化碳中毒性缺氧、亚硝酸钠中毒性缺氧实验做完后,依次打开腹腔,比较各组小鼠肝脏的颜色。

2. 一氧化碳中毒性缺氧

可以自己制备一氧化碳(CO)或用市售 CO。本项目实验可选其中一种方法。

方法一:

(1) 装好一氧化碳发生装置(图 3-12-1-2)。也可省去盛 NaOH 瓶,将试管中产生的 CO 直接导入缺氧瓶中。

(2) 将小鼠 2 只分别放入广口瓶中,观察其正常表现,然后将一氧化碳发生装置与其中

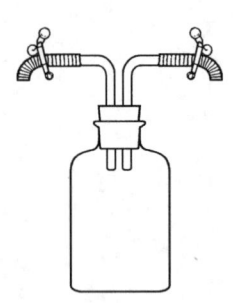
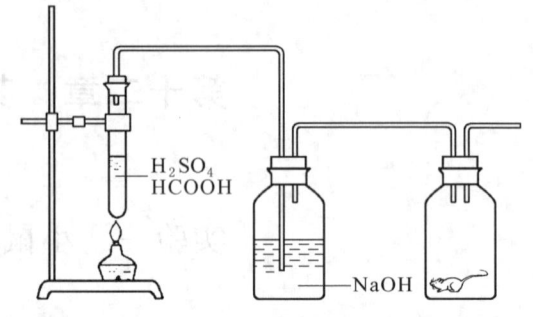

图 3-12-1-1　小鼠缺氧瓶　　　　图 3-12-1-2　一氧化碳发生装置示意图

一瓶连接,与另一瓶不连接(为对照)。

(3) 取甲酸 3 ml 放于试管内,加入浓硫酸 1 ml,塞紧(可用乙醇灯加热,加速 CO 的产生,但不可过热以至液体沸腾,因 CO 产生过多过快动物会迅速死亡,血液颜色改变不明显)。

(4) 观察指标与方法同上。

方法二:

(1) 将小鼠 2 只分别放入广口瓶中,观察其正常表现,然后用注射器缓慢注入一氧化碳 20 ml,同时注意观察动物有何变化。动物死亡后取血。

(2) 一旦发现小鼠软倒,立即将小鼠从瓶中取出,放到通风的地方(如窗台上),观察中毒的小鼠是否逐渐恢复正常。另一只小鼠软倒后让其死亡,观察动物各种表现,记录死亡时间。

3. 亚硝酸钠中毒性缺氧

(1) 取体重相近的 2 只小鼠,观察其正常表现后,腹腔注射 5% 亚硝酸钠 0.3 ml,其中一只注入亚硝酸钠后,立即再向腹腔内注入 0.5% 亚甲蓝葡萄糖溶液 0.3 ml,另一只注入生理盐水 0.3 ml。注射生理盐水的小鼠死亡后取血。

(2) 观察指标与方法同上,比较两鼠表现及死亡时间有无差异。

【注意事项】

1. 缺氧瓶一定要密封,可用凡士林涂在瓶外面。

2. 对小鼠进行腹腔注射时,应稍靠左下腹,勿损害肝脏,也应避免将药液注入肠腔或膀胱。

(谢协驹　蒙　山)

## 二、影响缺氧耐受性的因素

【实验原理与目的】

缺氧对机体的影响除与缺氧的类型、发生速度、程度和持续时间有关外,还取决于机体对缺氧的耐受性。影响机体对缺氧的耐受性的因素很多,如不同的年龄、机体的功能状态、外界环境温度等。

通过观察机体神经系统功能状态改变、外界环境温度变化,以及机体发育程度不同对缺氧耐受性的影响,了解条件因素在缺氧发病中的重要性。

【实验对象】

小鼠。

【实验器材和药品】

1. 器材　小鼠缺氧瓶,粗天平,镊子,注射器。
2. 药品　1%咖啡因,0.25%氯丙嗪,生理盐水,钠石灰,冰块。

【实验步骤和观察指标】

观察动物一般状态、呼吸、存活时间、耗氧量。

1. 环境温度变化对缺氧耐受性的影响

(1) 取小鼠缺氧瓶 2 只,各放入钠石灰少许(约 5 g)。

(2) 取 500 ml 烧杯 2 只,1 只加入冰块和冷水,将杯内水温调至 0~4℃,另 1 只加入热水,将温度调至 38~40℃。

(3) 取体重相近的小鼠 2 只,称重后分别装入装有钠石灰的缺氧瓶内,2 只缺氧瓶分别放于盛有冰水或热水的烧杯内,塞紧瓶塞后开始计时。

(4) 持续观察各鼠在瓶中的活动情况,直至小鼠死亡,计算存活时间。

2. 神经系统功能状况对缺氧耐受性的影响

(1) 取体重相近的小鼠 3 只,分别作如下处理:①甲鼠:腹腔注射 1%咖啡因 0.1 ml/10 g;②乙鼠:腹腔注射 0.25%氯丙嗪 0.1 ml/10 g(注:注射氯丙嗪后,将小鼠放入冰水中 5~10 min,待动物不大活动后取出动物,并将其全身皮毛擦干);③丙鼠:腹腔注射生理盐水 0.1 ml/10 g。

(2) 注射后,分别将 3 只小鼠放入有钠石灰的缺氧瓶内,密闭后计时。

(3) 以下步骤同 1 的(4)。

3. 机体发育程度不同对缺氧耐受性的影响

(1) 将初生 3~5 日小鼠 1 只及成年小鼠 1 只放入同一个有钠石灰的缺氧瓶中,密闭后计时。

(2) 分别计算存活时间。

【注意事项】

1. 必须保证缺氧瓶完全密闭。
2. 记录开始缺氧时间、死亡时间要准确。
3. 动物全身皮毛一定要擦干。

【思考题】

1. 机体神经系统功能状态改变、外界环境温度变化、机体发育程度不同对缺氧耐受性有何影响?为什么?
2. 为什么一定要擦干动物全身皮毛?
3. 何谓冬眠疗法?临床上冬眠疗法有何应用?

(郑奕迎　马　兰)

## 实验二　有机磷酸酯类药物中毒与解救

【实验原理与目的】

有机磷酸酯类为持久性抗胆碱酯酶药。胆碱酯酶(AChE)与之结合后丧失活性,乙酰胆碱在体内堆积引起机体中毒。胆碱酯酶复活药能与有机磷酸酯类结合或将磷酰化胆碱酯酶中的酶置换出来；阿托品阻断 ACh 与 M 受体结合，对有机磷酸酯类药中毒有解救作用。

本实验观察有机磷酸酯类药物中毒的症状及血液胆碱酯酶的抑制情况，根据阿托品和碘解磷定对有机磷酸酯类药物中毒的解救效果，分析和比较两药作用的特点和机理。

**【实验对象】**

家兔，体重 2.0～2.5 kg。

**【实验器材和药品】**

1. 仪器　722 分光光度计，恒温水浴锅。
2. 器械　试管架，有盖试管，吸管，木夹，测瞳孔尺，大头针，鹅头手术灯。
3. 药品　pH7.2 磷酸缓冲液，0.001 mol/L 醋酸缓冲液，0.007 mol/L ACh 底物应用液，0.07 mol/L ACh 底物应用液，碱性羟胺溶液，4 mol/L HCl 溶液，10% 三氯化铁溶液，肝素钠，5% 美曲磷脂（敌百虫），0.05% 硫酸阿托品溶液，0.5% 碘解磷定溶液。
4. 其他　干棉球，滤纸。

**【实验步骤和观察指标】**

1. 取 1.5～2.0 kg 家兔 2 只，称体重，观察下列指标，活动情况。呼吸（频率、幅度、节律是否均匀）瞳孔大小，唾液分泌，大、小便，肌张力，及有无肌震颤等，分别记录于表 3－12－2－1 中。

2. 将两兔分别固定于兔箱内，以白炽灯泡烤热耳壳，使血管充血扩张，用大头针挑破或刀片割破耳缘静脉，让血液自然流出，滴入预先置有肝素钠的试管内，立即轻轻摇匀，供测定 AChE 活力之用。取血后用干棉球按压止血。

3. 两兔分别经另一侧耳缘静脉注入 5% 美曲磷脂溶液 2 ml/kg，注毕，立即记录时间并密切观察上述各项指标的变化，加以记录。如 20 min 后尚未出现中毒症状，可追加 1/3 剂量，中毒症状明显后，再按上法取血，供 AChE 活力测定。

4. 立即给甲兔静脉注射 0.05% 硫酸阿托品溶液 4 ml/kg，给乙兔静脉缓慢注射 0.5% 解磷定溶液 5 ml/kg，然后每隔 5 min 再检查上述指标 1 次，观察比较两兔中毒症状，消除的情况及两药解毒作用的特点，中毒症状明显减轻后，再次由两兔耳缘静脉取血，测定血液 AChE 活力。

5. 实验结束时，给甲乙两兔分别补充注射碘解磷定和阿托品以防兔子死亡。

6. 全血胆碱酯酶（AChE）活力测定

方法一：用胆碱酯酶试剂盒测定。测定方法按试剂盒说明书进行。

方法二：血液胆碱酯酶催化 ACh 的水解，在一定的条件下，水解的 ACh 量与酶的活性成正比。故加入一定量的 ACh，经血液胆碱酯酶作用后，测定剩余 ACh 量，便可得知已水解的 ACh 量，从而测出胆碱酯酶活力。ACh 的测定是利用 ACh 与羟胺反应生成异羟肟酸，后者在酸性条件下又与 $Fe^{3+}$ 作用，生成棕红色的异羟肟酸络合物。

$$CH_3COOCH_2CH_2NOH(CH_3)_3 \xrightarrow{H_2NOH} CH_3CONHOH \xrightarrow{Fe^{3+}} (CH_2CONHO)_3Fe$$
$$\text{（棕红色）}$$

（1）胆碱酯酶活力测定操作步骤：按表 3－12－2－1 操作（每加一种试剂后均须充分摇匀，保温时间须严格控制）。

表 3-12-2-1　胆碱酯酶活力测定操作步骤

| 步骤 | 加入试剂 | 标准管 | 测定管 | 空白管 |
|---|---|---|---|---|
| 1 | pH7.2 磷酸盐缓冲液 | 1.0 | 1.0 | 1.0 |
| 2 | 全血(混匀后) | 0.1 | 0.1 | 0.1 |
| 3 |  | 37℃水浴予热 3 min | 37℃水浴予热 3 min | 37℃水浴予热 3 min |
| 4 | ACh 底物应用液 | — | 1.0 | — |
| 5 |  | 37℃水浴保温 20 min | 37℃水浴保温 20 min | 37℃水浴保温 20 min |
| 6 | 碱性羟胺溶液 | 4.0 | 4.0 | 4.0 |
| 7 | ACh 底物应用液 | 1.0 | — | — |
| 8 |  | 室温静置 2 min | 室温静置 2 min | 室温静置 2 min |
| 9 | 4 mol/L HCL 溶液 | 2.0 | 2.0 | 2.0 |
| 10 | 10%三氯化铁溶液 | 2.0 | 2.0 | 2.0 |
| 11 | ACh 底物应用液 | — | — | 1.0 |
| 12 | 充分摇匀后置离心机内以 1 500 r/min 离心,取上清液于 15 min 内用分光光度计,选 525 nm 波长,以蒸馏水校正吸收度到零点,读取各管光密度。 | | | |

(2) 胆碱酯酶活力测定:

$$\frac{标准管吸收度-(测定管吸收度-空白管吸收度)}{标准管吸收度-空白管吸收度} \times 70 = 胆碱酯酶活力(U/ml)$$

(公式 3-12-2-1)

注:通常以 1 ml 血液在规定条件下分解 1 $\mu$mol ACh 定为 1 个胆碱酯酶活力单位,公式 3-12-2-1 中的"70"来由是每管中加有 7 $\mu$mol ACh,0.1 ml 血液,列式计算即:7×1.0/0.1=70。

7. 结果记录　将实验结果记录于表 3-12-2-2 中。

表 3-12-2-2　有机磷酸酯类药物中毒与解救

| 兔号 | 体重(kg) | 观察阶段 | 活动情况 | 呼吸情况(次/min) | 心率(次/min) | 瞳孔(mm) 左 右 | 唾液分泌 | 大、小便次数及性状 | 肌张力及震颤 | 血液AChE 活力 |
|---|---|---|---|---|---|---|---|---|---|---|
| 甲 |  | 给药前 |  |  |  |  |  |  |  |  |
|  |  | 给美曲磷酯后 |  |  |  |  |  |  |  |  |
|  |  | 给阿托品 |  |  |  |  |  |  |  |  |
| 乙 |  | 给药前 |  |  |  |  |  |  |  |  |
|  |  | 给美曲磷酯后 |  |  |  |  |  |  |  |  |
|  |  | 给碘解磷定 |  |  |  |  |  |  |  |  |

附：试剂配制

（1）pH7.2 磷酸盐缓冲液

1）1/15 mol/L 磷酸氢二钠溶液：称取 $Na_2HPO_4 \cdot 12H_2O$ 5.938 g 加蒸馏水至 500 ml。

2）1/15 mol/L 磷酸氢二钾溶液：称取 $KH_2PO_4$ 4.539 g 加蒸馏水至 500 ml。

3）取 1/15 mol/L 磷酸氢二钠溶液 7.00 ml，1/15 mol/L 磷酸氢二钾溶液 3.00 ml，两者混匀即得 pH7.2 磷酸盐缓冲液。

（2）0.001 mol/L 醋酸盐缓冲液（pH4.5）：先由每升含冰醋酸 5.78 ml 之溶液 28 ml 和每升含醋酸钠（不含结晶水）8.20 g 之水溶液 2.2 ml 混合，成为 pH4.5 之醋酸盐缓冲液，再用蒸馏水稀释 100 倍。

（3）0.07 mol/L 乙酰胆碱底物贮存液：快速称取氯化乙酰胆碱 0.127 g（或溴化乙酰胆碱 0.158 g），溶于 0.001 mol/L 醋酸盐缓冲液 10 ml。在冰箱中可保存 4 周。

（4）0.007 mol/L 乙酰胆碱底物应用液：临用前取 0.07 mol/L 乙酰胆碱底物贮存液，用 pH7.2 磷酸盐缓冲液稀释 10 倍。

（5）碱性羟胺溶液：临用前取等量 14％氢氧化钠溶液和 14％盐酸羟胺溶液，混合即成。

（6）4 mol/L 盐酸溶液：取相对密度为 1.19 的盐酸 1 容积，加蒸馏水 2 容积，混合即成。

（7）10％三氯化铁溶液：称取 $FeCl_3 \cdot 6H_2O$ 10 g 用 0.1 mol/L 盐酸溶解，使成 100 ml。

【注意事项】

要缓慢注射碘解磷定，否则容易导致动物呼吸抑制而死亡。

【思考题】

1. 有机磷酸酯类药物中毒治疗抢救原则有哪些？

2. 根据本次实验结果分析有机磷酸酯类药物中毒机制和碘解磷定、阿托品的解毒机制。

（符　健　韦健全）

## 实验三　链霉素的毒性反应及氯化钙的拮抗作用

【实验原理与目的】

氨基苷类抗生素能与突触前膜钙结合部位结合，阻止钙离子参与乙酰胆碱的释放，使乙酰胆碱释放减少，从而导致急性神经肌肉麻痹，呼吸停止。钙剂可拮抗此毒性反应。

本实验的目的是观察链霉素的毒性反应及氯化钙的拮抗作用。

【实验对象】

家兔，体重 2.0～2.5 kg。

【实验器材和药品】

1. 器械　注射器，针头。

2. 药品　25％硫酸链霉素，5％氯化钙。

【实验步骤和观察指标】

1. 家兔 1 只，称重，观察其活动情况，呼吸（频率、幅度、节律是否均匀）及肌张力。

2. 用乙醇消毒后，臀部肌内注射 25％硫酸链霉素 2.0～2.4 ml/kg。然后观察兔子的上述反应。

3. 待出现明显症状后,从耳缘静脉注射5%氯化钙1.6 ml/kg。注意观察兔子的上述反应。

**【注意事项】**

1. 一般在给予硫酸链霉素后10 min出现毒性反应,如症状不明显可适当追加硫酸链霉素。要预先抽好氯化钙溶液。

2. 耳缘静脉注射氯化钙溶液时要缓慢。

**【思考题】**

1. 乙酰胆碱的作用有哪些?其释放时需要哪些离子参与?

2. 氨基苷类抗生素应用时的注意事项是什么?

(赖 术 许小林)

## 实验四 家兔高钾血症实验

**【实验目的】**

高钾血症是临床上多种疾病所并发的一种常见病理生理过程,属于临床急症范畴。高钾血症对机体的影响主要表现为膜电位异常引发的一系列障碍及酸碱平衡紊乱。高钾血症对心肌的毒性作用极强,可发生致命性的心室颤动和心脏骤停。

**【实验目的】**

复制家兔高钾血症动物模型,观察高钾血症对心脏的毒性作用,了解高钾血症时心电图的改变特征。

**【实验动物】**

家兔,体重2.0~3.0 kg。

**【实验器材与药品】**

1. 仪器  BL-420生物信号采集计算机系统,自动生化分析仪。

2. 器械  家兔手术台,注射器(1 ml、10 ml),绳子,纱布,听诊器,输液装置等。

3. 药品  5%氯化钾溶液,10%氯化钾溶液,生理盐水。

**【实验步骤和观察指标】**

1. 麻醉  20%氨基甲酸乙酯溶液(5 ml/kg)。

2. 固定  将家兔仰卧位固定于家兔手术台上。

3. 耳缘静脉穿刺,开放输液管道,缓慢滴注生理盐水(5~10滴/min),保持静脉通畅。

4. 将心电导联线的针型电极分别插入动物四肢远端显露部位皮下,导联线输入端接到BL-420生物信号记录分析系统,描记正常麻醉状态下的Ⅱ导联心电图。

5. 经耳缘静脉以0.4 ml/min速度缓慢滴注10%氯化钾溶液(1 ml/kg),滴注氯化钾的过程中,注意观察心脏跳动及心电图波形的变化,直至出现室颤。观察家兔的心率及心电图波形变化。

6. 滴注氯化钾前、滴注氯化钾之后心电图出现异常时,抽血检测血钾浓度。

**【注意事项】**

因家兔对注入氯化钾溶液耐受性有个体差异,有的动物需注入较多的氯化钾才出现异常心电图改变,遇到这种情况时,继续滴注氯化钾,直至心电图出现明显的特征性的异常改变。

【思考题】
1. 高血钾对心脏有何影响?其机制何在?
2. 高钾血症时心电图的特征性改变是什么?

(龙儒桃　马　兰)

# 第四篇 人体(临床)实验

## 第一章 心血管系统检查

### 实验一 人体心电图描记

**【实验原理与目的】**

学习人体心电图的描记和测量方法,了解正常人体心电图3个波形及两个间期的生理意义,协助判断心跳频率、节律及心脏兴奋起源、传导和恢复过程中有无异常现象。人体是个容积导体,心脏兴奋时产生的生物电变化,通过心脏周围容积导体传导到体表。如在体表按一定的引导方法,可将心脏电位变化记录下来,即心电图。心电图反映了心脏兴奋的产生、传播及恢复过程中的规律性的生物电位变化。由于引导电极位置和导联方式不同(见《心电图机》图2-1-3-2),心电图的波形可有所不同,但一般都有P、QRS和T3个波及P-R、Q-T两个间期(图4-1-1-1)。P波代表心房去极化过程;QRS波群反映了心室去极化过程;T波则表示心室复极化过程。P-R间期为心房兴奋传导至心室兴奋所需要的时间;Q-T间期表示心室开始去极化到完成复极,恢复到静息电位所需要的时间。

**【实验对象】**

人体(学生自愿者)。

**【实验器材和药品】**

1. 仪器 心电图机,检查床,分规。
2. 药品 电极膏(或生理盐水)、75%酒精棉球。

**【实验步骤和观察指标】**

1. 描记前的准备

(1) 复习《心电图机》使用方法

1) 连接好心电图机的电源线、地线和导联线,并接通电源,预热5min。在此期间安放电极。

2) 让受试者去掉手表,舒适、放松地静卧在检查床上,裸露上半身。

3) 按图2-1-6-2所示安放标准肢体导联和胸导联电极。按规定连接好导联线:红色——右手;黄色——左手;绿色——左足;黑色——右足。安放胸部 $V_1$、$V_2$、$V_3$、$V_4$、$V_5$、$V_6$ 6个胸导联电极。

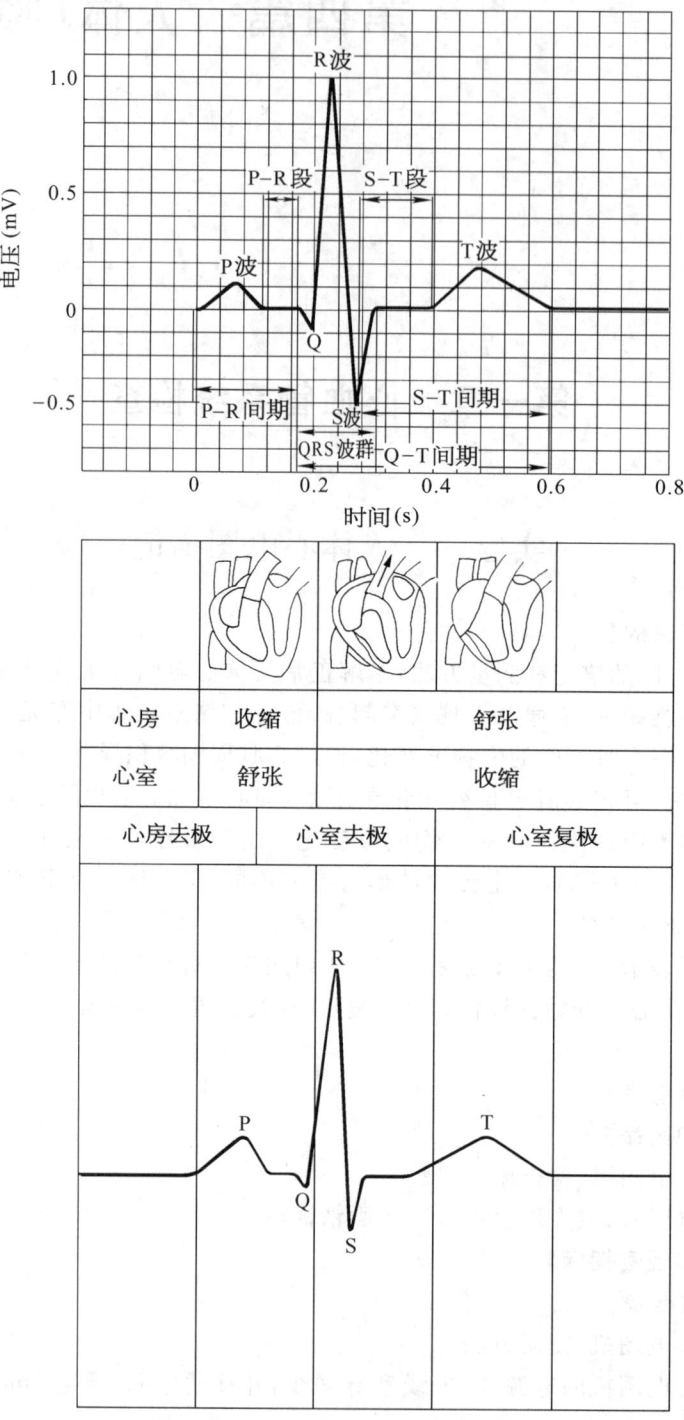

图 4-1-1-1　正常心电图描记及分析

(2) 复习《心电图机》中心电图导联的基本原理。

2. 心电图描记　描记前校正输入信号电压放大倍数,使 1 mV 标准电压使描笔振幅为 10 mm(记录纸上纵坐标为 10 小格)。走纸速度定为 25 mm/s。

先后描记标准肢体导联Ⅰ、Ⅱ、Ⅲ;加压单极肢导联 aVR、aVL、aVF;和胸导联 $V_1$、$V_3$、$V_5$。

在心电图记录纸上注明各导联名称,受试者姓名、性别、年龄及记录日期。

3. 心电图分析(图 4-1-1-1)

(1) 辨认·P 波、QRS 波群、T 波及 P-R、Q-T 间期和 S-T 段。

(2) 测量 P、QRS 及 T 波的电压幅值和 P-R、Q-T 间期时间。

(3) 测定心率,将相邻两个心动周期的 R-R 间期测定值(s)代入下述公式,以求得心率。

$$\text{心率} = 60/[R-R \text{ 间期}(s)] = (\quad) \text{次/min} \qquad (公式 4-1-1-1)$$

**【注意事项】**

1. 描记心电图时,受试者应尽量放松,冬季气温低时应注意保暖,避免寒冷产生肌电干扰。电极要紧贴皮肤,防止记录过程中电极脱落。

2. 记录心电图时,先将基线调至中央。基线不稳或有干扰时,应排除后再进行描记。在变换导联时,须先将输入开关关上,再操作导联选择开关。

3. 测量波幅幅值时,注意向上波应测量基线上缘至波峰顶点距离;向下波为基线下缘至谷底距离。

4. 记录完毕,将电极擦干净,把心电图面板各控制旋钮转回原处,最后切断电源。

**【思考题】**

1. 正常心电图有哪 3 个波和哪 2 个间期?它们各表示什么生理意义?

2. 为什么不同导联引导出来的心电图波形有所不同?

3. 为什么正常心电图中 T 波方向和 QRS 波群主波方向一致?

4. 试述心室肌细胞动作电位与心电图的 QRS-T 波的时间关系。

(沈行良)

## 实验二  人体心音听诊

**【实验原理与目的】**

了解正常心音的产生机制和特点,初步掌握听诊方法,识别第一心音($S_1$)与第二心音($S_2$),为临床心音听诊打好基础。心音是由于心肌收缩、瓣膜关闭、血流冲击血管壁以及形成的涡流所引起机械震动而产生的声音。将听诊器置于受试者胸壁心前区位置,可直接听到心音。在每一个心动周期中,通常可听到两个心音,即 $S_1$ 和 $S_2$。$S_1$ 表示收缩期开始,其音调低、持续时间较长,在心尖部听得最清楚,它的产生主要是由于房室瓣关闭;$S_2$ 标志舒张期开始,其音调高、持续时间较短,在心底部听得较清楚,它的产生主要是由于半月瓣关闭。

**【实验对象】**

人体(学生自愿者)。

**【实验器材和药品】**

听诊器。

**【实验步骤和观察指标】**

1. 确定听诊部位

(1) 受试者解开上衣,面向亮处静坐在检查者对面。

(2) 参照图4-1-2-1,认清心音听诊部位。①二尖瓣听诊区(M):左锁骨中线内侧第5肋间处(心尖搏动处);②三尖瓣听诊区(T):胸骨体下端近剑突稍偏右或稍偏左;③主动脉瓣听诊区(A,E):胸骨右缘第2肋间处(主动脉瓣第一听诊区)或胸骨左缘第3、4肋间(主动脉瓣第二听诊区);④肺动脉瓣听诊区(P):胸骨左缘第2肋间处。

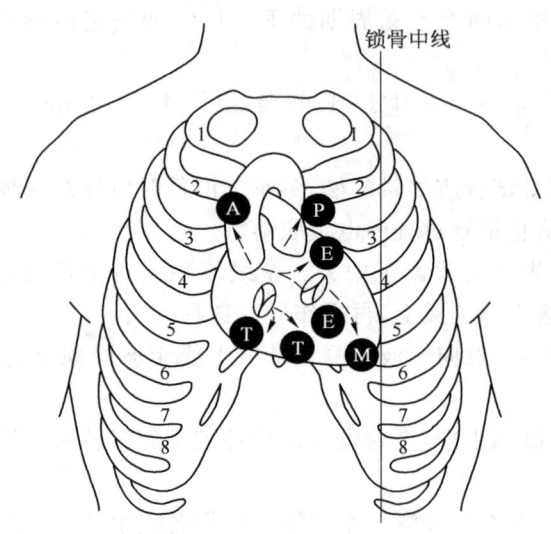

**图4-1-2-1 人体心音听诊部位**
M:二尖瓣听诊区　T:三尖瓣听诊区　A:主动脉瓣听诊区
E:主动脉瓣第二听诊区　P:肺动脉瓣听诊区

2. 心音听诊

(1) 检查者戴好听诊器,以右手拇指、示指和中指轻持听诊器的胸件,置于受试者胸壁皮肤上,按二尖瓣、肺动脉瓣、主动脉瓣及三尖瓣听诊区顺序依次听诊。

(2) 在每个听诊区,区分$S_1$和$S_2$。根据心音的性质(音调高低、持续时间)和间隔时间的长短来仔细区别$S_1$和$S_2$(图4-1-2-2)。若难以区别时,可在听心音的同时,用手触诊颈动脉搏动,与搏动同时出现的心音为$S_1$。

(3) 比较不同听诊部位两个心音的声音强弱。

【注意事项】

1. 听诊时环境应保持安静,如果呼吸音影响听诊时,可嘱咐受试者暂停呼吸。

2. 正确使用听诊器,听诊器耳件方向应与外耳道一致(向前)。听诊器的胸件要不紧不松地紧贴胸壁皮肤,不要隔着衣服听诊。

【思考题】

1. 比较你所听到的$S_1$和$S_2$有什么不同?

2. 心音听诊区是否就在各个瓣膜的解剖位置在胸壁上的投影点上?

3. 心音听诊一般应包括哪些内容?

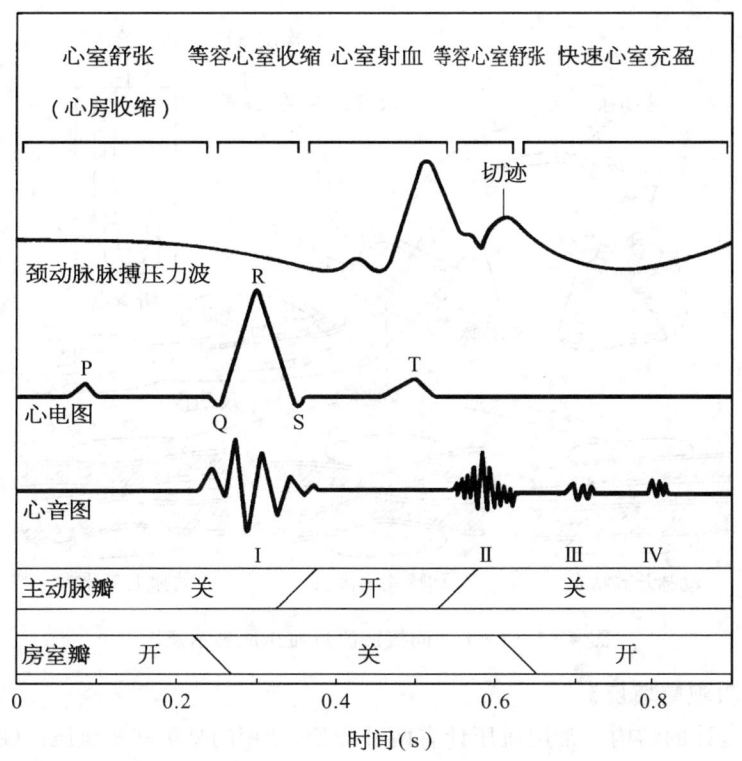

图 4-1-2-2 人体心音的产生和特点

(沈行良)

## 实验三 人体动脉血压测定

**【实验原理与目的】**

学习间接测量法(听诊法)测定人体动脉血压原理,并实际测定人体肱动脉的收缩压和舒张压的正常值。间接法测量动脉血压原理是用血压计的袖带在所测动脉外施加压力,再根据血管音的变化来测定血压。通常血液在血管内流动时听不到声音,但如果在血管外施加压力使血管变窄,则血流通过狭窄处形成涡流可发出声音。当缠于上臂的血压计袖带内压力超过收缩压时,完全阻断了肱动脉的血流,此时在肱动脉的远端(袖带下)听不到声音,也触不到肱动脉的脉搏。当徐徐放气减小袖带内压,在其压力减低到低于肱动脉收缩压的瞬间,血液在血压达到收缩压时才能通过被压迫变窄的肱动脉,形成涡流,此时能在肱动脉的远端听到声音和触到脉搏,此时袖带内压力的读数为收缩压。若继续放气,当袖带内的压力越接近于舒张压,通过的血流量也越多,血流持续时间越长,听到的声音也越清晰。当袖带内压力等于或稍低于舒张压的瞬间,血管内血流由断续的流动变为连续流动,此时声音突然由强变弱或消失,脉搏也随之恢复正常,此时袖带内的压力为舒张压(图 4-1-3-1)。

**【实验对象】**

人体(学生自愿者)。

**【实验器材和药品】**

血压计,听诊器,桌椅。

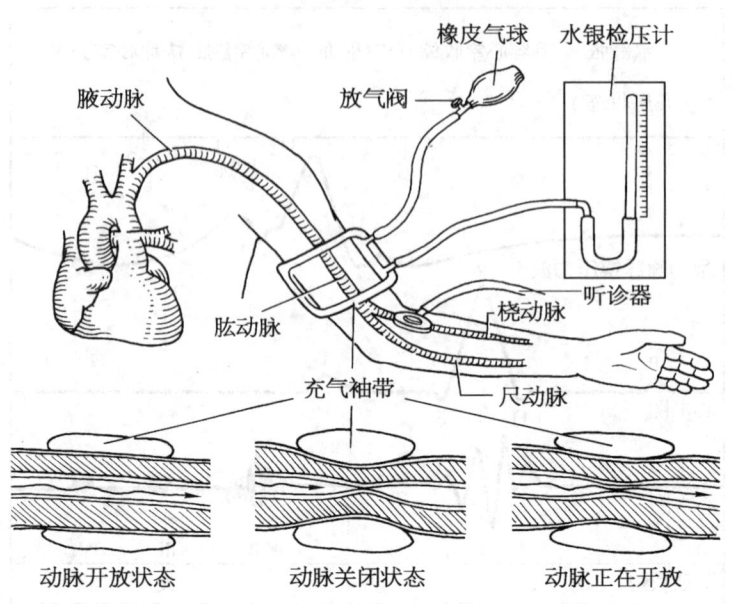

图 4-1-3-1　间接法测量血压原理示意图

【实验步骤和观察项目】

1. 熟悉血压计的结构　常用血压计有两种类型,常用的是汞柱式血压计(图 4-1-3-2),另一种是弹簧式血压计(图 4-1-3-3)。前者比较精确,后者方便携带。两种血压计均由检压计、袖带和橡皮气球三部分组成。汞柱式血压计的检压计是一个标有 0～40 kPa(0～300 mmHg)(1 mmHg=0.133 kPa,1 kPa=7.5 mmHg)刻度的玻璃管,上端与大气相通,下端与水银贮槽相通。袖带是一个外包布套的长方形橡皮囊,借橡皮管分别和检压计的水银槽及橡皮球相通。橡皮球是一个带有螺丝帽的球状橡皮囊,供充气和放气之用。近年来又有一种新型的电子血压计(图 4-1-3-4)在临床上应用。

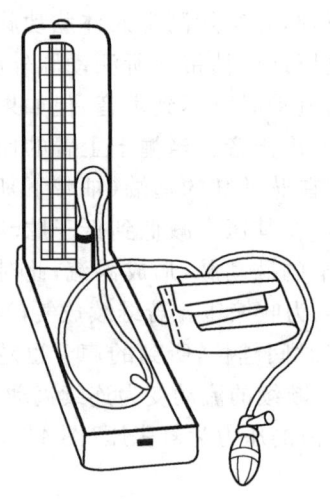
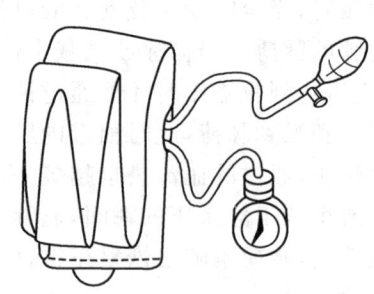

图 4-1-3-2　汞柱式血压计　　图 4-1-3-3　弹簧式血压计

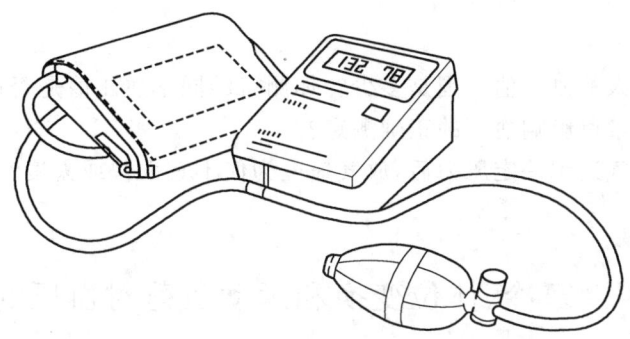

图 4-1-3-4 电子血压计

2. 听诊法测量动脉血压

(1) 受试者脱去右臂衣袖,取坐位,全身放松,右肘关节轻度弯曲,置于实验桌上,使上臂中心部与心脏位置同高。

(2) 打开血压计,松开血压计橡皮球的螺丝帽,驱出袖带内残留气体,后将螺丝帽旋紧。

(3) 将袖带平整、松紧适宜地缠绕右上臂,袖带下缘至少位于肘关节上 2 cm 处,开启水银槽开关。

(4) 将听诊器两耳器塞入外耳道,务必使耳器弯曲方向与外耳道一致。

(5) 在肘窝内侧先用手触及肱动脉搏动所在部位,再将听诊器胸件不留缝隙地轻轻贴在上面。

(6) 测量收缩压:挤压橡皮球将空气打入袖带内,使血压表上水银柱逐渐上升到听诊器听不到脉搏音为止,再继续打气使水银柱再升 2.7~4.0 kPa(20~30 mmHg)。随即慢慢松开气球螺丝帽,徐徐放气,在观察水银柱缓缓下降的同时仔细听诊,在听到"嘣"样第一声清晰而短促脉搏音时,血压表上所示水银柱高度即代表收缩压。

(7) 测量舒张压:使袖带继续徐徐放气,这时声音先依次增强,后又逐渐减弱,最后完全消失。在声音突然由强变弱(或声音变调)这一瞬间,血压表上所示水银柱高度代表舒张压。也有人把声音突然消失时血压计上所示水银柱高度作为舒张压,若取后者,需另外 0.67 kpa(5 mmHg)较妥。

(8) 血压记录常以收缩压/舒张压 kPa 表示,如收缩压、舒张压分别为 14.70 kPa(110 mmHg)和 9.33 kPa(70 mmHg),记为 14.70/9.33 kPa(110/70 mmHg)。

(9) 列表记录你所测得同学的血压。

【注意事项】

1. 室内务必保持安静,测量血压前需嘱受试者静坐放松,以排除体力活动及精神紧张对血压的影响。

2. 袖带宽度应为 12 cm,袖带缠绕不能太紧或太松。听诊器胸件最好用膜型。安放时既不能压得太重,也不能接触过松,更不能压在袖带底下进行测定。

3. 需要连续测定 2~3 次,取其最低值或平均值。重复测定时,袖带内压力必须降至零后再打气。

4. 发现血压超过正常范围时,应将袖带解下,让受试者休息 10 min 后再测。

5. 血压计用毕应将袖带内气体驱尽,卷好,放置盒内,以防玻璃管折断;并关闭水银贮槽。

**【思考题】**
1. 正常男女成人的血压值范围是多少？你测得的同学血压值是否正常？
2. 试述哪些因素可影响血压的正确测定？
3. 当袖带内充气达到一定压力后，放气速度为何不宜太快或太慢？

（沈行良）

## 实验四　寒冷、体位变换和运动负荷对血压的影响

**【实验原理与目的】**
通过寒冷刺激、体位变换和运动负荷作用对人体血压影响的观察，探讨正常人体血压生理调节机制，了解人体血管运动的神经调节。当身体每部分暴露于寒冷环境时，伴随着暴露部分末梢血管的收缩反应，通过传入冲动影响心血管中枢活动，再通过心血管交感神经系统活动加强而引起血压升高。体位改变会反射性地影响交感神经紧张性作用，导致血压和心率的改变。人体运动时，交感神经系统活动加强使心率加快、心收缩力加强、心排血量增大、外周阻力增加，使血压升高。

**【实验对象】**
人体（学生自愿者）。

**【实验器材和药品】**
血压计，听诊器，浸前臂用的容器，冰，床，秒表。

**【实验步骤和观察指标】**
1. 寒冷刺激对血压的影响
(1) 受试者静卧 10～20 min，在此期间每隔 5 min 测定 1 次右肱动脉的收缩压和舒张压。取其稳定后的血压值作为对照。
(2) 受试者左前臂浸于 4℃ 左右冰水中（浸到肘关节上方）1 min。
(3) 在浸入冰水后，每隔 15 s 测定 1 次收缩压和舒张压。
(4) 解除寒冷刺激后，每隔 2 min 测定 1 次收缩压和舒张压，直到血压值基本恢复到对照值为止。
(5) 收缩压升高超过 2.67 kPa(20 mmHg) 以上者为反应阳性，提示血管运动神经紧张作用亢进。

2. 体位变换对血压、心率影响
(1) 受试者静卧 10 min，每隔 1 min 测定 1 次血压、心率，直至稳定。取其稳定值作为对照。
(2) 请受试者下床站立地上，站起后每隔 30 s 测定血压和心率共 4 次。以后再每隔 1 min 测定血压、心率共 8 次。
(3) 站立试验制定标准：①脉压减少在 2.13 kPa(16 mmHg) 以上者；②收缩压降低 2.80 kPa(21 mmHg) 以上者；③脉搏增加 21 次/min 以上者。符合其中任一项为阳性。阳性者提示血管交感神经紧张性作用欠佳。

3. 运动负荷对血压、心率影响

(1) 受试者静坐 5 min,每隔 1 min 测定静坐状态下血压、心率,直至稳定,以此值作为对照。

(2) 以 2 s 1 次的速度做膝屈伸运动,共 20 次。

(3) 在运动后即刻,3 min 及 5 min 时,再测定坐位血压和心率。

(4) 健康人一般在运动刚停止时,收缩压增加在 2.67~5.33 kPa(20~40 mmHg),舒张压增加不超过 1.33 kPa(10 mmHg),心率增加 30 次/min 以下。血压、心率值在运动后 3 min 内基本恢复到对照值。

(5) 心功能不全者,运动结束时收缩压仅有轻度升高,舒张压则显著升高,或心率增加 30 次以上,或恢复需要 5 min 以上。

**【注意事项】**

1. 受试者应放松,避免紧张,排除精神、呼吸因素对血压、心率的影响。
2. 计算心率时,通常数 15 s 的脉搏数,再乘以 4,作为每分心率值。
3. 运动负荷测试时,动作要规范、到位,动作要够数。

**【思考题】**

1. 试述运动后血压升高的可能机制。
2. 试述脑缺血患者出现头昏或昏厥的可能机制。
3. 试述寒冷刺激引起血压升高的可能机制。

(沈行良)

## 实验五　跑步运动对人体血压、心率的影响

**【实验原理和目的】**

人体运动时,交感神经系统活动加强使心率加快、心收缩力加强、心排血量增大、外周阻力增加,使平均动脉压升高。在一定强度范围内,心率加快、平均动脉压升高与运动的强度成正比。

本实验通过观察跑步运动前后,以及不同强度跑步运动时人体血压、心率的变化,探讨运动对人体血压、心率的影响机制,加深对人体心血管运动调节的理解。通过实例学习医学实验设计的基本原则和方法,初步学习应用统计学方法对组间和组内实验数据进行统计分析。

**【实验对象】**

人体(健康大学生自愿者),年龄 20~25 岁,男生 10~15 人,女生 10~15 人。

**【实验器材】**

电动跑步机,水银血压计,听诊器。

**【实验步骤与观察项目】**

1. 用抽签法将全班同学(28~30 人)随机分为 A 组和 B 组,每组 10~15 人。
2. 每位同学将自己的姓名、学号、性别、年龄、身高、体重、健康状态等填写于个人结果记录表格中。
3. 每位同学静坐 5 min 后,测定跑步前血压、心率,记录在个人结果记录表格中(同组内两位同学互相测量血压和心率,并记录数据)。

4. A组同学在电动跑步机上选慢速档跑（选3～4档），B组同学在电动跑步机上选快速档跑（选8～10档）。

5. 跑步运动3 min结束时，即刻测量血压、心率，记录在个人结果记录表格中。

6. 跑步运动结束，休息10 min后，测量血压、心率，记录在个人结果记录表格中。

7. 将每位同学的结果填写在全班实验结果汇总表中。

8. 整理实验数据，用$t$检验方法对运动前后或A与B组间的实验数据进行统计学分析，并对结果进行分析、讨论，写出实验报告。

**【注意事项】**

1. 人体运动实验中应注意学习跑步机的使用要领，避免跌倒。

2. 确诊有心血管疾病的人员不作为受试对象。

3. 跑步运动3 min结束时，应马上测量血压、心率，以避免影响真实结果的记录。

**【思考题】**

1. 试述运动前后血压、心率变化的可能机制。

2. 试述不同运动强度时血压、心率的变化及其意义。

（王　杨　王　晗　许闽广　莫燕娜）

# 第二章 呼吸系统检查

## 实验一 安静状态下男女大学生肺通气功能测定

【实验原理与目的】

安静状态下机体在进行新陈代谢时,不断地消耗氧和产生二氧化碳。为了实现机体与环境之间的气体交换,肺必须不断地与外界大气进行气体交换以维持正常的新陈代谢。潮气量(tidal volume,TV)、肺活量(vital capacity,VC)、时间肺活量即用力呼气量(forced vital capacity,FVC)和最大通气量(maximal ventilation volume)是评价肺通气功能的常用和重要的生理指标。肺活量可以反映呼吸运动的最大深度,其大小受性别、年龄、身高和体重等因素影响。我国成年男子的肺活量为 3 500~4 000 ml,女子为 2 500~3 500 ml;若以体重肺活量计算,男子约为 62 ml/kg 体重,女子约为 51 ml/kg 体重。时间肺活量比肺活量更能反映肺组织的弹性和呼吸道的畅通能力,健康成人时间肺活量第 1 s 为 83%,第 2 s 为 96%,第 3 s 为 99%,其中以第 1 s 的意义最大。最大通气量可以全面反映肺的通气贮备能力,一般成年男子为 100~110 L/min,女子为 80 L/min 左右。有良好训练的优秀运动员可达 180~200 L/min 以上。故肺通气功能的测定是评定肺功能的指标之一。

本实验的目的是指导学生自己设计实验方案,掌握医学实验设计方法及统计学方法的应用;研究安静状态下男女大学生肺通气功能的差异,掌握人体肺通气功能检测方法及其意义。

【实验对象】

人体(健康大学生自愿者),年龄 20~25 岁,男生 10~15 人,女生 10~15 人。

【实验器材和药品】

肺功能检查仪(AS-407 型)(图 2-1-6-1),一次性吹嘴,鼻夹,75%酒精棉球。

【实验步骤和观察指标】

1. 受试者测试准备

(1) 把滤室牢牢地塞到传感器呼吸端口(这一端的口径较大),接着把过滤型口件牢牢套在滤室的另一端位置上。

(2) 向受试者解释从现在开始进行测试。

(3) 受检者取站立位,口含吹筒,让受检者练习用口呼吸,用鼻夹夹住受试者的鼻子或用手捏住鼻子,避免气体从鼻孔或口角漏出。

2. 检测项目

(1) 肺容积的测定

1) 潮气量:受试者的呼吸将随呼吸气量的变化同步描记在测试仪上。描记几次平静呼吸曲线,平静吸气或呼气量的平均值即为潮气量。同时可计算出呼吸频率。

2) 补吸气量:测量仪描记从一次平静吸气末再继续做一次最大限度吸气,所能吸入的

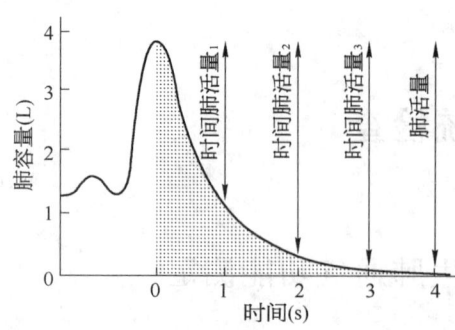

图 4-2-1-1　用力肺活量示意图

气量即为补吸气量。

3）补呼气量：测量仪描记从一次平静呼气末再继续呼气直至不能再呼出为止的气量，即为补呼气量。

（2）肺活量的测定：仪器归零。令受试者取站立位，竭力深吸气后，作最大限度的呼气，记录数据，连续测量3次，取最大1次的数值作为肺活量值。

（3）时间肺活量的测定：受试者取站立位，夹上鼻夹，口含橡皮吹嘴并与外界相通，作平静呼吸数次。之后，令受试者作最大限度深吸气，吸气之末屏气1~2s，令受试者作最快速度用力深呼气，直到不能再呼为止。测定第1、第2和第3s内呼出的气体量，计算测试数据后，将回到测试数据窗口，然后显示测试结果，并分别计算出它们各自占肺活量的百分比。健康成年人第1s平均值约为83%，第2s约为96%，第3s约为99%，如图4-2-1-1所示。

3. 结果记录及分析　将男女生受试者检测结果记录于表4-2-1-1中。比较男女生两组肺通气功能的差异，采用 $t$ 检验进行统计学处理。

表4-2-1-1　大学生肺通气功能检查记录表

| 受试者 | 基本情况 | | | | 检查项目 | | | | |
|---|---|---|---|---|---|---|---|---|---|
| | 性别 | 年龄(y) | 身高(cm) | 体重(kg) | 呼吸频率(次/min) | 潮气量(ml) | 补吸气量(ml) | 补呼气量(ml) | 每分通气量(ml/min) |
| 1 | | | | | | | | | |
| 2 | | | | | | | | | |
| … | | | | | | | | | |
| n | | | | | | | | | |

【注意事项】

1. 测试前，受试者可做必要的练习，掌握测试方法。

2. 在测试过程中，请留意检查者的情况。如有认为异常的情况，请立刻终止测试操作。

3. 在每个测试中，点击"ESC"按钮显示测试数据屏幕，并点击"RESTART"按钮重新执行测试。

4. 如果使用非一次性橡皮胶口或吹嘴，事先需用75%乙醇消毒后，浸于冷开水中备用。更换受试者时，应重新消毒，避免交叉感染。

5. 每一单项指标测定完后，令其平静呼吸几次，然后再测下一个指标。

6. 测定最大通气量前，受试者最好先练习一下如何进行最深而又最快的呼吸。

【思考题】

1. 何谓潮气量、补吸气量、补呼气量和肺活量？

2. 你测得正常男、女大学生的肺通气功能有何差异？原因何在？

3. 为什么说用力肺活量(时间肺活量)是评价肺通气功能的较好的指标？与肺活量相比，它的优点是什么？

（董战玲　王　杨　许闽广）

# 实验二　跑步运动对人体呼吸运动的影响

## 【目的和原理】

呼吸是机体氧化代谢过程中对氧的摄取及排出产生的二氧化碳的过程。呼吸包括肺通气、肺换气、气体运输和组织换气 4 个基本过程。肺通气是指肺与外界环境之间进行气体交换的过程。气体进出肺取决于推动气体流动的动力和阻止气体流动的阻力间的相互关系。动力必须克服阻力，才能实现肺通气。在肺通气过程中，进入到肺泡内的新鲜空气随即通过很薄的呼吸膜与流经肺泡的毛细血管中的血液进行气体交换，肺泡气与肺毛细血管血液间的这种气体交换过程称为肺换气，组织毛细血管内血液与组织细胞之间的气体交换过程称为组织换气。

反映平静呼吸时肺通气功能的指标有每分通气量和肺泡通气量。每分通气量＝潮气量×呼吸频率，肺泡通气量＝（潮气量－无效腔气量）×呼吸频率。运动时肺通气量较平静时增大，这反映肺通气功能有一定的储备。被测者在尽力深、快呼吸时，每分钟所能吸入或呼出的最大气体量，称为最大随意通气量（maximal voluntary ventilation）。最大随意通气量反映单位时间内充分发挥全部通气能力所达到的通气量，是估计个体能进行最大运动量的生理指标。

本实验的目的是学生自己设计实验方案，掌握医学实验设计方法及统计学方法的应用，研究跑步运动对呼吸运动的影响。

## 【实验对象】

人体（健康大学生自愿者），年龄 20～25 岁，男生 10～15 人，女生 10～15 人。

## 【实验器材和药品】

电动跑步机或实验跑台（或户外跑道），肺功能检查仪（AS-407 型）或肺活量计，一次性纸吹嘴。

## 【实验步骤和观察项目】

1. 提前通知学生按小组分别进行本项目的实验设计，将设计方案交给老师评阅，选择其中合适的设计方案进行实验。设计实验时应考虑以下问题：①实验随机分组：如何分组？分几组？有无对照组？②实验观察指标：选择什么指标？如何测量指标？测量指标的仪器是什么？③观察与记录指标的时间点如何选择？④如何整理原始数据？如何汇总各组每位观察对象的指标于统计表中？⑤数据统计分析：实验数据是计数还是计量指标？选用何种统计检验？如何确定检验水准 p 值？如何判断各指标有无显著性差异？
2. 学生的设计方案要符合实验设计原则，并设计好原始结果记录表格。
3. 其他内容根据学生设计方案进行。
4. 在教师指导下，以学生设计的方案进行实验，教师最后进行归纳小结。
5. 根据实验设计选定的观察指标进行项目观察和记录。

## 【注意事项】

1. 人体实验中应注意学习跑步机或跑台的使用要领，避免损坏设备。
2. 运动实验，应量力而行，避免意外。
3. 凡明确诊断有高血压和冠心病等心血管疾病的人员应避免参加实验。

4. 实验中进行各项测量时应动作迅速,在最短的时间内完成测量,避免对受试者造成额外的身体负担。

**【思考题】**

1. 实验设计的基本原则是什么?
2. 如何减少实验测量的误差?
3. 试述运动时肺通气、肺泡通气量、潮气量、呼吸频率的影响及其机制。

(王 杨 王 晗 许闽广)

# 第三章 人体基础代谢的测定

## 实验一 肺量计测定人体基础代谢率

【实验原理和目的】

基础代谢是指人体在基础状态下(清晨、清醒、安静、肌肉放松、避免精神紧张,室温18～25℃)的能量代谢。在基础状态下,机体在代谢过程中所释放的能量几乎转变为热能。因此,测定整个机体在单位时间内的放散总热量,就可以知道同一时间内的耗能量,即基础代谢,再根据体表面积即可算出基础代谢率。测定整个机体在单位时间内放散总热量的方法有直接测定法和间接测定法两种,通常采用间接测定法,即通过测定单位时间内(1 h)的耗氧量(L),乘以氧热价,就得到该时间的产热量。通常在标准状态下混合呼吸商为0.82,此时氧热价是20.22 kJ/L。耗氧量的测定方法:让受试者吸入密闭仪器中的氧,直接从仪器上读出一定时间的耗氧量。

本实验的目的是初步掌握基础代谢的测定方法和原理,加深对基础代谢理论的认识。

【实验对象】

人体(健康大学生自愿者)。

【实验器材和药品】

1. 仪器 FJT-80单筒肺量计。
2. 器械 气压计,温度计,身高体重计,橡皮接口,鼻夹。
3. 药品 医用氧气、钠石灰、酒精棉球。

【实验步骤和观察指标】

1. 仪器装置 实验所用的FJT-80单筒肺量计,其结构如图4-3-1-1所示。备有专用记录纸,记录纸横向的每一小格表示0.1 L。变速开关分为3档:变速开关"Ⅰ",为每秒钟走纸一大格(每一大格包括4小格);变速开关"Ⅱ",为每15 s走纸一大格;变速开关"Ⅲ",为每30 s走纸一大格。接通电源后,按下"记录开关"即可自动描记。

2. 实验操作

(1) 实验前的准备:①在水筒

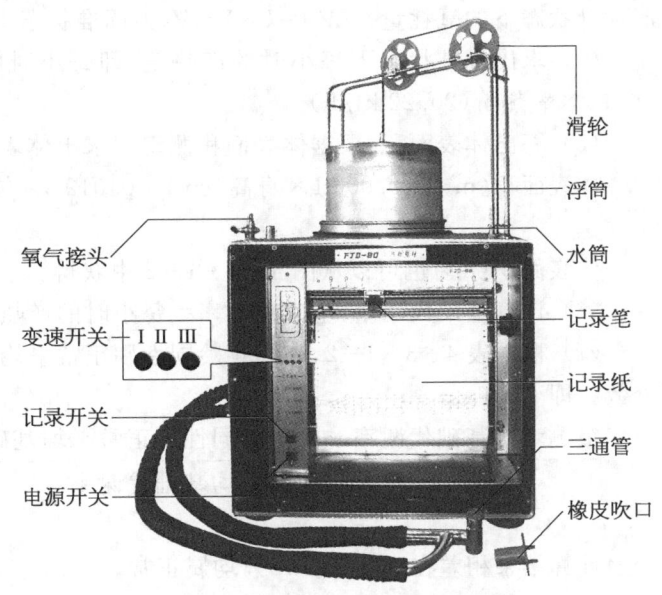

**图4-3-1-1** FJT-80单筒肺量计

里装满水,扭转三通活塞使浮筒与外界相通,再将浮筒放入水中,调节水位,使水位恰好至水位表的红色刻度线为止。②在钠石灰筒里装满新鲜干燥的钠石灰,以吸收呼出的 $CO_2$。③装好记录纸,给描笔加入红墨水,调节零位(即浮筒下降至最低点时,描笔指示零位),然后扭转三通活塞,关闭浮筒与外界相通,由氧气接头向浮筒内充氧气使描笔移至 5 或 6 刻度作为基线位置。④测定者测定前禁食 12 h,静卧 30 min,精神安定,肌肉放松,室温最好在 18~25℃之间。

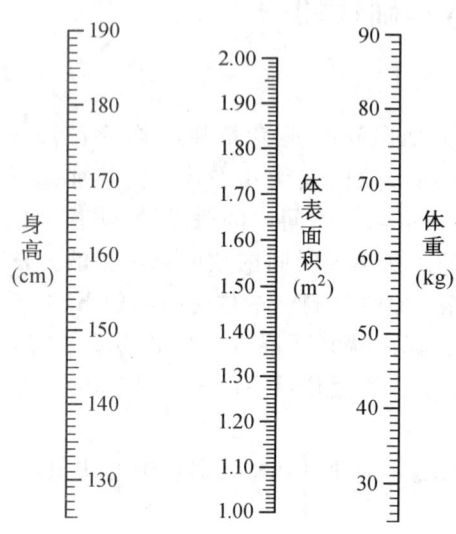

图 4-3-1-2 人体体表面积测算图

(2) 肺量计描记呼吸运动曲线:用 75% 酒精棉球消毒橡皮咬口后,一端与三通管相接,一端令受试者含于口中,并用鼻夹夹鼻子,绝对不能漏气,扭转三通活塞与外界相通,练习用口呼吸 2~3 次,当被测者适应后,再接通电源,扭转三通阀,使橡皮口瓣与肺量计的浮筒相通,被测者即开始呼吸浮筒内的氧气,同时按下变速开关"Ⅲ",描记呼吸运动曲线。共记录 6 min 的耗氧量曲线。

3. 观察与记录　根据呼吸曲线求出每小时的耗氧量,计算基础代谢率。

(1) 测量被测者身高、体重,以及室温、大气压。

(2) 求出 1 h 的耗氧量。取下呼吸记录纸,紧贴曲线上端(呼气末)引一条直线,使其与大多数呼气波的波峰相切,由直线的斜率求出 6 min 的耗氧量,再乘以 10,即为每小时的耗氧量。

(3) 根据当时的气温和大气压,查表 4-3-1-1,找出换算系数 $k$,把实测氧耗量换算成标准状态下的氧耗量。($V_0 = k \times Vt$,$V_0$ 为标准状态下的氧耗量,$Vt$ 为实际氧耗量)

(4) 求出标准状态下每小时的产热量,即每小时的产热量(kJ/L)=每小时的耗氧量(L/h)×氧热价(20.22 kJ/L) 　　　　　　　　　　　　(公式 4-3-1-1)

(5) 算出体表面积:根据体表面积测定图求出体表面积(m²)或根据以下公式计算:

体表面积(m²)=0.006 1×身高(cm)+0.012 8×体重(kg)−0.152 9

(公式 4-3-1-2)

体表面积(m²)也可以从图 4-3-1-2 中获得。

(6) 计算基础代谢率:基础代谢率=每小时的产热量÷体表面积　(公式 4-3-1-3)

(7) 根据表 4-3-1-2,与同年龄同性别正常平均基础代谢率相比较,求出其相差的百分数。即

$$\frac{被测者的基础代谢率-同年龄同性别正常平均基础代谢率}{同年龄同性别平均基础代谢率} \times 100\%$$

(公式 4-3-1-4)

计算结果相差在 ±10%~15% 均属正常。

表 4-3-1-1　标准状态下气体换算系数

| P\T | 10 | 11 | 12 | 13 | 14 | 15 | 16 | 17 | 18 | 19 |
|---|---|---|---|---|---|---|---|---|---|---|
| 700 | 0.877 | 0.873 | 0.869 | 0.865 | 0.861 | 0.857 | 0.853 | 0.849 | 0.845 | 0.841 |
| 705 | 0.833 | 0.879 | 0.875 | 0.871 | 0.867 | 0.863 | 0.859 | 0.855 | 0.851 | 0.847 |
| 710 | 0.890 | 0.886 | 0.882 | 0.878 | 0.874 | 0.870 | 0.866 | 0.861 | 0.857 | 0.853 |
| 735 | 0.921 | 0.917 | 0.913 | 0.909 | 0.905 | 0.901 | 0.897 | 0.892 | 0.888 | 0.884 |
| 740 | 0.928 | 0.924 | 0.919 | 0.915 | 0.911 | 0.907 | 0.903 | 0.899 | 0.894 | 0.890 |
| 745 | 0.934 | 0.930 | 0.926 | 0.922 | 0.917 | 0.913 | 0.909 | 0.905 | 0.901 | 0.896 |
| 750 | 0.940 | 0.936 | 0.932 | 0.928 | 0.924 | 0.919 | 0.915 | 0.911 | 0.907 | 0.902 |
| 751 | 0.942 | 0.937 | 0.933 | 0.929 | 0.925 | 0.921 | 0.917 | 0.912 | 0.908 | 0.904 |
| 752 | 0.943 | 0.939 | 0.935 | 0.930 | 0.926 | 0.922 | 0.918 | 0.913 | 0.909 | 0.905 |
| 753 | 0.944 | 0.940 | 0.936 | 0.932 | 0.927 | 0.923 | 0.919 | 0.915 | 0.910 | 0.906 |
| 754 | 0.945 | 0.941 | 0.937 | 0.933 | 0.929 | 0.924 | 0.920 | 0.916 | 0.912 | 0.907 |
| 755 | 0.947 | 0.942 | 0.938 | 0.934 | 0.930 | 0.926 | 0.921 | 0.917 | 0.913 | 0.909 |
| 756 | 0.948 | 0.944 | 0.940 | 0.935 | 0.931 | 0.927 | 0.923 | 0.918 | 0.914 | 0.910 |
| 757 | 0.949 | 0.945 | 0.941 | 0.937 | 0.932 | 0.928 | 0.924 | 0.920 | 0.915 | 0.911 |
| 758 | 0.950 | 0.946 | 0.942 | 0.938 | 0.934 | 0.929 | 0.925 | 0.921 | 0.917 | 0.912 |
| 759 | 0.952 | 0.948 | 0.943 | 0.939 | 0.935 | 0.931 | 0.926 | 0.922 | 0.918 | 0.913 |
| 760 | 0.953 | 0.949 | 0.945 | 0.940 | 0.936 | 0.932 | 0.928 | 0.923 | 0.919 | 0.915 |
| 765 | 0.959 | 0.955 | 0.951 | 0.947 | 0.942 | 0.938 | 0.934 | 0.930 | 0.925 | 0.921 |
| 770 | 0.966 | 0.961 | 0.957 | 0.953 | 0.949 | 0.944 | 0.940 | 0.936 | 0.931 | 0.927 |

| P\T | 20 | 21 | 22 | 23 | 24 | 25 | 26 | 27 | 28 | 29 |
|---|---|---|---|---|---|---|---|---|---|---|
| 700 | 0.837 | 0.832 | 0.828 | 0.824 | 0.820 | 0.815 | 0.811 | 0.806 | 0.802 | 0.797 |
| 705 | 0.843 | 0.839 | 0.834 | 0.830 | 0.826 | 0.821 | 0.817 | 0.812 | 0.808 | 0.807 |
| 710 | 0.849 | 0.845 | 0.840 | 0.836 | 0.832 | 0.827 | 0.823 | 0.818 | 0.813 | 0.809 |
| 735 | 0.880 | 0.875 | 0.871 | 0.866 | 0.862 | 0.857 | 0.853 | 0.848 | 0.843 | 0.839 |
| 740 | 0.886 | 0.881 | 0.877 | 0.872 | 0.868 | 0.863 | 0.869 | 0.854 | 0.849 | 0.844 |
| 745 | 0.892 | 0.887 | 0.883 | 0.879 | 0.874 | 0.869 | 0.865 | 0.860 | 0.855 | 0.850 |
| 750 | 0.898 | 0.894 | 0.889 | 0.885 | 0.880 | 0.875 | 0.871 | 0.866 | 0.861 | 0.856 |
| 751 | 0.899 | 0.895 | 0.890 | 0.886 | 0.881 | 0.877 | 0.872 | 0.867 | 0.862 | 0.858 |
| 752 | 0.900 | 0.896 | 0.892 | 0.887 | 0.882 | 0.878 | 0.873 | 0.868 | 0.864 | 0.859 |
| 753 | 0.902 | 0.897 | 0.893 | 0.888 | 0.884 | 0.879 | 0.874 | 0.870 | 0.865 | 0.860 |
| 754 | 0.903 | 0.898 | 0.894 | 0.889 | 0.885 | 0.880 | 0.876 | 0.871 | 0.866 | 0.861 |
| 755 | 0.904 | 0.900 | 0.895 | 0.891 | 0.886 | 0.881 | 0.877 | 0.872 | 0.867 | 0.862 |
| 756 | 0.905 | 0.901 | 0.896 | 0.892 | 0.887 | 0.883 | 0.878 | 0.873 | 0.868 | 0.863 |
| 757 | 0.907 | 0.902 | 0.898 | 0.893 | 0.888 | 0.884 | 0.879 | 0.874 | 0.870 | 0.865 |
| 758 | 0.908 | 0.903 | 0.899 | 0.894 | 0.890 | 0.885 | 0.880 | 0.876 | 0.871 | 0.866 |
| 759 | 0.909 | 0.905 | 0.900 | 0.896 | 0.891 | 0.886 | 0.882 | 0.877 | 0.872 | 0.867 |
| 760 | 0.910 | 0.906 | 0.901 | 0.897 | 0.892 | 0.887 | 0.883 | 0.878 | 0.873 | 0.868 |
| 765 | 0.916 | 0.912 | 0.907 | 0.903 | 0.898 | 0.893 | 0.889 | 0.884 | 0.879 | 0.874 |
| 770 | 0.923 | 0.918 | 0.913 | 0.909 | 0.904 | 0.900 | 0.895 | 0.890 | 0.885 | 0.880 |

［注］ P 表示大气压；T 表示气温。

表 4-3-1-2　我国正常人基础代谢率的平均值 [kJ/(m² · h)]

| 年龄(岁) | 11～15 | 16～17 | 18～19 | 20～30 | 31～40 | 41～50 | 51 以上 |
|---|---|---|---|---|---|---|---|
| 女 性 | 172.6 | 181.8 | 154.2 | 147.1 | 147.1 | 142.5 | 138.7 |
| 男 性 | 195.6 | 193.5 | 166.3 | 157.9 | 158.8 | 154.2 | 149.2 |

**【注意事项】**

1. 必须在基础状态下进行测定。
2. 钠石灰要新鲜的粗块，以利于充分吸收 $CO_2$，并防止吸入粉末。
3. 如实验开始后呼吸曲线的水平下降很快，可能是口角或鼻孔漏气所致，应及时调整。
4. 如呼吸加深并感到呼吸困难，往往是阻力过大或 $CO_2$ 吸收不完全，应立即检查蛇形管内或钠石灰里是否有水等，并采取相应的措施。

**【思考题】**

1. 基础代谢率是否是人体最低的能量代谢率？测定基础代谢率有何生理意义？
2. 精神紧张对基础代谢率如何影响？

（黄丽娟　赵善民）

# 第四章 人类血型鉴定

## 实验一 ABO 血型鉴定与交叉配血

**【实验原理与目的】**

血型就是红细胞膜上特异抗原的类型。在 ABO 血型系统中,红细胞膜上抗原分 A 和 B 两种抗原,而血清抗体分抗 A 和抗 B 两种抗体。A 抗原加抗 A 抗体或 B 抗原加抗 B 抗体,则会产生凝集现象。血型鉴定是将受试者的红细胞加入标准 A 型血清(含有抗 B 抗体)与标准 B 型血清(含有抗 A 抗体)中,观察有无凝集现象,从而测知受试者红细胞膜上有无 A 或/和 B 抗原。在 ABO 血型系统,根据红细胞膜上是否含 A、B 抗原而分为 A、B、AB、O 四型(表 4-4-1-1)。

表 4-4-1-1 ABO 血型中的抗原和抗体

| 血 型 | 红细胞膜上所含的抗原 | 血清中所含的抗体 |
| --- | --- | --- |
| O | 无 A 和 B | 抗 A 和抗 B |
| A | A | 抗 B |
| B | B | 抗 A |
| AB | A 和 B | 无抗 A 和抗 B |

交叉配血是将受血者的红细胞与血清分别同供血者的血清与红细胞混合,观察有无凝集现象(图 4-4-1-1)。输血时,一般主要考虑供血者的红细胞不要被受血者的血清所凝集;其次才考虑受血者的红细胞不被供血者的血清所凝集。前者称交叉配血试验的主侧(也叫直接配血),后者称交叉配血的次侧(也叫间接配血)。只有主侧和次侧均无凝集,称为"配血相合",才能进行输血;如果主侧凝集,称为"配血不合"或"配血禁忌",绝对不能输血;如果主侧不凝集,而次侧凝集,可以认为"基本相合",但输血要特别谨慎,不宜过快过多,密切注视有无输血反应。

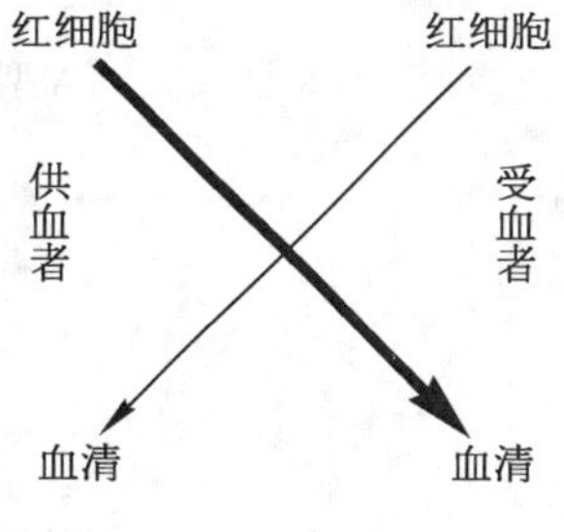

图 4-4-1-1 交叉配血示意图

本实验的目的是学习 ABO 血型鉴定的原理、方法以及交叉配血原理的方法。

**【实验对象】**

人体(健康大学生自愿者)。

**【实验器材和药品】**

1. 仪器 显微镜,离心机。
2. 器械 采血针,消毒注射器,双凹玻片,小试管,竹签,棉球,蜡笔。
3. 药品 标准 A 血清,标准 B 血清,生理盐水,75% 乙醇,碘酒。

## 【实验步骤和观察指标】

1. ABO 血型鉴定

(1) 玻片法

1) 取双凹玻片一块,用干净纱布轻拭使之洁净,在玻片两端用蜡笔标明 A 及 B,并分别各滴入 A 及 B 标准血清 1 滴。

2) 细胞悬液制备:从指尖或耳垂取血 1 滴,加入含 1 ml 生理盐水的小试管内,混匀,即得约 5% 红细胞悬液。采血时应注意先用 75% 乙醇消毒指尖或耳垂。

3) 用滴管吸取红细胞悬液,分别各滴 1 滴于玻片两端的血清上,注意勿使滴管与血清相接触。

4) 竹签两头分别混合,搅匀。

5) 10~30 min 后观察结果。如有凝集反应可见到呈红色点状或小片状凝集块浮起。先用肉眼看有无凝集现象,肉眼不易分辨时,则在低倍显微镜下观察,如有凝集反应,可见红细胞聚集成团。

6) 判断血型:根据被试者红细胞是否被 A、B 型标准血清所凝集,判断其血型(图 4-4-1-2)。

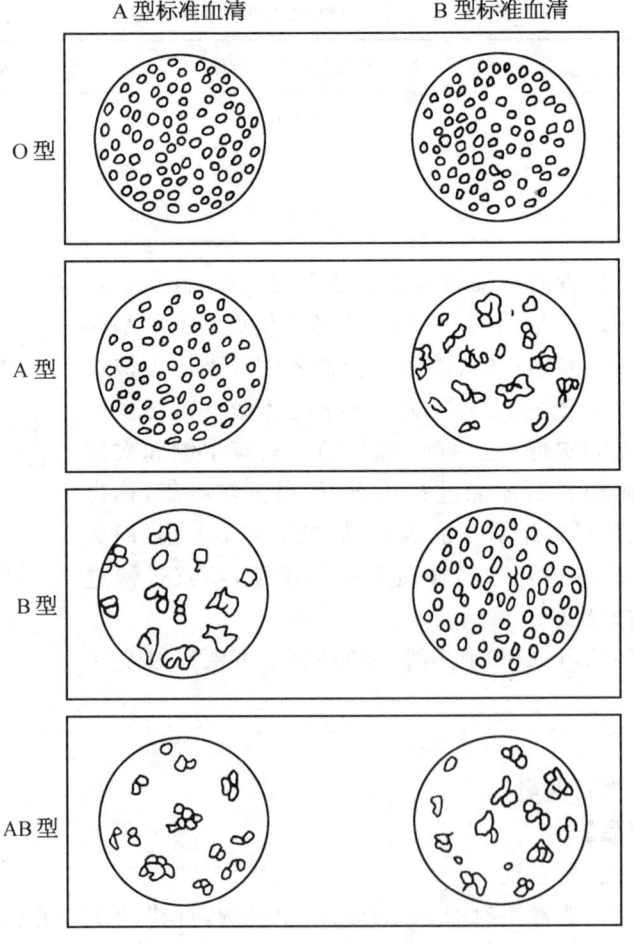

**图 4-4-1-2** 玻片法鉴定 ABO 血型

(2) 试管法

1) 取试管 2 支,分别标明 A、B 字样,分别加入相应标准血清 2 滴,各管加入受试者的红细胞悬液 1~2 滴摇匀。

2) 将上述 2 支试管用 1 000 r/min 离心 1 min。

3) 取出小试管,轻弹底部,如沉淀物呈团块状浮起为凝集,呈散在烟雾状上浮进而恢复原混悬状为无凝集。

2. 交叉配血  交叉配血原理见图 4-4-1-1 示。

(1) 玻片法

1) 用碘酒及 75% 酒精棉球消毒皮肤后,用消毒的干燥注射器抽取受血者及供血者静脉血各 2 ml,各用 1 滴制备红细胞悬液,分别标明供血者与受血者。余下的血分别注入干净小试管,也标明供血者与受血者,待其凝固后析出血清备用。

2) 在双凹玻片左侧标上"主"(即主侧);右侧标上"次"(即次侧)。主侧滴入供血者红细胞悬液 1 滴和受血者血清 1 滴;次侧滴入受血者红细胞悬液 1 滴和供血者血清 1 滴。分别用竹签混匀。

3) 15~30 min 后,观察结果。如两侧均无凝集现象,可多量输血;如主侧无凝集而次侧有凝集只可考虑少量输血;如主侧凝集则不能输血。

(2) 试管法  取 2 支试管,分别注明"主"、"次"字样,管内所加内容物同玻片法,混匀后 1 000 r/min 离心 1 min,取出观察结果。

【注意事项】

1. 所用双凹玻片的试管实验前必须清洗干净,以免出现假凝集现象。

2. A 及 B 标准血清绝对不能相混,所用滴管上贴橡皮膏标明 A 及 B,红细胞悬液滴管头不能接触标准血清液面,竹签去混匀的一端不能去接触另一侧。

【思考题】

1. 在无标准血清情况下,已知某人为 A 或 B 型,能否用其血去检查未知血型?如何做?

2. 交叉配血时为何主侧不凝集而次侧凝集时,可以少量输血?还需注意些什么?

3. 红细胞凝集、叠连和血液凝固三者有何不同?

(许闽广)

# 第五章 临床药理及药物制剂与处方学

## 第一节 安慰剂的药理效应

### 一、麻黄碱和安慰剂对正常人体血压和心率的影响

**【实验原理与目的】**

1. 了解麻黄碱的心血管作用。安慰剂不具有药理活性,对人体的血压和心率无影响,但对许多慢性疾病,如高血压、心绞痛、神经官能症等,能取得接近或超过 30%~50% 的疗效,足以说明精神状态对药物疗效的影响。任何有效治疗药物都能产生安慰剂效应。

2. 掌握药物临床评价的基本方法。

**【实验对象】**

健康人(学生自愿者)。

**【实验器材与药品】**

血压计、听诊器,麻黄碱胶囊(37.5 mg/粒)、安慰剂胶囊。

**【实验步骤与观察指标】**

在实验室内筛选无高血压及心脏病的健康学生作为实验者,每 2 人 1 组。服药前测各自血压、心率,取两次平均值作为对照,然后每人随机服药 1 粒,服药后分别于 30 min、60 min、90 min 测各自血压和心率。每个时间取重复两次测定的平均值。比较给药前后血压和心率的变化,最后公布服药情况,比较全班麻黄碱给药组和安慰剂组血压和心率的变化。

### 二、阿托品对人体的药理效应

**【实验原理与目的】**

观察口服阿托品对人体的效应,学会用双盲法删除受试者、观察者及组织者的偏见。

**【实验对象】**

健康人(学生自愿者)。

**【实验器材与药品】**

滴管 1 支,10 ml 量筒 1 个,玻璃漏斗 1 个,烧杯 1 个,瞳孔尺 1 支,测近视力卡片,计时钟 1 个,观察表 1 份。阿托品胶囊 3 mg/粒,安慰剂胶囊,4% 柠檬酸钠溶液。

**【实验步骤与观察指标】**

1. 每 2 人 1 组,一人为受试者,一人为观察者。受试者(无青光眼、胃幽门梗阻、前列腺肥大病史)随机编号并服药(安慰剂或药物)。记录受试者姓名、年龄、性别、体重于观察表上。

2. 受试者坐 5~10 min 后测试下列 4 个参数:脉搏,瞳孔直径,视力近点和唾液分泌

量。步骤如下：

(1) 从 30 min 到 0 min(见观察表)每隔 10 min 测 1 次上述参数，做出 4 条完整的记录基线。

(2) 0 min 记录基线做完后，受试者立即服实验制备药。

(3) 继续测量和记录上述参数，每 10 min 1 次(见观察表)。

3. 参数测量

(1) 脉搏：计数腕部脉搏 30 s，按每 min 脉搏记录(次/min)。

(2) 瞳孔直径：用瞳孔尺测量同一眼的瞳孔直径。

(3) 视力的近点：托起卡片(在那一点上，有清晰可辩的字母符号，慢慢地移向受试者，当卡片上的字母变模糊并超出焦点时作为终点，用毫米记录此距离，这是眼睛适应近视能力的大小)。

(4) 唾液分泌：受试者咽下所有唾液，滴 4% 柠檬酸溶液 4 滴于舌，闭嘴 30 s，30 s 末将 4 ml 蒸馏水注入口中并缓慢冲洗 15 s。必须注意勿咽下柠檬酸、唾液和蒸馏水。15 s 末，仔细取出柠檬酸、唾液及蒸馏水混合液，经漏斗放入 10 ml 量筒中。将所测定容积减去 4 ml 即为产生的唾液量。

实验结束时将测得的数据填入观察表 4-5-1-1 中。

表 4-5-1-1　阿托品对人体的药理效应观察表

受试者　姓　名：_____；体重：_____；性别：_____；
实验药物剂型：_____；
观察者　姓　名：_____；
实　验　日　期：_____；

| 时间<br>(min) | 脉搏<br>(次/min) | 瞳孔直径<br>(mm) | 近点<br>(mm) | 唾液<br>(ml) | 主观感觉 |
| --- | --- | --- | --- | --- | --- |
| 给 药 前 | | | | | |
| 30 | | | | | |
| 20 | | | | | |
| 10 | | | | | |
| 0 | | | | | |
| 给实验药物 | | | | | |
| 10 | | | | | |
| 20 | | | | | |
| 30 | | | | | |
| 40 | | | | | |
| 50 | | | | | |
| 60 | | | | | |

【注意事项】

1. 实验时间持续 2 h，受试者在接受实验时，应保持安静，仅可做基础运动。
2. 应保持测量的准确性，并记录受试者在实验期的任何主诉。

【思考题】

1. 本实验给安慰剂的目的是什么？安慰剂在某些情况下为什么有效？
2. 实验随机、安慰剂对照和双盲法有何意义？

3. 你服药后有何主观感觉？所测指标是否与所服药物的作用相符？如何解释？
4. 阐明阿托品的药理作用和临床用途。

（符　健）

## 第二节　药物制剂与处方学

通过学习药物制剂与处方学，使学生了解临床常用药物剂型与给药途径的关系，熟练掌握临床简化处方的书写方法，了解临床完整处方与某些协定处方法。

### 一、药　物　制　剂

制剂是按药典或处方配制成一定规格的制品，由于药物性质和用药目的不同。可制成各种适应临床治疗需要的剂型。如片剂用于口服，使用方便，适用于一般患者；注射剂起效快，适用于急救等。有些医生不了解药剂学知识，不清楚注射用药必须选用注射剂，开写处方时误将溶液剂、合剂，甚至片剂用于注射途径给药，造成处方的错误，为了正确书写处方，医学生必须学习，掌握药剂学知识。下面简介临床常用的剂型。

（一）液体剂型

1. 注射剂（Injectio；Inj. 为拉丁文及其缩写）　亦称安瓿（Ampulla），是药物的灭菌溶液、混悬液或灭菌粉末（粉针剂），可供皮下、肌肉、脊椎、腔道（静脉等）、经穴等注射途径给药的剂型，如肾上腺素注射剂。

2. 溶液剂（Solutio；Sol.）　一般系指化学药物的澄明水溶液，供内服或外用。如10%氯化钾溶液、4%硼酸溶液。

3. 合剂（Mistura；Mist.）　是多种药物配制成透明或混悬水性液体制剂，供内服。如复方甘草制剂。

4. 糖浆剂（Syrups；Syr.）　是含有药物或芳香物质蔗糖近饱和的水溶液，供内服，如小儿止咳糖浆。

5. 酊剂（Tinctura；Tr）　是生物或化学药品用乙醇萃出溶解而成的制剂，供内服或外用，如颠茄酊、2%碘酊。

6. 其他液体制剂　洗剂（Lotio；Lot.）、滴鼻剂（Nabula）、搽剂（Linmentum；Lin.）专供外用；煎剂（Decoctum；Dec.）、浸膏剂（Extractum；Extr.）、乳剂（Emulsum；Emul.）等一般供内服。

（二）半固体剂型

1. 软膏剂（Unguentum；Ung.）　是用适宜基质加入药物研匀制成的外用制剂。

2. 眼膏剂（Oculentum；Ocul.）　是专供眼疾用的极为细腻的软膏，如四环素眼膏。

3. 其他　栓剂（Suppositorium；Supp.）、糊膏剂（Pasta；Past.）、硬膏剂（Emplastrum）均供外用。

（三）固体剂型

1. 片剂（Tabella；Tab.）　是指一种或多种药品压制成片状的剂型，主要供内服，如阿司匹林片。片剂也有因应用需要制成下列的片剂：肠溶片是包有一层肠溶包衣的片剂，它在胃液中保持完整，但能溶解肠液中，主要用于易被胃液破坏的药物，口服时不可将药片粉碎或嚼碎。舌下含片不吞服只含于舌下,如硝酸甘油片。此外尚有缓释片、控释片、纸型片、多层型片植入片等。

2. 胶囊剂(Capsula;Caps.)　是将药物均匀混合制成的制剂供内服,如四环素胶囊。

3. 散剂(Pulris;Pulr.)　是将一种或数种药物均匀混合制成的制剂。

4. 其余固体剂　丸剂(Pilula；Pil.),颗粒剂(Granula；Gran.),海绵剂(Sponginum；Spong.)等。

**(四) 气溶剂**

气溶剂是指气体、液体、固体分散于气体介质中所制成的制剂。由于应用上的不同,有时亦分别称之为气雾剂(Aerosolum)、吸入剂(Inhalatio)、喷雾剂(Nebula)、烟熏剂(Fubigantum)等,如异丙肾上腺素气雾剂,用于吸入治疗原发性支气管哮喘。

## 二、处 方 学

**(一) 处方学的概念**

1. 处方　是医师根据患者的病情为患者向药房请求配方发药的书面文件。也是为患者开写的取药凭据。此外,处方尚具有法律上的意义,是一种具有法律性质的客观证明文件,如果由于开写处方或调配处方的差错而造成医疗事故,医生或药师都须负法律责任。因此处方对医师、药师和患者三者都有重要意义,医师和药剂人员两者均需对患者负责。对于医师来说,开写处方是一项经常性工作,它与医疗效果,甚至患者安危均有直接关系。因此,必须以严肃认真的态度开写处方,绝不可草率行事,要求医师正确合理地用药,并按规定的格式清楚地开写出药物制剂、药名、用量和用法。医师不仅需要有丰富的临床医学知识,对疾病作出正确诊断,而且尚须在此基础上,根据药物的药理作用、疗效、毒性大小和配伍禁忌等全面考虑并选择用药。同时,必须掌握有关药剂学和处方学的基本知识以及开写处方的方法,才能达到迅速、准确和正规地书写处方的目的。

2. 处方保管　处方制度第九条规定,一般药品处方应每日打包,装箱,一年后统一销毁。销毁处方应打报告,注明销毁处方起止日期、张数,经有关院长批准备案后,由两人监督销毁。精神药品处方应保存2年后才能销毁。麻醉药品处方应单独存放,保存3年后到期销毁。销毁程序与手续同一般处方。

精神药品、麻醉药品处方有专用的处方笺(红色或黄色),许多医院规定主治医师以上才有处方权。

**(二) 书写处方的注意事项**

1. 开写处方时,应用钢笔,不能用铅笔。要求格式正确,字迹清楚工整,不要涂改。由于药费报销原因,很多地方已采用处方复写。一式两份,一份交患者取药用,一份交患者带回单位作为报销凭证之一。随发票一起交单位有关部门保存,因此,处方书写也可用圆珠笔。

2. 处方中药物的剂型、规格与药典规定(药厂制造及药房供应)应相符。药量一般用常用量,不要超过规定的极量。在特殊情况下(如患者对药物产生耐药性时)所需的剂量超过了药典所规定的极量时,则在该剂量数字后以中文写出其剂量,并注"!!!"以示此剂量无错误,加上医师签名,由医师负责,药房可以发药;如患者病情紧急要立即用药,可在处方笺右上角写上 cito 或急!药剂人员可提前发药。因病情可能随时变化,处方中的药量一般不超

3日(慢性病患者等特殊情况例外,可适当延长)。毒、麻醉药不得超过1日量,限剧药不得超过2日量。

3. 开完处方后,应该认真地校阅1次,包括复核剂型、药名、剂量和用法是否正确,然后签名以示负责。

4. 处方当日内有效,超过期限须经医师更改日期,重新签字方可调配。医师不得为本人或家属开处方。

5. 药师没有处方修改权,不论是处方中任何差错和疏漏,都必须请医师修改,如缺药,建议代用品,也必须通过医师重开处方或修改后签字方可调配。

6. 医师不可乱开处方,否则药师有权拒绝调配。

(三) 处方格式和内容

医师处方有一定的内容和规式,一般医疗机构均有印好的处方笺,开写处方时,只要把应填写的项目填入及开写用药处方即可。如某医院门诊处方笺格式及医师处方举例如下。

×××医院处方笺

1. 一般项目　　姓名:＿＿　性别:＿＿　年龄:＿＿　科室:＿＿　住址:＿＿　电话号码:＿＿　日期:＿＿
2. "请取"　　Rp.
3. 处方正文按一定的处方格式书写(详后),如文中为简化处方

① Caps. tetracycline 0.25×12

　　Sig. 0.5 t. i. d.

② Mist. brown 90.0

　　Sig. 10.0 t. i. d

中药费＿＿＿＿
西药费＿＿＿＿
注射费＿＿＿＿
检验费＿＿＿＿
体检费＿＿＿＿
手术费＿＿＿＿
X 光费＿＿＿＿
治疗费＿＿＿＿
组织治疗费
镶牙费＿＿＿＿
其 他＿＿＿＿
NO.＿＿＿＿
收 费＿＿＿＿
药 剂＿＿＿＿
校 对＿＿＿＿

4. 签名　　医师:
配方人、检查发药人与划价人员签名

处方的一般项目和医师署名两项均用本民族文字记载,处方正文内容以往用拉丁文字写,但现在药名已常用英文(及其他缩写)书写,标记用法(Sig.)。一般药剂人员发药时负责译成本民族文字,书写于药袋、药瓶或药盒的标签上,并在投药时向患者详细说明如何用药,医师也可用本民族的文字书写用法及向患者说明用药方法。

(四) 处方类型及处方

处方类型主要有简化处方和完整处方两大类。至于法定处方和协定处方虽有特定含义(注),但书写形式与简化处方相同。目前。由于制药工业的发展,药物剂型已经固定化、标准化,我国现行处方已极少用完整处方而多用简化处方。

1. 简化处方法及处方　简化处方适用于各种现成制剂的处方,处方时只写出药物剂型、药名、规格及需要量和用法,由于药物剂型可分为按一定规格以个数计算的剂型如片剂、注射剂(安瓿)、胶囊剂、内服散剂(包)等及以重量称重或容易取的(如合剂、糖浆剂、酊剂等)剂型。简化处方法分为分量处方法及总量处方法,介绍如下。

(1) 分量处方:适用于一定规格以个数计算的剂型。

```
格式
Rp.
剂型          药名           规格×需要量
Sig. (用法)   每次用量   给药途径   每日用药次数   其他
```

1) 分量处方法注解:①剂型及用法一般用缩写字,给药途径如为口服,一般省略不写,其他给药途径,则必须写清楚,药名现常用英文药名。不能用化学分子式代替药名,如10%氯化钠写成10%NaCl。②规格为每片或每安瓿药物含量(药典规定)。③需要量按每次用量、每日次数、给药天数计算所得该规格药物的总数量(片数安瓿个数等),计算方法如下:需要量＝每次用量(每次片数或安瓿数)×每日次数×给药日数。④规格:需要量及每次用量的单位为 g、ml 时,可以省略,但如为 mg、i. u.、L 等其他单位,则必须写出。⑤其他为皮肤试验后用,必要时,饭前服,饭后服等。⑥用法这一栏内容,必须单独占一行。

2) 分量处方法示例

示例1

Rp.

　　Tab. neostigmine　15 mg×9

　　Sig.　15 mg　T. i. d.　p. c.

　　取:新斯的明片　15 mg×9 片

　　用法:每次1片,一日3次,饭后服

示例2

Rp.

　　Inj. atropine　0.5 mg/1 ml×6

　　Sig.　0.5 mg　i. m.　b. i. d.

　　取:硫酸阿托品注射液　0.5 mg/1 ml×6 支

　　用法:每次1支,肌注,每日2次。

3) 分量处方法说明　在中文药物书籍中常见中、英、拉药名都介绍,如《药理学》中正文介绍中文名和英文名(列在中文名后括号内),简称,现流行处方中常用;而制剂及用法介绍制剂的中文及拉丁文全称,它准确地限定制剂种类(例简称 penicillin G 可以是指制剂的钾盐或钠盐,而 penicillinum G klium 准确说明青霉素 G 钾盐等)。用英文药名书写处方应注意拉-英文变换的一般规律:如 atropi - num - atropine(拉- num 代表生物碱,而生物碱的英文词尾都有- ine);penicillinum - penicilline;tera - cyclinum - trtracycline(- ine 英文词尾意为"素"),处方学课程要求了解制剂英文全称的写法,掌握常用药物制剂英文全称在处方中的应用,注意下列英文酸、碱基的写法及应用。

（酸）硫酸：sulfate；盐酸：hydrochloride；硝酸：nitrate；氢溴酸：hydrobromide；溴化：bro-mide。

（碱）钾：potassium；钠：sodium。

（应用）硝酸阿托品：atropine nitrate（注意酸基置后边）。

溴化新斯的明：neostigmine bromide

青霉素 G 钾：potassium penicillin G。

青霉素 G 钠：sodium penicillin G。

青霉素钠：penicillin sodium（注意后两者的区别）。

4）分量处方法练习

A **例题**：试将示例1处方药物改成溴化新斯的明；例2处方药物改成盐酸肾上腺素等。

  Inj. adrenaline  1 mg/1 ml×1

  Sig. 1amp. i. v. st.

  取：肾上腺素注射液  1 mg/1 ml×1 支。

  用法：每次1安瓿  立即静注

B **习题**：照上述处方示例，开写下列处方。

  * 治疗胃肠痉挛引起的腹痛，用（溴化）普鲁本辛片剂，规格 15 mg/片，15 mg/次，每日 3 次，开 3 日量。

  * 治疗失眠，用地西泮片剂，规格 2.5 mg/片，5 mg/次，每日 1 次，睡前服，开 3 日量。

  * 抗焦虑治疗，用甲丙氨酯（眠尔通）片剂（miltown），规格 0.2 g/片，0.4 g/次，每日 3 次，开 3 日量。

  * 外伤性剧痛的镇痛，用（盐酸）哌替啶注射液，规格 100 mg/2 ml，每次 100 mg，肌注，用 1 次量。

  * 癫痫持续状态治疗，用地西泮注射液，规格 10 mg/2 ml，每次 10 mg，缓慢静脉注射，用 1 次量。

  * 治疗轻症原发性支气管哮喘，用（盐酸）麻黄碱注射液，规格 30 mg/1 ml，每次 30 mg，皮下注射，每日 2 次，用 3 日量。

（2）总量处方法：适用于按一定规格以重量或容量计算的剂型。

---

**格式**

Rp.

  剂型  药名  规格——需要量

  Sig.（内服）  每次用量  用药途径  每日用药次数  其他

  （外用）  每次用量  用药部位（如外用，滴眼等）

---

1）总量处方法注解：①同分量处方的注解①～⑤类似。②规格指百分比浓度（%）。规格可置于剂型前或后（见示例二）。③需要量的单位毫升数或克数等（注意其与分量处方的差异）。

2）总量处方法示例

示例 1
 Rp.
 Mist. pepsin  90.0
 Sig. 10.0  t.i.d.
 取：胃蛋白酶合剂  90.0 ml
 用法：每次 10.0 ml  口服  每日 3 次

示例 2
 Rp.
 SoL. ammonium chloride 10％-60.0
 Sig.  6.0  t.i.d.  a.c.
 10％ SoL. ammonium chloride  60.0
 Sig.  6.0  t.i.d.  a.c.
 取：10％氯化铵溶液  60.0 ml
 用法：每次 6.0 ml，每日 3 次，饭前服

示例 3
 Rp.
 Syr. ferric ammonium citrate 10％-90.0
 Sig. 10.0  t.i.d.  p.c.
 取：10％枸橼酸铁铵糖浆  90.0 ml
 用法：每次 10.0 ml，每日 3 次，饭后服。

示例 4
 Rp.
 Tr. iodin  2％-20.0
 Sig.  ad  us. ext.
 取：2％碘酊  20.0 ml
 用法：外用
 注意：注明外用时须口头嘱咐患者详细用法。

示例 5
 Rp.
 Ocul. pilocarpine  1％-2.50
 Sig.  ad  us. ext.
 取：1％毛果芸香碱眼膏 2.5 g
 用法：外用涂眼。
 思考：如确切指定用 1％硝酸毛果芸香碱眼膏，怎样写？

示例 6
 Rp.
 Ung. erythromycin  1％-2.50
 Sig.  ad  us.  ext.
 取：1％红霉素软膏 2.50 g。

用法：外用。

3) 总量处方法练习：仿照上述处方示例开写下列处方。

* 治疗青光眼，用毒扁豆碱眼膏，规格 0.25%，2.5 g/支，外用涂眼。
* 治疗鼻塞，用麻黄碱溶液，规格 0.5%，10 ml/1 支，外用滴鼻。
* 治疗肠痉挛绞痛，用颠茄酊，规格 6%，10 ml/次，3 次/日，开 3 日量。
* 治疗咳嗽，用复方甘草合剂（棕色合剂），10 ml/次，3 次/日，开 3 日量。
* 治疗过敏性皮炎，用强的松龙软膏，规格 0.5%，20 g/支，外用。

(3) 联合用药的处方：临床上常联合应用两种以上药物，这时在选择药物时要注意相互作用，开写处方时则根据各药物的剂型选用相应的处方（分量处方，总量处方），按照其格式开写即可。一般按注射给药、口服给药、外用药顺序书写。

1) 联合用药示例

示例 1

Rp.

　　* Inj. atropine　0.5 ml/1 ml×1
　　　Sig. 0.5 mg　i. m　st.
　　* Mist. belladonna　90.0
　　　Sig. 10.0　t. i. d.

示例 2

Rp.

　　* Inj. strophanthin　K　0.25 mg×1
　　　Inj.　glucose　25%-20.0
　　　Sig.　M.　i. v.　slow(慢注)st.
　　* Inj. Furosemide　20 mg×1
　　　Sig. 20 mg　i. m.　st.

示例 3

Rp.

　　* Inj. carbenicillin　1.0×5
　　　Inj. glucose　10%-1 000.0
　　　sig. M.　i. v. drip　60 gtt/min
　　* Ung. SD-Ag　2%-30.0
　　　sig. ad　us. ext.

2) 联合用药的处方练习

* 治疗肾绞痛，用哌替啶注射剂，规格 50 mg/ml，每次 1 安瓿联用阿托品注射剂，规格 0.5 mg/ml，每次 1 安瓿，用 1 次量，分别肌注。
* 治疗有机磷中毒，用阿托品注射剂，规格 1 mg/ml，每次用 3 mg，每小时静注 1 次，开 2 次量；联用解磷定注射剂，规格 0.4 g/10 ml，用 2 g/次溶于生理盐水 1 000 ml 中，静脉滴注。
* 治疗缺铁性贫血，用硫酸亚铁片剂，规格 0.3 g/片，2 片/次，3 次/日；联用 10% 盐酸溶液，10 ml/次，3 次/日，用 3 日量。

2. 完整处方法及处方　完整处方多是医生根据病情临时写的处方。开处方时，要将制剂的各种成分和用量全部写出,注明调剂法与剂型及使用方法,下面介绍其格式及处方示例。
（1）完整处方格式

```
Rp.
    主药(发挥主要作用的药物)药名            需要量
    佐药(辅助主药发挥作用的药物)药名        需要量
    矫正药(纠正主药副作用的药)药名          需要量
    赋形药(帮助主药形成适当剂型的药物)药名  需要量
    调剂法与剂型
    Sig.(用法)每次用量,给药途径,每日用药次数,其他
```

（2）完整处方示例
RP.
    Pepsin                     3.0
    acid hydrochlorici diluti    1.0
    glycerini                15.0
    aquae destillatae ad      100.0
    misce fiat mistura
    D. s. 10.0 t. i. d.
    取:胃蛋白酶             3.0 g
    稀盐酸                  1.0 ml
    甘油                    15.0 ml
    蒸馏水加至            100.0 ml
    混合,须制成合剂
    授予,标记:每次服 10 ml,每日 3 次。

上例完整处方配制,使用的是胃蛋白酶合剂,实质上与总量处方法的示例 1 使用的药物完全相同,故随着处方规范化及制剂工业的发展,现在临床上应用的几乎全是简化处方,完整处方极少应用,这里只简单介绍,如需详细,可参考各类处方学的书籍。

3. 其他类型处方
（1）法定处方:以简化处方形式开写国家最新颁布药典上的制剂叫做法定处方。
（2）协定处方:在本医院内常用的合剂或其他剂型的处方,不属于法定制剂或成药,在医院负责人主持下由医生与药房人员商议指定,以简化处方形式开写。另外,为了方便工作,某些医院规定处方正文以某种较简便形式开写,亦属于协定处方。

4. 小儿用药方法
小儿的用药必须充分考虑小儿的生理特点(见教材)。用药量一般按体重或体表面积计算,尤其是按体重计算法最常用,下面简要介绍其方法。
（1）先由年龄估计体重
1～6 个月婴儿体重(kg)＝月龄×0.6＋3                  （公式 4-5-2-1）
7～12 个月婴儿体重(kg)＝月龄×0.5＋3                 （公式 4-5-2-2）

1 周岁以上儿童体重(kg)＝年龄×2＋8　　　　　　　　　　（公式 4-5-2-3）

（2）按下列公式折算小儿的剂量

小儿每次（或每日）剂量＝估计体重×儿科药量/kg/每次（或每日）　（公式 4-5-2-4）

小儿剂量＝估计体重(kg)×成人剂量/50(成人平均体重)　　　（公式 4-5-2-5）

（五）各种处方常用的缩写

见表 4-5-2-1。

表 4-5-2-1　各种处方常用的缩写字

| 分类 | 缩写字 | 中文意义 | 分类 | 缩写字 | 中文意义 |
|---|---|---|---|---|---|
| 剂型 | Inj. | 注射剂 | 给药时间 | q. o. d. | 隔日 1 次 |
| | Sol. | 溶液剂 | | q. d. | 每日 1 次 |
| | Mist. | 合剂 | | b. i. d. | 每日 2 次 |
| | Syr. | 糖浆剂 | | t. i. d. | 每日 3 次 |
| | Tr. | 酊剂 | | q. i. d. | 每日 4 次 |
| | Ung. | 软膏 | | q. n. | 每晚 1 次 |
| | Ocul. | 眼膏 | | q. m. | 每晨 1 次 |
| | Tab. | 片剂 | | q. x. h. | 每 X 小时 1 次 |
| | Caps. | 胶囊剂 | | q. 4h. | 每 4 小时 1 次 |
| | Pulv. | 散剂 | | a. c. | 饭前服 |
| | Gutt. | 滴眼剂 | | p. c. | 饭后服 |
| | Garg. | 含漱剂 | | h. s. | 睡前服 |
| | Neb. | 喷雾剂 | | dig. urg. | 疼痛剧烈时 |
| | Enem. | 灌肠剂 | | p. r. n. | 必要时（长期医嘱） |
| 单位 | mg | 毫克 | | s. o. s. | 必要时（短期/临时医嘱） |
| | μg | 微克 | | D. C. | 取消（短期医嘱） |
| | i. u.（u） | 国际单位（单位） | | st. 或 stat | 立即 |
| | No 或 N | 数量（个） | | cito | 急速地 |
| | ♯（2♯） | 个、片 | | 4♯ prim. vic | 首次服 4♯ |
| | ml. | 毫升（可省略） | | o. l. | 左眼 |
| | gtt. | 滴 | | o. d. | 右眼 |
| | i. h. 或 H | 皮下注射 | 其他 | R 或 Rp. | 请取 |
| | i. m. 或 M | 肌内注射 | | M. f. P. 或 M | 混合制成散剂（混合） |
| | i. v. 或 V | 静脉注射 | | M. D. S. | 混合，给予，标记 |
| | i. v. drip | 静脉滴注 | | D. S. | 给予，标记 |
| | inhal | 吸入 | | S. 或 sig. | 给予标记，注明用法 |
| | P. O. | 口服（可省略） | | A. s. t. /c. t. | 皮试后用 |
| | P. r. | 灌肠 | | Co. | 复方的 |
| | ad us. ext. | 外用 | | Ad | 加至 |
| | Pr. rect. | 塞入肛门 | | et | 及 |
| | Pr. vagin. | 塞入阴道 | | aa（aa2♯） | 各 2 片 |
| | Pr. jug. | 咽喉用 | | m. d. | 遵医嘱 |
| | Applic. | 外敷用 | | Lent. /slow | 缓慢地（静注等） |
| | Claus. loc. | 局部封闭用 | | A. M. | 上午 |
| | Pro. aur | 耳用 | | P. m. | 下午 |

（符 健 赖 术）

# 第五篇 讨 论 课

## 第一章 药理学讨论

### 讨论一 药理学总论

1. 解释并区别下述名词 ①竞争性拮抗剂和非竞争性拮抗剂;②生理性拮抗剂、药理性拮抗剂;③药物作用强度和药物作用效能;④激动剂和部分激动剂;⑤单盲法和双盲法;⑥安慰剂对照和阳性对照。

2. 某患者因革兰氏阴性菌性肺炎入院,拟以妥布霉素(tobramycin)治疗。妥布霉素的总清除率为 80 ml/min,分布容积为 40 L。

(1) 每 6 h 应静脉注射多少妥布霉素才能最终达到 4 mg/L 的稳态血浓度?

(2) 如欲给予负荷量以立即达到 1 mg/L 的稳态血浓度,这个负荷量应是多少?

3. 药物的 pKa 和体液的 pH 对弱酸和弱碱性药物通过生物膜的影响。

4. 维拉帕米和苯妥英钠均经肝脏代谢,前者清除率为 1.5 L/min,几乎与肝血流速度相等,后者清除率为 0.1 L/min,若分别与肝脏微粒体酶诱导剂合用,它们的清除率会有何影响?

5. 划出按一级动力学和零级动力学消除的药物浓度-时间曲线,并做出解释。

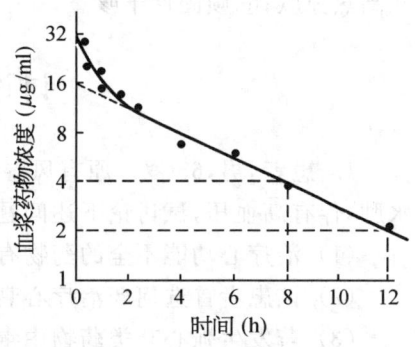

图 5-1-1-1 某药血药浓度变化

6. 给一位 70 kg 的男性受试者静脉注射某药 500 mg,其血药浓度变化如图 5-1-1-1:

请你根据已学过的知识,计算出表观分布容积($Vd$)、半衰期($T_{\frac{1}{2}}$)、清除率常数($Ke$)和机体总清除率($CL = Vd \times Ke$)。

### 讨论二 中枢神经系统药理

1. 有一风湿热关节炎患者,需要较长期的大量服用阿斯匹林,即维持较高的血药浓度才可显效。现有下述 4 种用药方案：①阿斯匹林；②阿斯匹林加碳酸氢钠片；③阿斯匹林加氢氧化铝（或碳酸钙）；④阿斯匹林肠溶片。口服后，其药动学有何差别？哪些方案不合理？请说明理由。

2. 阿斯匹林与氯丙嗪均能降低体温，其机制及降温特点有何区别？阿斯匹林与哌替啶均用于镇痛，其机制与应用有何不同？

3. 精神分裂症患者大剂量用氯丙嗪的早期及长期用药后可出现哪些不良反应？说明这些不良反应的发生机制及处理措施。

4. 某城市对部分医院 26 000 多张门诊处方进行调查，发现不合理处方为 1.5%，下面是其中配伍不当的部分处方，请说明不当的理由。

(1) 苯巴比妥钠与碳酸氢钠配伍。
(2) 苯妥英钠与苯巴比妥配伍。
(3) 苯妥英钠与阿斯匹林配伍。
(4) 氯丙嗪与肾上腺素配伍。
(5) 苯妥英钠、鲁米那、硝基安定和丙戊酸钠配伍。

5. 下列疼痛病症选用什么镇痛药？为什么？①关节炎；②偏头痛；③三叉神经痛；④心肌梗死胸痛；⑤胃肠疼痛；⑥骨折后痛。

6. 病例：男性，40 岁，右上腹部反复疼痛 3 日，发作时绞痛难忍，辗转于床，大汗淋漓，疼痛为阵发性，伴有黄疸，入院后经一系列检查确诊为胆结石，胆绞痛。

(1) 该患者选用什么药物镇痛最好？为什么？
(2) 如进行手术治疗，麻醉前给药可选用哪些？
(3) 如用硫喷妥钠作诱导麻醉，应注意什么？

7. 给下列病症开出处方：①习惯性失眠；②癌症剧痛；③癫痫持续状态；④焦虑症；⑤小儿高热惊厥；⑥顽固性干咳。

## 讨论三  心血管药理

1. 患者，男，65 岁。原有风湿性心脏病。此次因发病诱发心衰，出现呼吸困难，咳嗽，水肿，伴有高血压，试讨论下述问题。

(1) 治疗心功能不全的药物有哪几类？其药理学基础是什么？
(2) 该患者首选何药治疗心衰，如果选用强心苷，请制订一用药方案。
(3) 若发生强心苷类药物中毒，出现低钾血症或快速型心律失常而无传导阻滞者，可选用哪些抗心律失常药，如何对症处理？
(4) 若出现传导阻滞及心动过缓，应用什么药治疗？能否用钾盐？为什么？
(5) 下列因素能促使强心苷类药物产生心脏毒性，试说明理由。①心肌严重损伤；②低血钾；③低血镁；④高血钙；⑤肾功能不全；⑥肺功能不全、缺氧；⑦老年或严重消瘦患者。
(6) 该患者应用利尿剂有何治疗意义？首选何药？无效时可改用何药，应注意什么问题？
(7) 本例可选用哪些抗高血压药，哪些药不宜用，为什么？
(8) 卡托普利治疗高血压的药理学基础是什么？

2. 下列高血压患者应如何选药？应注意什么问题？
(1) 高血压合并心绞痛。
(2) 高血压伴有心力衰竭。
(3) 高血压合并肾功能不全。
(4) 脑卒中的高血压患者。
(5) 急进型恶性高血压、高血压危象。
(6) 伴有糖尿病的高血压。
(7) 伴有胃溃疡的高血压。
(8) 伴有抑郁型精神病的高血压。
3. 噻嗪类与β受体阻滞药和血管扩张药联合应用可以互相增强疗效,减少不良反应,试说明理由。
4. 试说明硝酸酯类和β受体阻滞剂合用治疗心绞痛增加疗效的道理。

## 讨论四 激素类药物

1. 如何根据肾上腺皮质激素的药代动力学特征来指导用药以预防其不良反应？
2. 一般情况下,下列疾病可否用肾上腺皮质激素治疗,说明可用或不可用的理由。
(1) 结核性脑膜炎。
(2) 急性重症传染性肝炎。
(3) 急性风湿热。
(4) 糖尿病患者发生过敏性休克。
(5) 中毒性肺炎。
3. 下列疾病可否用肾上腺皮质激素,为什么？
(1) 抗菌药物所不能控制的细菌或真菌感染。
(2) 消化性溃疡。
(3) 精神病。
(4) 严重的高血压。
(5) 孕妇。
4. 病例讨论:下面是 3 个由于滥用肾上腺皮质激素而产生严重并发症的病例,根据病例讨论:
(1) 产生了什么并发症,为什么？
(2) 应从中吸取什么教训？

病例 1:男,53 岁,隐球菌性脑膜炎,给予二性霉素及泼尼松治疗,后改用氢化可的松与葡萄糖液静脉滴注约 2 个月,出现多饮、多尿,脑脊液糖 99.4 mg%,均未引起注意。而后症状加重,血糖 630 mg%,尿糖＋＋＋。既停用激素,用胰岛素、甲苯磺丁脲等治疗,症状得以控制,血糖正常。追溯病史于几年前曾疑诊为糖尿病。

病例 2:男,62 岁,患风湿性关节炎 17 年,长期不规律口服泼尼松。同时伴慢性咳嗽 40 年,此次以慢性支气管炎、肺结核伴气胸入院。入院后抽气,胸腔闭式引流,抗感染及抗结核治疗。住院期间患者反复发热、咳嗽、吐痰及气胸发作,并出现精神症状,考虑为肺结核脑病,静脉滴注肺脑合剂(内含地塞米松)及泼尼松后出现明显腹痛及黑便、血压下降、于出血后第 4 日死亡。

病例 3:女,72 岁,确诊为何杰金氏病。患者 5 年来应用小剂量泼尼松治疗,1980 年 5 月 30 日因肺炎住院,除断续用泼尼松治疗外,并加抗生素治疗 1 个月后突然发生股骨骨折。X 线摄片显示右股骨颈骨折伴骨质疏松现象。

(符 健)

# 第二章 临床病例讨论

## 病 例 一

患者,女性,53岁,农民,1991年7月27日入院。

主诉:心慌、气短16年,近10日加重,伴有发热,咳痰,呕吐。

现病史:该患者于16年前常于劳累后咳嗽、心慌、气喘,但休息后可缓解。6年前开始一般体力劳动即感心慌、气短,双下肢出现轻度水肿,吐白色泡沫痰。经治疗后症状好转,但每于劳动后反复发作。入院前10日,又因着凉感冒、发热、寒战、咳嗽,咳黄色痰,咽疼、流涕、鼻塞,并且心悸、呼吸困难逐渐加重,胸闷、恶心伴有呕吐,右上腹饱胀,不能平卧,双下肢明显水肿。上述症状逐日加重,痰量增多,高烧不退,食欲差,尿量明显减少,故来院就诊。

既往史:22年前曾患风湿性心脏病,无肾炎、肝炎、结核等病史,无过敏史。

体检:体温39°C,脉搏116次/min,呼吸28次/min,血压13.3/9.3 kPa(100/70 mmHg)。发育正常,营养欠佳,声音嘶哑,呼吸急促,端坐位,口唇发绀,眼睑水肿,咽部红肿,扁桃体肿大,颈静脉怒张,四肢末端轻度发绀,两肺散在大小水泡音及痰鸣音,心尖搏动在左第5肋间锁骨中线外1.5 cm,心界向左扩大,心率120次/min,节律不整,心音强弱不等,心尖部可闻及收缩期吹风样杂音及舒张期隆隆样杂音。肝肋下3.2 cm,腹部移动性浊音阳性,双下肢凹陷性水肿(+++)。

实验室检查:$RBC 4.80×10^{12}/L$,$WBC 12.8×10^9/L$,中性细胞85%,嗜酸性细胞2%,淋巴细胞13%,$Hb 110 g/L$,血小板$80×10^9/L$。血沉26 mm/h,抗"O">500U。$PaO_2$ 10.8 kPa(81 mmHg),$PaCO_2$ 8 kPa(60 mmHg),$[HCO_3^-]$ 23 mmol/L,BE $-6$ mmol/L,pH 7.23。尿蛋白(+),尿相对密度1.025,血钾6.6 mmol/L,非蛋白氮(NPN)46 mmol/L,心电图显示异位节律,T波高尖,ST段下移,两心室肥厚。X线显示两肺纹理增粗,双肺散在大小不等、模糊不清的片状阴影,心脏向两侧扩大,肺动脉段突出。

治疗经过:入院后经强心、利尿、抗感染等综合治疗,症状稍有改善。但于次日晚10时,患者病情突然加重,出现胸痛,呼吸极度困难,咳出大量粉红色泡沫样痰,两肺中下部有密集的中小水泡音,全肺可闻哮鸣音,心律呈奔马律。体温38°C,血压6.1/1.9 kPa(46/14 mmHg)。立即进行抢救,6 h后,患者皮下及注射部位出现片状紫斑与点状出血,恶心,呕吐,吐出多量咖啡液体,测得凝血酶原时间延长,血浆鱼精蛋白副凝试验阳性,血小板$40×10^9/L$。抢救无效死亡。

讨论题

1. 患者入院诊断及诊断依据是什么?
2. 找出病理过程,分析其主要发生机制。
3. 分析各病理生理学改变之间有何关系?

## 病 例 二

患者,男性,62岁,工人。于1984年11月5日入院。

**主诉**:反复咳喘15年,双下肢水肿3年,近5日加重,伴有发热、咳痰。

**现病史**:患者于15年前因感冒受凉、发热,出现咳喘,严重时连续性咳嗽,夜间难以入睡。开始时咳少量黏稠白痰,后转为黄痰。早晨起床后量多,但无咳血,经治疗好转,但每于冬春季节或感冒受凉后反复发作。上述症状逐年加重,发作越来越频,劳累后感心慌、气短,休息后好转。近3年来出现双下肢水肿,腹胀,上腹痛。咳嗽时伴有气喘,严重时不能平卧,尿量减少。一直在本厂医院治疗,症状稍有减轻,但平时仍有咳喘、吐痰。5日前因感冒、发热、咳喘加重、少尿而入院。

**既往史**:易感冒、无吸烟过敏史。

**体检**:体温38℃,脉搏104次/min。呼吸26次/min,血压17.3/12 kPa(130/90 mmHg)。神志清,发育正常,营养中等,口唇轻度发绀伴颜面水肿,颈静脉怒张,肝颈征(+),胸廓前后径增宽,叩诊呈过清音,肺肝界于右锁骨中线第6肋间,双肺可闻及干湿啰音。心尖搏动不明显,剑突下可见心脏搏动,心界无明显增大,心音弱,各瓣膜无明显杂音,心率120次/min,可闻期前收缩。腹软,右上腹触痛明显,肝大肋下2.5 cm,剑突下4.0 cm,脾未触及,移动浊音(+)。脊柱无畸形,两手可见杵状指,双肾区无叩痛,双下肢凹陷性水肿(++)。神经系统检查:生理反射存在,病理反射未引出。

**实验室检查**:白细胞$11.8×10^9$/L,中性细胞80%、嗜酸性细胞1%、淋巴细胞19%。$PaO_2$ 6.7 kPa(50 mmHg),$PaCO_2$ 7.5 kPa(56 mmHg),[$HCO_3^-$] 27.5 mmol/L,SB 20.5 mmol/L,pH 7.31。肝功能正常,血清总蛋白40 g/L,白蛋白25 g/L,球蛋白15 g/L。心电图检查:P波高尖,顺钟向转位,右室肥厚,心肌劳损,多源性期前收缩。X线显示:肺动脉段突出,右室弓增大,双肺纹理粗乱,肺野透明度增强。

**治疗经过**:入院后经抗感染、祛痰、吸氧、强心、利尿、输液等综合治疗,病情好转,出院休养。

**讨论题**

1. 该病例有哪些病理过程?分析其发生机制。
2. 入院诊断及诊断依据是什么?
3. 各病理生理学改变有何内在联系?

## 病 例 三

患者,女性,42岁,农民。因大面积烧伤而入院。入院时神志清楚,但表情淡漠,呼吸困难,血压10.0/7.3 Kpa(75/55 mmHg),并有血红蛋白尿。烧伤面积80%。Ⅲ度烧伤占55%,并有严重呼吸道烧伤。

**实验室检查**:Hb 160 g/L,RBC $5.2×10^{12}$/L。pH 7.31,[$HCO_3^-$] 15 mmol/L,$PaCO_2$ 7.46 kPa(56 mmHg),[$K^+$] 4.3 mmol/L,[$Cl^-$] 100 mmol/L,[$Na^+$] 134 mmol/L。

**治疗经过**:立即气管切开,吸氧,静脉输液及其他急救处理。伤后24 h共补血浆1 300 ml,

右旋糖酐 500 ml,5％葡萄糖溶液 1 300 ml,20％甘露醇 200 ml,10％KCl 10 ml。患者一般情况好转,血压 12.0/9.3 kPa(90/70 mmHg),尿量 1 840 ml/d,Hb 120 g/L,pH 7.38,[$HCO_3^-$] 23.4 mmol/L,$PaCO_2$ 5.5 kPa(41 mmHg)。

次日,患者出现浅快呼吸(38～40 次/min),肺部听诊可闻及湿性啰音,X 线检查显示肺水肿。第 2 日上午血气及电解质检查结果为 pH 7.35,[$HCO_3^-$] = 36 mmol/L,$PaCO_2$ 8.8 kPa(66 mmHg),[$Na^+$] 140 mmol/L,[$Cl^-$] 106 mmol/L。立即进行人工通气,当日下午 pH 7.54,[$HCO_3^-$] 16 mmol/L,$PaCO_2$ 2.5 kPa(19 mmHg),经调整气量后,病情逐渐稳定。

入院第 23 日,出现发热,创面感染,败血症,血压降至 9.3/6.7 kPa(70/50 mmHg),尿量 200～250 ml/24 h,pH 7.09,[$HCO_3^-$] 10 mmol/L,$PaCO_2$ 4.45 kPa(33.4 mmHg),[$K^+$] 5.8 mmol/L,[$Cl^-$] 104 mmol/L,[$Na^+$] 134 mmol/L。虽经积极治疗,终因治疗无效而死亡。

讨论题
1. 该患者发生了哪些水、电解质和酸碱平衡紊乱?是如何发生的?
2. 该患者的致死原因是什么?

## 病 例 四

患者,男性,32 岁,因车祸致使右腿遭受严重挤压伤而急诊入院。

体检:患者神志清楚,表情淡漠,血压 8.6/5.3 kPa(65/40 mmHg),脉搏 106 次/min,呼吸 25 次/min,伤腿发冷、发绀,从腹股沟以下开始向远端肿胀。膀胱导出尿液 250 ml。

治疗经过:立即静脉补液和甘露醇治疗,血压升至 14.6/9.3 kPa(110/70 mmHg),右腿循环也有好转,但仍然无尿。入院时急查血清 $K^+$ 为 5.4 mmol/L,输液及外周循环改善后,再查血清 $K^+$ 为 8.6 mmol/L,心电图显示:P 波消失,QRS 综合波变宽,心室节律不整。立即静脉注射 10％葡萄糖酸钙 25 ml 加 25％葡萄糖液 40 ml。并决定立即行截肢术。

右大腿截肢,静脉注射胰岛素、葡萄糖以及用离子交换树脂灌肠后,血清 $K^+$ 暂时降为 5.7 mmol/L。入院 72 h 患者排尿总量为 250 ml,呈酱油色,内含肌红蛋白。在以后的 20 日内患者完全无尿,持续使用腹膜透析。因透析而继发腹膜炎,右下肢残余部分发生坏死。入院第 21 日,发生胃肠道出血,血小板数 $50 \times 10^9$/L,血浆纤维蛋白原 1.2 g/L,凝血时间显著延长,FDP 阳性。BUN 17.8 mmol/L(50 mg％),血清肌酐 389 μmol/L(4.4 mg％),血清 $K^+$ 6.7 mmol/L,pH 7.19,$PaCO_2$ 3.9 kPa(30 mmHg),[$HCO_3^-$] 10.5 mmol/L。尿中有蛋白和颗粒、细胞管型。虽经多方治疗,但患者一直少尿或无尿,于入院第 36 日死亡。

讨论题
1. 该病例中存在哪些病理过程?讨论其发生原因和机制。
2. 采取各种治疗的病理生理学基础是什么?

## 病 例 五

患者,男性,59 岁。

现病史:12 年前因上腹部不适、疼痛及食欲不振而住院治疗。住院检查肝大肋下 2 cm,

肝功能正常,经服用"保肝药物"和对症治疗后好转出院。出院后常有腹胀,上腹部钝痛,病情时轻时重。

5年前上述症状加重,出现皮肤、巩膜黄染,进食后上腹部不适感加剧,尿少,下肢水肿,活动不便,鼻和齿龈时有出血,常有便血。2日前吃牛肉出现恶心、呕吐、神志恍惚,烦躁不安而急诊入院。

既往史:患者自年轻时起,喜欢饮酒,常年不断,既往无疟疾史,亦无血吸虫疫水接触史。

体检:体温36.5℃,脉搏90次/min。呼吸26次/min,血压17.3/11.47 kPa(130/86 mmHg)。患者发育正常,营养差,消瘦,神志恍惚,烦躁不安,皮肤、巩膜黄染,腹壁静脉曲张,面部及前胸有多个蜘蛛痣,腹部膨隆,肝肋下2 cm,质较硬,边缘钝。脾肋下3 cm,移动性浊音阳性。心肺未发现异常,双下肢凹陷性水肿(++),食道吞钡X线摄片显示食道下段静脉曲张。

实验室检查:Hb 120 g/L,WBC $4.5×10^9$/L,中性细胞75%,淋巴细胞25%。黄疸指数26 U,谷氨酸氨基转移酶:126 U。脑磷脂胆固醇絮状实验++,麝香草酚浊度实验16 U,血氨88.08 μmol/L(150 μg%)。血浆总蛋白52 g/L,白蛋白27 g/L,球蛋白25 g/L。

治疗经过:入院后,静脉输入葡萄糖、谷氨酸钠、维生素、肌苷等,限制蛋白质摄入,口服大量抗生素,并用酸性溶液灌肠。经积极抢救后,患者神志逐渐清楚,病情好转,准备出院。次日,患者大便时突觉头晕、虚汗、乏力,站立困难,昏倒在厕所中,被发现时患者面色苍白,满脸冷汗,脉搏细速(120次/min),血压8.0/5.33 kPa(60/40 mmHg)。立即配血,输液补血后,血压上升至13.3/9.3 kPa(100/70 mmHg),病情好转。第2日清晨,患者再次出现神志恍惚,烦躁不安,尖叫。检查时双手出现扑翼样震颤,大便呈柏油样。继后发生昏迷。血压17.3/8.0 kPa(130/60 mmHg)。瞳孔中度散大,对光发射减弱,皮肤、巩膜深度黄染,黄疸指数58 U,谷氨酸氨基转移酶160 U,血氨105.7 μmol(180 μg%)。经各种降氨治疗后,血氨降至62.83 μmol/L(107 μg),但上述症状无明显改善,患者仍处于昏迷状态。后改用左旋多巴静脉滴注,经过1周的治疗,症状逐渐减轻,神志渐渐恢复。又经过月余的综合治疗,临床症状基本消失,出院疗养。

讨论题
1. 入院诊断及诊断依据是什么?
2. 住院期间发生了什么重要病理过程?
3. 采用各种治疗的理论依据是什么?

# 病 例 六

患者女性,22岁,于1986年4月1日急诊入院。

主诉:精神不振、嗜睡1月,呕吐、尿少、面部水肿2周。

现病史:患者于10年前出现尿频、尿急、排尿烧灼感,持续半年多。以后上述症状时有发生,未曾治疗。体力逐渐下降,不能参加学校的各种活动。4年前发现面色苍白,按贫血治疗多次,但疗效不佳。不久前出现多尿、夜尿、烦渴。尿中有蛋白,并经常出现鼻衄、消瘦、疲乏无力加重。经常有腰部疼痛。上述症状日渐加重,为明确诊断,曾于1年前住院检查,当时血压18.7/10.7 kPa(140/80 mmHg),红细胞比积25%,Hb 74 g/L,血尿素氮

19.48 mmol/L(117 mg%)，NPN 102.09 mmol/L(143 mg%)；肌酐 671.85 μmol/L(7.6 mg%)，钙 2.47 mmol/L(9.9 mg%)，磷 2.74 mmol/L(8.5 mg%)，[$HCO_3^-$] 17 mmol/L，$PaCO_2$ 4.3 kPa(31 mmHg)，pH 7.30。

尿相对密度固定在 1.006～1.010，肌酐清除率为 6.8 ml/min，PSP 15 min 排出＜2%。X 线片显示全身骨质脱钙。诊断为"晚期肾盂肾炎"，"肾功能不全"。以后又出现活动后气短、心慌，并发现血压升高达 21.3/14.7 kPa(140/110 mmHg)，X 线及心电图显示左心室肥大。近 1 个月来，食欲进一步减退，并经常恶心呕吐，精神不佳，嗜睡。2 周前因患"感冒"，上述症状加重，每日呕吐 4～5 次，大便时干时稀，未见脓血。每日进水量正常，但排尿减少且有烧灼感，并出现面部水肿。

过去史：患者学龄前曾有反复发作的咽痛史，8 岁时做扁桃体切除术。

体检：患者极度衰弱，苍白，消瘦，精神萎靡，反应迟钝，但意识清楚，查体合作。面部轻度水肿，皮肤、黏膜未见出血点。体温 37.5°C。血压 20/15.32 kPa(150/115 mmHg)，脉搏 96 次/min，心界向左扩大，心前区可闻及Ⅲ级吹风样收缩期杂音。肺(—)，肝轻度肿大，有触痛。腹软，移动性浊音(—)，左下腹有轻度压痛。双侧肾区有叩击痛。无病理反射。

实验室检查：RBC $2.55×10^{12}$，Hb 73 g/L，WBC $9.3×10^9$/L，中性细胞 86%，淋巴细胞 14%，血细胞比容 22%，NPN 191.3 mmol/L(268 mg%)；肌酐 1 387.9 μmol/L(15.7 mg%)，磷 3.07 mmol/L(9.5 mg%)，[$K^+$] 5.0 mmol/L，[$Cl^-$] 78 mmol/L，[$Na^+$] 117 mmol/L。肾功能检查：尿相对密度固定在 1.008～1.010。PSP 15min＝0%，尿蛋白＋＋＋，尿中有多数脓细胞、白细胞及管型。X 线片显示全身骨质脱钙，骨板几乎消失，多数骨呈骨膜下吸收现象。骨盆和两腿血管显示钙质沉着，未见病理性骨折。

治疗经过：入院后，虽经积极治疗，但效果不佳，且病情继续恶化，曾多次发生齿龈及鼻出血。在住院第二阶段第 26 日时，血压升至 33.3/17.3 kPa(250/130 mmHg)，NPN 为 202.7 mmol/L(284 mg%)，肌酐 1 405.11 μmol/L(16.8 mg%)，并有数次癫痫样痉挛发作，随后进入昏迷，于住院第 32 日死亡。

尸检显示：患者为晚期慢性肾盂肾炎并有急性发作改变。甲状旁腺增大，主细胞增生。全身骨质普遍脱钙。骨质变软，易用刀切开。全身小动脉变粗、变硬，中膜及内膜下有钙质沉着。左心室室壁增厚，心腔扩大。结肠黏膜有多处溃疡，两肺下叶呈支气管肺炎变化。

讨论题
1. 讨论该病例的发展经过。该患者有哪些主要临床表现？其发生机制是什么？
2. 该患者死于什么病？应怎样进行治疗？

(谢协驹)

# 主要参考文献

1. 莫书荣主编.实验生理科学[M].北京:科学出版社,2009.
2. 周岐新主编.人体机能学实验[M].北京:科学出版社,2008.
3. 林默君,倪秀雄主编.医学机能学实验[M].北京:科学出版社,2009.
4. 张才乔主编.动物生理学实验[M].北京:科学出版社,2008.
5. 陈广文,李仲辉主编.动物学实验技术[M].北京:科学出版社,2008.
6. 邹移海主编.实验动物学[M].北京:科学出版社,2004.
7. 白蓉主编.实验动物学基础及技术[M].北京:人民卫生出版社,2003.
8. 刘恩岐,尹海林,顾为望主编.医学实验动物学[M].北京:科学出版社,2008.
9. 邱一华,彭聿平主编.生理学[M].北京:科学出版社,2009.
10. 王瑞元主编.生理学[M].北京:人民卫生出版社,2008.
11. 王庭槐主编.生理学[M].北京:高等教育出版社,2004.
12. 肖献忠主编.病理生理学(第二版)[M].北京:高等教育出版社,2008.
13. 陈主初主编.病理生理学[M].北京:人民卫生出版社,2005.
14. 金惠铭,王建枝主编.病理生理学[M].北京:人民卫生出版社,2004.
15. 杨惠玲,潘景轩,吴伟康主编.高级病理生理学[M].北京:科学出版社,2006.
16. 李家泰主编.临床药理学[M].北京:人民卫生出版社,2007.
17. 王睿,柴栋主编.临床药理学新编[M].北京:人民军医出版社,2007.
18. 丁虹主编.实验药理学[M].北京:科学出版社,2008.
19. 戴体俊主编.药理学[M].北京:人民卫生出版社,2009.
20. 胡厚芳,伍平,李运珊等主编.医学论文写作与编辑[M].成都:四川科学技术出版社,1998:5.
21. 洪楠主编.SPSS for Windows 统计分析教程[M].北京:电子工业出版社,2000:9.
22. Jann Hau,Gerald L,Van Hoosier. Handbook of Laboratory Animal Science (*Second Edition*)[M]···Volume I Essential Principles and Practices. Florida:CRC Press LLC,2003.
23. Jann Hau,Gerald L,Van Hoosier. Handbook of Laboratory Animal Science (*Second Edition*)[M]···Volume II Animal Models. Florida:CRC Press LLC,2003.
24. Bertram G,Katzung. Basic & Clinical Pharmacology (Tenth Edition)[M]. The McGraw – Hill Companies,Inc,2007.
25. Stephen J. McPhee,William F. Ganong. Pathophysiology of Disease:An Introduction to Clinical Medicine (5th Edition)[M]. The McGraw – Hill Companies,2007.
26. 中国食品药品监督管理局.《中药、天然药物刺激性和溶血性研究的技术指导原则》课题研究组.中药、天然药物刺激性和溶血性研究的技术指导原则([Z] GPT421)[S]. 2005:11,12,22~24.
27. 国家食品药品监督管理局.化学药物刺激性、过敏性和溶血性研究技术指导原则[S]. 2005.
28. 徐叔云,卞如濂,陈修.药理实验方法学(第三版)[M].北京:人民卫生出版社,2002.
29. 袁伯俊,王治乔.新药临床前安全性评价与实践[M].北京:军事医学科学出版社,1997.
30. AVMA Guidelines on Euthanasia (Formerly Report of the AVMA Panel on Euthanasia). June,2007. http://www. avma. org/issues/animal welfare/euthanasia. pdf
31. 杨树勤主编.卫生统计学(第三版)[M].北京:人民卫生出版社,1996.

# 附　录

## 附录一　常用医学统计用表

### 附表1　$\chi^2$ 界值表

| 自由度 $v$ | 概率，$P$ | | | | | | | | | | | | |
|---|---|---|---|---|---|---|---|---|---|---|---|---|---|
| | 0.995 | 0.990 | 0.975 | 0.950 | 0.900 | 0.750 | 0.500 | 0.250 | 0.100 | 0.050 | 0.025 | 0.010 | 0.005 |
| 1 | | | | | 0.02 | 0.10 | 0.45 | 1.32 | 2.71 | 3.84 | 5.02 | 6.63 | 7.88 |
| 2 | 0.01 | 0.02 | 0.05 | 0.10 | 0.21 | 0.58 | 1.39 | 2.77 | 4.61 | 5.99 | 7.38 | 9.21 | 10.60 |
| 3 | 0.07 | 0.11 | 0.22 | 0.35 | 0.58 | 1.21 | 2.37 | 4.11 | 6.25 | 7.81 | 9.35 | 11.34 | 12.84 |
| 4 | 0.21 | 0.30 | 0.48 | 0.71 | 1.06 | 1.92 | 3.36 | 5.39 | 7.78 | 9.49 | 11.14 | 13.28 | 14.86 |
| 5 | 0.41 | 0.55 | 0.83 | 1.15 | 1.61 | 2.67 | 4.35 | 6.63 | 9.24 | 11.07 | 12.83 | 15.09 | 16.75 |
| 6 | 0.68 | 0.87 | 1.24 | 1.64 | 2.20 | 3.45 | 5.35 | 7.84 | 10.64 | 12.59 | 14.45 | 16.81 | 18.55 |
| 7 | 0.99 | 1.24 | 1.69 | 2.17 | 2.83 | 4.25 | 6.35 | 9.04 | 12.02 | 14.07 | 16.01 | 18.48 | 20.28 |
| 8 | 1.34 | 1.65 | 2.18 | 2.73 | 3.49 | 5.07 | 7.34 | 10.22 | 13.36 | 15.51 | 17.53 | 20.09 | 21.95 |
| 9 | 1.73 | 2.09 | 2.70 | 3.33 | 4.17 | 5.90 | 8.34 | 11.39 | 14.68 | 16.92 | 19.02 | 21.67 | 23.59 |
| 10 | 2.16 | 2.56 | 3.25 | 3.94 | 4.87 | 6.74 | 9.34 | 12.55 | 15.99 | 18.31 | 20.48 | 23.21 | 25.19 |
| 11 | 2.60 | 3.05 | 3.82 | 4.57 | 5.58 | 7.58 | 10.34 | 13.70 | 17.28 | 19.68 | 21.92 | 24.71 | 26.76 |
| 12 | 3.07 | 3.57 | 4.40 | 5.23 | 6.30 | 8.44 | 11.34 | 14.85 | 18.55 | 21.03 | 23.34 | 26.22 | 28.30 |
| 13 | 3.57 | 4.11 | 5.01 | 5.89 | 7.04 | 9.30 | 12.34 | 15.98 | 19.81 | 22.36 | 24.74 | 27.69 | 29.82 |
| 14 | 4.07 | 4.66 | 5.63 | 6.57 | 7.79 | 10.17 | 13.34 | 17.12 | 21.06 | 23.68 | 26.12 | 29.14 | 31.32 |
| 15 | 4.60 | 5.23 | 6.26 | 7.26 | 8.55 | 11.04 | 14.34 | 18.25 | 22.31 | 25.00 | 27.49 | 30.58 | 32.80 |
| 16 | 5.14 | 5.81 | 6.91 | 7.96 | 9.31 | 11.91 | 15.34 | 19.37 | 23.54 | 26.30 | 28.85 | 32.00 | 34.27 |
| 17 | 5.70 | 6.41 | 7.56 | 8.67 | 10.09 | 12.79 | 16.34 | 20.49 | 24.77 | 27.59 | 30.19 | 33.41 | 35.72 |
| 18 | 6.26 | 7.01 | 8.23 | 9.39 | 10.86 | 13.68 | 17.34 | 21.60 | 25.99 | 28.87 | 31.53 | 34.81 | 37.16 |
| 19 | 6.84 | 7.63 | 8.91 | 10.12 | 11.65 | 14.56 | 18.34 | 22.72 | 27.20 | 30.14 | 32.85 | 36.19 | 38.58 |
| 20 | 7.43 | 8.26 | 9.59 | 10.85 | 12.44 | 15.45 | 19.34 | 23.83 | 28.41 | 31.41 | 34.17 | 37.57 | 40.00 |
| 21 | 8.03 | 8.90 | 10.28 | 11.59 | 13.24 | 16.34 | 20.34 | 24.93 | 29.62 | 32.67 | 35.48 | 38.93 | 41.40 |
| 22 | 8.64 | 9.54 | 10.98 | 12.34 | 14.04 | 17.24 | 21.34 | 26.04 | 30.81 | 33.92 | 36.78 | 40.29 | 42.80 |
| 23 | 9.26 | 10.20 | 11.69 | 13.09 | 14.85 | 18.14 | 22.34 | 27.14 | 32.01 | 35.17 | 38.08 | 41.64 | 44.18 |
| 24 | 9.89 | 10.86 | 12.40 | 13.85 | 15.66 | 19.04 | 23.34 | 28.24 | 33.20 | 36.42 | 39.36 | 42.98 | 45.56 |
| 25 | 10.52 | 11.52 | 13.12 | 14.61 | 16.47 | 19.94 | 24.34 | 29.34 | 34.38 | 37.65 | 40.65 | 43.31 | 46.93 |
| 26 | 11.16 | 12.20 | 13.84 | 15.38 | 17.29 | 20.84 | 25.34 | 30.43 | 35.56 | 38.89 | 41.92 | 45.64 | 48.29 |
| 27 | 11.81 | 12.88 | 14.57 | 16.15 | 18.11 | 21.75 | 26.34 | 31.53 | 36.74 | 40.11 | 43.19 | 46.96 | 49.64 |
| 28 | 12.46 | 13.56 | 15.31 | 16.93 | 18.94 | 22.66 | 27.34 | 32.62 | 37.92 | 41.34 | 44.46 | 48.28 | 50.99 |
| 29 | 13.12 | 14.26 | 16.05 | 17.71 | 19.77 | 23.34 | 28.34 | 33.71 | 39.09 | 42.56 | 45.72 | 49.59 | 52.34 |
| 30 | 13.79 | 14.95 | 16.79 | 18.49 | 20.60 | 24.48 | 29.34 | 34.80 | 40.26 | 43.77 | 46.98 | 50.89 | 53.67 |
| 40 | 20.71 | 22.16 | 24.43 | 26.51 | 29.05 | 33.66 | 39.34 | 45.62 | 51.81 | 55.76 | 59.34 | 63.69 | 66.77 |
| 50 | 27.99 | 29.71 | 32.36 | 34.76 | 27.69 | 42.94 | 49.33 | 56.33 | 63.17 | 67.50 | 71.42 | 76.15 | 79.49 |
| 60 | 35.53 | 37.48 | 40.48 | 43.19 | 46.46 | 52.29 | 59.33 | 66.98 | 74.40 | 79.08 | 83.30 | 88.38 | 91.95 |
| 70 | 43.28 | 45.44 | 48.76 | 51.74 | 55.33 | 61.70 | 69.33 | 77.58 | 85.53 | 90.53 | 95.02 | 100.42 | 104.22 |
| 80 | 51.17 | 53.54 | 57.15 | 60.39 | 64.28 | 71.14 | 79.33 | 88.13 | 96.58 | 101.88 | 106.63 | 112.33 | 116.32 |
| 90 | 59.20 | 61.75 | 65.65 | 69.13 | 73.29 | 80.62 | 89.33 | 98.64 | 107.56 | 113.14 | 118.14 | 124.12 | 128.30 |
| 100 | 67.33 | 70.06 | 74.22 | 77.93 | 82.36 | 90.13 | 99.33 | 109.14 | 118.50 | 124.34 | 129.56 | 135.81 | 140.17 |

## 附表 2  t 界值表

| 自由度 $v$ | | | | | 概率, $P$ | | | | |
|---|---|---|---|---|---|---|---|---|---|
| | 单侧: | 0.25 | 0.10 | 0.05 | 0.025 | 0.01 | 0.005 | 0.0025 | 0.001 | 0.0005 |
| | 双侧: | 0.50 | 0.20 | 0.10 | 0.05 | 0.02 | 0.01 | 0.005 | 0.002 | 0.001 |
| 1 | | 1.000 | 3.078 | 6.314 | 12.706 | 31.821 | 63.657 | 127.321 | 318.309 | 636.619 |
| 2 | | 0.816 | 1.886 | 2.920 | 4.303 | 6.965 | 9.925 | 14.089 | 22.327 | 31.599 |
| 3 | | 0.765 | 1.638 | 2.353 | 3.182 | 4.541 | 5.841 | 7.453 | 10.215 | 12.924 |
| 4 | | 0.741 | 1.533 | 2.132 | 2.776 | 3.747 | 4.604 | 5.598 | 7.173 | 8.610 |
| 5 | | 0.727 | 1.476 | 2.015 | 2.571 | 3.365 | 4.032 | 4.773 | 5.893 | 6.869 |
| 6 | | 0.718 | 1.440 | 1.943 | 2.447 | 3.143 | 3.707 | 4.317 | 5.208 | 5.959 |
| 7 | | 0.711 | 1.415 | 1.895 | 2.365 | 2.998 | 3.499 | 4.029 | 4.785 | 5.408 |
| 8 | | 0.706 | 1.397 | 1.860 | 2.306 | 2.896 | 3.355 | 3.833 | 4.501 | 5.041 |
| 9 | | 0.703 | 1.383 | 1.833 | 2.262 | 2.821 | 3.250 | 3.690 | 4.297 | 4.781 |
| 10 | | 0.700 | 1.372 | 1.812 | 2.228 | 2.764 | 3.169 | 3.581 | 4.144 | 4.587 |
| 11 | | 0.697 | 1.363 | 1.796 | 2.201 | 2.718 | 3.106 | 3.497 | 4.025 | 4.437 |
| 12 | | 0.695 | 1.356 | 1.782 | 2.179 | 2.681 | 3.055 | 3.428 | 3.930 | 4.318 |
| 13 | | 0.694 | 1.350 | 1.771 | 2.160 | 2.650 | 3.012 | 3.372 | 3.852 | 4.221 |
| 14 | | 0.692 | 1.345 | 1.761 | 2.145 | 2.624 | 2.977 | 3.326 | 3.737 | 4.140 |
| 15 | | 0.691 | 1.341 | 1.753 | 2.131 | 2.602 | 2.947 | 3.286 | 3.733 | 4.073 |
| 16 | | 0.690 | 1.337 | 1.746 | 2.120 | 2.583 | 2.921 | 3.252 | 3.686 | 4.015 |
| 17 | | 0.689 | 1.333 | 1.740 | 2.110 | 2.567 | 2.898 | 3.222 | 3.646 | 3.965 |
| 18 | | 0.688 | 1.330 | 1.734 | 2.101 | 2.552 | 2.878 | 3.197 | 3.610 | 3.922 |
| 19 | | 0.688 | 1.328 | 1.729 | 2.093 | 2.539 | 2.861 | 3.174 | 3.579 | 3.883 |
| 20 | | 0.687 | 1.325 | 1.725 | 2.086 | 2.528 | 2.845 | 3.153 | 3.552 | 3.850 |
| 21 | | 0.686 | 1.323 | 1.721 | 2.080 | 2.518 | 2.831 | 3.135 | 3.527 | 3.819 |
| 22 | | 0.686 | 1.321 | 1.717 | 2.074 | 2.508 | 2.819 | 3.119 | 3.505 | 3.792 |
| 23 | | 0.685 | 1.319 | 1.714 | 2.069 | 2.500 | 2.807 | 3.104 | 3.485 | 3.768 |
| 24 | | 0.685 | 1.318 | 1.711 | 2.064 | 2.492 | 2.797 | 3.091 | 3.467 | 3.745 |
| 25 | | 0.684 | 1.316 | 1.708 | 2.060 | 2.485 | 2.787 | 3.078 | 3.450 | 3.725 |
| 26 | | 0.684 | 1.315 | 1.706 | 2.056 | 2.479 | 2.779 | 3.067 | 3.435 | 3.707 |
| 27 | | 0.684 | 1.314 | 1.703 | 2.052 | 2.473 | 2.771 | 3.057 | 3.421 | 3.690 |
| 28 | | 0.683 | 1.313 | 1.701 | 2.046 | 2.467 | 2.763 | 3.047 | 3.408 | 3.674 |
| 29 | | 0.683 | 1.311 | 1.699 | 2.045 | 2.462 | 2.756 | 3.038 | 3.396 | 3.659 |
| 30 | | 0.683 | 1.310 | 1.697 | 2.042 | 2.457 | 2.750 | 3.030 | 3.385 | 3.646 |
| 31 | | 0.682 | 1.309 | 1.696 | 2.040 | 2.453 | 2.744 | 3.022 | 3.375 | 3.633 |
| 32 | | 0.682 | 1.309 | 1.694 | 2.037 | 2.449 | 2.738 | 3.015 | 3.365 | 3.622 |
| 33 | | 0.682 | 1.308 | 1.692 | 2.035 | 2.445 | 2.733 | 3.008 | 3.356 | 3.611 |
| 34 | | 0.682 | 1.307 | 1.691 | 2.032 | 2.441 | 2.728 | 3.002 | 3.348 | 3.601 |
| 35 | | 0.682 | 1.306 | 1.690 | 2.030 | 2.438 | 2.724 | 2.996 | 3.340 | 3.591 |
| 36 | | 0.681 | 1.306 | 1.688 | 2.028 | 2.434 | 2.719 | 2.990 | 3.333 | 3.582 |
| 37 | | 0.681 | 1.305 | 1.687 | 2.026 | 2.431 | 2.715 | 2.985 | 3.326 | 3.574 |
| 38 | | 0.681 | 1.304 | 1.686 | 2.024 | 2.429 | 2.712 | 2.980 | 3.319 | 3.566 |
| 39 | | 0.681 | 1.304 | 1.685 | 2.023 | 2.426 | 2.708 | 2.970 | 3.313 | 3.558 |
| 40 | | 0.681 | 1.303 | 1.684 | 2.021 | 2.423 | 2.704 | 2.971 | 3.307 | 3.551 |
| 50 | | 0.679 | 1.299 | 1.676 | 2.009 | 2.403 | 2.678 | 2.937 | 3.261 | 3.496 |
| 60 | | 0.679 | 1.296 | 1.671 | 2.000 | 2.390 | 2.660 | 2.915 | 3.232 | 3.460 |
| 70 | | 0.678 | 1.294 | 1.667 | 1.994 | 2.381 | 2.648 | 2.899 | 3.211 | 3.435 |
| 80 | | 0.678 | 1.292 | 1.664 | 1.990 | 2.374 | 2.639 | 2.887 | 3.195 | 3.416 |
| 90 | | 0.677 | 1.291 | 1.662 | 1.987 | 2.368 | 2.632 | 2.878 | 3.183 | 3.402 |
| 100 | | 0.677 | 1.290 | 1.660 | 1.984 | 2.364 | 2.626 | 2.871 | 3.174 | 3.390 |
| 200 | | 0.676 | 1.286 | 1.653 | 1.972 | 2.345 | 2.601 | 2.839 | 3.131 | 3.340 |
| 500 | | 0.675 | 1.283 | 1.648 | 1.965 | 2.334 | 2.586 | 2.820 | 3.107 | 3.310 |
| 1000 | | 0.675 | 1.282 | 1.646 | 1.962 | 2.330 | 2.581 | 2.813 | 3.098 | 3.300 |
| $\infty$ | | 0.6745 | 1.2816 | 1.6449 | 1.9600 | 2.3263 | 2.5758 | 2.8070 | 3.0902 | 3.2905 |

## 附表3  r 界值表

| 自由度 $v$ | | 概率，$P$ | | | | | | | |
|---|---|---|---|---|---|---|---|---|---|
| | 单侧： | 0.25 | 0.10 | 0.05 | 0.025 | 0.01 | 0.005 | 0.0025 | 0.001 | 0.000 |
| | 双侧： | 0.50 | 0.20 | 0.10 | 0.05 | 0.02 | 0.01 | 0.005 | 0.002 | 0.001 |
| 1 | | 0.707 | 0.951 | 0.988 | 0.997 | 1.000 | 1.000 | 1.000 | 1.000 | 1.000 |
| 2 | | 0.500 | 0.800 | 0.900 | 0.950 | 0.980 | 0.990 | 0.995 | 0.998 | 0.999 |
| 3 | | 0.404 | 0.687 | 0.805 | 0.878 | 0.934 | 0.959 | 0.974 | 0.986 | 0.991 |
| 4 | | 0.347 | 0.608 | 0.729 | 0.811 | 0.882 | 0.917 | 0.942 | 0.963 | 0.974 |
| 5 | | 0.309 | 0.551 | 0.669 | 0.755 | 0.833 | 0.875 | 0.906 | 0.935 | 0.951 |
| 6 | | 0.281 | 0.507 | 0.621 | 0.707 | 0.789 | 0.834 | 0.870 | 0.905 | 0.925 |
| 7 | | 0.260 | 0.472 | 0.582 | 0.666 | 0.750 | 0.798 | 0.836 | 0.875 | 0.898 |
| 8 | | 0.242 | 0.443 | 0.549 | 0.632 | 0.715 | 0.765 | 0.805 | 0.847 | 0.872 |
| 9 | | 0.228 | 0.419 | 0.521 | 0.602 | 0.685 | 0.735 | 0.776 | 0.820 | 0.847 |
| 10 | | 0.216 | 0.398 | 0.497 | 0.576 | 0.658 | 0.708 | 0.750 | 0.795 | 0.823 |
| 11 | | 0.206 | 0.380 | 0.476 | 0.553 | 0.634 | 0.684 | 0.726 | 0.772 | 0.801 |
| 12 | | 0.197 | 0.365 | 0.457 | 0.532 | 0.612 | 0.661 | 0.703 | 0.750 | 0.780 |
| 13 | | 0.189 | 0.351 | 0.441 | 0.514 | 0.592 | 0.641 | 0.683 | 0.730 | 0.760 |
| 14 | | 0.182 | 0.338 | 0.426 | 0.497 | 0.574 | 0.623 | 0.664 | 0.711 | 0.742 |
| 15 | | 0.176 | 0.327 | 0.412 | 0.482 | 0.558 | 0.606 | 0.647 | 0.694 | 0.725 |
| 16 | | 0.170 | 0.317 | 0.400 | 0.468 | 0.542 | 0.590 | 0.631 | 0.678 | 0.708 |
| 17 | | 0.165 | 0.308 | 0.389 | 0.456 | 0.529 | 0.575 | 0.616 | 0.662 | 0.693 |
| 18 | | 0.160 | 0.299 | 0.378 | 0.444 | 0.515 | 0.561 | 0.602 | 0.648 | 0.679 |
| 19 | | 0.156 | 0.291 | 0.369 | 0.433 | 0.503 | 0.549 | 0.589 | 0.635 | 0.665 |
| 20 | | 0.152 | 0.284 | 0.360 | 0.423 | 0.492 | 0.537 | 0.576 | 0.622 | 0.652 |
| 21 | | 0.148 | 0.277 | 0.352 | 0.413 | 0.482 | 0.526 | 0.565 | 0.610 | 0.640 |
| 22 | | 0.145 | 0.271 | 0.344 | 0.404 | 0.472 | 0.515 | 0.554 | 0.599 | 0.629 |
| 23 | | 0.141 | 0.265 | 0.337 | 0.396 | 0.462 | 0.505 | 0.543 | 0.588 | 0.618 |
| 24 | | 0.138 | 0.260 | 0.330 | 0.388 | 0.453 | 0.496 | 0.534 | 0.578 | 0.607 |
| 25 | | 0.136 | 0.255 | 0.323 | 0.381 | 0.445 | 0.487 | 0.524 | 0.568 | 0.597 |
| 26 | | 0.133 | 0.250 | 0.317 | 0.374 | 0.437 | 0.479 | 0.515 | 0.559 | 0.588 |
| 27 | | 0.131 | 0.245 | 0.311 | 0.367 | 0.430 | 0.471 | 0.507 | 0.550 | 0.579 |
| 28 | | 0.128 | 0.241 | 0.306 | 0.361 | 0.423 | 0.463 | 0.499 | 0.541 | 0.570 |
| 29 | | 0.126 | 0.237 | 0.301 | 0.355 | 0.416 | 0.456 | 0.491 | 0.533 | 0.562 |
| 30 | | 0.124 | 0.233 | 0.296 | 0.349 | 0.409 | 0.449 | 0.484 | 0.526 | 0.554 |
| 31 | | 0.122 | 0.229 | 0.291 | 0.344 | 0.403 | 0.442 | 0.477 | 0.518 | 0.546 |
| 32 | | 0.120 | 0.225 | 0.287 | 0.339 | 0.397 | 0.436 | 0.470 | 0.511 | 0.539 |
| 33 | | 0.118 | 0.222 | 0.283 | 0.334 | 0.392 | 0.430 | 0.464 | 0.504 | 0.532 |
| 34 | | 0.116 | 0.219 | 0.279 | 0.329 | 0.386 | 0.424 | 0.458 | 0.498 | 0.525 |
| 35 | | 0.115 | 0.216 | 0.275 | 0.325 | 0.381 | 0.418 | 0.452 | 0.492 | 0.519 |
| 36 | | 0.113 | 0.213 | 0.271 | 0.320 | 0.376 | 0.413 | 0.446 | 0.486 | 0.513 |
| 37 | | 0.111 | 0.210 | 0.267 | 0.316 | 0.371 | 0.408 | 0.441 | 0.480 | 0.507 |
| 38 | | 0.110 | 0.207 | 0.264 | 0.312 | 0.367 | 0.403 | 0.435 | 0.474 | 0.501 |
| 39 | | 0.108 | 0.204 | 0.261 | 0.308 | 0.362 | 0.398 | 0.430 | 0.469 | 0.495 |
| 40 | | 0.107 | 0.202 | 0.257 | 0.304 | 0.358 | 0.393 | 0.425 | 0.463 | 0.490 |
| 41 | | 0.106 | 0.199 | 0.254 | 0.301 | 0.354 | 0.389 | 0.420 | 0.458 | 0.484 |
| 42 | | 0.104 | 0.197 | 0.251 | 0.297 | 0.350 | 0.384 | 0.416 | 0.453 | 0.479 |
| 43 | | 0.103 | 0.195 | 0.248 | 0.294 | 0.346 | 0.380 | 0.411 | 0.449 | 0.474 |
| 44 | | 0.102 | 0.192 | 0.246 | 0.291 | 0.342 | 0.376 | 0.407 | 0.444 | 0.469 |
| 45 | | 0.101 | 0.190 | 0.243 | 0.288 | 0.338 | 0.372 | 0.403 | 0.439 | 0.465 |
| 46 | | 0.100 | 0.188 | 0.240 | 0.285 | 0.335 | 0.368 | 0.399 | 0.435 | 0.460 |
| 47 | | 0.099 | 0.186 | 0.238 | 0.282 | 0.331 | 0.365 | 0.395 | 0.431 | 0.456 |
| 48 | | 0.098 | 0.184 | 0.235 | 0.279 | 0.328 | 0.361 | 0.391 | 0.427 | 0.451 |
| 49 | | 0.097 | 0.182 | 0.233 | 0.276 | 0.325 | 0.358 | 0.387 | 0.423 | 0.447 |
| 50 | | 0.096 | 0.181 | 0.231 | 0.273 | 0.322 | 0.354 | 0.384 | 0.419 | 0.443 |

## 附表 4  随机数字表

| 编号 | 1～10 | 11～20 | 21～30 | 31～40 | 41～50 |
|---|---|---|---|---|---|
| 1 | 22 17 68 65 81 | 68 95 23 92 35 | 87 02 22 57 51 | 61 09 43 95 06 | 58 24 82 03 47 |
| 2 | 19 36 27 59 46 | 13 79 93 37 55 | 39 77 32 77 09 | 85 52 05 30 62 | 47 83 51 62 74 |
| 3 | 16 77 23 02 77 | 09 61 87 25 21 | 28 06 24 25 93 | 16 71 13 59 78 | 23 05 47 47 25 |
| 4 | 78 43 76 71 61 | 20 44 90 32 64 | 97 67 63 99 61 | 46 38 03 93 22 | 69 81 21 99 21 |
| 5 | 03 28 28 26 08 | 73 37 32 04 05 | 69 30 16 09 05 | 88 69 58 28 99 | 35 07 44 75 47 |
| 6 | 93 22 53 64 39 | 07 10 63 76 35 | 87 03 04 79 88 | 08 13 13 85 51 | 55 34 57 72 69 |
| 7 | 78 76 58 54 74 | 92 38 70 96 92 | 52 06 79 79 45 | 82 63 18 27 44 | 69 66 92 19 09 |
| 8 | 23 68 35 26 00 | 99 53 93 61 28 | 52 70 05 48 34 | 56 65 05 61 86 | 90 92 10 70 80 |
| 9 | 15 39 25 70 99 | 93 86 52 77 65 | 15 33 59 05 28 | 22 87 26 07 47 | 86 96 98 29 06 |
| 10 | 58 71 96 30 24 | 18 46 23 34 27 | 85 13 99 24 44 | 49 18 09 79 49 | 74 16 32 23 02 |
| 11 | 57 35 27 33 72 | 24 53 63 94 09 | 41 10 76 47 91 | 44 04 95 49 66 | 39 60 04 59 81 |
| 12 | 48 50 86 54 48 | 22 06 34 72 52 | 82 21 15 65 20 | 33 29 94 71 11 | 15 91 29 12 03 |
| 13 | 61 96 48 95 03 | 07 16 39 33 66 | 98 56 10 56 79 | 77 21 30 27 12 | 90 49 22 23 62 |
| 14 | 36 93 89 41 26 | 29 70 83 63 51 | 99 74 20 52 36 | 87 09 41 15 09 | 98 60 16 03 03 |
| 15 | 18 87 00 42 31 | 57 90 12 02 07 | 23 47 37 17 31 | 54 08 01 88 63 | 39 41 88 92 10 |
| 16 | 88 56 53 27 59 | 33 35 72 67 47 | 77 34 55 45 70 | 08 18 27 38 90 | 16 95 86 70 75 |
| 17 | 09 72 95 84 29 | 49 41 31 06 70 | 42 38 06 45 18 | 64 84 73 31 65 | 52 53 37 97 15 |
| 18 | 12 96 88 17 31 | 65 19 69 02 83 | 60 75 86 90 68 | 24 64 19 35 51 | 56 61 87 39 12 |
| 19 | 85 94 57 24 16 | 92 09 84 38 76 | 22 00 27 69 85 | 29 81 94 78 70 | 21 94 47 90 12 |
| 20 | 38 64 43 59 98 | 98 77 87 68 07 | 91 51 67 62 44 | 40 98 05 93 78 | 23 32 65 41 18 |
| 21 | 53 44 09 42 72 | 00 41 86 79 79 | 68 47 22 00 20 | 35 55 31 51 51 | 00 83 63 22 55 |
| 22 | 40 76 66 26 84 | 57 99 99 90 37 | 36 63 32 08 58 | 37 40 13 68 97 | 87 64 81 07 83 |
| 23 | 02 17 79 18 05 | 12 59 52 57 02 | 22 07 90 47 03 | 28 14 11 30 79 | 20 69 22 40 98 |
| 24 | 95 17 82 06 53 | 31 51 10 96 46 | 92 06 88 07 77 | 56 11 50 81 69 | 40 23 72 51 39 |
| 25 | 35 76 22 42 92 | 96 11 83 44 80 | 34 68 35 48 77 | 33 42 40 90 60 | 73 96 53 97 86 |
| 26 | 26 29 13 56 41 | 85 47 04 66 08 | 34 72 57 59 13 | 82 43 80 46 15 | 38 26 61 70 04 |
| 27 | 77 80 20 75 82 | 72 82 32 99 90 | 63 95 73 76 63 | 89 73 44 99 05 | 48 67 26 43 18 |
| 28 | 46 40 66 44 52 | 91 36 74 43 53 | 30 82 13 54 00 | 78 45 63 98 35 | 55 03 36 67 68 |
| 29 | 37 56 08 18 09 | 77 53 84 46 47 | 31 91 18 95 58 | 24 16 74 11 53 | 44 10 13 85 57 |
| 30 | 61 65 61 68 66 | 37 27 47 39 19 | 84 83 70 07 48 | 53 21 40 06 71 | 95 06 79 88 54 |
| 31 | 93 43 69 64 07 | 34 18 04 52 35 | 56 27 09 24 86 | 61 85 53 83 45 | 19 90 70 99 00 |
| 32 | 21 96 60 12 99 | 11 20 99 45 18 | 48 13 93 55 34 | 18 37 79 49 90 | 65 97 38 20 46 |
| 33 | 95 20 47 97 97 | 27 37 83 28 71 | 00 06 41 41 74 | 45 89 09 39 84 | 51 67 11 52 49 |
| 34 | 97 86 21 78 73 | 10 65 81 92 59 | 58 76 17 14 97 | 04 76 62 16 17 | 17 95 70 45 80 |
| 35 | 69 92 06 34 13 | 59 71 74 17 32 | 27 55 10 24 19 | 23 71 82 13 74 | 63 52 52 01 41 |
| 36 | 04 31 17 21 56 | 33 73 99 19 87 | 26 72 39 27 67 | 53 77 57 68 93 | 60 61 97 22 61 |
| 37 | 61 06 98 03 91 | 87 14 77 43 96 | 43 00 65 98 50 | 45 60 33 01 07 | 98 99 46 50 47 |
| 38 | 85 93 85 86 88 | 72 87 08 62 40 | 16 06 10 89 20 | 23 21 34 74 97 | 76 38 03 29 63 |
| 39 | 21 74 32 47 45 | 73 96 07 94 52 | 09 65 90 77 47 | 25 76 16 19 33 | 53 05 70 53 30 |
| 40 | 15 69 53 82 80 | 79 96 23 53 10 | 65 39 07 16 29 | 45 33 02 43 70 | 02 87 40 41 45 |
| 41 | 02 89 08 04 49 | 20 21 14 68 86 | 87 63 93 95 17 | 11 29 01 95 80 | 35 14 97 35 33 |
| 42 | 87 18 15 89 79 | 85 43 01 72 73 | 08 61 74 51 69 | 89 74 39 82 15 | 94 51 33 41 67 |
| 43 | 98 83 71 94 22 | 59 97 50 99 52 | 08 52 85 08 40 | 87 80 61 65 31 | 91 51 80 32 44 |
| 44 | 10 08 58 21 66 | 72 68 49 29 31 | 89 85 84 46 06 | 59 73 19 85 23 | 65 09 29 75 63 |
| 45 | 47 90 56 10 08 | 88 02 84 27 83 | 42 29 72 23 19 | 66 56 45 65 79 | 20 71 53 20 25 |
| 46 | 22 85 61 68 90 | 49 64 92 85 44 | 16 40 12 89 88 | 50 14 49 81 06 | 01 82 77 45 12 |
| 47 | 67 80 43 79 33 | 12 83 11 41 16 | 25 58 19 68 70 | 77 02 54 00 52 | 53 43 37 15 26 |
| 48 | 27 62 50 96 72 | 79 44 61 40 15 | 14 53 40 65 39 | 27 31 58 50 28 | 11 39 03 34 25 |
| 49 | 33 78 80 87 15 | 38 30 06 38 21 | 14 47 47 07 26 | 54 96 87 53 32 | 40 36 40 96 76 |
| 50 | 13 13 92 66 99 | 47 24 49 57 74 | 32 25 43 62 17 | 10 97 11 69 84 | 99 63 22 32 98 |

## 附表5 随机排列表($n=20$)

| 编号 | 1 | 2 | 3 | 4 | 5 | 6 | 7 | 8 | 9 | 10 | 11 | 12 | 13 | 14 | 15 | 16 | 17 | 18 | 19 | 20 | $r_k$ |
|---|---|---|---|---|---|---|---|---|---|---|---|---|---|---|---|---|---|---|---|---|---|
| 1 | 8 | 6 | 19 | 13 | 5 | 18 | 12 | 1 | 4 | 3 | 9 | 2 | 17 | 14 | 11 | 7 | 16 | 15 | 10 | 0 | −0.632 |
| 2 | 8 | 19 | 7 | 6 | 11 | 14 | 2 | 13 | 5 | 17 | 9 | 12 | 0 | 16 | 15 | 1 | 4 | 10 | 18 | 3 | −.0632 |
| 3 | 18 | 1 | 10 | 13 | 17 | 2 | 0 | 3 | 8 | 15 | 7 | 4 | 19 | 12 | 5 | 14 | 9 | 11 | 6 | 16 | .1053 |
| 4 | 6 | 19 | 1 | 5 | 18 | 12 | 4 | 0 | 13 | 10 | 16 | 17 | 7 | 14 | 11 | 15 | 8 | 3 | 9 | 2 | −.0842 |
| 5 | 1 | 2 | 7 | 4 | 18 | 0 | 15 | 13 | 5 | 12 | 19 | 10 | 9 | 14 | 16 | 8 | 6 | 11 | 3 | 17 | .2000 |
| 6 | 11 | 19 | 2 | 15 | 14 | 10 | 8 | 12 | 1 | 17 | 4 | 3 | 0 | 9 | 16 | 6 | 13 | 7 | 18 | 5 | −.1053 |
| 7 | 14 | 3 | 16 | 7 | 9 | 2 | 15 | 12 | 11 | 4 | 13 | 19 | 8 | 1 | 18 | 6 | 0 | 5 | 17 | 10 | −.0526 |
| 8 | 3 | 2 | 16 | 6 | 1 | 13 | 17 | 19 | 8 | 14 | 0 | 15 | 9 | 18 | 11 | 5 | 4 | 10 | 7 | 12 | .0526 |
| 9 | 16 | 9 | 10 | 3 | 15 | 0 | 11 | 2 | 1 | 5 | 18 | 8 | 19 | 13 | 6 | 12 | 17 | 4 | 7 | 14 | .0947 |
| 10 | 4 | 11 | 18 | 6 | 0 | 8 | 12 | 16 | 17 | 3 | 2 | 9 | 5 | 7 | 19 | 10 | 15 | 13 | 14 | 1 | .0947 |
| 11 | 5 | 15 | 18 | 13 | 7 | 3 | 10 | 14 | 16 | 1 | 8 | 2 | 17 | 6 | 9 | 4 | 0 | 12 | 19 | 11 | −.0526 |
| 12 | 0 | 18 | 10 | 15 | 11 | 12 | 3 | 13 | 14 | 1 | 17 | 2 | 6 | 9 | 16 | 4 | 7 | 8 | 19 | 5 | −.0105 |
| 13 | 10 | 9 | 14 | 18 | 12 | 17 | 15 | 3 | 5 | 2 | 11 | 19 | 8 | 0 | 1 | 4 | 7 | 13 | 6 | 16 | −.1579 |
| 14 | 11 | 9 | 13 | 0 | 14 | 12 | 18 | 7 | 2 | 10 | 4 | 17 | 19 | 6 | 5 | 8 | 3 | 15 | 1 | 16 | −.0526 |
| 15 | 17 | 1 | 0 | 16 | 9 | 12 | 2 | 4 | 5 | 18 | 14 | 15 | 7 | 19 | 6 | 8 | 11 | 3 | 10 | 13 | .1053 |
| 16 | 17 | 1 | 5 | 2 | 8 | 12 | 15 | 13 | 19 | 14 | 7 | 16 | 6 | 3 | 9 | 10 | 4 | 11 | 0 | 18 | .0105 |
| 17 | 5 | 16 | 15 | 7 | 18 | 10 | 12 | 9 | 11 | 6 | 13 | 17 | 14 | 1 | 0 | 4 | 3 | 2 | 19 | 8 | −.2000 |
| 18 | 16 | 19 | 0 | 8 | 6 | 10 | 13 | 17 | 4 | 3 | 15 | 18 | 11 | 1 | 12 | 9 | 5 | 7 | 2 | 14 | −.1368 |
| 19 | 13 | 9 | 17 | 12 | 15 | 4 | 3 | 1 | 16 | 2 | 10 | 18 | 8 | 6 | 7 | 19 | 14 | 11 | 0 | 5 | −.1263 |
| 20 | 11 | 12 | 8 | 16 | 3 | 19 | 14 | 7 | 9 | 7 | 4 | 1 | 10 | 0 | 18 | 15 | 6 | 5 | 13 | 2 | −.2105 |
| 21 | 19 | 12 | 13 | 8 | 4 | 15 | 16 | 7 | 0 | 11 | 1 | 5 | 14 | 18 | 3 | 6 | 10 | 9 | 2 | 17 | −.1368 |
| 22 | 2 | 18 | 8 | 14 | 6 | 11 | 1 | 9 | 15 | 0 | 17 | 10 | 4 | 7 | 13 | 3 | 12 | 5 | 16 | 19 | .1158 |
| 23 | 9 | 16 | 17 | 18 | 5 | 7 | 12 | 2 | 4 | 10 | 0 | 13 | 8 | 3 | 14 | 15 | 6 | 11 | 1 | 19 | −.0632 |
| 24 | 15 | 0 | 14 | 6 | 1 | 2 | 9 | 8 | 18 | 4 | 10 | 17 | 3 | 12 | 16 | 11 | 19 | 13 | 7 | 5 | .1789 |
| 25 | 14 | 0 | 9 | 18 | 6 | 16 | 10 | 4 | 5 | 1 | 6 | 2 | 12 | 3 | 11 | 13 | 7 | 8 | 17 | 15 | .0526 |

## 附表6 概率单位(Y)与权重系数(W)表

| P | Y | W | P | Y | W | P | Y | W |
|---|---|---|---|---|---|---|---|---|
| 0.01 | 2.674 | 0.072 | 0.36 | 4.642 | 0.607 | 0.71 | 5.553 | 0.569 |
| 0.02 | 2.946 | 0.120 | 0.37 | 4.668 | 0.611 | 0.72 | 5.583 | 0.562 |
| 0.03 | 3.119 | 0.159 | 0.38 | 4.695 | 0.615 | 0.73 | 5.613 | 0.554 |
| 0.04 | 3.249 | 0.194 | 0.39 | 4.721 | 0.618 | 0.74 | 5.643 | 0.546 |
| 0.05 | 3.355 | 0.224 | 0.40 | 4.747 | 0.621 | 0.75 | 5.674 | 0.538 |
| 0.06 | 3.445 | 0.252 | 0.41 | 4.772 | 0.624 | 0.76 | 5.706 | 0.530 |
| 0.07 | 3.524 | 0.277 | 0.42 | 4.798 | 0.627 | 0.77 | 5.739 | 0.520 |
| 0.08 | 3.595 | 0.300 | 0.43 | 4.824 | 0.629 | 0.78 | 5.772 | 0.511 |
| 0.09 | 3.659 | 0.322 | 0.44 | 4.849 | 0.631 | 0.79 | 5.806 | 0.501 |
| 0.10 | 3.718 | 0.342 | 0.45 | 4.874 | 0.632 | 0.80 | 5.842 | 0.492 |
| 0.11 | 3.774 | 0.361 | 0.46 | 4.900 | 0.634 | 0.81 | 5.878 | 0.478 |
| 0.12 | 3.825 | 0.379 | 0.47 | 4.925 | 0.635 | 0.82 | 5.915 | 0.466 |
| 0.13 | 3.874 | 0.396 | 0.48 | 4.950 | 0.635 | 0.83 | 5.954 | 0.454 |
| 0.14 | 3.920 | 0.412 | 0.49 | 4.975 | 0.636 | 0.84 | 5.995 | 0.440 |
| 0.15 | 3.964 | 0.426 | 0.50 | 5.000 | 0.637 | 0.85 | 6.036 | 0.426 |
| 0.16 | 4.006 | 0.44 | 0.51 | 5.025 | 0.636 | 0.86 | 6.080 | 0.412 |
| 0.17 | 4.046 | 0.454 | 0.52 | 5.050 | 0.635 | 0.87 | 6.126 | 0.396 |
| 0.18 | 4.085 | 0.466 | 0.53 | 5.075 | 0.635 | 0.88 | 6.175 | 0.379 |
| 0.19 | 4.122 | 0.478 | 0.54 | 5.100 | 0.634 | 0.89 | 6.226 | 0.361 |
| 0.20 | 4.158 | 0.490 | 0.55 | 5.126 | 0.632 | 0.90 | 6.282 | 0.342 |
| 0.21 | 4.194 | 0.501 | 0.56 | 5.151 | 0.631 | 0.91 | 6.341 | 0.322 |
| 0.22 | 4.228 | 0.511 | 0.57 | 5.176 | 0.629 | 0.92 | 6.405 | 0.300 |
| 0.23 | 4.261 | 0.520 | 0.58 | 5.202 | 0.627 | 0.93 | 6.476 | 0.277 |
| 0.24 | 4.294 | 0.530 | 0.59 | 5.228 | 0.624 | 0.94 | 6.556 | 0.252 |
| 0.25 | 4.326 | 0.538 | 0.60 | 5.253 | 0.621 | 0.95 | 6.645 | 0.224 |
| 0.26 | 4.357 | 0.546 | 0.61 | 5.279 | 0.618 | 0.96 | 6.751 | 0.194 |
| 0.27 | 4.387 | 0.554 | 0.62 | 5.306 | 0.615 | 0.97 | 6.881 | 0.159 |
| 0.28 | 4.417 | 0.562 | 0.63 | 5.332 | 0.611 | 0.98 | 7.054 | 0.120 |
| 0.29 | 4.447 | 0.569 | 0.64 | 5.358 | 0.607 | 0.99 | 7.326 | 0.092 |
| 0.30 | 4.476 | 0.575 | 0.65 | 5.385 | 0.603 | 1.00 | | |
| 0.31 | 4.504 | 0.582 | 0.66 | 5.412 | 0.598 | | | |
| 0.32 | 4.532 | 0.587 | 0.67 | 5.440 | 0.593 | | | |
| 0.33 | 4.560 | 0.593 | 0.68 | 5.468 | 0.587 | | | |
| 0.34 | 4.588 | 0.598 | 0.69 | 5.497 | 0.582 | | | |
| 0.35 | 4.615 | 0.603 | 0.70 | 5.524 | 0.575 | | | |

### 附表7　$P=0$ 或 $1.00$ 时，近似的概率单位($Y$)及权重系数($W$)表

| n | $P=0$ | | $P=1.00$ | | n | $P=0$ | | $P=1.00$ | |
|---|---|---|---|---|---|---|---|---|---|
| | Y | W | Y | W | | Y | W | Y | W |
| 4 | 2.90 | 0.298 | 7.10 | 0.298 | 15 | 2.47 | 0.140 | 7.53 | 0.140 |
| 5 | 2.82 | 0.264 | 7.18 | 0.264 | 18 | 2.41 | 0.124 | 7.59 | 0.124 |
| 6 | 2.76 | 0.240 | 7.24 | 0.240 | 20 | 2.38 | 0.116 | 7.62 | 0.116 |
| 7 | 2.71 | 0.220 | 7.29 | 0.220 | 24 | 2.32 | 0.103 | 7.68 | 0.103 |
| 8 | 2.67 | 0.204 | 7.33 | 0.204 | 25 | 2.31 | 0.100 | 7.69 | 0.100 |
| 9 | 2.63 | 0.191 | 7.37 | 0.191 | 30 | 2.26 | 0.089 | 7.74 | 0.089 |
| 10 | 2.60 | 0.181 | 7.40 | 0.181 | 40 | 2.17 | 0.072 | 7.83 | 0.072 |
| 12 | 2.54 | 0.161 | 7.46 | 0.161 | 50 | 2.10 | 0.062 | 7.90 | 0.062 |

［注］　以上统计学表由王小蒙、王世雄、吉丽敏、何佟、欧守珍、薛大良等录入和校对。

# 附录二 部分彩色图片集

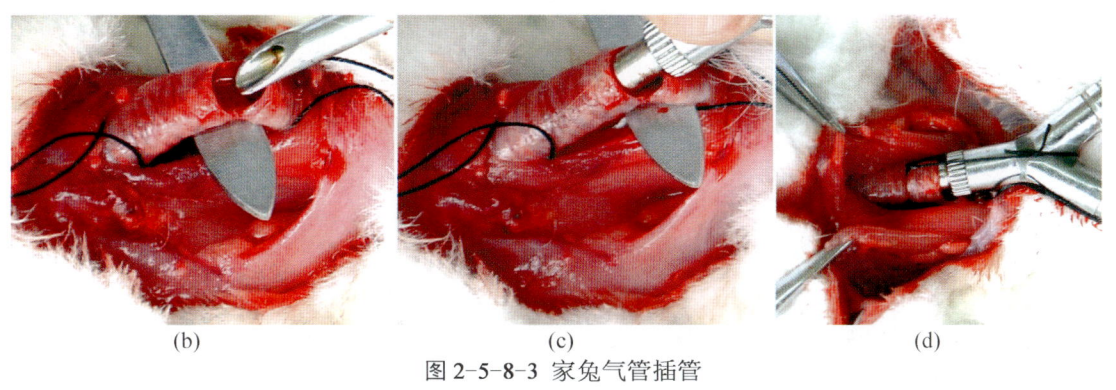

图 2-5-8-3 家兔气管插管

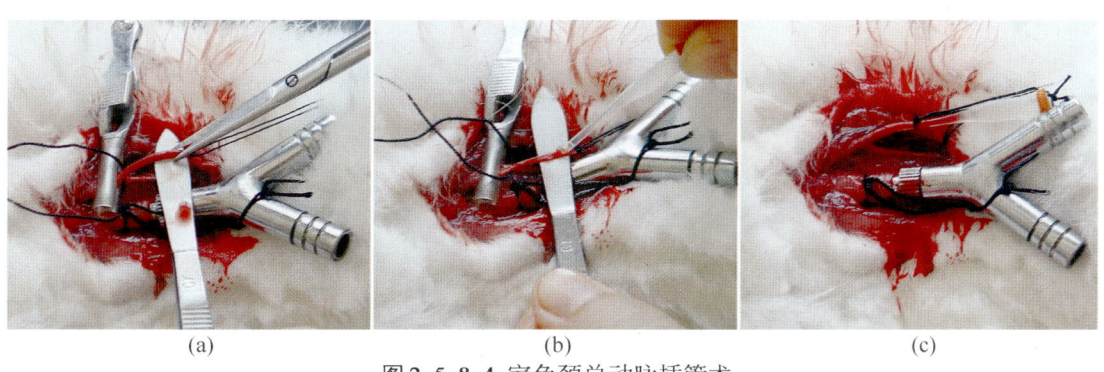

图 2-5-8-4 家兔颈总动脉插管术

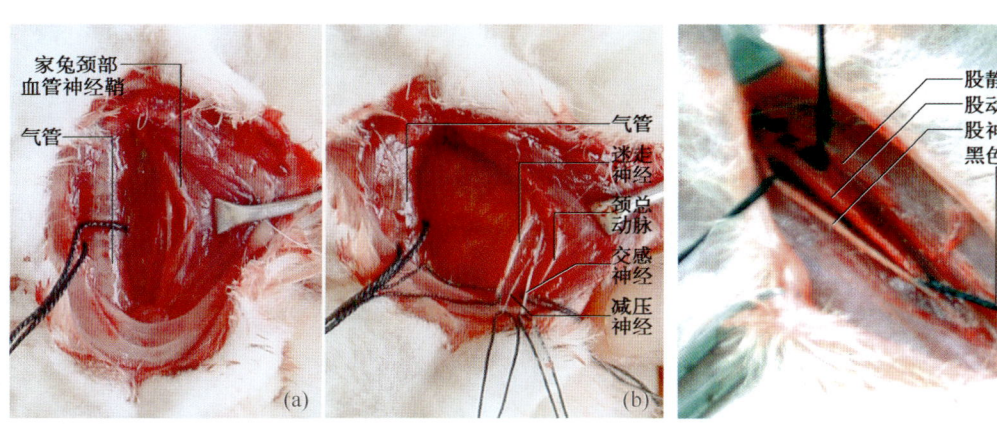

图 2-5-8-5 家兔颈部血管神经鞘内的血管和神经(经分离) 图 2-5-8-6 家兔股三角区的神经和血管

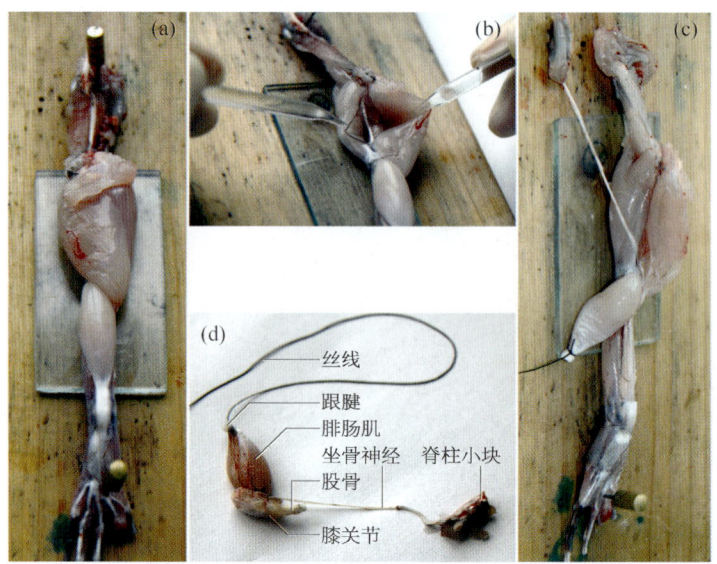

图 3-1-1-3 坐骨神经腓肠肌标本的精细制作过程

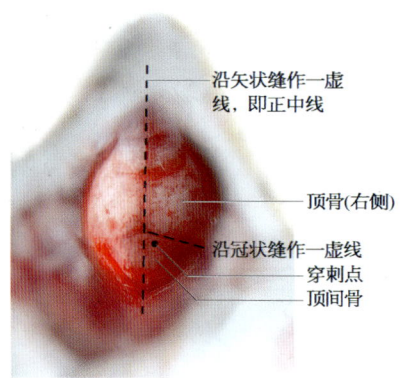

图 3-4-3-1 小鼠一侧小脑破坏定位图

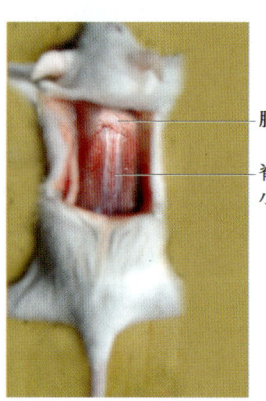

图 3-4-4-1 小鼠脊柱中央小血管

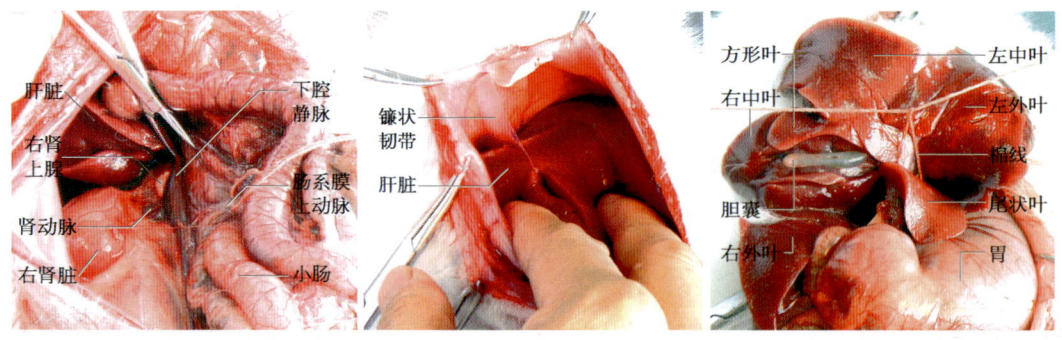

图 3-6-2-2 家兔肠系膜上动脉　　图 3-6-3-1 家兔肝镰状韧带　　图 3-6-3-2 家兔肝叶(脏面观)及棉线结扎部位